经济视角下的唐代文人园林生活研究

房本文 著

中国古代园林文学文献研究丛书

主编 李浩

陕西师范大学出版总社

图书代号 ZZ23N2177

图书在版编目（CIP）数据

经济视角下的唐代文人园林生活研究 / 房本文著. —
西安：陕西师范大学出版总社有限公司，2024.4
（中国古代园林文学文献研究丛书 / 李浩主编）
ISBN 978-7-5695-3502-0

Ⅰ.①经… Ⅱ.①房… Ⅲ.①古典园林—关系—文人—文化生活—研究—中国—唐代 Ⅳ.①K820.42

中国国家版本馆CIP数据核字（2023）第012069号

经济视角下的唐代文人园林生活研究
JINGJI SHIJIAO XIA DE TANGDAI WENREN YUANLIN SHENGHUO YANJIU

房本文 著

出版统筹 刘东风 郭永新
执行编辑 刘 定 郑若萍
责任编辑 张 佩
责任校对 王雅琨
封面设计 周伟伟
出版发行 陕西师范大学出版总社
（西安市长安南路199号 邮编 710062）
网 址 http://www.snupg.com
印 刷 中煤地西安地图制印有限公司
开 本 720 mm × 1020 mm 1/16
印 张 26
插 页 2
字 数 386千
版 次 2024年4月第1版
印 次 2024年4月第1次印刷
书 号 ISBN 978-7-5695-3502-0
定 价 118.00元

总　序

李　浩

经过全体同人六年多的不懈努力，“中国古代园林文学文献研究”丛书第一辑九部著作终于付梓，奉献给学界同道和广大读者。作为这个项目的组织策划者，我同作者朋友和出版社伙伴一样高兴，在与大家分享这份厚重果实的同时，也想借此机会说说本丛书获准国家出版基金立项与出版的缘由。

一

本丛书是由我主持的国家社科基金重大项目“中国古代园林文学文献整理与研究”（18ZD240）的阶段性成果。在项目开题论证时，大家就对推出研究成果有一些初步设想，建议项目组成员将已经完成的成果或正在进行的项目，汇集成为系列丛书。承蒙陕西师范大学出版总社刘东风社长和大众文化出版中心郭永新主任的错爱，项目组决定委托陕西师范大学出版总社来出版丛书和最终成果。丛书第一辑的策划还荣获了国家出版基金项目的资助，为重大项目锦上添花，也激励着大家把书稿写好，把出版工作做好。

本辑共九部书稿，计三百余万字。其中有中国古典园林文化的通论性研究。如曹林娣先生的《园林撷华——中华园林文化解读》，从中华园林文化的宏观历史视野，探讨中国园林特有的审美趣味、风度、精神追求和标识，整体阐释园林文化，探索中华园林“有法无式”的创新精神，是曹老师毕生研究园林文化的学术结晶。王毅先生的《溪山无尽——风景美学与中国古典建筑、园林、山水画、工艺美术》，以中国古典园林与风景文化为研究对象，从建筑、园林、绘画、工艺美术等多重角度，呈现中国古典园林的多重审美内涵。王毅先生研究园林文化起步早，成果多，他强调实地考察，又能够结合多学科透视，移步换形，常有妙思异想，启人良多。

本丛书中也有园林文学文献的考察、断代园林个案以及专题研究，研究视角多元。如曹淑娟先生的《流变中的书写——山阴祁氏家族与寓山园林论述》，是她明代文人研究系列成果之一，以晚明文士祁彪佳及其寓山园林为具体案例，探究文人主体生命与园林兴废间交涵互摄的紧密关系。在已有成果的基础上，又有许多新创获。韦雨涓《中国古典园林文献研究》属于园林文献的梳理性研究，立足于原始文献，对主体性园林文献和附属性园林文献进行梳理研究，一书在手，便对园林文献的整体情况了然于胸。张薇《扬州郑氏园林与文学》研究17至18世纪扬州郑氏家族园林与文学创作，探讨人、园、文之间的关系。罗燕萍《宋词园林文献考述及研究》和董雁《明清戏曲与园林文化》，则分别从词、戏曲等不同文体出发，研究园林对文学形式和内容的影响。岳立松《清代园林集景的文化书写》，是清代园林集景文化的专题研究，解析清代园林集景的文学渊源、品题、书写范式，呈现清代园林集景的审美和文化内涵。房本文《经济视角下的唐代文人园林生活研究》，从园林经济的独特视角探讨唐代园林经济与文人生活之间的关系，通过个案来研究唐代文人的园林生活和心态。

作为一套完整的丛书和重大课题的阶段性成果，全书统一要求，统一体例，这应该是一个基本的共识。但本丛书不满足于此，没有限制作者的学术创造和专业擅长，而是特别强调保护各位学者的研究个性，所以收入丛书的各册长短略有差异，论述方式也因论题的不同，随类赋形，各呈异彩。

本丛书与本课题还有一个特点，就是将学术研究课题的完成与人才培养结合起来。我们给每位子课题首席专家配备一位青年学者，作为学术助理与首席专家对接，在课题推进和专家撰稿过程中，要求青年学者做好服务工作。还有部分稿件是我曾经指导过的博硕士论文的修改稿，收入本丛书的房本文所著《经济视角下的唐代文人园林生活研究》、张薇所著《扬州郑氏园林与文学》就属这一类。还有未收入本丛书的十多位年轻朋友的成果，基本是随我读书时学位论文的修改稿，我在《唐园说》一书自序中已经交代过了，这里就不再赘述。

本丛书既立足于文学本体，又注重学科交叉；既有宏观概述，又有个案或专题的深耕。作者老中青三代各呈异彩，两岸学人共同探骊采珠。应该说，该成果代表了园林文学文化的最新奉献，也从古典园林的角度为打造园林学科创新发展、构建中国自主知识体系，进行了有益的尝试。

二

中国古典园林是中华优秀传统文化的重要组成部分，是外在的精美佳构与内在丰富文化内涵的完美统一，也是最能体现中国特色、中国风格、中国气派的艺术形式之一。早期的园林研究，主要是造园者的专擅，如李诫《营造法式》、计成《园冶》、陈从周《说园》等，后来逐渐扩展到古代建筑史和建筑理论学者、农林科学家等。20世纪后半叶，从事古代文史研究的学者也陆续加盟到这一领域，如中国社会科学院前有吴世昌先生，后有王毅研究员，苏州教育学院有金学智教授，苏州大学有曹林娣教授，台湾大学有曹淑娟教授，台北大学有侯迺慧教授等。

本丛书的作者以及这个课题的参与者，主要是以文史研究为专业背景的一批学者。其中的曹林娣先生原来研究中国古典文献，但很早就转向园林文化，在狭义的园林圈中享有很高的学术声誉。赵厚均教授虽然较年轻，但与园林文献界的老辈一直有很好的合作。还有为园林学教学撰写教材而声名鹊起的储兆文。我们认为，表面上看，这是学者因学术研究的需要而不断拓展新领域，不断转战新的学术阵地所引发的，但本质上还是学术自身的特点，或者说学术所研究的对象自身的特点所决定的。

法国埃德加·莫兰在《复杂性理论与教育问题》一书中有这样的论述："科学的学科在以前的发展一直是愈益分割和隔离知识的领域，以致打碎了人类的重大探询，总是指向他们的自然实体：宇宙、自然、生命和处于最高界限的人类。新的科学如生态学、地球科学和宇宙学都是多学科的和跨学科的：它们的对象不是一个部门或一个区段，而是一个复杂的系统，形成一个有组织的整体。它们重建了从相互作用、反馈作用、相互—反馈作用出发构成的总体，这些总体构成了自我组织的复杂实体。同时，它们复苏了自然的实体：宇宙（宇宙学）、地球（地球科学）、自然（生态学）、人类（经由研究原人进化的漫长过程的新史前学加以说明）。"[①] 从科学发展史来看，跨学科、交叉学科是未来学术增长的一个重要方向，本丛书和本课题的研究，不过是"预流"时代，先着一鞭，试验性地践行了这一学术规律。

三

人类在物理空间中的创造与时间之间存有一个悖论：一方面，人类极尽巧思，创造出无数的宫殿、广场、庙宇、园林等；另一方面，再精美坚固的创造物，也经受不起时间长河的冲刷、腐蚀、风化而坍塌、坏毁，最后被掩埋，所谓尘归尘，土归土，来源于自然，又回归于自然。苏轼就曾在《墨妙亭记》中言："凡有物必归于尽，而恃形以为固者，尤不可长。"

人类的精神创造，虽然也会有变化，但比起物化的创造，还是能够更长

① 埃德加·莫兰：《复杂性理论与教育问题》，陈一壮译，北京大学出版社，2004年，第114—115页。

时段地存留。李白《江上吟》言:“屈平词赋悬日月,楚王台榭空山丘。”作为精神类创造的“屈平词赋”可以直接转化为文化记忆,但作为物理存在的“楚王台榭”以及历史上的吴王苏台、乌衣巷的王谢庭堂,都要经过物理空间中的坏毁,然后凭借着“屈平词赋”和其他诗文类的书写刻录,才能进入记忆的序列,间接地保存下来。

中国古人正是意识到了物不恒久,故有意识地以文存园,以文传园,建园、居园、游园皆作文以纪事抒怀,所以留下了众多的园林文学作品,而这些作品具有超越时空的特质,作为一种文化记忆延续了园林物理空间意义上的生命。

前人游览园林景观后可能会留下书法、文学、绘画作品,也就是文化记忆,后人在凭吊名胜时,同时会阅读前代的文化记忆类作品,会留下另一些感怀类作品,一如孟浩然《与诸子登岘山》所说的“羊公碑尚在,读罢泪沾襟”。这样就形成了一个追忆的系列、一个文化的链条,我们又称之为伟大的传统。[①]对中国古典园林而言,也存在这样的现象,后人游赏前代园林或者凭吊园林遗迹,会形诸吟咏,流传后世,于是形成文化链条。

我曾引用扬·阿斯曼“文化记忆”的理论解释此现象,在扬·阿斯曼看来,“文化记忆的角色,它们起到了承载过去的作用。此外,这些建筑物构成了文字和图画的载体,我们可以称此为石头般坚固的记忆,它们不仅向人展示了过去,而且为人预示了永恒的未来。从以上例子中可以归纳出两点结论:其一,文化记忆与过去和未来均有关联;其二,死亡即人们有关生命有限的知识在其中发挥了关键的作用。借助文化记忆,古代的人建构了超过上千年的时间视域。不同于其他生命,只有人意识到今生会终结,而只有借助建构起来的时间视域,人才有可能抵消这一有限性”[②]。

研究记忆类的文化遗存,恰好是我们文史研究者所擅长的。从这个意

① 宇文所安:《追忆:中国古典文学中的往事再现》,郑学勤译,生活·读书·新知三联书店,2004年。

② 扬·阿斯曼:《“文化记忆”理论的形成和建构》,金寿福译,载《光明日报》2016年3月26日第11版。

义上说，文史研究者加盟到园林史领域，不仅给园林古建领域带来了新思维、新材料、新工具和新方法，而且极大地拓展了研究的边界，原来几个学科都弃之如敝屣、被视为边缘地带的园林文学，将被开辟为一个广大的交叉学科。

明人杨慎的名句“青山依旧在，几度夕阳红”(《廿一史弹词》)，靠着通俗讲史小说《三国演义》的引用为人所知，又靠着现代影视的改编，几乎家喻户晓。有人说这两句应该倒置着说：几度夕阳红？青山依旧在。但杨慎真要这样写的话，就落入了刘禹锡已有的窠臼：“人世几回伤往事，山形依旧枕寒流。”(《西塞山怀古》)

还是黄庭坚能做翻案文章，他在《王厚颂二首》(其二)中说：“夕阳尽处望清闲，想见千岩细菊斑。人得交游是风月，天开图画即江山。”由江山如画，到江山即画，再到江山如园，江山即园，是园林艺术史上的另外一个重大话题，即山水的作品化过程。在这一过程中，自然中的山水、诗文中的山水、园林中的山水、绘画中的山水，究竟是如何互相启发、互相影响，又是如何开拓出各自的别样时空和独特境界的？这里面仍有很多值得深入思考的话题。我们希望在本丛书的第二辑、第三辑能够更多地拓宽视野，研讨园林文化领域更深入专精的问题。作为介绍这一辑园林文学文献丛书的一篇短文，已经有些跑题了，就此打住吧。

2023年12月28日草成

目　录

绪　论

一、选题的缘起

唐代是中国历史上文学创作繁荣发展的一个历史时期，诗歌、散文、小说百花齐放，取得了令人瞩目的巨大成就。因此，唐代文学的研究历来为学界所格外关注。新时期以来，唐代文学的研究取得了有目共睹的成绩，尤其是多学科多角度的交叉研究，更是取得了相当丰硕的成果，诸如政治、宗教、科举、交通、士族等与文学的关系都得到了深入探讨，人们对这些问题的认识也都达到了前所未有的深度。然而，这并不意味着我们的学术研究已经尽善尽美，一方面，可供研究探讨的问题依然很多；另一方面，一些长期以来形成的误区也需要适当矫正，比如说在政治决定论背景下对经济与文学关系的忽视等。

随着这些年经济的发展，经济问题逐渐受到人们的普遍关注，从经济的角度研究文学也开始为学者们所重视，2005 年 10 月在上海召开的全国“经济生活与中国传统文学学术研讨会”就充分表明了这一点，许多知名学者都在发言中表示了对经济与文学关系研究的积极态度。比如胡明就发言指出：“由于过分强调政治，强调阶级斗争，不仅狭窄了文学创作的路径，而且误导了学术研究的方向。经济与文学相互渗透的时代必然动摇和解构政治对经济的控制从而影响到文学的进展。”[①]

在这样的大背景下，从经济角度研究唐代文学的学术成果也开始涌现，比如此次会议中董乃斌提交的《经济视角与唐代文学研究的深入》、李贵提交的《唐代寺院经济转型与佛教文学新变》等。但是，相对于其他历史时期，唐代文学与经济的关系研究却有较大难度，董乃斌在《经济视角与唐代文学研究的深入》中就指出：“首先是史料不足，唐代经济史资料远比不上政治史资料丰富和研究充分。其次是唐代的农业经济本来就不像后世商品经济那样与文学关系直接而明显……”[②]在这样一种情况下，从园林的角度切入就成了一个不错的选择，因为唐代许多文人都有自己的私家园林，而私家园林并不仅仅是一个居所，还是一个经济实体，与文人的经济生活、收入状况等都有着非常密切的关系，“作家的经济收入对文学作品的生产、个体风格的形成起着支配作用”[③]，因此，从园林经济的视角去观照唐代文人的生活，无疑是可行且有价值的。

目前，学界关于园林的研究已经取得了较为丰硕的成果。中国古典园林历史悠久、风格独特，具有丰富的文化内涵和艺术价值，当下学界对中国古典园林的艺术特点、美学风格、营造法式、历史演进等方面的研究都达到了相当的深度，如周维权的《中国古典园林史》、金学智的《中国园林美学》、汪菊渊的《中国古代园林史》等，都是较为重要的著作。而中国古典园林作为文人士大夫的生活场所与私人空间，又往往体现着不同历史时期士人的心态与精神面貌，承载着丰富的时代信息与文化内涵。因此，从文化的角度研究中国古典园林同样具有重要意义，而这方面的研究成果则以王毅的《中国园林文化史》为代表。

但是，由于实物遗存的缺乏和历史的久远，目前对中国古典园林的研

① 朱丽霞：《全国“经济生活与中国传统文学学术研讨会”综述》，载《文学评论》2006年第1期。

② 董乃斌：《经济视角与唐代文学研究的深入》，载《学术月刊》2006年第5期。

③ 朱丽霞：《全国“经济生活与中国传统文学学术研讨会”综述》，载《文学评论》2006年第1期。

究更多的还是集中于明清时期，对唐代园林，尤其是唐代私家园林的研究还远远不够。比较重要的著作只有李浩的《唐代园林别业考论》《唐代园林别业考录》，侯迺慧的《诗情与幽境——唐代文人的园林生活》，林继中的《唐诗与庄园文化》等寥寥几种。李浩的两本专著论录结合，既对唐代园林进行了美学角度的考察，又辑录了唐代七百多处园林，是唐代园林研究的重要著作，而侯迺慧、林继中的著作则从唐诗风貌、唐人的造园艺术及唐代诗人的生活、心态与园林的关系等方面入手，亦多有创获。

进入 21 世纪之后，隋唐园林研究所具有的巨大学术空间已经逐渐引起学者的关注，尤其是与文人、文学、文化相结合的研究日益增多，如朱玉麒的《唐代长安的建筑园林及其文学表现》、左鹏的《论唐代长安的园林别业与隐逸风习》、祁志祥的《柳宗元园记创作的文学价值和审美意义》等文章都颇有新意。而且这类研究正逐渐进入学位论文选题的视野，2003 年天津大学丁垚的硕士论文《隋唐园林研究——园林场所和园林活动》和 2005 年湖南师范大学赵湘军的硕士论文《隋唐园林考察》等都是这方面的代表，西北大学 2009、2010 两届古代文学硕士生更是对此有过集中的选题研究。近年来，博士学位论文也开始关注唐代园林，2013 年上海师范大学王书艳的《唐人构园与诗歌的互动研究》、2016 年西北大学李小奇的《唐宋园林散文研究》都是较有代表性的成果。不过，这些关于唐代园林的研究大多数都还是集中在园林与文学关系的讨论上，对园林承载的丰富信息挖掘不够，从经济角度入手进行探讨的更是寥寥无几，这也就为笔者的研究留下了巨大的空间。

海外汉学界方面，日本学者对唐代庄园经济的研究尤其值得重视。早在 20 世纪初，加藤繁就以《关于唐的庄园的性质及其由来》（《东洋学报》1917 年第 7 卷第 3 期）、《内庄宅使考》（《东洋学报》1920 年第 10 卷第 2 期）等文章对唐代庄园的研究做了开拓性的工作，进入 50 年代，则有周藤吉之的《唐宋五代的庄园制》（《东洋学报》1952 年第 12 期）深入讨论了唐宋庄园的形态。1981—1984 年，日野开三郎连续发表十三篇相关文章，又一次推进了唐代庄园经济的研究。不过，日本学者所集中讨论的庄园并不完全等同于园林，而其关注的中心主要是在经济方面，从文化、文学角度进行的思考相对有限，因此，这也同样为笔者的研究留下了可以拓展的空间。

从唐代园林经济的角度入手研究唐代文人的生活具有重要的意义。我们以往的文学研究往往更关注政治、文化等时代的、外部的大环境，而忽视文人日常生活的小环境，而小环境对于文人的影响往往更为具体、直接，而且许多时代的、外部的大环境都是通过日常生活的小环境作用于文人的，因此小环境的研究同样值得重视，而私家园林无疑是文人生活小环境中非常重要的一种，对唐代文人私家园林经济状况的研究有助于我们更加深入地了解文人的生活状态，从而帮助我们更好地理解其心态与创作。此外，由于学界对唐代园林经济方面的研究还不够深入透彻，笔者可能会花更多的精力先去解决一些史的问题，这也就意味着这一课题的研究不仅是文学研究，也是史学研究，而从园林和经济的交叉区域进行研究，往往容易发现很多单方面研究所不易发现的细节，而这些细节反过来又为园林或者经济的单方面研究提供了更为丰富的信息，可以使我们对一些问题有更加深入的认识，这也同样是本课题研究的重要意义。

二、研究范围与方法

本书的题目为《经济视角下的唐代文人园林生活研究》，而要明确这个题目的研究范围，就首先要对题目中的一些概念进行必要的界定，对这些概念有了明确定义之后，范围也就不言自明了。

其一：园林。唐代是中国古典园林发展史上的一个重要时期，私家园林步入兴盛，造园技法日趋成熟。但是我们应该注意的一点是，唐人并没有形成我们今天这样的园林概念，甚至没有形成园林这样一个固定的指称，除了“园林”一词之外，唐人笔下的林园、别业、池台、山池、山庄、山斋、草堂、林亭、郊居等词其实也大都有园林的含义[1]。因此，如果我们用今天的园林概念去衡量唐代的情况，显然不是完全合适的。比如，依据今天的一般观念，一座完整的园林应该有封闭的墙垣，或至少划定一个明确的空间范围，但是在唐人那里却似乎没有这样的认识，按照侯迺慧在《诗情与幽境——唐代文人的园林生活》一书中的说法，在唐人观念中，山居附近的自然山水同样也是园林的一部分[2]。其实不只是唐人，甚至直到明清，在许多画作中我们依然可以看到士人在山水间置一建筑并与周围自然风景结合为园林的例子，比如解缙的《为杜琼作东原草堂图轴》等。那么，应该怎样界定唐代园林才算比较合适呢？笔者认为园林首先要有人工的建设，此外还应该体现出一定的审美效果。因此，本书对唐代园林的界定就是"唐人的进行过一定审美经营的建筑组合"。这里的"组合"不仅仅指人工建筑之间的组合，也包括人工建筑与自然山水之间的组合。由于本书主要探讨的是园林经济与文人生活，所以侧重点必然会放在文人的私家园林上，对公共园林、寺观园林的关注相对较少，而皇家园林则基本上不在笔者的讨论范围之内。那么，这个私家园林又该怎样界定呢？私家园林显然应该是一个可供游赏、居住并具有私人产权的场所，因此我们只要据此将上面对唐代园林的界定进一步加以限定就可以了，即笔者本书所探讨的园林主要是"唐人进行过一定审美经营的、可供游赏和居住的、具有私人产权的场所"。从这个概念出发，山野中的简陋草堂和茅茨也在我们的讨论范围之中，因为它们虽然没有更多的审美营构，但其选址本身就是一种审美经营，而且这种经营也达到了一定的审美效果。同样，许多庄园也被纳入了园林之列，虽然有的庄园只是单纯的庄田而并无其他建设[3]，但也有相当一部分庄园明显进行过一定的审美经营，而且这类园林的经济特征体现得更为明显，在书中会反复涉及，可以指称为"有庄园性质的园林"或"庄

---

① 参见李浩：《唐代园林别业考论》，西北大学出版社，1998年。

② 侯迺慧：《诗情与幽境——唐代文人的园林生活》，东大图书股份有限公司，1991年，第11页。

③ 参见乌廷玉：《唐朝"庄园"说的产生发展及其在中国的流传和影响》，载《史学集刊》2000年第3期。

园型的园林”。

其二：经济。首先，要强调的一点是，这里的“经济”并不等同于经济学意义上的概念，胡明曾经在《中国传统文学与经济生活》一文中明确提出：“我们人文学者讨论的‘经济’后面的知识体系与经济学界谈的那一套很不相同，但这并不妨碍我们的学理感知具有强烈的人文气息与正义质性”[①]。其次，必须加以说明的是，书中常常提到的所谓园林经济，也并不是什么经济体系，甚至并不是一个有严格内涵和外延的学术概念，而是泛指涉及唐人园林的各种经济因素。而由于笔者只是从经济的视角去观察文人生活，所以本书事实上是在探讨唐代文人园林生活中与经济有关的内容，或者说是在探讨唐代文人在园林中的经济生活，这才是本书所提到的“园林经济”的主要内容。

其三：文人。在唐代，“文人”一词还没有成为一个专门的指称，并不存在文人这样一个特定的社会阶层或人群、集团[②]。因此我们也不太可能按照现在的概念去进行研究范围的限定。考虑到唐代园林经济的材料相对较少，我们也就将文人的范围放大一些，凡是有文学作品传世或者参与过文学活动的士人，都在本书所探讨的文人范围之内。这一界定一方面排除了身份特殊的皇室成员，另一方面也排除了参与文学活动的杂色人等，我们之后的讨论范围即以这一界定为标准。根据这一标准，我们也可以对前面提到的私家园林进行进一步的范围限定，即本书讨论的园林主要是文人拥有的或有过文人活动的士人私家园林，兼及部分和文人关系密切的公共园林、寺观园林。

在明确了研究范围之后，再简单地提一下本书的主要研究方法。唐代园林的实物遗存现在已经非常稀少，即使还有这样的实物遗存，对于经济活动这种动态过程的研究同样帮助有限，因此我们主要采取文献研究的方法，从典籍中搜索各种关于唐代文人园林经济的材料加以研究，在这一基础上再辅以必要的实地考察，比如笔者在研究过程中就曾专门赴辋川、樊

① 胡明：《中国传统文学与经济生活》，载《学术月刊》2006年第5期。

② 参见《诗情与幽境——唐代文人的园林生活》，第12页。

川、高冠峪、杜甫草堂等唐代有过典型文人园林的地方进行探访。但是，由于文人关注和吟咏的主要是园林的审美特点，因此留下的经济方面的材料相对要稀少得多，因此笔者在文献处理上也不得不采取一些特殊的变通：一方面，对记载明确、较为可靠的文献材料深加探究与考证，分析总结其一般规律后再举一反三；另一方面，在某方面的材料相对不足的情况下，则先从宏观上探讨唐代园林在该方面的普遍特点及规律，然后据此对文人园林的情况进行比对与勾勒。此外，在一些材料极度缺乏的问题上，则酌情参考一些非园林的庄园或非文人所有园林的材料，略加推断。

最后说明一点，本书中的引文大多遵循从简原则，以说明问题为目的，往往不引全诗全文，因此有些地方（尤其是在涉及园林界定的时候）可能会引起不大不小的误解，但通读原作或其他常见文献自可解决，文中也就不再一一解释说明了。此外，笔者不可能对所有唐人居所是否为园林进行逐一考证，因此本书所论及的唐代园林主要以李浩《唐代园林别业考录》一书中的收录为标准，在有比较可靠的证据的情况下，尽量补充一些其他确为园林的材料。

第一章　唐代文人获得园林的途径

探讨文人园林的经济状况，首先需要弄清楚产权问题，也就是说，文人是通过什么样的方式或者途径得到园林的。首先，私家园林是文人的一个居所，因此，举凡住宅产权的获得方式都可能成为园林的获得方式。其次，园林的根本是土地，所有的建筑、花木等都是附着在土地上的，土地的各种获得方式也同样具备成为园林获得方式的可能。因此，如果我们拓宽视野来看，文人获得园林的渠道其实是非常广阔的，如购买、继承、赏赐、垦荒等等，许多看似与园林无关的史料其实都可以提供有价值的信息。那么，在各种不同的途径中，哪些是文人获得园林的主要方式呢？其中的原因又是什么呢？这个问题的研究，不仅有助于我们理解唐代不动产的产权变更，而且可以从另一个侧面观察文人在其所处时代的社会地位及其相应的经济状况，进而对文人的园林活动以及心态有更深入的认识。

一、购买——文人获得园林的途径之一

在产权的各种转让方式中，买卖交易历来都是最主要的一种。具体到唐代文人的私家园林，也是如此。我们现在耳熟能详的许多著名园林，都是当时文人通过购买的方式获得的，如王维的辋川别业，原先是宋之问的；

裴度的绿野堂，最初为李龟年所有；白居易的履道池台，则是杨凭故居。这些园林产权的转让，只能是通过交易实现。而在唐人的诗文中，明确提到园林购买的也不在少数，比如钱起的《太子李舍人城东别业》中就有“君家北原上，千金买胜事”[①]，许浑的《湖州韦长史山居（皎然旧宅）》中也有“一官唯买昼公堂”[②]。因此，通过购买获得园林，显然是唐代文人普遍采用的一种方式。那么，文人购买园林是怎样一个过程呢？和其他人群的园林购买相比，文人购买园林是否具有自己的特点呢？

（一）唐代园林的交易

1. 交易许可

园林的交易在很大程度是土地的交易，因此必然和国家的土地政策有着密切的关系。

因为土地的兼并与集中既会造成普通民众的困难，又影响国家的税收和社会的稳定，所以唐代对土地的买卖是有一定限制的，这方面最经常被人提起的例证就是唐玄宗的两道诏书：

> 《禁买卖口分永业田诏》：天下百姓口分永业田，频有处分，不许买卖典贴。如闻尚未能断，贫人失业，豪富兼并。宜更申明处分，切令禁止。若有违犯，科违敕罪。[③]

> 《禁官夺百姓口分永业田诏》：如闻王公百官及富豪之家，比置庄田，恣行吞并，莫惧章程。借荒者皆有熟田，因之侵夺；置牧者惟指山谷，不限多少。爰及口分永业，违法卖买，或改籍书，或云典贴，致令百姓，无处安置。乃别停客户，使其佃食，既夺居人之业，

① 彭定求等编：《全唐诗》卷二三六，中华书局，1960年，第2614页。（后文引同一文献资料，信息著录从简——编者注。）

② 《全唐诗》卷五三四，第6093页。

③ 董诰等编：《全唐文》卷三〇，上海古籍出版社，1990年，第146页。

实生浮惰之端。远近皆然，因循亦久，不有厘革，为弊虑深。……[①]

这两道诏令，一方面说明官方对土地买卖、兼并持反对态度，另一方面也说明这种现象一直是一种无法禁绝的客观存在。事实上，当时对土地交易也仅仅是限制，并不是取缔。而且这种限制主要是针对国家分配的口分田，《唐律疏议》卷一二《户婚律》中规定："诸卖口分田者，一亩笞十，二十亩加一等，罪止杖一百；地还本主，财没不追。即应合卖者，不用此律。"其中所谓"即应合卖者，不用此律"，疏中说明是："谓永业田家贫卖供葬，及口分田卖充宅及碾硙、邸店之类，狭乡乐迁就宽者，准令并许卖之。其赐田欲卖者，亦不在禁限。其五品以上若勋官，永业地亦并听卖。"[②]《通典》卷二《田制下》也记载道："诸庶人有身死家贫无以供葬者，听卖永业田，即流移者亦如之。乐迁就宽乡者，并听卖口分。（卖充住宅、邸店、碾硙者，虽非乐迁，亦听私卖。）诸买地者，不得过本制，虽居狭乡，亦听依宽制，其卖者不得更请。"[③]可见，即使是在实施均田制的唐代前期，法令也为土地买卖提供了足够的空间，而在均田制被破坏的中晚唐，土地买卖更是成为一种普遍现象。可以说，土地交易的普遍存在，为唐代文人购买园林提供了一个最基本的可能。

唐朝政府对土地交易进行一定的限制，主要是为了防止土地的过分集中，《唐律疏议》卷一三《户婚律》中说得很明白，构成违法的主要是"占田过限"："若占田过限者，一亩笞十，十亩加一等；过杖六十，二十亩加一等，一顷五十一亩，罪止徒一年。又，依令：'受田悉足者为宽乡，不足者为狭乡。'若占于宽闲之处，不坐。"[④]可见，唐代对土地买卖的限制主要是田地，目的是抑制兼并，因此，只要不违反这一原则，一般的园林买卖应该不在限制之列。例如发布于元和八年（813）的《赐王公等所有庄宅等任典贴货卖敕》中就规定："应赐王公、公主、百官等庄宅、碾硙、店铺、车坊、园林

---

① 《全唐文》卷三三，第156页。

② 长孙无忌：《唐律疏议》卷一二《户婚律》，刘俊文点校，中华书局，1983年，第242页。

③ 杜佑：《通典》卷二《田制下》，中华书局，1988年，第31页。

④ 《唐律疏议》卷一三《户婚律》，第244页。

等，一任贴典货卖，其所缘税役，便令府县收管。”[①]而且不仅在诏令中有这样的明确说明，官方的一些做法也给我们提供了佐证。《唐两京城坊考》卷三“崇仁坊”中“西南隅，玄真观”一则里记载：“东有山池别院，即旧东阳公主亭子……初欲出卖，官估木石当二千万，山池仍不为数。”[②]既然是官方估价，那自然是合法的了。东阳公主是唐中宗之女，也就是说，即使在对土地交易限制较严的唐代前期，园林的买卖同样是官方许可的行为。

2. 交易过程

园林的买卖既然是政府许可的行为，那自然也就有相应的交易程序。毕竟，房产、地产的转让不同于小商品的买卖。但是，由于在这方面几乎找不到什么直接的材料，我们只能从唐代土地的买卖过程中去略加探寻。

园林的交易，首先需要买卖双方达成一致，这一点是毋庸置疑的。在买卖双方达成一致之后，从现存文献可以推知的，主要还需要以下几个步骤。

第一，申牒。所谓申牒，通俗讲，就是到官府的相关部门进行登记并申请许可。土地、户口，历来都是国家征收赋役的根本，而为了确保赋役的正常征收，就必须对相关情况进行登记造册。因此，只要涉及土地产权的变更，无论是通过何种方式，都必须向相关部门申牒。《通典》卷二《田制下》中记载：“凡卖买，皆须经所部官司申牒，年终彼此除附。若无文牒辄卖买，财没不追，地还本主。”[③]非但买卖，通过其他方式获得土地，也需要这一过程，否则便被视为非法。如《唐律疏议》卷一三《户婚律》中就规定：“计口受足以外，仍有剩田，务从垦辟，庶尽地利，故所占虽多，律不与罪。仍须申牒立案，不申请而占者，从‘应言上不言上’之罪。”[④]由此推断，私家园林的交易过程中，申牒是必不可少的一个步骤。由于申牒的相关文献都应由官方的相关部门保存，现在又没有实物留存，我们很难了解到具体是怎样一个过程。但是从律令制度的规定来推断，这一步骤的存在应该

---

① 刘昫等：《旧唐书》卷一五《宪宗下》，中华书局，1975年，第448页。

② 徐松撰，李健超增订：《增订唐两京城坊考》卷三，三秦出版社，2006年，第82页。

③ 《通典》卷二《田制下》，第31页。

④ 《唐律疏议》卷一三《户婚律》，第244页。

是无疑的。

第二，订立契约。在买卖双方达成一致并获得政府部门许可之后，接下来的一个重要步骤就是订立契约了。敦煌文书中大量契约的存在说明：在唐代，只要达到一定额度的交易，都需要买卖双方签订契约。而像私家园林这样大宗不动产的交易，显然更不会例外。契约的签订，也就意味着园林产权的转让从法律意义上的完成。虽然唐代直接涉及园林买卖的契约没有传世，但敦煌吐鲁番文书中却有大量土地田宅买卖的契约保存了下来，如斯二〇九二背《张来儿卖宅舍契》、伯三三三一《后周显德三年兵马使张骨子买舍契》等等[①]，这也让我们可以从一个侧面去了解唐人园林买卖的契约情况。兹以《刘元简买地券》为例，该契约全文如下：

> 维大中元年岁次丁卯八月甲午朔廿一日甲寅。□□刘元简为亡考押□刘□□墓。于定州安喜县□虞乡晖同村。于百姓乔元静边。用钱五十五贯文。买地一段一十亩。充永业墓地。东自至。西至吴侍御墓。南自至。北自至（下缺）卖地领钱人乔元静。（下缺）保人李□□、阎如约。东至青龙。西至白虎。南到朱雀。北至玄武。上至青天。下至黄泉。并归刘氏。先有居者。远避万里。石券分明。（下缺）知见人。岁月主者。一定以后，主人大富贵。[②]

这份《刘元简买地券》比较完整地体现了唐代土地、宅舍买卖的契约通常所需要具备的内容，主要包括买卖时间、买卖双方姓名、买卖价格、买卖土地的四至、保人姓名、见证人姓名这六个方面。当然，并非所有的契约都具备这六方面的内容，但基本上还是大同小异的，此处就不再多作引用了。唐代文人买卖园林的契约我们今天已经无缘看到，但这一环节的存在是确凿无疑的。《杜诗详注》附编中引用了陈文烛《重修瀼西草堂记》中的一段记载："先生当天宝乱后，……，其居三徙，有客堂，有东屯，而瀼西尤著。地多平旷，田可水稻。先生出峡，即易其主，而所手书券，宋元间得而

① 参见沙知录校：《敦煌契约文书辑校》，江苏古籍出版社，1998年，第3—27页。

② 陈尚君辑校：《全唐诗补编》，中华书局，2005年，第2410页。

珍之。”[①]说明杜甫的瀼西草堂在发生产权转移的时候，确有契约，其内容虽已不得而知，但应该与敦煌吐鲁番的契约文书相类似。而其他文人购买园林，应该也是如此。

第三，缴税。缴税这一环节究竟是否存在，似乎还可作进一步的探讨，因为笔者在唐代的相关史料中并没有发现明确记载。但是《册府元龟》卷五〇四五代后唐时期赵燕的一份奏疏——《条理庄宅买卖奏》中却提道："切见京城人买卖庄宅，官中印契，每贯抽税契钱二十文，其市牙人每贯收钱一百文。”[②]很明显，庄宅的买卖在经过官府的环节中需缴纳一定比例的税钱（如果买卖过程中有牙人参与，还要给牙人相应的提成）。后唐长兴二年（931）的敕令中也有："其所买卖田地，仍令御史台委本处巡按御史，旋旋给与公凭，仍免税契。”[③]将免税作为一项特别优待提出，恰恰说明田宅买卖达成契约时需要缴纳税款，已经是大家熟知的规定。五代时期的许多制度都承自唐代，因此，唐代文人购买园林很可能也需要缴纳一定份额的税款。虽然唐代的相关文献对此没有任何明确的记载和规定，但笔者认为这一环节存在的可能性还是相当大的。毕竟，既然相关手续需要经过官府，那收取一定的手续费合情合理，而买卖本身又是一种商业行为，政府从中抽税也是理所当然。更能说明问题的是，交易税在唐代是确实存在的，单从这一点来看，房产的交易显然也应该缴税，至于具体税额，则完全可以参考唐代交易税长期保持的百分之二的税率来计算。

3. 交易价格

唐代园林的交易，其合法性毋庸置疑，主要环节也已基本清楚，接下来的问题就应该是一些具体细节方面的了。这当中，最重要的一个问题就是价格。通常情况下，唐人购买一座园林需要花多少钱呢？弄清楚这个问题，不仅有助于我们了解唐代土地的价格，还可以帮助我们了解唐代文人的经济状况。

---

① 杜甫著，仇兆鳌注：《杜诗详注》附编，中华书局，1979年，第2253页。

② 王钦若等编纂：《册府元龟》卷五〇四《关市》，凤凰出版社，2006年，第5753页。

③ 王溥：《五代会要》卷二六，中华书局，1998年，第317页。

或许是由于文人耻于言利的心理，现在能找到的关于唐代园林交易的价格记录少之又少，我们已经很难确定购买一座园林的一般价位是多少。但是，通过这些有限的材料，还是可以发现许多有价值的信息。

明确提及园林交易具体价格的记录，笔者目力所及的只有如下几条：

> 丘之小，不能一亩，可以笼而有之。问其主，曰："唐氏之弃地，货而不售。"问其价，曰："止四百。"予怜而售之。……以兹丘之胜，致之丰、镐、鄠、杜，则贵游之士争买者，日增千金而愈不可得。今弃是州也，农夫渔父过而陋之，价四百，连岁不能售。而我与深源、克己独喜得之，是其果有遭乎！[①]

> 长宁公主……取西京高士廉第、左金吾卫故营合为宅，右属都城，左頫大道，作三重楼以冯观，筑山浚池。帝及后数临幸，置酒赋诗。又并坊西隙地广鞠场。……韦氏败，斥慎交绛州别驾，主偕往，乃请以东都第为景云祠，而西京鬻第，评木石直，为钱二十亿万。[②]

> 东有山池别院，即旧东阳公主亭子，……初欲出卖，官估木石当二千万，山池仍不为数。[③]

> 上都永平里西南隅，有一小宅，……大历年，安太清始用二百千买得，后卖与王姁。传受凡十七主，皆丧长。布施与罗汉寺，寺家赁之，悉无人敢入。有日者寇鄘，出入于公卿门，诣寺求买，因送四十千与寺家。寺家极喜，乃传契付之。有堂屋三间，甚庳，东西厢共五间，地约三亩，榆楮数百株。门有崇屏，高八尺，基厚一尺，皆炭灰泥焉。……[④]

① 柳宗元：《钴鉧潭西小丘记》，见《全唐文》卷五八一，第2600页。
② 欧阳修、宋祁：《新唐书》卷八三《诸帝公主列传》，中华书局，1975年，第3653页。
③ 《增订唐两京城坊考》卷三《崇仁坊》，第82页。
④ 李昉等编：《太平广记》卷三四四《寇鄘》，中华书局，1961年，第2725页。

贞元十二年（796），使通儿往海陵卖一别墅，得钱一百贯。……[①]

其兄宰，方货城南一庄，得钱一千贯，悉将分给五妹为资装。[②]

中和中，将家于义兴，置一别墅，用缗钱二百千。[③]

除了直接涉及买卖的价格外，还有一些估价的记录可以作为参考，比如《贞观政要》卷五载：

即位之初，处元律师死罪，孙伏伽谏曰："法不至死，无容滥加酷罚。"遂赐以兰陵公主园，直钱百万。[④]

通过对这仅有的几条材料的分析，我们不难得出如下结论：

第一，据"官估木石当二千万，山池仍不为数"和"评木石直，为钱二十亿万"推断，园林的估价是分类进行的，木石、山池、土地都有各自的价格，因此，购买成品的园林和购买半成品重新建设，花费肯定是不同的，甚至有的文人最初只是以买宅买地为主，然后再通过自己的经营来强化其园林特征的。像白居易的履道池台，原为"故散骑常侍杨凭宅"[⑤]，虽有小池等园林特征，但营造并不充分，诸如太湖石、华亭鹤之类，都是白居易自己后来添置的，因此白居易的园林购买可能主要是土地和房屋的购买。又如刘禹锡的《题王郎中宣义里新居》，诗中对这处园林的描述是"爱君新买街西宅，客到如游鄠杜间。雨后退朝贪种树，申时出省趁看山"[⑥]，也是在买宅后再进一步种树造园。再如孟郊《送豆卢策归别墅》中"力买奇险地，手开清浅溪"[⑦]的描写，也明显是买地经营，造为别墅的。而两位公主的园林同在西京，土地价格相差应该不大，但木石值却又有巨大差距，可见一座成

① 《太平广记》卷四三六《卢从事》，第3541页。
② 《太平广记》卷一五七《李敏求》，第1128页。
③ 《太平广记》卷一一七《孙泰》，第820页。
④ 吴兢：《贞观政要》卷五，骈宇骞译注，中华书局，2011年，第156页。
⑤ 《旧唐书》卷一六六《白居易传》，第4354页。
⑥ 《全唐诗》卷三五九，第4054页。
⑦ 《全唐诗》卷三七八，第4245页。

品园林的价格在很大程度上取决于木石、山池等的价值。

第二，据“以兹丘之胜，致之丰、镐、鄠、杜，则贵游之士争买者，日增千金而愈不可得。今弃是州也，农夫渔父过而陋之，价四百，连岁不能售”推断，土地的价格是有明显的地区差异的，边疆地区的地价远低于中原地区。这一点我们还可以从敦煌文书中得到佐证，兹举二例：

> 共七畦十亩。……都计麦一十五硕。粟一硕。（斯一四七五背《未年（八二七？）工部落百姓安环清卖地契》）[①]

> 有地七畦共三十亩。……生绢五疋，麦粟五十二硕。（伯三六四九背《后周显德四年（九五七）敦煌乡百姓吴盈顺卖地契》）[②]

韩国磐曾计算出，敦煌和吐鲁番地区物价情况是绢价是每匹四百六十文左右，粮价为粟平均每石二百九十五文、麦平均每石三百四十五文[③]。由于这一物价主要是天宝年间的，所以此处仅仅是拿来作为一个参考。如果用这一物价和上面的材料作比对，则安环清的地价约为每亩五百四十七文，吴盈顺的地价为每亩六百三十一文。可以说和永州地区基本上是同一水平的（永州西小丘不足一亩且连岁不售，故四百钱的价格应该低于正常，可视为与敦煌相近）。而前文提到的《刘元简买地券》为“用钱五十五贯文。买地一段一十亩”，一亩地卖到五千五百文，显然要贵得多。只可惜，这一地券所反映的地域我们已经不得而知。

土地价格的差异往往能够直接导致园林价格的差异，而刘禹锡《城东闲游》中的“千金买绝境”[④]一语，也为长安地区园林价格的昂贵提供了一个佐证。

第三，据“丘之小，不能一亩，可以笼而有之。问其主，曰：‘唐氏之弃地，货而不售。’问其价，曰：‘止四百。’”中流露出的感情色彩来推断，一

① 《敦煌契约文书辑校》，第1页。

② 《敦煌契约文书辑校》，第30页。

③ 韩国磐：《隋唐五代史论集》，三联书店，1979年，第226页。

④ 《全唐诗》卷三五七，第4020页。

亩园地的售价，四百钱基本可以算作是下限。但一座园林的一般价格，因地域、经营程度的差异，现在已经无法确定。比如同在江南，孙泰置一别墅“用缗钱二百千”，而“通儿往海陵卖一别墅，得钱一百贯”；同在京城，也有“官估木石当二千万”和“评木石直，为钱二十亿万”的巨大差异。

其实，唐人购买园林的具体开销，我们今天已经很难知道了。一方面，不同的时期和地域，都会导致物价上的差异，我们已经不可能掌握全面的信息；另一方面，文人购买的园林在规模、地理位置等方面各有特点，即使能确定某几个方面的价格信息，也很难据此推断其他。因此，我们现在探讨唐人购买园林的价格，只是根据现存的信息去作一个大致的把握，从而为了解文人的经济状况提供一种参考而已。

（二）购买园林的文人群体

上文已经从宏观的角度探讨了唐代文人购置一座园林需要经过什么样的步骤，可能需要多少花费。接下来，我们将把目光集中在购买园林的文人群体上（在此，我们强调的是购买对象的“园林”和购买群体的“文人”这两个要素，因此，纯粹出于置产目的而进行的土地购买，并不在考察之列。但是在购买土地时就已经抱有将其经营为园林的设想的，可以纳入讨论）。那么，唐代购买园林的文人有哪些共同特点？这当中的原因是什么？又体现了文人们怎样的心态呢？

翻检相关史料，在文人的私家园林中，史籍中明确记载是通过购买途径获得的，主要有：

卢照邻的具茨山园：“乃去具茨山下，买园数十亩，疏颍水周舍，复豫为墓……”[①]

王维的辋川别业：“得宋之问蓝田别墅，在辋口，辋水周于舍下。”[②]

李幼卿的城东别业：“君家北原上，千金买胜事。”

---

① 《新唐书》卷二〇一《卢照邻传》，第5742页。

② 《旧唐书》卷一九〇《王维传》，第5052页。

柳宗元的愚丘愚泉、钴鉧潭及西小丘："愚溪之上，买小丘为愚丘。自愚丘东北行六十步，得泉焉，又买居之为愚泉。"[①]"丘之小不能一亩，可以笼而有之。问其主，曰：'唐氏之弃地，货而不售。'问其价，曰：'止四百。'予怜而售之。""钴鉧潭在西山西。……其上有居者，以予之亟游也，一旦款门来告曰：'不胜官租私券之委积，既芟山而更居，愿以潭上田贸财以缓祸。'予乐而如其言。……"[②]

王郎中宣义里新居："爱君新买街西宅，客到如游鄠杜间。雨后退朝贪种树，申时出省趁看山。门前巷陌三条近，墙内池亭万境闲。见拟移居作邻里，不论时节请开关。"[③]

豆卢策的别墅："短松鹤不巢，高石云不栖。君今潇湘去，意与云鹤齐。力买奇险地，手开清浅溪。身披薜荔衣，山陟莓苔梯。一卷冰雪文，避俗常自携。"[④]

裴度的绿野堂："开元中，乐工李龟年能歌，特承顾遇，于东都通远坊大起第宅，僭侈逾于公侯，中堂制度，甲于都下。其后裴晋公度购得之，移于定鼎门别庐，号绿野堂。"[⑤]

白居易的履道池台："于履道里得故散骑常侍杨凭宅……"[⑥]

元宗简的升平新居：白居易有《和元八侍御升平新居四绝句》，详述其土山高亭等园林景观，又在《题新居寄元八》中称"莫羡升平元八宅，自思买用几多钱"[⑦]。

李德裕的平泉山庄："前守金陵，于龙门之西，得乔处士故居。"[⑧]

杜牧的阳羡别墅："杜牧之，唐人。殖产阳羡，因卜居焉。今荆溪北有

---

① 柳宗元：《愚溪诗序》，见《全唐文》卷五七八，第2589页。

② 柳宗元：《钴鉧潭记》，见《全唐文》卷五八一，第2600页。

③ 刘禹锡：《题王郎中宣义里新居》，见《全唐诗》卷三五九，第4054页。

④ 孟郊：《送豆卢策归别墅》，见《全唐诗》卷三七八，第4245页。

⑤ 《增订两京城坊考》卷五，第441页。

⑥ 《旧唐书》卷一六六《白居易传》，第4354页。

⑦ 《全唐诗》卷四四二，第4934页。

⑧ 李德裕：《平泉山居诫子孙记》，见《全唐文》卷七〇八，第3220页。

荒址，旧即牧之水榭，题咏甚多。”[①]

韦长史在湖州的山居：“一官唯买昼公堂，……”

许浑的丁卯别墅：“尝分司朱方，买田筑室，后抱病退居丁卯涧桥村舍……”[②]

其实，唐代文人通过购买途径获得的园林远远不止这些，只可惜留下确切记载的却寥寥无几。为严谨起见，同时也是为了避免过于烦琐和枝蔓，本书就暂以上述几个园林的购买者为考察核心，来探究唐代通过购买方式获得园林的文人所具备的共同特点，并适当地加以推衍。

通过对上面十几位购买园林的文人进行比较，笔者发现他们身上有许多共同之处，其中值得注意的主要有以下几个方面的特点：

1. 文人身份：多曾为官

如果对这些文人购买园林的时间略加考释，我们很容易发现：这些文人购买园林都是在出仕做官之后，而且除卢照邻是“调新都尉，病去官”[③]，即离开官位后才有购买行为外，其他人大都是在做官的时候购买了园林。具体情况如下：

王维购买辋川别业的时间，林继中在《栖息在诗意中——王维小传》一书后附《王维简谱》中定为天宝三载（744），当时王维的官职是左补阙。[④]

李幼卿购买城东别业时，官居太子舍人。

柳宗元购买愚丘愚泉、钴鉧潭及西小丘是在贬官永州之时，为永州司马。

王郎中购买宣义里新居时，亦有郎中官衔。

裴度购买绿野堂的时间和官职，《新唐书·裴度传》记载道：“（大和）八年，徙东都留守，俄加中书令。……时阉竖擅威，天子拥虚器，搢绅道丧，度不复有经济意，乃治第东都集贤里，沼石林丛，岑缭幽胜。午桥作别

---

① 转引自《唐代园林别业考录》，第213页。

② 辛文房著，傅璇琮等校笺：《唐才子传校笺》卷七，中华书局，1995年，第240页。

③ 《新唐书》卷二〇一《卢照邻传》，第5742页。

④ 林继中：《栖息在诗意中——王维小传》，河北大学出版社，2000年，第327页。

墅，具燠馆凉台，号绿野堂，激波其下。”[①]

白居易购买履道池台的时间，据《旧唐书·白居易传》记载：“初，居易罢杭州，归洛阳。于履道里得故散骑常侍杨凭宅……”，“长庆二年（822）七月，除杭州刺史，……秩满，除太子左庶子，分司东都。宝历中，复出为苏州刺史”[②]，应该是在长庆末年，时任太子左庶子。

元宗简购买升平新居时，官居侍御史。

李德裕购买平泉山庄，按《旧唐书·李德裕传》中“东都于伊阙南置平泉别墅，……初未仕时，讲学其中”[③]，似乎是早已购买，但据李德裕亲笔所作的《平泉山居诫子孙记》中“前守金陵，于龙门之西，得乔处士故居……”的说法，则分明是在金陵任职时所购，此处应以当事人自己的说法为准。查检李德裕履历，唯有任职浙西时可称“守金陵”，“德裕凡三镇浙西，前后十余年”[④]，平泉山庄的具体购置时间，据《李德裕年谱》，当在初镇浙西时的长庆末、宝历初[⑤]。

杜牧购置阳羡别墅，且“卜居焉”，必然曾经亲至其地。阳羡在唐代属江南西道常州，而目前所知杜牧的履历中并无在常州任职的记录。杜牧集中关于阳羡别墅的诗作只有两篇，即《许七侍御弃官东归，潇洒江南，颇闻自适，高秋企望，题诗寄赠十韵》[⑥]和《李侍郎于阳羡里富有泉石，牧亦于阳羡粗有薄产，叙旧述怀，因献长句四韵》[⑦]。许七侍御即许浑，据《唐才子传》中“大中三年（849），拜监察御史，历虞部员外郎，睦、郢二州刺史。尝分司朱方，买田筑室，后抱病退居丁卯涧桥村舍”[⑧]的记载，其“弃官东归”必然在大中三年之后。李侍郎据陶敏考证为李褒。[⑨]李褒，《旧唐书》称：“开

① 《新唐书》卷一七三《裴度传》，第5218页。
② 《旧唐书》卷一六六《白居易传》，第4354、4353页。
③ 《旧唐书》卷一七四《李德裕传》，第4528页。
④ 《旧唐书》卷一七四《李德裕传》，第4521页。
⑤ 傅璇琮：《李德裕年谱》，齐鲁书社，1984年，第167—169页。
⑥ 杜牧著，冯集梧注：《樊川诗集注》，上海古籍出版社，1962年，第121页。
⑦ 《樊川诗集注》，第149页。
⑧ 《唐才子传校笺》卷七，第237—240页。
⑨ 陶敏编撰：《全唐诗人名考证》，陕西人民教育出版社，1996年，第772页。

成元年（836）……起居舍人李褒有痼疾，请罢官”[①]，又《唐语林》卷四“栖逸”中有“李尚书褒，晚年修道，居阳羡川石山后。长子召为吴兴，次子昭为常州，当时荣之”[②]，则“李侍郎于阳羡里富有泉石”也应该是开成元年之后的事情。开成元年之后，杜牧累任地方官的辖地中，以大中四年至五年任湖州刺史时与阳羡最为接近。阳羡南与湖州长兴县接壤，大中五年，杜牧还曾亲至长兴顾渚山监督采茶[③]。再结合许浑的罢官时间是在大中三年后，我们可以推断杜牧购置阳羡别墅的时间应该是在其任湖州刺史期间，即大中四年秋至大中五年秋之间。

韦长史在湖州的山居，显然是其任湖州长史时所购置。

许浑购置丁卯别墅，《唐才子传》透露出的信息是：“浑，字仲晦，润州丹阳人，圉师之后也。大和六年（832）李珪榜进士，……，久之，起为润州司马。大中三年，拜监察御史……尝分司朱方，买田筑室，后抱病退居丁卯涧桥村舍……”[④]则许浑购置别墅是“尝分司朱方”之时，也即“起为润州司马”的时候，只是到大中年间才“抱病退居”而已。

通过以上考释，购园文人大都曾经出仕为官这一点是很明显的。这当中唯一的例外是豆卢策，从鲍溶《悼豆卢策先辈》中“室人万里外，久望君官职。今与牵衣儿，翻号死消息”[⑤]的描述来看，其似乎是一生未沾皇命而布衣终老之人。

2. 购园地点：多非本贯

如果把这些文人的籍贯一一整理出来的话，我们又可以看出：上述文人购买园林的地点，大都不在自己的本贯。具体情况如下：

卢照邻本贯范阳，据《旧唐书·卢照邻传》：“卢照邻，字升之，幽州范阳人也。”[⑥]其具茨山园位于河南的具茨山下。

---

① 《旧唐书》卷一七六《李让夷传》，第4566页。
② 王谠撰，周勋初校正：《唐语林校证》卷四，中华书局，1987年，第398页。
③ 缪钺：《杜牧传》，百花文艺出版社，1999年，第126页。
④ 《唐才子传校笺》卷七，第231—240页。
⑤ 《全唐诗》卷四八五，第5514页。
⑥ 《旧唐书》卷一九〇上《卢照邻传》，第5000页。

王维本贯太原，后迁于蒲。据《旧唐书·王维传》："王维，字摩诘，太原祁人。父处廉，终汾州司马，徙家于蒲，遂为河东人。"[①] 其辋川别业位于长安东南。

李幼卿本贯陇西，据独孤及《琅琊溪述（并序）》："陇西李幼卿，字长夫。"[②] 其城东别业所在地为长安城东。

柳宗元本贯河东，据《旧唐书·柳宗元传》："柳宗元，字子厚，河东人。"[③] 其愚丘愚泉、钴鉧潭及西小丘位于永州。

王郎中本贯不详，若为士族出身，则可能是琅琊或太原，其宣义里新居在长安宣义里。

豆卢策本贯亦不明，似为胡姓士族，则祖居之地应在北方。而韦应物《送豆卢策秀才》又称"子有京师游，始发吴阊门"[④]，可见其又是从苏州启程赴京应举求仕的，很可能和当时许多士人一样因避乱而流落江南。据孟郊《送豆卢策归别墅》中的"君今潇湘去"，则其别墅在今湖南一带，与上述地域皆不同。

裴度本贯河东闻喜，据《旧唐书·裴度传》："裴度，字中立，河东闻喜人。"[⑤] 其绿野堂位于洛阳定鼎门外。

白居易本贯太原，后徙下邽。据《新唐书·白居易传》："白居易，字乐天，其先盖太原人。北齐五兵尚书建，有功于时，赐田韩城，子孙家焉。又徙下邽。"[⑥] 其履道池台位于洛阳城东南的履道坊。

元宗简本贯洛阳，据白居易《故京兆元少尹文集序》："居敬姓元名宗简，河南人。"[⑦] 其升平新居在长安升平坊。

李德裕本贯河北赵郡，据《旧唐书·李德裕传》："李德裕，字文饶，赵

---

① 《旧唐书》卷一九〇下《王维传》，第5051页。
② 《全唐文》卷三八九，第1753页。
③ 《旧唐书》卷一六〇《柳宗元传》，第4213页。
④ 《全唐诗》卷一八九，第1940页。
⑤ 《旧唐书》卷一七〇《裴度传》，第4413页。
⑥ 《新唐书》卷一一九《白居易传》，第4300页。
⑦ 《全唐文》卷六七五，第3055页。

郡人。”[①] 其平泉山庄位于洛阳城南。

杜牧本贯京兆，据《旧唐书·杜佑传》：“杜佑，字君卿，京兆万年人。”[②] 其阳羡别墅位于阳羡。

韦长史情况不明，疑为京兆韦氏，其山居在湖州。

许浑本贯润州，据《唐才子传》：“浑，字仲晦，润州丹阳人，圉师之后也。”其丁卯别墅位于润州。

根据以上稽考结果，我们可以很清楚地看到，除许浑外，其他几位文人购买的园林都不在其家乡，此亦真可谓是“居安即永业，何者为故山”[③] 了。

3．综合分析

以上主要是对购园文人的群体特点进行总结归纳，虽然这些考释无法涵盖所有购买园林的文人，但从抽样的角度来看，在典型性较为可靠的情况下，结果所显示的比例还是非常明显的。因此，我们也有理由相信其普遍性，接下来的工作就是对这些特点进行综合分析，探讨形成这些特点的原因。

首先来看第一个特点，为什么文人购买园林都是在出仕之后呢？笔者认为，其中一个很重要的原因是经济条件的限制。唐代文人拥有私家园林的，既有出身于世家大族者，也有来自普通家庭的。对世家大族出身的文人来说，其家族的不动产中往往已经有园林，这些文人可以通过继承的方式去享用（关于这一点，下一节将展开讨论），因此这类文人购买园林的需求不大，即使购买，也往往是在出仕任地方官远离旧有园林的时候，在这一点上，杜牧可以算是一个较为典型的例子。而对普通士人来说，他们的经济条件决定了他们只有在担任官职获得丰厚的官俸之后，才具备购买园林的经济基础。前文已经考察了唐代园林的价格，在通常情况下，这个价钱对一般家庭来说是承受不起的。据张安福在《唐代农民家庭经济研究》一书中的考证，唐代在实施均田制时期，一般农民家庭一年劳作之后的积

---

① 《旧唐书》卷一七四《李德裕传》，第4509页。

② 《旧唐书》卷一四七《杜佑传》，第3978页。

③ 于濆：《村居晏起》，见《全唐诗》卷五九九，第6929页。

蓄大致为：粟14.9石，绢帛0.5匹，钱230文。[①]实施两税法之后即使有变化，也不会特别大。而这个收入水平相对于一座成品园林的价格，实在是九牛一毛。而普通家庭的士人通过科举进入仕途之后，便可以获得相对稳定的官俸，而且正常情况下还会随着官职的升迁渐趋丰厚，从而能够支撑起他们的园林购买活动。官至宰相的张九龄，曾在《让赐宅状》中表态"臣之俸禄，实为丰厚，以此贸迁，足办私室"[②]，正可见出身寒门的士人例以官俸为置产的最大支撑。元稹在元和四年（809）最初有置产购园的想法时说的是"旋抽随日俸，并买近山园"[③]，杜甫在《重过何氏五首》其五中也曾感慨过"何路沾微禄，归山买薄田"[④]，而白居易的《斋居》中亦有"厚俸将何用，闲居不可忘。明年官满后，拟买雪堆庄"[⑤]。这样的话，类似种种，皆可为证。从上面的辑考可以看出，文人购买园林的活动不但发生在出仕之后，而且以居官很久、已进入中年甚至晚年时才购园为主流。这也从一个侧面说明，即使为官，也要逐步升迁、多年积蓄，方可支持园林购买。所谓"借问池台主，多居要路津。千金买绝境，永日属闲人"[⑥]，只有足够高的官位，才能保证其收入和家底足以支撑千金买园的行为。李德裕出身世家大族且父亲官至宰辅，应该有足够的经济实力，然其购置平泉山庄时也已年近四十，为地方大员。柳宗元购买园林时虽未到中年且官场失意，但他面对的是一亩地四百钱的低廉价格，而且是半成品的自然山水园，只需负担地价，相对于购园于都会的文人来说，显然不具备太大的参考意义。而上述十三人中唯一没有官衔的豆卢策，反倒很可能和柳宗元的情况比较接近，从"君今潇湘去，意与云鹤齐。力买奇险地，手开清浅溪"的描述来看，他是先在较荒僻的地方买地，然后再将其经营成园林，则该园最初的购买价格应该也比较低廉，是白身士子能够勉强负担得起的。除此之外，杜牧倒是一

① 张安福：《唐代农民家庭经济研究》，中国社会科学出版社，2008年，第199页。

② 《全唐文》卷二八九，第1299页。

③ 元稹：《东台去》，见《全唐诗》卷四〇九，第4545页。

④ 《全唐诗》卷二二四，第2399页。

⑤ 《全唐诗》卷四五一，第5101页。

⑥ 刘禹锡：《城东闲游》，见《全唐诗》卷三五七，第4020页。

个值得一说的例子，作为京兆杜氏，又是宰相杜佑之孙，按说应该有足够的经济实力。但他一生中屡次为俸禄而求外放，而且在其《上宰相求湖州第二启》中明确说过“京中无一亩田，岂可同归”[①]，显然没有购置产业，直到晚年在湖州时，才有了购买园林的行为。士族子弟尚且如此，普通士人也就可想而知了。元稹出仕最初是“贫贱夫妻百事哀”[②]，为官多年之后是“今日俸钱过十万”[③]，正可为广大寒门士子作一写照。我们还可以再看一下白居易的例子，其在洛阳购置园林时已经为官多年，居然还是没有充足的钱财，以至于还要以两匹马作为添头，即《洛下卜居》中所云之“未请中庶禄，且脱双骖易”[④]，为官多年尚且如此，可见园林的价格绝非一般文人所能承担。所谓“谁言有策堪经世，自是无钱可买山”[⑤]，薄祚寒门，置产不易，自古皆然。普通文人，亦概莫能免！

其次来看第二个特点，为什么唐代文人购买园林大都远离故乡呢？笔者认为，人口的迁移流动是一个很重要的原因，唐代是中国人口迁徙较为活跃的一个时期，文人购买园林纷纷背离本贯也是一件很正常的事情。关于此时期的人口迁移，因有专门研究，此处不再赘论。但笔者更感兴趣的是，这种背离本贯购置园林的现象，是否意味着文人的这一购买行为，其置办产业的性质相对薄弱呢？唐代的许多园林兼有庄园的性质，但是这种庄园大都在园主的本贯，是园主作为当地世家大族的经济基础。如京兆韦氏的园林多集中在长安附近，且大都具有庄园性质，如韦嗣立的骊山别业、韦应物的澧上幽居、中宗韦后宗人的韦曲庄等。又如赵郡的李氏别业，《元和郡县图志》卷一七“河北道赵州赞皇县”中记载道：“百陵冈，在县东十里。即赵郡李氏之别业于此冈下也。冈上亦有李氏茔冢甚多。”[⑥]既然与祖茔结合，则庄园性质也可以确定。又比如京兆杜氏杜佑的樊川别墅，几代

① 《全唐文》卷七五三，第3458页。
② 元稹：《遣悲怀三首》其二，见《全唐诗》卷四〇四，第4509页。
③ 元稹：《遣悲怀三首》其一，见《全唐诗》卷四〇四，第4509页。
④ 《全唐诗》卷四三一，第4764页。
⑤ 温庭筠：《春日访李十四处士》，见《全唐诗》卷五八二，第6750页。
⑥ 李吉甫：《元和郡县图志》卷一七，中华书局，1983年，第493页。

传承，且据杜牧《自撰墓铭》中“以某月日葬于少陵司马村先茔”[①]的表述，附近也有其祖茔，则亦属庄园性质。而购房置地远离本贯，一方面反映了士族的衰落，另一方面也透露出文人购置园林的主要目的很少是为置办产业。我们作为考察核心的十三个人，有十二个人园林与本贯分离，而这当中，可能只有王维和李德裕的园林具有庄园性质，而王维最后施庄为寺，则从一个侧面说明他真正看重的也不是园林作为不动产的价值。杜牧的阳羡别墅虽云“殖产阳羡”，“粗有薄产”，但他在湖州时的俸钱主要用于后来重修樊川别墅[②]，其“殖产阳羡”的规模必然有限，显然不可能按照庄园的模式经营。因此，后人寻访遗迹，见到的也只是水榭而已。

综合上述分析，我们不难得出这样的结论：唐代文人购买园林，主要是为了避世独善、颐养天年。唐代文人购买的园林在经营产业方面的性质相对薄弱，恰恰说明文人们的心思不在于此，他们购买园林的主要目的还是着眼于园林本身的审美功效。而唐代文人购买园林都是在出仕之后，而且以中老年时期居多，除了经济方面的原因外，政治热情的消退和归隐思想的抬头也是一个重要原因。卢照邻、柳宗元都是在知道自己仕途无望之后购买了园林；王维、裴度以及白居易的园林购买在很大程度上是因为认识到朝政日非而求独善其身；杜牧赴湖州之前写下“欲把一麾江海去，乐游原上望昭陵”[③]，显然已经心灰意冷；许浑退居丁卯别墅后也不复出仕。可以说，购买园林之后还热心于政治的，只有李德裕较为突出，而李德裕的平泉山庄恰恰是庄园性质最明显的，其在很大程度上是一种产业经营，和其他文人不是一路。即便如此，他对平泉山庄的许多怀恋也说明，其热心于政治的背后，同样充满对恬静园林生活的渴望。因此，我们完全可以认为，通过购买手段获得园林的文人，大都是为了给自己营造一个与世无争、自得其乐的“世外桃源”。虽然这当中有时也难免会包含置产的因素，比如杜牧就明确说自己在阳羡是“粗有薄产”，李商隐也曾在《子初郊墅》中畅

---

① 《全唐文》卷七五四，第3467页。

② 参见《全唐文》卷七五九，第3493页，裴延翰《樊川文集后序》：“尽吴兴俸钱，创治其墅。”

③ 杜牧：《将赴吴兴登乐游原一绝》，见《全唐诗》卷五二一，第5962页。

想过“亦拟村南买烟舍，子孙相约事耕耘”[①]的未来，而且“对于新兴官员而言，为了稳固自己的经济地位，购置田产依然是至关重要的。无论是说应试者来自新兴地主阶级，还是说新兴地主阶级由科举入仕者构成，新的产业对于职官而言，都远比对于贵族而言更为重要”[②]。但总的来说，置产的考虑，更多还是为子孙计，从个人的角度而言，唐代文人的园林购买行为，主要还是出于乐居颐养的心理。

二、继承——文人获得园林的途径之二

唐代的私家园林是可以作为不动产由园主的后人继承的，这一点在李德裕《平泉山居诫子孙记》里对子孙的嘱咐中表现得很明显：“留此林居，贻厥后代。鬻吾平泉者，非吾子孙也；以平泉一树一石与人者，非佳子弟也。吾百年后，为权势所夺，则以先人所命，泣而告之，此吾志也。”[③]而且在此后的一段时间内，其子孙确实也一直保有这座平泉山庄，《新唐书·李德裕传》中记载道：“（李德裕）子烨，……烨子延古，乾符中，为集贤校理，擢累司勋员外郎，还居平泉。”[④]《旧五代史·李愚传》中也记载有：“时卫公李德裕孙道古在平泉旧墅，愚往依焉。”[⑤]其实，这种园林的继承在唐代是一种普遍现象，如韩琮《题圭峰下长孙家林亭》中称：“赵国林亭二百年，绿苔如毯葛如烟”[⑥]。则此园林为赵国公长孙无忌所创，后人传承已历二百年之久。又如《旧唐书·王方翼传》中记载道：“（王）仁表卒，妻李氏为（公）

---

① 《全唐诗》卷五四〇，第6206页。

② 杜希德著，丁俊译：《唐代财政》，中西书局，2016年，第15页。

③ 《全唐文》卷七〇八，第3220页。

④ 《新唐书》卷一八〇《李德裕传》，第5343—5354页。

⑤ 薛居正：《旧五代史》卷六七《李愚传》，中华书局，2015年，第1038页。

⑥ 《全唐诗》卷五六五，第6550页。

主所斥，居于凤泉别业，时方翼尚幼……”[①]则王方翼母子俩居住的这座凤泉别业也应该是继承所得。可以说，继承也是唐代文人获得园林的一个主要途径。本质上讲，继承其实已经是园林产权的二次转移，但是，通过继承方式获得园林的文人相当多，如杜牧、陆龟蒙、司空图等，而其祖上第一次获得园林的途径我们大都已经无从考究，所以只能暂将他们划为一类来探讨。况且其获得园林的祖上有许多并不是文人，而我们这里主要探讨文人获得园林的方式，因此，即使可以考明这些园林产权第一次获得的途径，我们也没有必要去一一深究。

和前面探讨购买方式一样，如果要深入了解继承这种方式，我们首先要做的就是弄清楚唐代的遗产分配是怎样一种情况，遵循何种原则，唐代法律对遗产的继承又有什么样的规定。只有先把这些问题弄明白，我们才能知道文人们是怎样通过继承方式获得园林的。

（一）唐人的园林继承

关于唐人的遗产继承和分配，学界目前已经有了很多的研究成果，如张国刚的《论唐代的分家析产》[②]、郑显文的《律令制下的唐代家庭财产继承制度》[③]、邢铁的《唐代家产继承方式述略》[④]等等，笔者拟在前人研究成果的基础上略加汇总，以求为唐代文人的园林继承勾勒出一个清楚的大背景。

唐代是中国古代法制相对完备的一个时代，对社会生活的方方面面有着一整套的规定。同样，在家产的继承上也有一系列的相关法令。唐代文人通过继承方式获得园林的行为也必然要受这些法令的规范与制约，因此，我们首先要弄清楚唐代的法律对家产继承都有哪些规定。当然，此处

① 《旧唐书》卷一八五上《王方翼传》，第4802页。

② 见《中华文史论丛（季刊）》总第81辑，上海古籍出版社，2006年。

③ 郑显文：《唐代律令制研究》，北京大学出版社，2004年。

④ 邢铁：《唐代家产继承方式述略》，载《河北师范大学学报（哲学社会科学版）》2002年第3期。

无须把所有相关法令一一拿来梳理，我们所要关注的，主要是那些和文人继承园林有密切关系的。

1. 父母在，不分家

首先，我们来看《唐律疏议》卷一二《户婚律》中的两条规定：

第一，诸祖父母、父母在，而子孙别籍、异财者，徒三年。（别籍、异财不相须，下条准此。）

【疏】议曰：称祖父母、父母在，则曾、高在亦同。若子孙别生户籍，财产不同者，子孙各徒三年。注云“别籍、异财不相须”，或籍别财同，或户同财异者，各徒三年，故云“不相须”。“下条准此”，谓父母丧中别籍、异财，亦同此义。

若祖父母、父母令别籍及以子孙妄继人后者，徒二年；子孙不坐。

【疏】议曰：若祖父母、父母处分，令子孙别籍及以子孙妄继人后者，得徒二年，子孙不坐。但云“别籍”，不云“令其异财”，令异财者，明其无罪。

第二，诸居父母丧，生子及兄弟别籍、异财者，徒一年。

【疏】议曰：“居父母丧生子”，已于名例“免所居官”章中解讫，皆谓在二十七月内而妊娠生子者，及兄弟别籍、异财，各徒一年。别籍、异财不相须。其服内生子，事若未发，自首亦原。[①]

据上面这三条记载可知，唐代的法律对分家是有一定限制的，尤其是在祖父母、父母在世的时候，别籍异财是要被处以流刑的。那么，这是否意味着长辈在世时，其子孙就无缘继承作为家产一部分的园林呢？答案显然是否定的。在此条法律的疏议中已经明确指出：“若祖父母、父母处分，令子孙别籍及以子孙妄继人后者，得徒二年，子孙不坐。但云‘别籍’，不云‘令其异财’，令异财者，明其无罪。”也就是说，法律的规定主要是针对户籍的，在不另立户籍的情况下，只要经过祖父母、父母的允许，是完全可以分割财产的，这也就形成了所谓的同居异财现象。因此，只要不分割户

---

① 《唐律疏议》卷一二《户婚律》，第236—237页。

籍，文人们完全可以在祖父母、父母在世时就继承到属于自己的园林。

我们再来看一下《唐律疏议》卷一二《户婚律》中的另一条规定：

诸同居卑幼，私辄用财者，十疋笞十，十疋加一等，罪止杖一百。即同居应分，不均平者，计所侵，坐赃论减三等。

【疏】议曰：凡是同居之内，必有尊长。尊长既在，子孙无所自专。若卑幼不由尊长，私辄用当家财物者，十疋笞十，十疋加一等，罪止杖一百。"即同居应分"，谓准令分别。而财物不均平者，准户令："应分田宅及财物者，兄弟均分。妻家所得之财，不在分限。兄弟亡者，子承父分。"违此令文者，是为"不均平"。谓兄弟二人，均分百疋之绢，一取六十疋，计所侵十疋，合杖八十之类，是名"坐赃论减三等"。[①]

由这条记载可知，在没有分家的情况下，"同居卑幼"如果没有经过长辈的允许而私自使用家族的公共财产，同样要受到法律的制裁。但是反过来思考，只要经过了长辈的允许，晚辈是可以使用家族的公共财产的。也就是说，即使没有进行家产分割，作为晚辈的文人依然可以享用作为家族财产一部分的园林，只是由于产权尚未归属自己，必须先向长辈请示、得到长辈允许而已。

那么，事情是否真的是法律规定的那样呢？我们可以看一个例子，关于杜佑营构的樊川别墅为后辈所使用的情况，有这样几条记载值得我们注意：

时父（杜佑）作镇扬州，家财钜万，甲第在安仁里，杜城有别墅，亭馆林池，为城南之最，昆仲皆在朝廷，与时贤游从，乐而有节。[②]

长安南下杜樊乡，郦元长注《水经》，实樊川也。延翰外曾祖司徒岐公之别墅在焉。上五年冬，仲舅自吴兴守拜考功郎中知制诰，尽吴兴俸钱，创治其墅。出中书直，亟召昵密，往游其地。一

① 《唐律疏议》卷一二《户婚律》，第241—242页。

② 《旧唐书》卷一四七《杜式方杜从郁传》，第3984页。

旦，谈噣酒酣，顾延翰曰："司马迁云：'自古富贵其名磨灭者，不可胜纪。'我适稚走于此，得官受俸，再治完具，俄及老为樊上翁。"①

通过这两条记载可知，杜佑在世的时候，他的儿子们就已经在他的樊川别墅里"与时贤游从，乐而有节"了，而杜牧虽然是在杜佑去世多年后才"尽吴兴俸钱，创治其墅"来作为自己的居所，但"我适稚走于此，得官受俸，再治完具，俄及老为樊上翁"一语说明，他早在幼年时就已经在祖父的樊川别墅中游玩了。这无疑说明，即使长辈在世，晚辈的文人同样可以享受作为家产一部分的园林，区别仅仅在于园林是已经分割给自己的个人财产还是家族的公共财产而已。

2. 遗产：平均与共有

在前面的分析中，我们已经知道，即使长辈在世，作为后辈的文人也可以继承园林，或者是在尚未完全继承产权的情况下以共有财产的方式加以享用。那么，在祖父母、父母都已经去世之后呢？文人在符合别籍异财的法律条件后，又该怎样分配长辈留下的财产呢？这时候的园林继承又该遵循什么样的原则呢？

《唐令拾遗》的一则材料记载道：

诸应分田宅及财物者，兄弟均分（其父祖亡后，各自异居，又不同爨，经三载以上；逃亡，经六载以上。若无父祖旧田宅、邸店、碾硙、部曲、奴婢见在可分者，不得辄更论分），妻家所得之财，不在分限（妻虽亡没，所有资产及奴婢，妻家并不得追理）；兄弟亡者，子承父分（继绝亦同）；兄弟俱亡，则诸子均分（其父祖永业田及赐田亦均分，口分田即准丁中老小法。若田少者，亦依此法为分），其未娶妻者，别与娉财；姑姊妹在室者，减男娉财之半，寡妻无男者，承夫分。若夫兄弟皆亡，同一子之分（有男者，不别得分，谓在夫家守志者。若改适，其见在部曲奴婢田宅，不得

① 裴延翰：《樊川文集后序》，见《全唐文》卷七五九，第3493页。

费用，皆应分人均分）。[1]

这则材料对财产的具体分配讲得非常清楚。不难看出，唐代遗产继承的基本原则就是兄弟间平均分配。当然，在实际操作中有时会有些变通，比如未曾婚配者需为其多留一份财产等，但大体上是平均的。关于这一点，我们可以从敦煌文书中找到充足的证据，比如斯一一三三二十伯二六八五《戊申年（八二八）善护遂恩兄弟分书》[2]就是一个非常典型的例子。该文书的起始便说明“城外庄田及舍园林，城内舍宅家资什物畜乘鞍马等，两家停分，□（无）偏取”，接下来就是烦琐的账目，不仅土地舍宅，连一些细碎的生活用品，都按平均分配的原则一一写明，如：“大郎分，釜一口受九斗，一斗五胜锅一，……被头一，剪刀一，……”法律原则完全得到了遵守与贯彻。由此推断，唐代文人通过继承方式获得园林，也应该是按照这种平均分配的原则，通过订立分家文书实现的。

但是，虽然分家的基本原则是平均，但有些情况却不是简单的平均就能解决的。尤其是园林，如果是大型的庄园，附属的庄田自然应该是被平均分配了，可是其中园林意义上的核心，也即经过审美营构的那一部分呢？比如李德裕的平泉山庄，其中“有虚槛，引泉水，萦回穿凿，像巴峡洞庭十二峰九派，迄于海门”[3]的部分该怎么平均分配？又比如杜佑的樊川别墅，其中的荷池、药囿（“助清澜于荷池，滋杂芳于药囿”[4]）或可分割，那“瀑为玉声，初蒙于山下”[5]的景观又该怎样分配？至于规模不大的住宅园林，就更不好办了，如白居易的履道池台，住宅部分还算容易均分，可“所居有池五六亩”[6]怎么办？因此，这就需要我们留意唐代遗产分割的另一种情况，即如果出现无法分割的财产，可以作为公共财产加以保留。关

① 仁井田陞辑，栗劲、霍存福、王占通等编译：《唐令拾遗》，长春出版社，1989年，第155页。

② 《敦煌契约文书辑校》，第431—435页。

③ 《唐语林校证》卷七，第616页。

④ 武少仪：《王处士凿山引瀑记》，见《全唐文》卷六一三，第2741页。

⑤ 权德舆：《司徒岐公杜城郊居记》，见《全唐文》卷四九四，第2234页。

⑥ 白居易：《醉吟先生传》，见《全唐文》卷六八〇，第3081页。

于这一点，虽然尚存的唐代律令中并没有明确规定，但敦煌文书中的一些记载却足以证实这种情况的存在。比如伯三七四四《年代不详（九世纪中期）僧张月光张日兴兄弟分书》中就有："大门道及空地车敝并井水，两家合。"[①] 又比如斯二一七四《天复九年（九〇九）神沙乡百姓董加盈兄弟分书》中也记载："又九岁婴牸牛一头，共兄加盈合。"[②]

那么，唐代文人的园林继承是否也是这样一种情况呢？从现有的材料来看，不但是，而且应该是主流。比如前面提到的李德裕平泉山庄，根据史籍记载，其继承情况是"（李德裕）子烨，……烨子延古，乾符中，为集贤校理，擢累司勋员外郎，还居平泉"和"时卫公李德裕孙道古在平泉旧墅，愚往依焉"。在《新唐书·宰相世系表》中不见道古之名，或即延古。而如果延古、道古的记载并无讹误，确系两人的话，那就说明平泉山庄是由李德裕的几个孙子共同继承的。

又比如杜佑的樊川别墅，杜牧曾经明说自己在"京中无一亩田"，晚年却又对樊川别墅大加修整，"尽吴兴俸钱，创治其墅。出中书直，亟召昵密，往游其地"。这说明他对樊川别墅的继承，也是一种家族共同财产的继承。

再看韦嗣立的骊山别业，据武少仪《王处士凿山引瀑记》记载："上之爱女安乐公主，恃宠骄恣，求无不得，遂奏请买韦公此庄，以为游观之地。上不许之。曰：'大臣所置，宜传子孙，不可夺也。'公主竟惭而止。"[③] 说明在韦嗣立去世之后，其骊山别业即由其子孙继承，那么继承者是谁呢？

王维有诗作《同卢拾遗过韦给事东山别业二十韵给事首春休沐维已陪游及乎是行亦预闻命会无车马不果斯诺》[④] 和《韦给事山居》[⑤]，此韦给事据赵殿成考证为韦嗣立次子韦恒，而此东山别业即韦嗣立的骊山别业[⑥]。又，王

① 《敦煌契约文书辑校》，第436页。
② 《敦煌契约文书辑校》，第441页。
③ 《全唐文》卷六一三，第2741页。
④ 《全唐诗》卷一二五，第1246—1247页。
⑤ 《全唐诗》卷一二六，第1277页。
⑥ 参见《唐代园林别业考录》，第45页。

维有诗作《韦侍郎山居》[①]，此韦侍郎据赵殿成考证为韦嗣立第三子韦济，而此韦侍郎山居，据诗意推断，也应该是韦嗣立的骊山别业[②]。也就是说，韦嗣立的骊山别业同样是由他的儿子们共同继承的。

另外，韦应物在长安城西有沣上幽居，而据其《秋夜南宫寄沣上弟及诸生》[③]《沣上与幼遐月夜登西冈玩花》[④]等诗作所反映出的信息，也应该是和其弟共同居住的。因此，这座园林，或者是其长辈在世时分给他们享用的，或者是他和兄弟们共同继承的遗产。

现在所能找到的唐代园林继承的实例，大都是这种共同继承，因此我们有理由相信，唐代文人继承园林也应该是以这种方式为主流。

（二）继承园林的文人群体

在弄清楚唐代文人通过继承获得园林的一般方式之后，接下来就该具体讨论，这种方式对文人的生活及心态都产生了怎样的影响，对文人的出处选择又起到了怎样的作用。

还是让我们先来看一下，现在能够确定的通过继承方式获得园林的唐人都有哪些。前面引用的文献已经证实的主要有：李德裕孙延古、道古继承其平泉山庄，长孙某继承祖上长孙无忌所创林亭，王方翼继承凤泉别业，杜牧继承樊川别墅，韦嗣立子韦恒、韦济等继承骊山别业，韦应物兄弟继承沣上幽居。除此之外，比较典型的例子还有张柬之子孙继承其在襄州的园林，张嘉贞子孙五代继承思顺坊亭馆，马燧子马畅继承其奉诚园，杜牧之子杜晦辞继承其阳羡别墅，陆龟蒙继承先人之震泽别业，司空图继承先人之中条别业，相关文献记载如下：

汉阳王张柬之有园林在州西，公府多假之宴集，（嗣曹王）皋

① 《全唐诗》卷一二五，第1248—1249页。

② 参见《唐代园林别业考录》，第45页。

③ 《全唐诗》卷一八七，第1913页。

④ 《全唐诗》卷一九二，第1971页。

尝谓（马）彝曰："汉阳子孙贫弱，欲买之，如何？"彝敛容曰："张汉阳有中兴之功，其遗业故第，当百代保之。……"[①]

中书令张嘉贞宅。（嘉贞子延赏，延赏子弘靖，皆为相，其居第亭馆之丽，甲于雒城，子孙五代，无所加工，时号三相张家。）[②]

奉诚园，本司徒兼侍中马燧宅。燧子少府监畅，以资甲天下。贞元末，神策中尉申志廉讽使纳田产，遂献旧第。[③]

杜晦辞自吏部员外郎入浙西赵隐幕，王郢叛，赵相以抚御失宜致仕，晦辞罢。时北门李相蔚在淮南，辟为判官，晦辞辞不就，隐居于阳羡别墅，时论称之。[④]

先生之居，有池数亩，有屋三十楹，有田畸十万步，有牛不减四十蹄，有耕夫百余指。[⑤]

图有先人别墅在中条山之王官谷，泉石林亭，颇称幽栖之趣。自考槃高卧，日与名僧高士游咏其中。[⑥]

上面这些材料，大都记载得相当清楚，不需要再多加解释。关于杜晦辞的材料虽未直接说明，但只要结合前文对杜牧园林购买的探讨来看，应该也不难确认[⑦]。唯有陆龟蒙的这则材料，还需略加阐发。陆龟蒙一生中从未为官，以隐终身，可是他却能拥有"有池数亩，有屋三十楹，有田畸十万

① 《册府元龟》卷七二二《幕府部·禅赞》，第8324页。
② 《增订唐两京城坊考》卷五《思顺坊》，第324页。
③ 《增订唐两京城坊考》卷三《安邑坊》，第130页。
④ 《唐语林校证》卷七，第622—623页。
⑤ 陆龟蒙：《甫里先生传》，见《全唐文》卷八〇一，第3732页。
⑥ 《旧唐书》卷一九〇《司空图传》，第5083页。
⑦ 参见《唐代园林别业考录》，第213页。

步，有牛不减四十蹄，有耕夫百余指”这样大规模的震泽别业，凭一己之力购买显然不太现实（即使确系陆龟蒙本人购置，其花费的钱财应该也是通过继承得到的家财）。后文中将要提到的其他方式诸如分配、赠送等也没有足够的可能性，则这座带有庄园性质的大型别业只能是从先人那里继承来的。陆龟蒙出身于江南大族吴郡陆氏，而世家大族往往都是有一定的土地田产作为经济支撑的。从这个角度来看，陆龟蒙继承一座震泽别业也是完全合情合理的。而且《新唐书·陆龟蒙传》中又有这样一段文字：“陆氏在姑苏，其门有巨石。远祖绩尝事吴为郁林太守，罢归无装，舟轻不可越海，取石为重，人称其廉，号‘郁林石’，世保其居云。”[①] 由此可见，陆龟蒙的震泽别业应当是继承的祖产无疑。

从这些案例来看，文人继承园林的首要条件不在于自身，而在于其先人。能够继承到园林的文人，或者出身于世家大族，或者其先人在朝中立过功勋做过高官，而在这两种情况中，又以世家大族的情况更为普遍。且看上述各例中的继承者，出自世家大族的有：李德裕孙延古、道古出自赵郡李氏，王方翼出自太原王氏，杜牧及其子出自京兆杜氏，韦嗣立子韦恒、韦济以及韦应物兄弟均出自京兆韦氏，陆龟蒙出自吴郡陆氏。出自非世家大族的，长孙无忌、张柬之、张嘉贞、马燧均曾做过宰相级别的高官。司空图的先人虽未做到过宰相，但据《旧唐书·司空图传》记载，“（司空图）曾祖遂，密令。祖象，水部郎中。父舆，精吏术。大中初……入朝为司门员外郎，迁户部郎中，卒”[②]，可见也算是一个官僚世家了。通过这个统计可以很清楚地看出，继承园林的文人以出自世家大族者为主，如杜牧父子、韦应物、陆龟蒙等，即使是非世家大族的司空图，祖上也是数代为官。而其他如长孙无忌、张柬之、张嘉贞、马燧，虽然在《全唐诗》《全唐文》中也有作品存世，符合我们在绪论中所厘定的文士标准，但他们主要以政治事功著称于世，和那些完全以文学创作名世者还是有一定区别的，他们的园林继承往往牵扯政治因素较多，似应另当别论。

---

① 《新唐书》卷一九六《陆龟蒙传》，第5613页。

② 《旧唐书》卷一九〇《司空图传》，第5082页。

那么出现这种情况的原因是什么呢？世家大族的传统家教当然是一个重要原因，但这不在本书的讨论范围，兹不赘论。笔者关注的仍然是经济方面的因素。如果从另一个角度对这些案例进行观察的话，我们又会发现，世家大族所传承的这些园林大都具有一定的庄园性质，可以看作一份丰厚的资产。如李德裕的平泉山庄，“周围十余里，台榭百余所，四方奇花异草与松石，靡不置其后”[①]。“周围十余里”，这么广大的范围，即使是皇家园林也很难全部建成亭台楼榭的大花园，其中必然包括一定比例的庄田，而山庄中的许多珍奇植物本身就属于经济类植物，如“柳柏、红豆、山樱、蓝田之栗梨”[②]等，同样可以创造部分收入。又如王方翼的凤泉别业，据《旧唐书·王方翼传》记载：“（王方翼）居于凤泉别业。……乃与佣保齐力勤作，苦心计。功不虚弃，数年辟田数十顷，修饰馆宇，列植竹木，遂为富室。”[③]庄园经济的性质非常明显。再比如韦嗣立的骊山别业，王维在《暮春太师左右丞相诸公于韦氏逍遥谷宴集序》描述道：“渭之美竹，鲁之嘉树。云出于栋，水环其室。灞陵下连乎菜地，新丰半入于家林。”[④]也是明显的产业型庄园。陆龟蒙的震泽别业已如上文所言，“有池数亩，有屋三十楹，有田畸十万步，有牛不减四十蹄，有耕夫百余指”。可能存在疑问的是杜牧的阳羡别墅，因为在前文中，笔者曾认为该园林产业性质相对淡薄，所以需要在此说明，相对淡薄并不意味着一点没有，因为杜牧在作品中明明白白写着“牧亦于阳羡粗有薄产”。而与此相对的，长孙无忌留下的是一个林亭，规模应该不会很大。张柬之的后人既然被评价为“汉阳子孙贫弱”，园林的经济收入也不会很多。张嘉贞和马燧的园林都在都城的里坊内，显然应该是宅院园林，与田产也没有关系。倒是司空图的例子更有意义，他并非世家大族，但他继承的园林情况是：“图本居中条山王官谷，有先人田，

① 《唐语林校证》卷七，第617页。

② 李德裕：《平泉山居草木记》，见《全唐文》卷七〇八，第3220页。

③ 《旧唐书》卷一八五《王方翼传》，第4802页。

④ 《全唐文》卷三二五，第1457页。

遂隐不出。作亭观素室，悉图唐兴节士文人，名亭曰休休”[①]，显然是有附属田产的。而在这些案例涉及的非世家大族中，恰恰只有这个有田产的司空图算得上是真正以文学成就著称于世者，因此，我们完全有理由相信，通过继承方式获得园林的文人大都出自世家大族并非偶然，而世家大族园林的庄园性质和附属田产的作用不容忽视。这一经济基础既可以为士人提供早期读书习业的良好环境，又能在他们进入仕途后成为一个坚实的经济后盾，从而在一定程度上起到平衡士人心态并给过分的政治热情降温的作用，而这些无疑都有利于文学作品的产生。

通过前面的分析，可以说，文人继承园林的现象以发生在世家大族当中较为普遍和典型。当然，这并不等于说园林继承只发生在大族当中，理论上讲，任何人的园林都可以作为遗产传诸子孙，只不过因为大多数小规模园产的零星传递很难留下相关记载，所以我们无法充分展开讨论而已。不仅如此，小规模园产的继承者通常只能获得一个基本的生活保障，因经济的压力而更多一些出仕的迫切感，比如我们后文研究个案时要讨论的白居易埇桥别业和王建渭南庄便都是如此，而大族子弟通过继承所得的园林大都具有明显的庄园田产的性质，可以成为一个坚实的经济后盾，即使同样出仕，心境可能也会有所不同。那么，继承园林获得的经济后盾对文人的心态还会有怎样的影响呢？我们再把前面提到的部分材料放在一起，仔细看它们之间有什么共同之处：

> 长安南下杜樊乡，郦元长注《水经》，实樊川也。延翰外曾祖司徒岐公之别墅在焉。上五年冬，仲舅自吴兴守拜考功郎中知制诰，尽吴兴俸钱，创治其墅。出中书直，亟召昵密，往游其地。一旦，谈啁酒酣，顾延翰曰：“司马迁云：‘自古富贵其名磨灭者，不可胜纪。’我适稚走于此，得官受俸，再治完具，俄及老为樊上翁。”[②]

> 杜晦辞自吏部员外郎入浙西赵隐幕，王郢叛，赵相以抚御失宜

① 《新唐书》卷一九四《司空图传》，第5573页。

② 裴延翰：《樊川文集后序》，见《全唐文》卷七五九，第3493页。

致仕，晦辞罢。时北门李相蔚在淮南，辟为判官，晦辞辞不就，隐居于阳羡别墅，时论称之。[①]

（李德裕）子烨，……烨子延古，乾符中，为集贤校理，擢累司勋员外郎，还居平泉。[②]

图本居中条山王官谷，有先人田，遂隐不出。作亭观素室，悉图唐兴节士文人，名亭曰休休。[③]

从这四则材料中可以看出，他们都将继承得来的园林当作了归隐之地，再结合韦应物的归隐倾向和陆龟蒙的隐居事实，恐怕不得不说，一个坚实的经济后盾，在一定程度上成为文人入仕的离心力。对此，笔者又不禁联想起谢灵运的先例。谢灵运继承了家族的始宁别墅，在入仕受挫后便转而怡情山水，并成为山水诗的鼻祖。由此可见，世家大族的园林继承对文学的促进和对入仕的离心力，也算是颇有渊源了。相比较而言，普通士人家庭出身者，可能只有在通过大半生的奋斗而终于拥有了自己的经济保障后，才能坦然接受这种离心力，比如白居易，虽然早年在下邽别墅丁忧时便已有了归隐之思，但迫于经济压力，丁忧期满后便又急切渴望复出，直到人生暮年，园产丰饶、俸禄优渥之后，才真正开始了他的中隐。

三、文人获得园林的其他途径

购买和继承是唐代文人获得园林的主要途径，但并不是全部途径。事实上，唐人获得园林的方式多种多样，而每一种方式都有可能为文人所采

① 《唐语林校证》卷七，第622—623页。

② 《新唐书》卷一八〇《李德裕传》，第5343—5354页。

③ 《新唐书》卷一九四《司空图传》，第5573页。

用。只不过，相对于购买和继承，其他方式虽然绝对数量上未必就比前两种方式少很多，但在文人这个特定群体中表现得并不明显。为了能更全面地了解唐代文人获得园林的途径，接下来，笔者将对唐人获得园林的其他方式也作一番梳理。

（一）均田分配

所谓均田分配，即是指通过均田制下的土地分配而获得私家园林。

众所周知，唐代前期实施以均田制为主的土地制度，这使得所有在籍者均能获得一定数量的土地，至少理论上如此。关于普通百姓的授田，以《通典》卷二中的一段记载最为完备：

> 田广一步、长二百四十步为亩，百亩为顷。丁男给永业田二十亩，口分田八十亩，其中男年十八以上亦依丁男给，老男、笃疾、废疾各给口分田四十亩，寡妻妾各给口分田三十亩，先永业者，通充口分之数。黄、小、中、丁男女及老男、笃疾、废疾、寡妻妾当户者，各给永业田二十亩，口分田二十亩。应给宽乡，并依所定数；若狭乡新受者，减宽乡口分之半。其给口分田者，易田则倍给。……应给园宅地者，良口三口以下给一亩，每三口加一亩，贱口五口给一亩，每五口加一亩，并不入永业口分之限。[①]

土地是园林最基本的要素，只要拥有了土地，也就具备了构筑园林的可能。侯迺慧在其《诗情与幽境——唐代文人的园林生活》中曾专门提到这一问题，并将其作为唐代园林兴盛的经济基础之一："虽然均田制不能贯彻，但每户的永业田都如制发给，这些植树的土地加上发配的园宅地，故百姓家只要有心经营设造，也都可以拥有小型园林。"[②]不过，该书只是探讨了这样一种可能，那么这一可能究竟能否转化成为园林的现实存在呢？或者说这一可能到底有多大的现实性呢？

---

① 《通典》卷二《田制下》，第29—30页。

② 《诗情与幽境——唐代文人的园林生活》，第64页。

从均田制到私家园林，有两个方面的难题是不得不面对的。

其一，据《新唐书·食货二》："国家赋役之法，曰租、曰调、曰庸。……有田则有租，有家则有调，有身则有庸，天下法制均一，虽转徙莫容其奸，故人无摇心。"[①]均田制是与国家的赋役制度挂钩的，因此，将通过均田制分配得来的土地经营成私家园林，也必然受到赋役制度的制约。事实上，正是这一制约严重限制了均田土地向园林的转化。

首先，既然国家分配土地给普通百姓是为了征收赋役，则必然要求把百姓与分配的土地紧密结合在一起。因此，只有在当地有户籍者，方能被分配土地，而分配有土地的百姓不能随便离开其户籍之所在，否则即被视为逃户。《唐律疏议》卷一二《户婚律》中就规定："诸脱户者，家长徒三年；无课役者，减二等；女户，又减三等。（谓一户俱不附贯。若不由家长，罪其所由。即见在役任者，虽脱户及计口多者，各从漏口法。）"[②]从这个角度来看，只有老死不离乡土者，才能享有国家分配的土地，并进而经营成园林。

其次，既然国家分配土地是为了征收赋役，对所分配土地的使用必然有一定的规定。如《通典》卷二中就记载："诸永业田皆传子孙，不在收受之限，即子孙犯除名者，所承之地亦不追。每亩课种桑五十根以上，榆枣各十根以上，三年种毕。乡土不宜者，任以所宜树充。"[③]此为对永业田的规定。而从"赋役之法：每丁岁入租粟二石"[④]中我们也可以得知，口分田主要是用于种植粟米等粮食作物的。这样一来，就只剩下园宅地了。对于园宅地的使用，似乎没有什么明确规定，但笔者认为张安福在《唐代农民家庭经济研究》中将其视为菜园是比较合适的[⑤]，韩国磐曾经在《唐天宝时农民生活之一瞥》[⑥]中经过计算认为均田制下的百姓只能勉强自给甚至入不敷出，但该文只计算了粮食的收支，如果将各种副业算上，那么据张安福《唐

① 《新唐书》卷五二《食货二》，第1354页。
② 《唐律疏议》卷一二《户婚律》，第231页。
③ 《通典》卷二《田制下》，第30页。
④ 《旧唐书》卷四八《食货上》，第2088页。
⑤ 参见《唐代农民家庭经济研究》，第182—183页。
⑥ 《隋唐五代史论集》，第214—233页。

代农民家庭经济研究》中的计算，则可以达到小康水平，这一结论显然更符合开元盛世的实际[①]。通过这一番比较，我们也可以认为，如果不把园宅地当作菜园来加以经营的话，单凭永业、口分田承担赋役，无疑是相当艰难的。因此，虽然理论上如侯迺慧所言："一般人家大约都可以有小型园宅，但看各家如何经营它，是经济生产以纳税的地方抑或可以加入美的组合以资欣赏游憩……"[②]但是考虑到赋役的压力，恐怕没有多少人家有把园宅地经营成园林的雅兴。而《唐会要》卷八五中的一则记载也为园宅地多是菜园提供了佐证："每户给五亩充宅，并为造一两口屋宇。开巷陌，立闾伍，种桑枣，筑园蔬，使缓急相助。亲邻不失。"[③]不过，既然这里已经涉及了树木种植，而可供选取的蔬菜种类亦很丰富，未必都没有观赏价值，因此，只要主人在具体布置时稍加剪裁、经营，使之具备一定的审美特点，则成为一处小小的园林，也就并不是完全不可能的事情。

再次，由均田到私家园林，应该满足的一个条件就是分配的土地尽可能集中在一起，以便于统一经营。侯迺慧也认为："（园宅地）只不过几亩之大，但是若和永业的宅田结合，应该还可以算得上是小型的园宅。"[④]但实际情况是，虽然每户均能分到一定量的园宅地，但这块园宅地或者并非其日常居住地，或者虽然是居住地但与其永业田、口分田不在一起。因为无论是从便于政府管理的角度，还是从日常生活的方便来看，都不可能出现一家一户分散居住在田野中的情况。既然"百户为里，五里为乡。四家为邻，五家为保。在邑居者为坊，在田野者为村。村坊邻里，递相督察"[⑤]，则百姓必然是以村落的形式聚居而田地分布于村子周围，这一点其实是非常好理解的。不仅如此，在经过多次分配之后，普通百姓分到的土地往往是分散的、零碎的，如武则天大足元年（701）敦煌百姓邯寿寿的授田，居然是

① 参见《唐代农民家庭经济研究》，第171—205页。

② 《诗情与幽境——唐代文人的园林生活》，第54页。

③ 王溥：《唐会要》卷八五《逃户》，中华书局，1960年，第1563页。

④ 《诗情与幽境——唐代文人的园林生活》，第54页。

⑤ 《旧唐书》卷四八《食货上》，第2089页。

十五小块[①]。这样细碎的土地显然不适宜营构园林。

其二，我们还应该注意一点，那就是在等级制度的限制下，普通百姓的住宅规模也是受限制的。据《唐会要》卷三一《杂录》记载："又庶人所造堂舍，不得过三间四架，门屋一间两架，仍不得辄施装饰。又准律，诸营造舍宅，于令有违者，杖一百。虽会赦令，皆令改正。"[②]可见，按照规定，庶民只能拥有三间四架的正房和一间二架的门房，而大多数普通百姓其实连这个标准都达不到，敦煌文书中涉及的许多房舍，就都只有一间而已，如斯三八七七背《唐乾宁四年（八九七）平康乡百姓张义全卖舍契》[③]。因此，从这个角度来看，均田制下的普通百姓营构园林是非常困难的。

由此可见，虽然均田制提供了每个人都拥有私家园林的可能，但事实上，普通百姓很难将通过均田制获得的土地经营成私家园林。那是不是从均田到园林仅仅是一种理论上的可能呢？这倒也不尽然。首先，既然柳宗元能购买"丘之小，不能一亩"的钴鉧潭西小丘作为私园，则说明只要经营得法，即使是一亩大小的园宅地也足以成为一座微型的园林，只不过有经济实力能够做如此经营的人应该非常少。其次，前面探讨的主要是普通百姓的情况，而均田制的对象并不仅仅是他们，皇族、勋臣、官员等都能通过均田制获得土地，而且要远远多于普通百姓。《通典》卷二中就明确提到过"亲王出藩者，给地一顷作园"[④]，即使不论亲王，该卷中也还有这样的记载："其永业田，亲王百顷，职事官正一品六十顷，郡王及职事官从一品各五十顷，国公若职事官正二品各四十顷，郡公若职事官从二品各三十五顷，县公若职事官正三品各二十五顷，职事官从三品二十顷，侯若职事官正四品各十四顷，伯若职事官从四品各十顷，子若职事官正五品各八顷，男若职事官从五品各五顷，上柱国三十顷，柱国二十五顷，上护军二十顷，护军十五顷，上轻车都尉十顷，轻车都尉七顷，上骑都尉六顷，骑都尉四顷，骁

---

① 参见《唐代农民家庭经济研究》，第166—167页。

② 《唐会要》卷三一《杂录》，第575页。

③ 《敦煌契约文书辑校》，第10—11页。

④ 《通典》卷二《田制下》，第32页。

骑尉、飞骑尉各八十亩，云骑尉、武骑尉各六十亩。其散官五品以上同职事给，兼有官爵及勋俱应给者，唯从多，不并给。若当家口分之外，先有地非狭乡者，并即回受，有剩追收，不足者更给。诸永业田皆传子孙，不在收受之限，即子孙犯除名者，所承之地亦不追。”[①] 有如此规模的土地，则前面提到的很多制约都起不了多大的作用，如果在这些土地上构建园林，只要经济实力足够，倒也真是水到渠成。不仅如此，“诸永业田皆传子孙，不在收受之限，即子孙犯除名者，所承之地亦不追”的规定还保证了通过土地分配而建设的园林可以由子孙继承，即使遭遇政治风波，从法律的角度上讲也是不能被剥夺的，具有极大的稳定性。所以，如果说唐代文人能够通过均田制的土地分配获得园林的话，主要也应该是这种情况，而且这种情况对于园林的继承也有重要意义。当然，这种情况也仅限于唐代前期，安史之乱后，均田制走向崩溃，通过这一途径获得园林就更不可能了。

（二）帝王赏赐

在唐代，通过帝王的赏赐获得园林也是一个非常重要的途径，我们现在能看到的园林产权变更的材料中，这一类所占的比例相当大。只不过，这种园林的获得方式一般不适用于文人。能得到帝王赏赐园林的，主要有三类人：皇室、大臣、隐士。

1. 皇室

唐代公主出嫁后，往往要官营宅邸，这无疑为其获得园林提供了条件。而许多公主更是直接通过皇帝的赏赐得到了园林，如：

> 长宁公主，韦庶人所生，下嫁杨慎交。造第东都，使杨务廉营总。第成，府财几竭，乃擢务廉将作大匠。又取西京高士廉第、左金吾卫故营合为宅，右属都城，左眺大道，作三重楼以冯观，筑山浚池。帝及后数临幸，置酒赋诗。又并坊西隙地广鞠场。东都废永昌

---

① 《通典》卷二《田制下》，第29—30页。

县，主丐其治为府，以地濒洛，筑鄣之，崇台、蜚观相联属。无虑费二十万。魏王泰故第，东西尽一坊，潴沼三百亩，泰薨，以与民。至是，主丐得之，亭阁华诡埒西京。……东都第成，不及居，韦氏败，斥慎交绛州别驾，主偕往，乃请以东都第为景云祠，而西京鬻第，评木石直，为钱二十亿万。[①]

沈蚁，尚宪宗女宣城公主，拜驸马都尉。敬宗宝历元年（825）十二月，赐蚁钱一万，并城南别墅、昌化坊贾区各一所。[②]

在《全唐诗》中，许多园林诗的题目中常常出现诸如“×驸马山池”“×驸马池台”之类的地点，如岑参的《崔驸马山池重送宇文明府（得苗字）》[③]、杜甫的《郑驸马池台喜遇郑广文同饮》[④]、钱起的《过杨驸马亭子》[⑤]、姚合的《题大理崔少卿驸马林亭》[⑥]、无可的《题崔驸马林亭》[⑦]等等。这当中应该有相当一部分其实是公主的赐园。如《唐两京城坊考·大业坊》中记载：“西有驸马都尉杨慎交山池，本徐王元礼之池。”[⑧]既然本是皇室成员的财产，则显然是公主赐园无疑。又如《旧唐书·哥舒翰传》载：“禄山、思顺、翰并来朝，上使内侍高力士及中贵人于京城东驸马崔惠童池亭宴会。”[⑨]既然能被皇帝指定为宴会场所，则此园林很可能也是皇家财产，即公主赐园。

当然，并不是所有驸马的园林都与皇帝的赏赐有关，其中有一部分其实是夫家或公主外族的财产。如：

隋炀帝在藩旧宅，武德中赐尚书左仆射萧瑀为西园。后瑀子尚襄城公主，诏别营主第。主辞以姑妇异居，有乘礼则。因故陈请，

① 《新唐书》卷八三《诸帝公主列传》，第3653页。
② 《册府元龟》卷三〇三《外戚部》，第3430页。
③ 《全唐诗》卷二〇〇，第2067页。
④ 《全唐诗》卷二二五，第2412页。
⑤ 《全唐诗》卷二三八，第2659页。
⑥ 《全唐诗》卷四九九，第5679页。
⑦ 《全唐诗》卷八一四，第9165页。
⑧ 《增订唐两京城坊考》卷二，第69页。
⑨ 《旧唐书》卷一〇四《哥舒翰传》，第3213页。

乃取园地充主第。[1]

岐阳庄淑公主，……下嫁杜悰，帝为御正殿临遣，繇西朝堂出，复御延喜门，止主车，大赐宾从金钱。开第昌化里，疏龙首池为沼。后家上尚父大通里亭为主别馆。贵震当世。[2]

而《全唐诗》中羊士谔的《游郭驸马大安山池》[3]、吕温的《春日游郭驸马大安亭子》[4] 也是夫家的财产。因为《增订唐两京城坊考·大安坊》中明确记载道："按汾阳王园在大通坊，两坊相连，故园地得至大安。"[5]

除了公主，皇室的亲王同样可以得到赐园，如：

主（太平公主）作观池乐游原，以为盛集，既败，赐宁、申、岐、薛四王，都人岁祓禊其地。[6]

只不过与公主、驸马比起来，亲王赐园的记载显得相对较少，而且不那么突出。

既然公主能得到赐园，那么唐代的文人能否通过迎娶公主而获得园林呢？这种可能性至少在理论上是存在的，但在实际上，即使有也寥寥无几。由于唐代公主多不遵礼法等原因，唐代的文士普遍都不太愿意做驸马。这方面最典型的无疑是裴庭裕《东观奏记》中的一段故事：

万寿公主，上女，钟爱独异。将下嫁，命择郎婿。郑颢，相门子，首科及第，声名籍甚，时婚卢氏。宰臣白敏中奏选尚主，颢衔之，上未尝言。大中五年，敏中免相，为邠宁都统。行有日，奏上曰："顷者，陛下爱女下嫁贵臣，郎婿郑颢赴婚楚州，会有日。行次郑州，臣堂帖追回，上副圣念。颢不乐国婚，衔臣入骨髓。臣在中书，颢无如臣何；一去玉阶，必媒孽臣短，死无种矣！"[7]

---

① 宋敏求：《长安志》卷七，三秦出版社，2013年，第257页。

② 《新唐书》卷八三《诸帝公主列传》，第3667页。

③ 《全唐诗》卷三三二，第3697页。

④ 《全唐诗》卷三七一，第4168页。

⑤ 《增订唐两京城坊考》卷四，第218页。

⑥ 《新唐书》卷八三《诸帝公主列传》，第3652页。

⑦ 裴庭裕：《东观奏记》卷上，中华书局，1994年，第88—89页。

仅仅因为白敏中"奏选尚主"，郑颢便"衔臣入骨髓"，士人"不乐国婚"之情可见一斑。而且相对于那些骄奢淫逸的公主，郑颢所娶之万寿公主还是家教严明、较遵礼法的一位。《新唐书·诸帝公主列传》中便记载："万寿公主，下嫁郑颢。主，帝所爱，前此下诏：'先王制礼，贵贱共之。万寿公主奉舅姑，宜从士人法。'旧制：车舆以镣金扣饰。帝曰：'我以俭率天下，宜自近始，易以铜。'主每进见，帝必谆勉笃诲，曰：'无鄙夫家，无忓时事。'又曰：'太平、安乐之祸，不可不戒！'故诸主祗畏，争为可喜事。帝遂诏：'夫妇，教化之端。其公主、县主有子而寡，不得复嫁。'"[①] 这样的公主都不为士人所喜，则文人的普遍心理可想而知。因此，皇室成员的赐园很少能成为文人获得园林的途径。

不仅如此，通过迎娶公主获得的园林也存在一定的不稳定性。因为按照唐代在婚姻、财产等方面的相关法规，在婚姻关系成立的过程中，女方得自本家的财产并不属于夫家，而是具有相对的独立性。《宋刑统·户婚》"卑幼私用财"所引之《唐令》中便有"诸应分田宅者及财物者，兄弟均分，妻家所得之财，不在分限"[②] 的说法，而依据当时的礼制规定，妻之妆奁亦均被当作"当房""私产"，承认其私人所有权[③]，一旦婚姻破裂，皆应归还女方。所以说，通过迎娶公主所得之园林，其实更应该是得到使用权而非所有权。考虑到唐代公主——尤其是唐代前期——离婚再婚者颇多，因此，通过这种途径获得的园林自然不会稳定，而其也就不会成为唐代文人获得园林的常规方式了。

2. 大臣

除了皇室成员，皇帝还常常赐园给大臣以示恩宠，其中比较著名的如：

> 隋炀帝在藩旧宅，武德中赐尚书左仆射萧瑀为西园。[④]

---

① 《新唐书》卷八三《诸帝公主列传》，第3672页。

② 参见张中秋：《唐代经济民事法律述论》，法律出版社，2002年，第197页。

③ 参见《唐代经济民事法律述论》，第218页。

④ 《长安志》卷七《开化坊》，第257页。

城东有薛王别墅，林亭幽邃，甲于都邑，特以赐之。[①]

赐禄山永宁园为邸，又赐永穆公主池观为游燕地。[②]

其宅在亲仁里，居其里四分之一，中通永巷，家人三千，相出入者不知其居。前后赐良田美器，名园甲馆，声色珍玩，堆积羡溢，不可胜纪。[③]

赐永崇里第及泾阳上田、延平门之林园、女乐八人。入第之日，京兆府供帐酒馔，赐教坊乐具，鼓吹迎导，宰臣节将送之，京师以为荣观。[④]

初，怀直自沧州归朝，德宗赐务本里宅。又赐安业里别宅，有池榭林木之胜。[⑤]

通过上面这些记载，我们不难发现，获得赐园的大臣，主要有功臣、宠臣和边将等不同类型，而且无一例外都曾在朝中做到过宰相的高位，萧瑀、李林甫等人自不必说，其他如安禄山“拜尚书左仆射”[⑥]、程怀直“累加至检校尚书右仆射”[⑦]，从名义上讲也算是宰相级别了。

当然，也有例外的情况，尤其是在出于开言路的需要而奖励进谏之臣的时候，比如《贞观政要》中的记载：

即位之初，处元律师死罪，孙伏伽谏曰：“法不至死，无容滥加酷罚。”遂赐以兰陵公主园，直钱百万。人或曰：“所言乃常

---

① 《旧唐书》卷一〇六《李林甫传》，第3238页。
② 《增订唐两京城坊考》卷三《永宁坊》，第100页。
③ 《旧唐书》卷一二〇《郭子仪传》，第3467页。
④ 《旧唐书》卷一三三《李晟传》，第3671页。
⑤ 《增订唐两京城坊考》卷四《安业坊》，第170页。
⑥ 《新唐书》卷二二五上《安禄山传》，第6416页。
⑦ 《旧唐书》卷一四三《程怀直传》，第3905页。

事，而所赏太厚。”答曰：“我即位来，未有谏者，所以赏之。”此导之使言也。[①]

又比如将魏徵当年的池馆赐还其子孙：

阿衡随逝水，池馆主他人。天意能酬德，云孙喜庇身。生前由直道，殁后振芳尘。雨露新恩日，芝兰旧里春。勋庸留十代，光彩映诸邻。共贺升平日，从兹得谏臣。[②]

由此可见，能获得皇帝的赐园并不是一件容易的事情，这些得到赐园的人，或者有大功于社稷，或者得到皇帝特别的倚赖与恩宠，或者需要朝廷施以恩惠和笼络，或者可以成为某种政治需要的标榜等，凡此种种，对一般文人来说基本上是不可能的。立下平淮西之大功的裴度尚且需要自己花钱购买园林，普通的文人就更指望不上“天恩浩荡”了。因此，大臣赐园同样很难成为文人获得园林的途径。

3. 隐士

除了皇室和朝臣，还有一类人能够得到皇帝赏赐的园林，那就是隐士。不过这方面的材料相对较少，主要有以下三例：

卢鸿，字颢然，其先幽州范阳人，徙洛阳。博学，善书籀。庐嵩山。……帝召升内殿，置酒。拜谏议大夫，固辞。复下制，许还山，岁给米百斛、绢五十，府县为致其家，朝廷得失，其以状闻。将行，赐隐居服，官营草堂，恩礼殊渥。鸿到山中，广学庐，聚徒至五百人。及卒，帝赐万钱。鸿所居室，自号宁极云。[③]

贺知章……天宝初，病，梦游帝居，数日寤，乃请为道士，还乡里，诏许之，以宅为千秋观而居。又求周宫湖数顷为放生池，有诏赐镜湖剡川一曲。[④]

---

① 《贞观政要》卷五，第156页。

② 陈彦博：《恩赐魏文贞公诸孙旧第以导直臣》，见《全唐诗》卷四八八，第5542页。

③ 《新唐书》卷一九六《隐逸传》，第5603—5604页。

④ 《新唐书》卷一九六《隐逸传》，第5606—5607页。

邺侯书堂：唐李泌当肃宗时，崔圆、李辅国疾之。泌畏祸，愿隐衡山。有诏赐隐士服，为治室庐。[①]

皇帝给隐士赐园是比较特殊的情况，能享受皇帝赐园的隐士，也不是普通的隐士。像贺知章和李泌，其实都曾在朝中做过官，卢鸿也曾应诏入京，受到皇帝的礼遇。而且我们应该注意到，给隐士赐园的这几个例子发生的时间相对集中，都是在盛唐时期（李泌赐园当在肃宗时期，按照文学史的一般观念也属盛唐，而且李泌这一现象其实也是开元、天宝年间崇道之风的延续），这一时期玄宗皇帝的崇道行为为这种现象提供了得以存在的特殊土壤。因此，虽然唐代有隐居行为的文人非常多，但是能够得到皇帝赐园的却寥寥无几。

（三）其他：兼并、赠送、垦荒

唐代文人获得园林还有其他一些途径，其中有的途径从理论上讲应该为数不少，但由于史籍中缺乏明确的记载，我们也无法展开深入探讨，只能在这里进行一些简单的归纳与分析。

1. 兼并

所谓兼并，其实就是对土地的巧取豪夺，这主要发生在权豪势要的身上。这当中最典型的莫过于安乐公主造定昆池一事，史书中对此有很多记载，如：

安乐公主改为悖逆庶人夺百姓庄园，造定昆池四十九里，直抵南山，拟昆明池。累石为山，以象华岳，引水为涧，以象天津。飞阁步檐，斜桥磴道，衣以锦绣，画以丹青，饰以金银，莹以珠玉。又为九曲流杯池，作石莲花台，泉于台中涌出。穷天下之壮丽。悖逆之败，配入司农，每日士女游观，车马填噎。[②]

除了安乐公主，我们在唐代其他公主身上也不难发现土地兼并的现象，

① 祝穆撰，祝洙增订：《方舆胜览》卷二三《潭州》，中华书局，2003年，第420页。

② 张鷟：《朝野佥载》卷三，见《唐五代笔记小说大观》，上海古籍出版社，2000年，第41页。

如太平公主“故将台榭压城闉”“直到南山不属人”[①]的大型山庄，很可能也有相当一部分是得自兼并，长宁公主“又取西京高士廉第、左金吾卫故营合为宅，右属都城，左眺大道，作三重楼以冯观，筑山浚池。帝及后数临幸，置酒赋诗。又并坊西隙地广鞠场”，显然也是皇帝纵容的兼并行为。贾岛诗中的“破却千家作一池，不栽桃李种蔷薇”[②]，明显是在写土地兼并为园林，元稹的《弹奏剑南东川节度使状》[③]一文对地方官的庄宅兼并亦多有揭发，而李德裕在其《平泉山居诫子孙记》中“吾百年后，为权势所夺，则以先人所命，泣而告之，此吾志也”的叮嘱，更是说明权豪势要通过兼并的方式获得园林并不是什么罕见的事情。直到五代后唐时期，我们仍然可以看到这一现象：“及镇河阳，部内创别业，开畎水泉，以通溉灌，所经坟墓悉毁之，部民以朝廷方姑息郡帅，莫之敢诉。”[④]

不过，总的来说，土地兼并往往发生在权豪势要的身上，这些人或者有皇帝的纵容庇护，或者受到朝廷的倚仗与姑息，从而在占有土地时能够有恃无恐。而对一般文人来说，这显然不会成为他们获得园林的途径。

2. 赠送

赠送也是唐人获得园林的一种途径。因为园林毕竟是一种不动产，或出于对友人的亲善，或是有求于人而送礼打点，都可以选择赠送园林的方式。如：

> 萧嵩，玄宗开元中为太子太师，尝以城南别业遗宦者牛仙童，仙童得罪，嵩坐交通小人，出为青州刺史。[⑤]

> 广德中，连岁不稔，谷价翔贵，家贫，将鬻昭应别业。时宰相王缙闻其林泉之美，心欲之，乃使弟纮诱焉，曰：“足下之才，固

① 韩愈：《游太平公主山庄》，见《全唐诗》卷三四四，第3854页。

② 贾岛：《题兴化园亭》，见《全唐诗》卷五七四，第6692页。

③ 《全唐文》卷六五一，第2929—2930页。

④ 《旧五代史》卷九五《皇甫遇传》，第1467—1468页。

⑤ 《册府元龟》卷七一五《宫臣部·罪谴》，第8241页。

宜居右职，如以别业奉家兄，当以要地处矣。”复对曰：“仆以家贫而鬻旧业，将以拯济孀幼耳，倘以易美职于身，令门内冻馁，非鄙夫之心也。”缙憾之，乃罢复官。①

萧嵩因赠送园林而获罪，萧复因不送园林而被罢官，可见作为不动产的园林，在赠送行为中的价值并不那么单纯。

如果说这两个例子都是中央朝堂直接影响官职升迁的赠送，那还有一种值得注意，那就是地方官奖掖地方贤士的行为。比如柳宗元在《潭州杨中丞作东池戴氏堂记》中提到的：

宏农公刺潭三年，因东泉为池，环之九里。丘陵林麓距其涯，坻岛渚洲交其中。其岸之突而出者，水萦之若玦焉。池之胜，于是为最。公曰：“是非离世乐道者不宜有此。”卒授宾客之选者，谯国戴氏曰简，为堂而居之。堂成而胜益奇，望之若连舻縻舰，与波上下。就之颠倒万物，辽廓眇忽。树之松柏杉槠，被之菱芡芙渠，郁然而阴，粲然而荣。凡观望浮游之美，专于戴氏矣。

戴氏尝以文行累为连率所宾礼，贡之泽宫，而志不愿仕。与人交，取其退让，受诸侯之宠，不以自大，其离世欤？好孔氏书，旁及《庄》《文》，莫不总统。以至虚为极，得受益之道，其乐道欤？贤者之举也必以类。……君子谓宏农公刺潭得其政，为东池得其胜，授之得其人，岂非动而时中者欤？于戴氏堂也，见公之德，不可以不记。②

以胜地佳园为贤者居，在地方是佳话，在官员是声誉，故而“不可以不记”。而既然有如此益处，这种形式的赠送也就不该是孤例。在权德舆的《暮春陪诸公游龙沙熊氏清风亭诗序》中亦有：

郭北五里有古龙沙，龙沙北下有州人秀才熊氏清风亭。盖故容州牧戴幼公、前仓部郎萧元植，贤熊氏之业文，尚兹境之幽旷，合资以构之，创名以识之……主人生于是，习于是，其修身学文，固

① 《旧唐书》卷一二五《萧复传》，第3551页。

② 《全唐文》卷五八〇，第2596页。

加于人一等矣。况其志励于萤雪之下，业成于薪水之余，则甲科令名，如在指顾……[1]

至于与官场政坛无关，更多关乎交情的赠送，也是存在的，比如杜甫的《将别巫峡，赠南卿兄瀼西果园四十亩》便是一个很好的参考：

苔竹素所好，萍蓬无定居。远游长儿子，几地别林庐。杂蕊红相对，他时锦不如。具舟将出峡，巡圃念携锄。正月喧莺末，兹辰放鹢初。雪篱梅可折，风榭柳微舒。托赠卿家有，因歌野兴疏。残生逗江汉，何处狎樵渔。[2]

很显然，这是杜甫晚年离开夔州，且打定主意要返回故乡不再回来的时候做出的举动。但是，虽然杜甫的这一行为完全可以理解，其普遍性却未必很高。并不是所有人都会在迟暮之时远行不归，更不是每个人都有杜甫这样博大的胸怀，因此，我们更常看到的，是文人虽然离开了自己某地的园林，但并不放弃产权，否则，政府也就不会特别规定“数处有庄田，亦每处税”[3]了。所以，我们现在能找到的类似出于交情而赠送园林的记录，其实并不多。

在上面的论述中，虽然我们可以列举出一些唐人园林赠送的例子，但从整体上看，园林的赠送情况应该是比较复杂的，远不止上文列举的这么简单。这当中，可能既有成品园林的赠送，也有单纯的土地赠送；既有可能是赠送自己的私人财产，也有可能是赠送为官辖区的无主荒地。无论哪种情况，都理应有一部分和文人有关，只不过因为文献遗存过于稀少，我们今天已经无从深究了。

3. 垦荒

通过垦荒获得园林，其实就是指通过一定的经营将无主荒地变成一处私家园林，这同样是唐人获得园林的一种方式。虽然与其他方式相比，垦荒很难从史籍中找到直接的证据，但事实上，这种方式不仅存在，而且可

① 《全唐文》卷四九〇，第2217页。

② 《全唐诗》卷二三二，第2554页。

③ 《旧唐书》卷四八《食货上》，第2092页。

能是唐代文人获得园林的一种非常重要的方式。

既然这种方式在史籍中没有明确记载，那又凭什么证明它的存在呢？笔者是从对岑参拥有的私家园林的考察入手从而发现这一问题的。

岑参诗作中提及的属于他自己的私家园林，主要有双峰草堂[①]、缑山西峰草堂[②]、王屋青萝旧斋[③]、白阁西草堂[④]、高冠草堂[⑤]、杜陵别业[⑥]、终南别业[⑦]、陆浑别业[⑧]、南溪别业[⑨]。据李浩《唐代园林别业杂考》[⑩]一文所考，其中的双峰草堂、白阁西草堂、高冠草堂、终南别业当指一地，位于终南山圭峰山下的高冠峪。笔者即从这处园林入手加以考察。

据岑参《初授官题高冠草堂》中“三十始一命，宦情多欲阑。自怜无旧业，不敢耻微官”[⑪]的说法，我们可以确定，岑参在营构高冠草堂的时候还没有出仕为官。而据“幸有数亩田，得延二仲踪”[⑫]一语，我们也可略知其规模。同时还必须注意到，岑参出仕为官后，没有再回过洛阳，则洛阳周边的缑山西峰草堂、王屋青萝旧斋和陆浑别业也应该是其出仕之前营构的，那么接下来的问题就是，出仕前的岑参究竟是通过何种方式获得这些园林的呢？

首先，我们可以排除的是均田制分配土地这种可能，因为授田必然要落籍，而岑参出仕前的园林分布在长安、洛阳两地，一人于两处落籍显然是不可能的，更何况岑参是“南阳人”[⑬]。其次，我们可以排除继承祖产的可

---

① 岑参：《终南山双峰草堂作》，见《全唐诗》卷一九八，第2038—2039页。
② 岑参：《缑山西峰草堂作》，见《全唐诗》卷一九八，第2039页。
③ 岑参：《南池夜宿，思王屋青萝旧斋》，见《全唐诗》卷一九八，第2040—2041页。
④ 岑参：《因假归白阁西草堂》，见《全唐诗》卷一九八，第2041页。
⑤ 岑参：《初授官题高冠草堂》，见《全唐诗》卷二〇〇，第2089页。
⑥ 岑参：《过酒泉，忆杜陵别业》，见《全唐诗》卷二〇〇，第2090页。
⑦ 岑参：《早发焉耆，怀终南别业》，见《全唐诗》卷二〇〇，第2090页。
⑧ 岑参：《巴南舟中，思陆浑别业》，见《全唐诗》卷二〇〇，第2091页。
⑨ 岑参：《南溪别业》，见《全唐诗》卷二〇〇，第2095页。
⑩ 李浩：《唐代园林别业杂考》，载《中国历史地理论丛》1997年第2期。
⑪ 《全唐诗》卷二〇〇，第2089页。
⑫ 岑参：《因假归白阁西草堂》，见《全唐诗》卷一九八，第2041页。
⑬ 《唐才子传校笺》卷三，第439页。

能。岑参祖上以其曾祖岑文本最为显贵，而《新唐书·岑文本传》中明确记载："或劝其营产业，文本叹曰：'吾汉南一布衣，徒步入关，所望不过秘书郎、县令耳。今无汗马劳，以文墨位宰相，奉稍已重，尚何殖产业邪？'故口未尝言家事。"[①] 可见其并未置办田产。其祖岑景倩在中央仅得麟台少监，在地方上做过卫州刺史，亦不可能于京洛置产。其父岑植为仙、晋二州刺史，京洛无产亦可知。其他长辈中，岑长倩、岑羲虽也曾为相，然一为伯祖、一为从祖，没有财产继承关系，纵有田产，亦与岑参无关。且二人均因卷入政治斗争而破家亡身，岑羲更是被抄家，亦不会有太多田产。[②] 更何况岑参自己在诗中也说"自怜无旧业，不敢耻微官"，显然不是什么祖产，故而继承的可能性也被排除。其他方式中，若是得自赠送，则不会没有酬谢诗作的记载，而至于像兼并、赏赐之类的方式，更不可能为其采用。那么剩下的便只有购买这种方式了。

可是，这种方式同样不太可能。据岑参《感旧赋（并序）》中"金尽裘敝，蹇而无成""今王道休明，噫世业沦替；犹钦若前德，将施于后人。参年三十，未及一命，昔一何荣矣，今一何悴矣"[③] 的慨叹，其家境已经败落，并不富裕。而据前文所论，大多数园林都价格不菲，尤其是在京洛地区，"日增千金而愈不可得"，即使其祖、父在做刺史时曾有一定的积蓄，但要购买长安、洛阳附近的数处园林，仍然是不太现实的。

那么，岑参到底是通过什么样的方式获得这些园林的呢？笔者认为应该是通过垦荒。

《唐律疏议》卷一三《户婚律》中有这样一条规定："计口受足以外，仍有剩田，务从垦辟，庶尽地利，故所占虽多，律不与罪。仍须申牒立案，不申请而占者，从'应言上不言上'之罪。"也就是说，无主的剩田，只要经过申牒的手续，是可以成为私人财产的。而且在一定时期，政府还是鼓励垦荒的，如《旧唐书·食货上》中记载有："其京兆来秋税，宜分作两等，上

① 《新唐书》卷一〇二《岑文本传》，第3967页。

② 参见《新唐书》卷一〇二《岑文本传》及《唐才子传校笺》第440页。

③ 《全唐文》卷三五八，第1607页。

下各半，上等每亩税一斗，下等每亩税六升。其荒田如能佃者，宜准今年十月二十九日敕，一切每亩税二升。仍委京兆尹及令长一一存抚，令知朕意。”[①]和其他田地相比，垦荒所得在纳税时有明显的优待。而《新唐书·食货二》所载陆贽奏疏中又曾提道：“廉使奏吏之能者有四科，一曰户口增加，二曰田野垦辟，三曰税钱长数，四曰率办先期。夫贵户口增加，诡情以诱奸浮，苛法以析亲族，所诱者将议薄征则遽散，所析者不胜重税而亡，有州县破伤之病；贵田野垦辟，率民殖荒田，限年免租，新亩虽辟，旧畬芜矣。人以免租年满，复为污莱……”[②]这说明此时的普通民众不但可以开荒，而且可以享受一定年限的免税优待，地方官甚至还可以把开荒数量作为一项政绩。因此，从这个角度讲，唐代文人完全可以通过垦荒的方式获得园林，岑参的高冠草堂中“幸有数亩田”，也并不违反政府的规定。而且笔者曾亲往高冠峪考察，其地为一山石谷地，可供耕种的空间有限，显然很难按均田制分配给民众，因此岑参在此处垦荒是非常可能的。

这里还有一点需要略加解释，即《唐律疏议》卷二六《杂律》中的一条规定：

> 诸占固山野陂湖之利者，杖六十。
>
> 【疏】议曰：山泽陂湖，物产所植，所有利润，与众共之。其有占固者，杖六十。已施功取者，不追。[③]

“山泽陂湖”本属自然之物，物产也理所应当是共有，但这条规定其实并不反对民众垦荒，它强调的是山泽的物产不得私占，而垦荒与此并不冲突，所谓买山或可包括山泽的物产，垦荒则仅仅是在山中结庐种地而已。不仅如此，垦荒所得之产权还受到法律的保护。“已施功取者，不追”，也就是说在“山泽陂湖”中进行了开垦、营造、种植、养殖之类的经营，其收益即归经营者所有。对此，《唐律疏议·贼盗》之“山野之物已加功力辄取”条也有明确的规定：

---

① 《旧唐书》卷四八《食货上》，第2092页。

② 《新唐书》卷五二《食货二》，第1355—1356页。

③ 《唐律疏议》卷二六《杂律》，第489页。

> 诸山野之物，已加功力刈伐积聚，而辄取者，各以盗论。
>
> 【疏】议曰："山野之物"，谓草、木、药、石之类。有人已加功力，或刈伐，或积聚，而辄取者，"各以盗论"，谓各准积聚之处时价，计赃，依盗法科罪。[①]

也就是说，山野无主之物，一旦经过人为经营，即可视为私产。这条法规不但保证了文人垦荒所得园林的产权，而且对于园林的收入也具有同样重要的意义。关于这一点，后文中还将有所涉及。

事实上，唐律本身非常注意强调保护施加"功力"而应得的利益。比如《宋刑统·户婚律》"占盗侵夺公私田"中所引之唐《田令》便有："诸竞田，判得已耕种者，后虽改判，苗入种人；耕而未种者，酬其功。未经断决，强耕者，苗从地判。"[②]对有争议的田产尚且如此判决，则无主荒地之归属更是应以开垦者为准了。

其实，唐代许多文人的私家园林，尤其是在城外山野之地的园林，应该有相当一部分都可能是垦荒所得，比如杜甫的几处草堂。杜甫天宝年间在长安困守十年，"卖药都市，寄食朋友"[③]，甚至"入门闻号咷，幼子饥已卒"[④]，已经是贫困不堪，可是人生后期开始"逃亡"之后，居然先后在秦州、成都、夔州都建有草堂，实在有些不可思议。考虑到其居住于成都草堂时期的大部分花木都得自友人，甚至构筑的费用都出自友人[⑤]，足以说明他的经济条件不足以支撑他购买园林，而如果是得自友人赠送，那杜甫也应该像酬谢友人赠送花木一样有诗传世，因此也不太可能，再结合其《寄题江外草堂梓州作，寄成都故居》中"诛茅初一亩，广地方连延"[⑥]所透露出的信息，则虽然没有更多更确切的证据，但我们仍然有理由推断，杜甫人生后期所得的几处园林草堂，应该大都是通过垦荒所得，其中有的甚至还很可

① 《唐律疏议》卷二〇《贼盗四》，第369页。

② 窦仪等：《宋刑统》卷一三，第205页。

③ 杜甫：《进三大礼赋表》，见《全唐文》卷三五九，第1614页。

④ 杜甫：《自京赴奉先县咏怀五百字》，见《全唐诗》卷二一六，第2265—2266页。

⑤ 杜甫：《王录事许修草堂赀不到，聊小诘》，见《全唐诗》卷二二八，第2482页。

⑥ 《全唐诗》卷二二〇，第2321页。

能是只有使用权而没有所有权的租赁，如瀼西草堂，诗题就曾出现过“赁”的字眼[①]。

同样，柳宗元在贬官南方期间，既有前文所说的园林购买行为，也有开荒建园的举动，比如其《柳州东亭记》中的园林建设就比较典型：

> 出州南谯门，左行二十六步，有弃地在道南。南值江，西际垂杨传置，东曰东馆。其内草木猥奥，有崖谷倾亚缺圮。豕得以为囿，蛇得以为薮，人莫能居。至是始命披制蠲疏，树以竹箭松柽桂桧柏杉。易为堂亭，峭为杠梁。下上徊翔，前出两翼。凭空拒江，江化为湖。众山横环，嶛阔瀴湾。当邑居之剧，而忘乎人间，斯亦奇矣。乃取馆之北宇，右辟之，以为夕室；取传置之东宇，左辟之，以为朝室；又北辟之，以为阴室；作屋于北墉下，以为阳室；作斯亭于中，以为中室。朝室以夕居之，夕室以朝居之，中室日中而居之，阴室以违温风焉，阳室以违凄风焉。若无寒暑也，则朝夕复其号。既成，作石于中室，书以告后之人，庶勿坏。元和十二年九月某日，柳宗元记。[②]

所以说，垦荒其实是唐代文人获得园林的一条非常重要的途径，若非如此，也就不会有“幽人独欠买山钱”[③]这样的调侃了。因此，细检文献之下，我们也就还会有其他发现，比如卢纶《题李沆林园》中的“耕田到远林”[④]、孟郊《立德新居》所言的“耕荒生嘉苗”[⑤]等，都应该和垦荒有关，而杜荀鹤在《山中寄友人》中曾自嘲：“深山多隙地，无力及耕桑。不是营生拙，都缘觅句忙。”[⑥]也从反面说明山中隙地是可以耕桑的。甚至陆龟蒙，我们前面虽然讨论过他的产业继承，但也不排除他有可能通过垦荒进行了新的开拓，即胡宿在《甫里先生碑铭》中描述过的“薙草开径，为临江之居；翦

① 杜甫：《暮春题瀼西新赁草屋五首》，见《全唐诗》卷二二九，第2498页。

② 《全唐文》卷五八一，第2601页。

③ 顾况：《送李山人还玉溪诗》，见《全唐诗》卷二六七，第2969页。

④ 《全唐诗》卷二七八，第3164页。

⑤ 《全唐诗》卷三七六，第4224页。

⑥ 《全唐诗》卷六九一，第7930页。

茅作堂，效在邹之宅”[①]。只不过，就总体而言，唐代文人明确提及自己垦荒的材料终究还是比较少的。

然而，即使明确记载相对缺乏，只要我们细细考索相关诗文还是不难发现，这种园林获得方式应该在唐代文人当中占有相当大的比重，而且对于他们的日常生活也具有非同一般的意义，当我们讨论到文人园林的收入与支出时，这个意义将变得更加明显。

四、使用权——文人享有园林生活的一种补充方式

前文的讨论可以说已经基本囊括了唐代文人获得园林的各种途径。但是，这些讨论主要围绕的，其实都是关于园林所有权的问题。当然，在一般情况下，唐代文人通过种种途径得到了园林的所有权，也就自然得到了使用权，可以享受到日常的园林生活，并展开相关经营。唐代比较知名的文人园居案例，大多数都属于这种情况。可即使如此，我们也不能忽略另一种现象：只获得园林的使用权而非所有权。套用今天的话语来讲，就是所谓的小产权。事实上，并非所有的文人都能拥有私家园林，但没有私园的文人同样有机会享受园林生活，而且途径多种多样，比如在友人的园林中宴饮、在友人或寺观的园林中借宿、在公共园林中游乐以及园宅的租赁等等。而这样一些仅仅获得使用权而非所有权的园林生活，对大多数身处下层的文人而言，有着更加不能忽视的意义。因此，作为享有园林生活的一种补充方式，我们同样有必要作一番较为详细的考察。

① 陆龟蒙著，何锡光校注：《陆龟蒙全集校注》，凤凰出版社，2015年，第37页。

（一）公园私用

在小产权的获得方面，有一种现象最先引起了笔者的注意，那就是公有园林的私人使用。在唐代，公有园林在数量上是相当丰富的，许多山亭、河亭之类在产权上都不属于个人私有，甚至有些文人出资兴修的园林，也是作为公共园林和大众一起分享的，如长沙东池，是御史杨公“以重价偿僧而求之”而“民悦随也”[①]，又如杭州南亭子，虽为“赵郡李子烈播”“取其寺材立亭胜地”，但其目的却是为了“天下名士多往之。……登南亭者，念仁圣天子之神功，美子烈之旨迹，睹南亭千万状，吟不辞已，四时千万状，吟不能去”[②]。而且，唐代的公有园林在类型上也是多种多样，既有如长安曲江那样完全开放的公共园林，又有如驿站亭馆那样半开放的公有园林，再就是为地方官私人使用的不开放的公有园林。但是，这里的前两种情况并不真正涉及产权问题，园林的使用权其实归所有人共有，文人们也只是在公共园林中宴游而非生活，因此，只有这最后一种，才是我们接下来要探讨的重点。

为什么要对这一类型单独加以探讨呢？因为这种公有园林在产权上虽然属于国家和政府，但在使用权上却完全属于个人。在这种园林中居住的个人，虽然没有所有权，但有着充分的使用权，其园林生活和园林经营与私家园林差别并不大，完全可以算作文人获得园林的各种途径之外的一个非常规的补充。

这种公园私用的现象在唐代应该并不少见，首先，唐代的制度本身就为这一现象的存在提供了基础。唐人出任地方官职，不但有官衙居住，还能享受到一定数量的土地，即所谓公廨田、职分田。《通典》卷二中对此有明确的记载：

诸京官文武职事职分田：一品一十二顷，二品十顷，三品九顷，四品七顷，五品六顷，六品四顷，七品三顷五十亩，八品二顷

① 符载：《长沙东池记》，见《全唐文》卷六八九，第3129页。

② 杜牧：《杭州新造南亭子记》，见《全唐文》卷七五三，第3461页。

五十亩，九品二顷，并去京城百里内给。其京兆、河南府及京县官人职分田亦准此。即百里外给者亦听。诸州及都护府、亲王府官人职分田：二品一十二顷，三品一十顷，四品八顷，五品七顷，六品五顷（京畿县亦准此），七品四顷，八品三顷，九品二顷五十亩。镇戍关津岳渎及在外监官五品五顷，六品三顷五十亩，七品三顷，八品二顷，九品一顷五十亩。三卫中郎将、上府折冲都尉各六顷，中府五顷五十亩，下府及郎将各五顷，上府果毅都尉四顷，中府三顷五十亩，下府三顷，上府长史、别将各三顷，中府、下府各二顷五十亩。亲王府典军五顷五十亩，副典军四顷，千牛备身左右、太子千牛备身各三顷。（亲王府文武官随府出藩者，于在所处给。）诸军上折冲府兵曹二顷，中府、下府各一顷五十亩。其外军校尉一顷二十亩，旅帅一顷，队正副各八十亩，皆于领侧州县界内给。其校尉以下在本县及去家百里内领者不给。[①]

园林最基本的要素就是土地，只要有一定的土地，稍加审美经营便可成为园林。而唐代官员拥有如此众多的职分田，自然为他们创建园林提供了充分的条件。只不过，这些职分田的产权却并不属于他们，只要官职发生变动，其拥有的职分田也将随之变动。因此，官员们拥有的只是这些土地的使用权。

考虑到职分田往往和均田制的授田一样有特殊的用途和规定，而且在外地任职的官员也不太可能拿出太多的资金去经营一处规模庞大而产权终究不属于自己的园林。因此，相对于职分田的经营，文人们更在意的还是自己官署中园林的经营。唐代的许多官署都附带有园林，中央官署的园林，可参见王维《和尹谏议史馆山池》[②]、杜頠《集贤院山池赋》[③]等诗文；地方官署的园林，因樊宗师一篇《绛守居园池记》[④]而闻名的绛守居园池便是

① 《通典》卷二《田制下》，第30—31页。

② 《全唐诗》卷一二六，第1266页。

③ 《全唐文》卷七五七，第3485页。

④ 《全唐文》卷七三〇，第3334页。

典型；甚至官员来往路途上暂居的驿站都可能附带园林，比如刘禹锡有《秋晚题湖城驿池上亭》[①]，许浑亦有《秋晚云阳驿西亭莲池》[②]。相比较而言，地方官署的园林无疑和文人日常的园居生活关系更为密切，因为文人到地方为官，基本上都可以住在官署的宅院中。其作为为官时的居所，产权自然属于政府，但此处毕竟又是一个私人居所，文人居住其中，往往与私有的住宅园林无异。翻阅唐人诗文，我们经常可以看到文人们描述他们在官署园林中的优雅生活，如：

池色净天碧，水凉雨凄凄。快风从东南，荷叶翻向西。性本爱鱼鸟，未能返岩溪。中岁徇微官，遂令心赏睽。及兹佐山郡，不异寻幽栖。小吏趋竹径，讼庭侵药畦。胡尘暗河洛，二陕震鼓鼙。故人佐戎轩，逸翮凌云霓。行军在函谷，两度闻莺啼。相看红旗下，饮酒白日低。闻君欲朝天，驷马临道嘶。仰望浮与沉，忽如云与泥。夜眠驿楼月，晓发关城鸡。惆怅西郊暮，乡书对君题。[③]

红紫共纷纷，祗承老使君。移舟木兰棹，行酒石榴裙。水色窗窗见，花香院院闻。恋他官舍住，双鬓白如云。[④]

风吹烧烬杂汀沙，还似青溪旧寄家。入户竹生床下叶，隔窗莲谢镜中花。苔房毳客论三学，雪岭巢禽看两衙。销得人间无限事，江亭月白诵南华。[⑤]

而更能说明这种公有园林私用性的，则是那些文人在官署园林中进行审美经营的记录。如：

擢干方数尺，幽姿已苍然。结根西山寺，来植郡斋前。新含野露

---

① 《全唐诗》卷三五四，第3973页。
② 《全唐诗》卷五三三，第6089页。
③ 岑参：《虢州郡斋南池幽兴，因与阎二侍御道别》，见《全唐诗》卷一九八，第2034页。
④ 白居易：《官宅》，见《全唐诗》卷四四七，第5030页。
⑤ 李洞：《春日隐居官舍感怀》，见《全唐诗》卷七二三，第8293—8294页。

气，稍静高窗眠。虽为赏心遇，岂有岩中缘。[①]

斋居栽竹北窗边，素壁新开映碧鲜。青蔼近当行药处，绿阴深到卧帷前。风惊晓叶如闻雨，月过春枝似带烟。老子忆山心暂缓，退公闲坐对婵娟。[②]

亦知官舍非吾宅，且劚山樱满院栽。上佐近来多五考，少应四度见花开。[③]

丹顶分明音响别，况闻来处隔云涛。情悬碧落飞何晚，立近清池意自高。向夜双栖惊玉漏，临轩对舞拂朱袍。仙郎为尔开笼早，莫虑回翔损羽毛。[④]

的的堕芊苍，茫茫不记年。几逢疑虎将，应逐犯牛仙。择地依兰畹，题诗间锦钱。何时成五色，却上女娲天。[⑤]

冷曹孤宦本相宜，山在墙南落照时。洗竹浇莎足公事，一来赢写一联诗。[⑥]

移杉、拆墙、种樱、养鹤、置石、洗竹……经营之丰富与细致，几乎全然是当作私家园林来对待了。而且有的时候，这种经营甚至也和自家园林一样不计成本，比如王建在《主人故亭》中提到的“贵与宾客游，工者夜不

① 韦应物：《郡斋移杉》，见《全唐诗》卷一九三，第1994页。

② 令狐楚：《郡斋左偏栽竹百余竿，炎凉已周，青翠不改，而为墙垣所蔽，有乖爱赏，假日命去斋居之东墙，由是俯临轩阶，低映帷户，日夕相对，颇有翛然之趣》，见《全唐诗》卷三三四，第3747页。

③ 白居易：《移山樱桃》，见《全唐诗》卷四三九，第4881页。

④ 朱庆馀：《台州郑员外郡斋双鹤》，见《全唐诗》卷五一五，第5884页。

⑤ 韩琮：《兴平县野中得落星石移置县斋》，见《全唐诗》卷五六五，第6548页。

⑥郑谷：《小北厅闲题》，见《全唐诗》卷六七七，第7763页。

宁。酒食宴圃人，栽接望早成。经年使家僮，远道求异英。郡中暂闲暇，绕树引诸生。开泉浴山禽，为爱山中声”[①]就颇为典型。不仅如此，王建此诗还提到了园主在此园招待宾客的行为，而这种常见于唐代文人私园中的待客现象，在官署园林中其实并不罕见，而且具体形式也无大差异。比如岑参在自家园林内可以有《高冠谷口招郑鄠》，在官署园林中也一样可以写下《郡斋南池招杨辚》，要对方“闲时耐相访，正有床头钱”[②]；又比如韦应物在《答崔都水》中写到过“郡斋有佳月，园林含清泉。同心不在宴，樽酒徒盈前”[③]，也是在官署园林中举行宴会的例子。其他类似公园宴客的例子还有很多，比如白居易就经常如此：

> 疏散郡丞同野客，幽闲官舍抵山家。春风北户千茎竹，晚日东园一树花。小盏吹醅尝冷酒，深炉敲火炙新茶。能来尽日观棋否，太守知慵放晚衙。[④]

> 樱桃厅院春偏好，石井栏堂夜更幽。白粉墙头花半出，绯纱烛下水平流。闲留宾客尝新酒，醉领笙歌上小舟。舞袖飘飖棹容与，忽疑身是梦中游。[⑤]

可见，地方官员在官署中招朋饮客，也几乎完全如在自家园林中一样。

在官署园林里赏玩得意之时也可与朋友诗歌往来，分享感受，刘禹锡就唱和过不少这样的诗歌，比如《和郴州杨侍郎玩郡斋紫薇花十四韵》《和令狐相公郡斋对紫薇花》《和宣武令狐相公郡斋对新竹》《酬令狐相公使宅别斋初栽桂树见怀之作》等，皆与其唱和私家园林的诗歌并无二致。而皮日休曾作《公斋四咏》分别描绘公园中之松桂竹屏，陆龟蒙也逐一进行了唱和。更有趣的是元稹和白居易，甚至分别在越州和杭州做地方官时，以

---

① 《全唐诗》卷二九七，第3362页。

② 《全唐诗》卷二〇〇，第2088页。

③ 《全唐诗》卷一九〇，第1950页。

④ 白居易：《北亭招客》，见《全唐诗》卷四三九，第4881页。

⑤ 白居易：《府中夜赏》，见《全唐诗》卷四五一，第5100页。

诗歌来往比夸州宅，完全就像在比较自家园宅一般了。

因此，我们也完全可以说，通过为官而享用公有园林，同样是唐代文人获得园林的一个重要途径，只不过通过这一途径获得的，只是园林的使用权，而不包括所有权。但是，也正因为产权上的差异，唐代文人对自己私有园林经营的成果，即使自己暂时不在园林中居住，也依然保有相应的权利。而公有园林经营的成果，文人一旦离任，也就自然地传归下一任官员享用了。无论是在官署中的经营，还是在辖区内公共园林的建设，都是如此。比如白居易《冷泉亭记》中的这段记述：

东南山水，余杭郡为最。就郡言，灵隐寺为尤。由寺观言，冷泉亭为甲。……杭自郡城抵四封，丛山复湖，易为形胜。先是领郡者，有相里君造虚白亭，有韩仆射皋作候仙亭，有裴庶子棠棣作观风亭，有卢给事元辅作见山亭，及右司郎中河南元薁最后作此亭。于是五亭相望，如指之列，可谓佳境殚矣，能事毕矣。后来者虽有敏心巧目，无所加焉。故吾继之，述而不作。[①]

很显然，在白居易就职杭州之前，历任地方官已经完成了灵隐一带的园林建设，则白居易于此，只需“继之”享用，而无须更加经营了。但也正因为如此，公园建设也往往有一定的延续性，上引“五亭相望”如是，白居易在《重修府西水亭院》中所言的“园西有池位，留与后人开”[②]也是如此。

当然，对公有园林来说，这种土木工程的建设，地方官一旦离任，自然也就失去了产权。但如果是农产品的种植，却似乎有所不同，李遵的《奏限官职田状》一文就在一定程度上反映了这一问题：

中外官职田者苗子，准令依租分法并入新人，水陆田十一月一日已后上者，子并入官，草准式当司官分，其类迁改人，乃有一年之中数处合得者。按令云：职分陆田限三月三十日已前，水田限四月三十日，夏田限九月三十日，已后上者入前人，已前上者入后人，即是各以耕种时在职者为主。此职既阙，本是公田，耕耘收

① 《全唐文》卷六七六，第3062页。

② 《全唐诗》卷四五一，第5102页。

刈，已皆毕功，新人方来，何理领受？请自今后水陆田并限六月三十日，宿麦限十二月三十日，春麦限三月三十日，已前上者入新，已后上者并草并入官。若其年已得前任苗子，草粟稻麦并不重受，亦入官。[①]

由此文可见，地方官在职田上的种植，按照时间的限定，其收获的归属权在法令上是有相应保护的。职田如此，则其他公共园林的相关种植，亦可参考这一法令。

（二）园宅租赁

在唐代，租赁业已经有了相当程度的发展，而且体现了明确的契约精神。而在各种类型的租赁行业中，居所的租赁伴随着流动人口的增多和“长安米贵”的城市生活压力，更是日趋活跃。许多经济状况相对窘迫的下层文人，便不可能不与之发生关联，而这也就成了他们获得园林使用权的一种重要途径。通过唐代法律的规定，我们就可以明确园林租赁这一现象的存在，比如《唐律疏议》卷四《名例》中的第三十四条便有这样一段：

其船及碾硙、邸店之类，亦依犯时赁直。

【疏】议曰：自船以下，或大小不同，或闲要有异，故依当时赁直，不可准常赁为估。邸店者，居物之处为邸，沽卖之所为店。称“之类”者，铺肆、园宅，品目至多，略举宏纲，不可备载，故言“之类”。[②]

不仅《唐律疏议》中有这样的明确记载，唐代文人园宅租赁的实证我们现在也可以找到，比如杜甫暮年迁居夔州之后，就曾有过租赁行为，并留下了《暮春题瀼西新赁草屋五首》，有花木草亭，有荷锄经营，虽是租赁，而生活状态却与其在成都居浣花溪草堂时颇为相似，唐代文人的园宅租赁情况亦可见一斑。

① 《全唐文》卷四三三，第1956页。

② 《唐律疏议》卷四《名例》，第92页。

不过，虽然既有法令的允许，也有杜甫的案例，但是真正明确的唐代文人租赁园林的文献记载，其实并不多。毕竟文人既然有租赁的需求，说明他们的经济情况并不理想，从现有资料来看，多数是赶考的举子或者相对清贫的下层官员。因此，他们首先要考虑的是宅而不是园，是解决居住的需求而不是审美的需求。但也正是从这个层面上讲，唐代文人租赁园林的记载的匮乏，并不意味着这一现象本身稀少，而是在园宅一体的观念下，更多地体现为赁宅的记载而已。一方面，园宅一体的现象在中国本身就很普遍，古代文人在审美癖好的推动下，营宅为园的现象极为常见，比如王建《题元郎中新宅》就很典型，题目所称为宅，但所写却完全是园林的经营：

近移松树初栽药，经帙书签一切新。铺设暖房迎道士，支分闲院著医人。买来高石虽然贵，入得朱门未免贫。惟有好诗名字出，倍教年少损心神。[①]

事实上，我们今天能看到的古代私家园林大多数都属于这种情况，而且前文所引的唐代法律规定也将其视为一个整体。所以，我们可以再来看以下几个例子：

赁宅得花饶，初开恐是妖。粉光深紫腻，肉色退红娇。且愿风留著，惟愁日炙燋。可怜零落蕊，收取作香烧。[②]

赁居求贱处，深僻任人嫌。盖地花如绣，当门竹胜帘。劝僧尝药酒，教仆辨书签。庭际山宜小，休令著石添。[③]

松店茅轩向水开，东头舍赁一裴徊。窗吟苦为秋江静，枕梦惊因晓角催。邻舍见愁赊酒与，主人知去索钱来。眼看白笔为霜雨，

---

① 《全唐诗》卷三〇〇，第3412页。

② 王建：《题所赁宅牡丹花》，见《全唐诗》卷二九九，第3398页。

③ 姚合：《题李频新居》，见《全唐诗》卷四九九，第5677页。

肯使红鳞便曝腮。[①]

很显然，尽管诗人提到的都只是租赁住宅，但松店茅轩、牡丹花饶、盖地花绣、当门竹胜，显然也都已具备了基本的园林要素，均可作园宅一体视之。甚至李贺在《仁和里杂叙皇甫湜》中也曾提到过自己在长安时"宗人贷宅荒厥垣。横庭鼠径空土涩，出篱大枣垂朱残"[②]，则其所赁之宅虽说破败，但也具备了花木种植的园宅特点。

另一方面，即便是居住于租赁的住宅中，在略有余力的情况下，文人也常常会对这个只有使用权的居所进行简单的审美经营，使其具备园林的性质。比如白居易在长安租赁的居所中居住时，就颇多经营建设，其《养竹记》一文中就有相关的记录：

> 居易以拔萃选及第，授校书郎，始于长安求假居处，得常乐里故关相国私第之东亭而处之。明日，履及于亭之东南隅，见丛竹于斯，枝叶殄瘁，无声无色。……居易惜其尝经长者之手，而见贱俗人之目，剪弃若是，本性犹存。乃芟蘙荟，除粪壤，疏其间，封其下，不终日而毕。于是日出有清阴，风来有清声。依依然，欣欣然，若有情于感遇也。[③]

因此，我们在考察唐代文人园林租赁行为时，必须关注相关的赁宅记载，而唐代住宅租赁的一般情况，也正可以作为我们了解文人园林租赁的参考。

那么接下来，我们就按照当时租赁的一般流程，去了解唐代文人租住园宅的情况。

首先的一个问题是，唐代文人租住的园宅来源是什么。按照所有权主体的不同，其实无非公有房产和私有房产两大类。在这两大类中，公有园宅的出租，在现存文献中相对比较少见，经常为人们所引用的，主要是《唐会要》中的"太和五年（831）七月，左右巡使奏……伏见诸司所有官宅，多

---

① 周朴：《客州赁居寄萧郎中》，见《全唐诗》卷六七三，第7702页。

② 《全唐诗》卷三九一，第4407页。

③ 《全唐文》卷六七六，第3058页。

是杂赁，尤要整齐"[①]。上文中已经提到，很多官宅衙署都是附带园林的，则文人租赁期间，也就往往可以享有一定程度的园居生活。而相对于公有房产，私有房产才是唐人赁居的主要来源。《通典》中所载唐开元二十五年（737）令云："诸田不得贴赁及质，违者财没不追，地还本主。若从远役外任，无人守业者，听贴赁及质。"[②]在"无人守业"的情况下，诸田都可外租，则私人园宅的租住自然也应在法律许可之内。而且从事实考察，这方面的记录其实有很多，比如上引《养竹记》里白居易租住的就是"故关相国私第之东亭"。因为类似租赁私宅的材料相对丰富，此处无须一一展开，而在这么多的赁宅记录中，也必然存在包含园林的园宅，即使租住者贫寒，难以租赁整个园宅。但是一方面，既然存在"常赁人隙院居止，而主人别在一院"[③]的现象，则就算租客租住的只是宅院中的空闲部分，但和主人同宅别院，主人的园子也未必完全不对其开放；而另一方面，租住的这一部分就算狭小，但也未必就完全容不下一丁点园林建设，否则只租了个东亭的白居易也就不会写《养竹记》了。

除此之外，还有一类来源比较特别，那就是租住寺观。现存关于唐人在寺观中租住的文献很多，既有古籍记载，也有吐鲁番等地出土的契约文献。但是这些材料大部分都只提到赁居、赁舍，而不涉及园林。然而在唐代，寺观园林是广泛存在的，这当中甚至有不少名园。仅以长安城中的寺观为例，王维在其《荐福寺光师房花药诗序》中就有这样的描写：

上人顺阴阳之动，与劳侣而作，在双树之道场，以众花为佛事。天上海外，异卉奇药，《齐谐》未识，伯益未知者。地始载于兹，人始闻于我。琼蕤滋蔓，侵回阶而欲上；宝庭尽芜，当露井而不合。群艳耀日，众香同风。开敷次第，连九冬之月；种类若干，多四天所雨。至用杨枝，已开贝叶。高阁闻钟，升堂觐佛，右绕七匝，却坐一面。则流芳忽起，杂英乱飞，焚香不俟于栴檀，散花奚

① 《唐会要》卷八六《街巷》，第576页。
② 《通典》卷二《田制下》，第32页。
③ 《太平广记》卷一九四《崔慎思》，第1456页。

取于优钵。[①]

可见，彼时之荐福寺，花繁叶茂，风光不逊于任何园林。荐福寺即今日小雁塔之所在地，而今日大雁塔所在之大慈恩寺，在唐代也园景甚佳。“南院临黄渠，竹木森邃，为京城之最”[②]，南池的荷花也颇为知名，韦应物便有《慈恩寺南池秋荷咏》，而其园中花卉，尤以牡丹著称，比如钱易《南部新书·丁》中就记载：“长安三月十五日，两街看牡丹，奔走车马。慈恩寺元果院牡丹，先于诸牡丹半月开；太真院牡丹，后诸牡丹半月开。故裴兵部潾白牡丹诗，自题于佛殿东颊唇壁之上。”[③]康骈《剧谈录》卷下“慈恩寺牡丹”条也有：“京国花卉之晨，尤以牡丹为上。至于佛宇道观，游览者罕不经历。慈恩浴堂院有花两丛，每开及五六百朵，繁艳芬馥，近少伦比。”[④]慈恩寺牡丹的题咏，在唐诗中颇多，比如权德舆《和李中丞慈恩寺清上人院牡丹花歌》等，而寺内的其他风光，也屡屡见诸诗篇，比如：

竹外山低塔，藤间院隔桥。[⑤]

怅望慈恩三月尽，紫桐花落鸟关关。[⑥]

唐代长安盛植牡丹之寺院，绝不只慈恩寺一处，其他如西明寺、光福寺、兴善寺等，亦班班可考。而大兴善寺除了牡丹，其“不空三藏塔前多老松”，“寺后先有曲池……因潦通泉，白莲藻自生。……东廊之南素和尚院，庭有青桐四株，素之手植。元和中，卿相多游此院”[⑦]，杨巨源也曾有《春雪题兴善寺广宣上人竹院》一诗描述其园林景观。另外，由刘禹锡《元和十年自朗州承召至京，戏赠看花诸君子》，可知玄都观千树桃花之盛，则其园林规模亦可想而知。

---

① 《全唐文》卷三二五，第1458页。

② 韦述撰，辛德勇辑校：《两京新记辑校》卷二，中华书局，2020年，第75页。

③ 钱易：《南部新书·丁》，中华书局，2002年，第49页。

④ 康骈：《剧谈录》卷下，见《唐五代笔记小说大观》，第1481页。

⑤ 岑参：《雪后与群公过慈恩寺》，见《全唐诗》卷二〇〇，第2083页。

⑥ 白居易：《酬元员外三月三十日慈恩寺相忆见寄》，见《全唐诗》卷四三九，第4893页。

⑦ 段成式：《酉阳杂俎》续集卷五《寺塔记上》，见《唐五代笔记小说大观》，第751—752页。

既然唐代寺观园林如此之丰富，而唐人租住寺院的记载亦复不少，若说在这当中享受不到园居生活，似乎不太可能。比如上文提到的慈恩寺，在当时是一处规模极为宏大的寺院，“凡十余院，总一千八百九十七间”[①]，如果说这些房舍全部是僧人居住和使用，实在有些过于夸张了，而一旦其中一部分用于出租，则上述关于慈恩寺的园林美景，自然会为租住者所享受了。比如贾岛就曾在此居住，并留下一首《宿慈恩寺郁公房》，诗里就描写到了“竹阴移冷月，荷气带禅关”[②]的园林景象。荐福寺也不例外，比如李端就有《宿荐福寺东池有怀故园因寄元校书》[③]，题目本身就已经明确了诗人的居所乃是寺中园林。虽然李端、贾岛的居住是租住还是借宿尚不得而知，但由此去推测租住者所能享受的园林生活，还是完全没有问题的。而在白居易《问诸亲友》中，更是明确记述了自己“占花租野寺”[④]的行为，而李洞的《废寺闲居寄怀一二罢举知己》中也有“税房兼得调猿石，租地仍分浴鹤泉”[⑤]，均可证租赁寺院而享受园居的现象是确实存在的。

厘清了园宅租赁的来源之后，下一个环节就是流程。唐代房屋租赁的流程，大致是租者有求，牙人介入，看宅满意，主客达成协议，然后付款立契。比如《太平广记》中的一则涉及赁宅的故事，便可供参考：

> 唐天宝中，有陈仲躬家居金陵，多金帛。仲躬好学，修词未成，携数千金，于洛阳清化里，假居一宅。……明旦，忽有牙人扣户，兼领宅主来谒仲躬，便请移居，并夫役并足。未到斋时，前至立德坊一宅中，其大小价数，一如清化者，其牙人云：“价直契本，一无遗缺。”并交割讫。后三日，其清化宅井，无故自崩，兼延及堂隅东厢，一时陷地。……[⑥]

至于契约的形式，《吐鲁番出土文书》中有多件赁舍契约，此处也不

① 骆天骧：《类编长安志》卷五《寺观》，中华书局，1990年，第131页。
② 《全唐诗》卷五七三，第6667页。
③ 《全唐诗》卷二八六，第3276页。
④ 《全唐诗》卷四六〇，第5236页。
⑤ 《全唐诗》卷七二三，第8294页。
⑥ 《太平广记》卷二三一《陈仲躬》，第1772—1773页。

一一具引了。然而令人遗憾的是，这些契约大都残缺不全，所以我们很难去对唐人赁居的支出情况作一推算。现存唯一比较明确的唐代房屋租赁价格的记录，是唐玄宗天宝九载（750）的《禁赁店干利诏》中的“其所赁店铺，每间月估不得过五百文”[①]，但这个价格是官方对店铺租赁划定的最高限额，并非园宅，且此诏书针对的，也只是长安城外“昭应县两市及近场处”的店铺，而无法反映租价的时间和地域差异。只能说，按照同样面积下的商铺租金应高于住宅租金的一般规律，则天宝年间的文人若是在长安城附近只租住一处房间，价格很可能在500文以内。这个价位对普通的下层士人来说，也还是可以接受的。但如果还要享有园居生活，除非像前面说的那样，可以进入同宅别院的主人的园子，否则就必须租住到更大的面积，至少也要像白居易《养竹记》里那样有个院子，而这种情况，恐怕就不是五百文所能包得住的了吧！传说中顾况调侃白居易的那句“米价方贵，居亦弗易”[②]，到了王定保的《唐摭言》卷七中却变成了“长安百物贵，居大不易”[③]。对贫寒的下层文人来说，贵的从来都不仅仅是粮食，若想靠租赁获得园林，至少在大城市及周边也不是那么容易。

普通文人承担租赁费用本身已经是件不容易的事了，而就算暂时租赁到了一处居所，这样的小产权却又不可避免地带有一定的不稳定性。上引陈仲躬的故事便是如此，宅主来“请仲躬移居”，他便不得不随着牙人到立德坊另寻住处，而文人们租住园宅也有可能面临这样的难题。杜甫后半生颠沛流离，只有在成都和夔州算是居住较久的，其中在成都时基本都住在浣花溪草堂，而在夔州似乎就不那么稳定了。他的《入宅三首》便写于“自西阁迁赤甲”[④]之时，随后又有《暮春题瀼西新赁草屋五首》《自瀼西荆扉且移居东屯茅屋四首》《从驿次草堂复至东屯二首》《暂往白帝复还东屯》等一系列涉及居所变动的诗作。个中缘由，一方面固然是本身的生计压力所

---

① 《全唐文》卷三二，第154页。

② 张固：《幽闲鼓吹》，见《唐五代笔记小说大观》，第1450页。

③ 见《唐五代笔记小说大观》，第1641页。

④ 《全唐诗》卷二二九，第2497页。

致，因东屯的田地较为丰裕，故“来往皆茅屋，淹留为稻畦”[①]；另一方面，也很可能和他初到夔州时是租赁居住有关，故而无法长居一处，直到后来有了自己的产权（前文曾引其《将别巫峡，赠南卿兄瀼西果园四十亩》一首，能送人，说明有产权），才稳定了一些。

（三）园林借住

除了上述两种获得使用权的情况外，园林的借住也是唐代文人比较常见的一种经历。就像白居易在《宿窦使君庄水亭》中所云之“使君何在在江东，池柳初黄杏欲红。有兴即来闲便宿，不知谁是主人翁”[②]，文人在借住期间也可以在一定程度上享有园主人一般的园居生活。这种园林借住的现象，既有建立在友情或亲属关系之上的情况，也有相对比较复杂的寺观园林借住。下面我们就围绕这两种情况分别进行探讨。

我们首先来看在亲友园林中借住的例子，这在现存文献当中还是能找到很多的，比如沈佺期的《从驩州廨宅移住山间水亭赠苏使君》：

遇坎即乘流，西南到火洲。鬼门应苦夜，瘴浦不宜秋。岁贷胸穿老，朝飞鼻饮头。死生离骨肉，荣辱间朋游。弃置一身在，平生万事休。鹰鹯遭误逐，豺虎怯真投。忆昨京华子，伤今边地囚。愿陪鹦鹉乐，希并鹧鸪留。日月渝乡思，烟花换客愁。幸逢苏伯玉，回借水亭幽。山柏张青盖，江蕉卷绿油。乘闲无火宅，因放有渔舟。适越心当是，居夷迹可求。古来尧禅舜，何必罪驩兜。[③]

很显然，由此诗可知，沈佺期被贬官流放到驩州之后，最初应该是居住在衙署宅院内的，比较接近于我们上一小节所讨论的情况，但是偏远地区的衙署，其居住条件显然无法和通都大邑相比，沈佺期在此居住就颇有些苦不堪言之感。幸好有友人苏伯玉将自己的山间水亭借予沈佺期，才解了

① 《全唐诗》卷二二九，《自瀼西荆扉且移居东屯茅屋四首》其二，第2501页。
② 《全唐诗》卷四四八，第5045页。
③ 《全唐诗》卷九七，第1050—1051页。

他酷暑之苦。

如果说，山亭到底是居所还是只是一座单独的亭子，可能还很难确定的话，那么下面这些例子则基本没有疑问了，比如：

清溪深不测，隐处唯孤云。松际露微月，清光犹为君。茅亭宿花影，药院滋苔纹。余亦谢时去，西山鸾鹤群。[①]

人闲当岁暮，田野尚逢迎。莱子多嘉庆，陶公得此生。寒芜连古渡，云树近严城。鸡黍无辞薄，贫交但贵情。[②]

借住郊园久，仍逢夏景新。绿苔行屐稳，黄鸟傍窗频。[③]

而严维的宅园更是经常有人借住，皇甫冉有《秋夜宿严维宅》和《宿严维宅送包七》（一作刘长卿诗，题下作《送包佶》），清江也有《宿严维宅简章八元》（一作《宿严秘书宅》），而且从借宿时还能送人、寄简来看，显然都应该是时间较长的借住。类似的还有姚合的宅园，单是贾岛一人就留下了不止一首寄宿姚合家宅园的作品，而后面要提及的马戴也有数首相关诗歌，此外，朱庆餘、李频等也有过借宿记录。值得注意的是，贾岛在《夜集姚合宅期可公不至》中一上来就写到“公堂秋雨夜，已是念园林”[④]，如果这里的姚合宅其实是为官时所居的官宅，本身就是小产权，那被人借宿就更有意思了。而官署园林为亲友所借住的明确案例，我们也完全可以找得到，比如：

公堂潇洒有林泉，只隔苔墙是渚田。宗党相亲离乱世，春秋闲论战争年。远江惊鹭来池口，绝顶归云过竹边。风雨夜长同一宿，旧游多共忆樊川。[⑤]

---

① 常建：《宿王昌龄隐居》，见《全唐诗》卷一四四，第1454页。

② 皇甫冉：《与张諲宿刘八城东庄》，见《全唐诗》卷二四九，第2804页。

③ 司空图：《借居》，见《全唐诗》卷六三二，第7256页。

④ 《全唐诗》卷五七三，第6674页。

⑤ 郑谷：《宗人作尉唐昌，官署幽胜，而又博学精富，得以言谈，将欲他之，留书屋壁》，见《全唐诗》卷六七五，第7739页。

县对数峰云，官清主簿贫。听更池上鹤，伴值岳阳人。井锁煎茶水，厅关捣药尘。往来多屣步，同舍即诸邻。[①]

唐代文人在他人园林中的借住，不但有前面提到的较为长期的借住，还有短期的临时性借住，而且这样的情况应该就更多了。比如郑谷在《访姨兄王斌渭口别墅》一诗中就明确说明自己这一次是住了三夜：

枯桑河上村，寥落旧田园。少小曾来此，悲凉不可言。访邻多指冢，问路半移原。久歉家僮散，初晴野荠繁。客帆悬极浦，渔网晒危轩。苦涩诗盈箧，荒唐酒满尊。高枝霜果在，幽渚暝禽喧。远霭笼樵响，微烟起烧痕。哀荣孤族分，感激外兄恩。三宿忘归去，圭峰恰对门。[②]

而杜甫在何将军山林中的居住应该也是短期的借宿：

问讯东桥竹，将军有报书。倒衣还命驾，高枕乃吾庐。花妥莺捎蝶，溪喧獭趁鱼。重来休沐地，真作野人居。

到此应常宿，相留可判年。蹉跎暮容色，怅望好林泉。何日沾微禄，归山买薄田？斯游恐不遂，把酒意茫然。[③]

很显然，由其一可见，杜甫这次是接到了园主人何将军的邀请后再次来到他的山林。"高枕乃吾庐"，说明杜甫曾一度在这处山林中居住，而其五开篇的"到此应常宿，相留可判年"又说明，这次居住只是短期的临时的，否则也不必有此感慨了。

这种出自园主邀请的临时性借住，在当时其实也是较为常见的现象，白居易在《雨中招张司业宿》[④]中也曾主动邀请张籍来园中居住。而如果邀请的朋友不来，对园主而言反倒是件失落的事情，比如白居易就有《期宿客不至》表达这一情绪：

风飘雨洒帘帷故，竹映松遮灯火深。宿客不来嫌冷落，一尊酒

---

① 李洞：《宿长安苏雍主簿厅》，见《全唐诗》卷七二一，第8277页。

② 《全唐诗》卷六七四，第7711页。

③ 《全唐诗》卷二二四，杜甫《重过何氏五首》其一、其五，第2398—2399页。

④ 《全唐诗》卷四四九，第5055页。

对一张琴。[①]

至于临时性借游，如李白《游谢氏山亭》中的“借君西池游”[②]，甚至只是去他人园林里参与临时性的聚会宴饮，属于更短期的使用权借用，甚至可以说已经短到没有必要展开讨论了，自然不必赘述。

有的时候，甚至是园主人离开自家园林的时候，友人也可以在此借住，像前文所引之白居易《宿窦使君庄水亭》，又比如：

上山下山入山谷，溪中落日留我宿。松石依依当主人，主人不在意亦足。名花出地两重阶，绝顶平天一小斋。本意由来是山水，何用相逢语旧怀。[③]

岂易投居止，庐山得此峰。主人曾已许，仙客偶相逢。顾己恩难答，穷经业未慵。还能励僮仆，稍更补杉松。[④]

不仅如此，在白居易那里，还提到过和朋友在彼此园宅中互相借住的现象：

陋巷掩弊庐，高居敞华屋。新昌七株松，依仁万茎竹。松前月台白，竹下风池绿。君向我斋眠，我在君亭宿。平生有微尚，彼此多幽独。何必本主人，两心聊自足。[⑤]

当然，这种情况下的借住，有时候也可以是园主人不得不暂时离开园林时的一种主动托付，比如独孤及有《得李滁州书以玉潭庄见托，因书春思，以诗代答》一首，说的就是这种情况，而独孤及也就自然可以享有玉潭庄的风光与生活了，于是也就有了《题玉潭》的写作：“碧玉徒强名，冰壶难比德。唯当寂照心，可并瀹沦色。”[⑥]

① 《全唐诗》卷四五〇，第5082页。

② 《全唐诗》卷一七九，第1827页。

③ 王季友：《宿东溪李十五山亭》，见《全唐诗》卷二五九，第2890页。

④ 许彬：《酬简寂熊尊师以赵员外庐山草堂见借》，见《全唐诗》卷六七八，第7766页。

⑤ 白居易：《闻崔十八宿予新昌弊宅时，予亦宿崔家依仁新亭，一宵偶同，两兴暗合，因而成咏，聊以写怀》，见《全唐诗》卷四四五，第4994页。

⑥ 《全唐诗》卷二四七，第2778页。

这种园主不在亦可借住的现象，甚至还有更极端的情况，那就是在有交情的园主人故去之后，园主的故交仍可在此园中借住，比如温庭筠就有一首《宿城南亡友别墅》：

水流花落叹浮生，又伴游人宿杜城。还似昔年残梦里，透帘斜月独闻莺。①

可以说，这种园宅借住在唐代文人当中是非常普遍的现象。虽然这完全是以人情为基础，有时连小产权都谈不上，因此往往呈现出临时性、不稳定性的特点，但对一些下层贫寒的文人来说，借住却很可能是他们得以享有园居生活的唯一途径了。比如晚唐诗人马戴，他笔下涉及园林的作品几乎全都和借宿有关，翻看《全唐诗》卷五五五、五五六，便可检出《下第再过崔邵池阳居》《过故人所迁新居》《新秋雨霁宿王处士东郊》《灞上秋居》《寄崇德里居作》《雒中寒夜姚侍御宅怀贾岛》《宿裴氏溪居怀厉玄先辈》《集宿姚殿中宅期僧无可不至》《宿贾岛原居》《集宿姚侍御宅怀永乐宰殷侍御》《田氏南楼对月》等十余首和寄宿友朋园宅相关的作品（所列诗歌有的题目上虽未言明，但是作品中都明确提到了寄居）。前文已经提到过，并不是所有的文人都有足够的能力去购买或建设园林，而无缘跻身仕途者自然也没有资格享用官署园林，因此，对这些人来说，如果想要体验园居生活，也许就只有依靠园宅的借住了。

也正因为这种借住现象较为普遍，有这方面需求的文人甚至会主动向朋友提出：

闲说班超有旧居，山横水曲占商於。知君不用磻溪石，乞取终年独钓鱼。②

而在亲友园林的借住中，还有一类情况比较特殊，那就是贫寒的新进士为豪门大户榜下捉婿而成为亲属，因此可以暂时得到岳家宅园的居住权。比如李商隐，新婚后就曾在王茂元东都崇让坊的宅第中居住，并留下《临发崇让宅紫薇》《崇让宅东亭醉后沔然有作》《七月二十九日崇让宅宴

① 《全唐诗》卷五七九，第6731页。

② 李涉：《寄赵准乞湘川山居》，见《全唐诗》卷四七七，第5438页。

作》等作品。当然，这种借住的可能性和稳定性也是因人而异的，既取决于岳家自身产业的丰厚程度，也与岳家对待女婿的态度有关。李商隐算是比较幸运的，直到人生垂暮、妻子过世，仍然可以回到已经破败的崇让宅居住，并留下《正月崇让宅》这种极为悲怆的悼亡之作。而元稹虽然也娶了大族之女韦丛，但从他《遣悲怀三首》中对早年贫贱生活的描述来看，怕是就没有李商隐这样的待遇了。

除了亲友的园林可以借住之外，寺观园林也是一种选择。之前既已提及唐代寺观园林足够丰富，则文人居止其间的例子也就不难找见，除前文所引李端、贾岛外，我们还可以举出很多，比如：

> 石门媚烟景，句曲盘江甸。南向佳气浓，数峰遥隐见。渐临华阳口，云路入葱蒨。七曜悬洞宫，五云抱仙殿。银函竟谁发，金液徒堪荐。千载空桃花，秦人深不见。东溪喜相遇，贞白如会面。青鸟来去闲，红霞朝夕变。一从换仙骨，万里乘飞电。萝月延步虚，松花醉闲宴。幽人即长往，茂宰应交战。明发归琴堂，知君懒为县。[①]

> 欲究先儒教，还过支遁居。山阶闲听法，竹径独看书。向日荷新卷，迎秋柳半疏。风流有佳句，不似带经锄。[②]

> 自嫌野性共人疏，忆向西林更结庐。寄谢山阴许都讲，昨来频得远公书。[③]

> 沙鹤上阶立，潭月当户开。此中留我宿，两夜不能回。幸与静境遇，喜无归侣催。从今独游后，不拟共人来。[④]

---

① 刘长卿：《自紫阳观至华阳洞，宿侯尊师草堂，简同游李延年》，见《全唐诗》卷一四九，第1547页。

② 李嘉佑：《送王正字山寺读书》，见《全唐诗》卷二〇六，第2149页。

③ 李端：《忆友怀野寺旧居》（一作《答司空文明怀野寺旧居》），见《全唐诗》卷二八六，第3282页。

④ 白居易：《仙游寺独宿》，见《全唐诗》卷四二八，第4714—4715页。

与在亲友园林中借住一样，唐代文人居止寺观，也是既有临时又有长期。上引白居易于仙游寺住宿，显然是临时性的，而杜牧《宿长庆寺》的“红蕖影落前池净，绿稻香来野径频。终日官闲无一事，不妨长醉是游人”[①]，理应也是短期。而上引王正字去山寺读书，则应是久居，此外，张籍在《移居静安坊答元八郎中》中提到自己曾经“长安寺里多时住”[②]，显然也不是在寺院中临时居止。不仅如此，我们甚至还会发现一些经常借居寺观的诗人，白居易就曾在《闲吟二首》其一中说自己是“僧房寄宿多”[③]，再比如于鹄，其《山中寄樊仆射》中有“却忆东溪日，同年事鲁儒。僧房闲共宿，酒肆醉相扶”[④]，《宿王尊师隐居》[⑤]也同样是典型的例子，而由其《题宇文裔山寺读书院》[⑥]更可见，他身边的友人也有长期居止于寺观中的，更可见此类现象之普遍。

但是，和私家园林相比，文人借住寺观的情况就相对比较复杂了。

一方面，文人在寺院中居住时，是需要支付租金的租赁，还是无偿借住，其实很难具体区分，因为他们很少在诗文中对此进行明确的说明。如果是在地方上为官或者和寺观的僧道有一定的交情，那无偿居住应该并不困难（比如李咸用的《冬夜与修睦上人宿远公亭，寄南岳玄泰禅师》[⑦]应该就是建立在友情之上的寺观借住，而且由其《远公亭牡丹》[⑧]一诗还可知此园有牡丹可赏），可这其实就和在亲友园林中的借住差别不大了。而与之相对应的，白身文人的无偿居住，大概就不是所有的寺观都欢迎的了，有的甚至对此多有排斥，由经典的王播“饭后钟”的故事，就能看出部分寺院僧徒的态度。因此，文人们在寺观中居止时，多数情况下应该会支付一定

① 《全唐诗》卷五二四，第6004页。
② 《全唐诗》卷三八五，第4336页。
③ 《全唐诗》卷四五一，第5093页。
④ 《全唐诗》卷三一〇，第3498页。
⑤ 《全唐诗》卷三一〇，第3501页。
⑥ 《全唐诗》卷三一〇，第3498页。
⑦ 《全唐诗》卷六四五，第7397页。
⑧ 《全唐诗》卷六四四，第7386页。

的报酬，或者承担一些力所能及的劳务，比如抄经之类，而这其实又等同于租赁了。

另一方面，寺观借住的行为也常常受到政策的干扰，且不说会昌法难时寺院受到严重打击，于此期间要想借住显然是不太可能的，就算是其他相对开放包容的时段，政府有时也会有特殊的诏令，比如唐代宗就下过一道《禁断公私借寺观居止诏》："道释二教，用存善诱，至于像设，必在尊崇。如闻州县公私，多借寺观居止，因兹亵黩。切宜禁断，务令清肃。其寺观除三纲并老病不能支持者，余并仰每日二时行道礼拜。如有弛慢，并量加科罚。"[1]显然，此时的文人若想居住于寺观，应该也是比较困难的事情了。

① 《全唐文》卷四六，第219页。

第二章　唐代文人园林的日常经营

无论通过何种方式获得一处属于自己的私家园林，接下来都需要对园林进行一定的日常经营。总的来说，唐代私家园林的日常经营主要包括两个方面：一方面是出于审美目的进行的经营，另一方面是出于生产目的进行的经营。正是这两方面的经营从精神和物质两个层面保证了私家园林成为唐代文人自由出处的坚实后盾和逃避尘嚣的避世桃源。但是，由于具体负责者的不同、园林规模及运转方式的差异等诸多原因，又使得唐代文人私园的日常经营也显出不同的面貌与特点。对这些差异的深入探究，不但有利于我们了解唐人园林的日常运转情况，更能帮助我们认识唐代文人园林生活的一般状况，进而对唐人园林诗文的表现内容和思想倾向有更为全面的认识。

一、亲自经营

作为私家园林的主人，唐代的许多文人都直接参与了自己园林的日常经营，无论是物质层面还是精神层面，都为该园林打上了园主的个性印记。那么园主对自家园林的日常经营都包括哪些方面呢？园主的亲自经营又具有什么样的特点呢？

（一）审美建设

园主对自己园林的审美经营主要是对园林的各种要素如花木、建筑等进行设计、建设与维护，有时也亲自进行一些出于审美目的的简单劳作，如花木的种植等。经过园主亲自经营设计的园林往往因其独特的审美特色与精神底蕴而广为人知，成为名园，如杜甫的浣花溪草堂、白居易的履道池台等。下面我们就来简单地看一下这两处园林的经营情况。

先看杜甫对浣花溪草堂的经营，这当中既有为了观景的需要而进行的“翦伐”，还有为了造景需要的种植，更有为了安全需要而进行的帖石筑堤：

> 我有阴江竹，能令朱夏寒。阴通积水内，高入浮云端。甚疑鬼物凭，不顾翦伐残。东偏若面势，户牖永可安。爱惜已六载，兹晨去千竿。萧萧见白日，汹汹开奔湍。度堂匪华丽，养拙异考槃。草茅虽薙葺，衰疾方少宽。[①]

> 奉乞桃栽一百根，春前为送浣花村。河阳县里虽无数，濯锦江边未满园。[②]

> 春来常早起，幽事颇相关。帖石防隤岸，开林出远山。一丘藏曲折，缓步有跻攀。[③]

再看白居易对履道池台的经营：

> 平旦领仆使，乘春亲指挥。移花夹暖室，徙竹覆寒池。池水变绿色，池芳动清辉。[④]

> 乐天罢杭州刺史时，得天竺石一、华亭鹤二以归，始作西平

① 杜甫：《营屋》，见《全唐诗》卷二二〇，第2328—2329页。
② 杜甫：《萧八明府堤处觅桃栽》，见《全唐诗》卷二二六，第2448页。
③ 杜甫：《早起》，见《全唐诗》卷二二六，第2440页。
④ 白居易：《春葺新居》，见《全唐诗》卷四三一，第4766页。

桥，开环池路。罢苏州刺史时，得太湖石、白莲、折腰菱、青版舫以归；又作中高桥，通三岛径。[①]

可见，履道池台中的花木，有很多是白居易自己或亲领奴仆所种，而园林建筑的安排也是园主自己精心设计的。

通过上面征引的这些材料，我们不难看出，杜甫的浣花溪草堂和白居易的履道池台都是在园主的亲自设计与经营下成形的，而这两座园林也恰恰是唐代文人私园中精神内涵最为丰富，因而也最为后人所津津乐道的。后世文人对杜甫草堂的顶礼膜拜和对白居易“中隐”观念的普遍继承都说明了这一点。

除了这两处众所周知的文人私园外，其他文人亲自进行审美经营的私家园林，也不乏广为人知的著名作品，比如柳宗元在永州营造的郊园，就凝结着园主自己的心血：

崇其台，延其槛，行其泉于高者而坠之潭，有声潨然。尤与中秋观月为宜，于以见天之高，气之迥。[②]

予怜而售之……即更取器用，铲刈秽草，伐去恶木，烈火而焚之。嘉木立，美竹露，奇石显。由其中以望，则山之高，云之浮，溪之流，鸟兽之遨游，举熙熙然回巧献技，以效兹丘之下。[③]

再比如李德裕的平泉山庄，早年也经过了李德裕的亲自经营：

首阳微岑，尚有薇蕨，山阳旧径，唯余竹木。吾乃剪荆棘，驱狐狸，始立班生之宅，渐成应叟之地，又得江南珍木奇石，列于庭际，平生素怀，于此足矣。[④]

甚至在因仕宦而远离平泉山庄之后，李德裕依然在对自己的这处园林进行“遥控”经营：

---

① 白居易：《池上篇（并序）》，见《全唐诗》卷四六一，第5249页。

② 柳宗元：《钴鉧潭记》，见《全唐文》卷五八一，第2600页。

③ 柳宗元：《钴鉧潭西小丘记》，见《全唐文》卷五八一，第2600页。

④ 李德裕：《平泉山居诫子孙记》，见《全唐文》卷七〇八，第3220页。

> 东都于伊阙南置平泉别墅，清流翠筱，树石幽奇。初未仕时，讲学其中。及从官藩服，出将入相，三十年不复重游，而题寄歌诗，皆铭之于石。今有《花木记》《歌诗篇录》二石存焉。[①]

《旧唐书》中提到的李德裕的《花木记》应即传世的《平泉山居草木记》，据上引文献可知，写作该文时李德裕并不在平泉山庄，但文中却对许多花木奇石的位置交代得异常清楚，如“巫山、严湍、琅邪台之水石，布于清渠之侧，仙人迹、鹿迹之石，列于佛榻之前”[②]。则这样的布置很可能出自李德裕自己的意思，至少是经过了李德裕本人的认可，实质上仍然可以算作李德裕自己的审美经营。对自己的园林如此尽心经营，平泉山庄成为唐代园林的著名代表也就毫不奇怪了。

总的来说，文人亲自进行审美经营的园林，能够更充分地体现其审美观念，大到亭台楼阁的安排，小到一草一木的布置，都是如此。像白居易，即使是种个竹子，都要讲究交错间隔的安排，所谓“问君移竹意如何，慎勿排行但间窠”[③]，就更不用说他在园林建设其他方面的用心了。而王勃的《宇文德阳宅秋夜山亭宴序》中也提到过“亦有红蘋绿荇，亘渚连翘；玉带瑶华，分楹间植”[④]，也同样可见文人园林类似的讲究。因为文人群体整体较高的审美素养，这些由他们亲自经营的园林也就往往更容易出现佳作。当然，这并不是说文人亲自参与审美经营的私家园林就一定能成为名垂青史的经典，文人本身审美素养的高低、在园林经营中投入精力的多少，以及其园林经营的主要目的等，都制约着审美经营的效果。只不过从总体上来看，具有较高艺术修养的文人更易于创造出较好的园林景观，而文人们较广的交际圈子和较大的文化影响力也更易于其园林美名的传播，如果能在园中久居并进行大量的书写，就更容易为人所关注了。相比之下，一些普通士人所经营的私家园林就很难成为经典作品。比如许珂的新阳别业，

---

① 《旧唐书》卷一七四《李德裕传》，第4528页。

② 李德裕：《平泉山居草木记》，见《全唐文》卷七〇八，第3220页。

③ 白居易：《问移竹》，见《全唐诗》卷四五〇，第5082页。

④ 《全唐文》卷一八一，第813页。

倒是“兰汀橘岛映亭台，不是经心即手栽”[①]，可除了诗作者方干外，还有几人知道？

此外，我们还可以看到，对这些亲自进行审美经营的文人来说，他们常常会热衷于吟咏自己园居生活的雅趣，白居易所作的大量闲适诗就显然和他的这种生活方式有着或多或少的联系。而这种倾向的产生，不仅是因为文人亲自经营的园林往往会呈现较好的审美效果（至少是符合园主本人雅趣的审美效果），更因为在亲自经营的过程中，文人们可以充分感知自己的审美观念，并将其具体呈现出来。也正因为如此，这种园林经营活动本身都成为一些文人经常歌咏的对象，《全唐诗》中以自己的园林经营为题材的作品非常常见。可以说，这也从某种程度上体现了诗歌题材的开拓和丰富。在这些诗歌中，有一些只不过是在其他题材的作品中提到了自己的经营活动，但还有许多则直接全篇都在书写这种经营。这些作品为我们展现了唐代文人在为自己的园林进行审美经营时到底倾注了多大的热情，而围绕这些作品的总结归纳，也就可以看出，文人们亲自进行的审美经营都包括了哪些内容。

在文人亲自进行的审美经营中，最常见的无疑是花木的种植，因为相对来说，这项经营在园林的各项审美建设当中所消耗的工作量最小，所以文人们大都可以做到，也就更乐于享受这一过程，即所谓“花木手栽偏有兴”[②]，因此文人亲自种植花木的例子也就非常多了，比如：

手种桃李非无主，野老墙低还似家。恰似春风相欺得，夜来吹折数枝花。[③]

芍药丁香手里栽，临行一日绕千回。外人应怪难辞别，总是山中自取来。[④]

① 方干：《许员外新阳别业》，见《全唐诗》卷六五三，第7498页。

② 刘禹锡：《和乐天南园试小乐》，见《全唐诗》卷三六〇，第4063页。

③ 杜甫：《绝句漫兴九首》其二，见《全唐诗》卷二二七，第2451页。

④ 王建：《别药栏》，见《全唐诗》卷三〇一，第3428页。

身依泉壑将时背，路入烟萝得地深。终岁不知城郭事，手栽林竹尽成阴。[①]

欲种数茎苇，出门来往频。近陂收本土，选地问幽人。静看唯思长，初移未觉匀。坐中寻竹客，将去更逡巡。[②]

当然，花木种下之后，日常的养护也必不可少，这同样可以由园主人亲自进行，比如于鹄《过张老园林》中就提到过“开门朝扫径，辇水夜浇花”[③]，王建《原上新居十三首》其九中也有“扫渠忧竹旱，浇地引兰生”[④]，郑谷在《小北厅闲题》中写到过“洗竹浇莎足公事，一来赢写一联诗”[⑤]，而王贞白亦曾作有《洗竹》一诗：“道院竹繁教略洗，鸣琴酌酒看扶疏”[⑥]。

和花木种植有关的另一种审美经营——花木的修剪，也常常是文人们自己亲力亲为的。这同样是一项劳动量不大的工作，但是审美意义非凡，因为这不仅涉及花形树形，更与园林的观景视野息息相关。好的剪裁，能够完美地呈现园林借景的效果，所以文人们也就更有亲自动手的必要了。而在这方面，白居易的《截树》便是一个经典的例子：

种树当前轩，树高柯叶繁。惜哉远山色，隐此蒙笼间。一朝持斧斤，手自截其端。万叶落头上，千峰来面前。忽似决云雾，豁达睹青天。又如所念人，久别一款颜。始有清风至，稍见飞鸟还。开怀东南望，目远心辽然。人各有偏好，物莫能两全。岂不爱柔条，不如见青山。[⑦]

很显然，白居易在诗里表明，他是很喜爱园林中的树木的，而且这些树木还很可能是他亲自种植的，但是枝繁叶茂后，却遮蔽了远处的群山，大

① 武元衡：《山居》，见《全唐诗》卷三一七，第3573页。
② 姚合：《种苇》，见《全唐诗》卷五〇二，第5706页。
③ 《全唐诗》卷三一〇，第3506页。
④ 《全唐诗》卷二九九，第3395页。
⑤ 《全唐诗》卷六七七，第7763页。
⑥ 《全唐诗》卷七〇一，第8064页。
⑦ 《全唐诗》卷四三〇，第4748页。

大影响了园林景观，所以白居易必须对其进行修剪，以便能够身在园中而远看千峰，坐观飞鸟，青天豁然，心随目远。而这一修剪工作既然是“一朝持斧斤，手自截其端”，则很显然是白居易亲自抡着斧子去干的。

除了白居易此例，前引杜甫的“爱惜已六载，兹晨去千竿。萧萧见白日，汹汹开奔湍”也是一个典型，不仅如此，杜甫还有一首《除草》也颇值得注意：

> 草有害于人，曾何生阻修。其毒甚蜂虿，其多弥道周。清晨步前林，江色未散忧。芒刺在我眼，焉能待高秋。霜露一沾凝，蕙叶亦难留。荷锄先童稚，日入仍讨求。转致水中央，岂无双钓舟。顽根易滋蔓，敢使依旧丘。自兹藩篱旷，更觉松竹幽。芟夷不可阙，疾恶信如雠。[①]

很显然，就除草这一活动本身而言，可能更多的应属于园林的日常维护，诗中所谓“其毒甚蜂虿”“芒刺在我眼”也都说明了这一点。因此，如果换作一般的僮仆来进行，很可能就是纯粹的劳动了。但是，当“荷锄先童稚”的杜甫亲自上阵后，这一活动却有了“自兹藩篱旷，更觉松竹幽。芟夷不可阙，疾恶信如雠”的审美内涵，便也包含了审美经营的意味。可见，能够时时刻刻带着一种审美的眼光去看待园林活动，这也正是文人亲自经营的意义之所在。孟郊在《哀孟云卿嵩阳荒居》中提到的孟云卿生前“薙草恐伤蕙，摄衣自理锄”[②]，也和杜甫的除草颇为相似，可资参证。而杜牧在《栽竹》中提到的“本因遮日种，却似为溪移。历历羽林影，疏疏烟露姿”[③]，同样是将实用性种植与园林审美结合的一个典型例子。

如果说花木的种植和修剪之类，都是相对比较轻松的工作，文人们完全可以把这种经营当作一种休闲的话，那么土木工程就是相对比较费力的了。但即使如此，我们依然能找到文人自己动手的记录，而这也自然比一般的花木经营更能体现文人建设自己理想园林的热情。如孟郊的《送豆卢

---

① 《全唐诗》卷二二〇，第2329页。
② 《全唐诗》卷三八一，第4272页。
③ 《全唐诗》卷五二二，第5971页。

策归别墅》一诗中就有“力买奇险地，手开清浅溪”，白居易在其《题别遗爱草堂兼呈李十使君（李亦庐山人，常隐白鹿洞）》一诗中描述过自己当年“砌水亲开决，池荷手自栽”[①]，在《罢府归旧居》中也有“屈曲闲池沼，无非手自开”[②]，而姚合在这方面表现得同样典型，试看其《题家园新池》：

数日自穿池，引泉来近陂。寻渠通咽处，绕岸待清时。深好求鱼养，闲堪与鹤期。幽声听难尽，入夜睡常迟。[③]

为了自家园林内能有一处养鱼栖鹤的池塘，姚合不惜亲自动手，引泉穿池。《全唐诗》中在这首诗后面紧接着便又有一首《咏盆池》，很可能正是池成后的吟咏。这不仅说明姚合对该池塘的看重与喜爱，从其名为“盆池”且在家园来看，显然应该不大，而这处不大的池塘的开凿居然也用了数日之功，更表明是姚合亲自动手无疑了。此外，姚合亲自动手的土木工程，也许并不仅这池塘一例，比如他在《街西居三首》其一中就还曾提到过，自己家园的庭中之井也是“自凿还自饮”[④]的。

此外，除了具体的花木种植和土木工程外，带有整体布局考虑的经营，无疑更能体现园主人的审美。比如白居易《竹窗》中提到的“开窗不糊纸，种竹不依行。意取北檐下，窗与竹相当。绕屋声淅淅，逼人色苍苍”[⑤]，就是对房屋和草木的整体安排。

正因为要考虑园林的整体效果，所以文人亲自进行的审美经营，也常常会是一整套活动，而未必总是可以分得这么细，比如钱起在《山居新种花药，与道士同游赋诗》中说：

自乐鱼鸟性，宁求农牧资。浅深爱岩壑，疏凿尽幽奇。雨花相助好，莺鸣春草时。种兰入山翠，引葛上花枝。风露拆红紫，缘溪复映池。新泉香杜若，片石引江蓠。宛谓武陵洞，潜应造化移。杖

① 《全唐诗》卷四四三，第4951页。
② 《全唐诗》卷四五四，第5135页。
③ 《全唐诗》卷四九九，第5676页。
④ 《全唐诗》卷四九八，第5660页。
⑤ 《全唐诗》卷四三四，第4807页。

策携烟客，满袖掇芳蕤。蝴蝶舞留我，仙鸡闲傍篱。但令黄精熟，不虑韶光迟。笑指云萝径，樵人那得知。[①]

在这首诗里，钱起的审美建设既包括土木工程的岩壑疏凿、片石引蔼，也有种兰引葛等草木种植，其经营项目可谓非常全面丰富了。

而除了常规的审美经营之外，还有一种比较特殊，就是前面提到的李德裕的“遥控经营”。当文人因为种种原因不得不暂时离开自己的园林时，并不意味着审美经营就此终止，他依然可以通过种种方式来施加自己的影响。除了李德裕，白居易也有过类似的行为。比如他的《莲石》中就这样写道：

青石一两片，白莲三四枝。寄将东洛去，心与物相随。石倚风前树，莲栽月下池。遥知安置处，预想发荣时。领郡来何远，还乡去已迟。莫言千里别，岁晚有心期。[②]

在这首诗中，白居易在将青石和白莲寄回他在洛阳的履道池台时，对其放置位置也做了简单的安排，所以才能够较为准确地悬想其“安置处”和“发荣时”。

不过总的来说，这方面的记载还是比较少的，所以此处就不再展开论述了。

（二）生产劳动

唐代文人的私家园林往往并不仅仅用于审美，还会进行一定的生产，为园主的园林生活提供一定的物质基础。而在各种生产中，农业生产又占据主要地位，因此，一些园林的主人也会亲自参加到生产活动当中，在田亩间进行劳作。关于唐代文人在自家园林中亲自进行或关注、监督农业生产的材料，我们现在还可以看到许多，如：

东皋占薄田，耕种过余年。护药栽山刺，浇蔬引竹泉。晚雷期稔

① 《全唐诗》卷二三六，第2620页。
② 《全唐诗》卷四四七，第5030—5031页。

岁，重雾报晴天。若问幽人意，思齐沮溺贤。[①]

悬途多仄足，崎圃无修畦。芳兰与宿艾，手撷心不迷。品子懒读书，辕驹难服犁。虚食日相投，夸肠讵能低。耻从新学游，愿将古农齐。都城多耸秀，爱此高县居。伊雒绕街巷，鸳鸯飞阁间。翠景何的砾，霜飔飘空虚。突出万家表，独治二亩蔬。一旬一手版，十日九手锄。手锄手自勖，激劝亦已饶。畏彼梨栗儿，空资玩弄骄。夜景卧难尽，昼光坐易消。治旧得新义，耕荒生嘉苗。锄治苟惬适，心形俱逍遥。[②]

邵平瓜地接吾庐，谷雨干时手自锄。昨日春风欺不在，就床吹落读残书。[③]

别业在深山中……畜妻子，事耕稼，如常人。[④]

田污下，暑雨一昼夜，则与江通，无别己田他田也。先生由是苦饥，囷仓无升斗蓄积，乃躬负畚锸，率耕夫以为具。由是岁波虽狂，不能跳吾防、溺吾稼也。[⑤]

仁表卒，妻李氏为主所斥，居于凤泉别业。时方翼尚幼，乃与佣保齐力勤作，苦心计。功不虚弃，数年辟田数十顷，修饰馆宇，列植竹木，遂为富室。[⑥]

此外，杜甫既然写到自己“细雨荷锄立”[⑦]，显然也应该是亲自参与了农

① 耿湋：《东郊别业》，见《全唐诗》卷二六八，第2980页。

② 孟郊：《立德新居》，见《全唐诗》卷三七六，第4223—4224页。

③ 曹邺：《老圃堂》，见《全唐诗》卷五九三，第6881页。

④ 陆龟蒙：《丁隐君歌（并序）》，见《全唐诗》卷六二一，第7149页。

⑤ 陆龟蒙：《甫里先生传》，见《全唐文》卷八〇一，第3732页。

⑥ 《旧唐书》卷一八五上《王方翼传》，第4802页。

⑦ 杜甫：《暮春题瀼西新赁草屋五首》其三，见《全唐诗》卷二二九，第2498页。

业劳动的，其《种莴苣（并序）》一诗自称“苣兮蔬之常，随事蓺其子。破块数席间，荷锄功易止”[①]，《暇日小园散病，将种秋菜，督勒耕牛，兼书触目》一诗详写“冬菁饭之半，牛力晚来新。深耕种数亩，未甚后四邻。嘉蔬既不一，名数颇具陈”[②]，亦皆可为证。而从岑参《还高冠潭口留别舍弟》中的“昨日山有信，只今耕种时”[③]，以及他出仕离开白阁西草堂后便“野碓无人舂”[④]来看，当年岑参在此居住时也应该是亲自参与生产劳动的。再比如李贺《南园十三首》其九的“病容扶起种菱丝”、其十一的“自履藤鞋收石蜜”[⑤]等，也是亲自参与种植和收获的记录。

根据这些记载可以推知，唐代文人在自家园林中亲自躬耕的事例并不罕见，那么这一现象是在什么样的条件下产生的呢？或者说文人们在什么情况下才会亲自下田劳作呢？其实，在生产力水平达到一定高度之前，为了生存的需要而参加劳动是一个再简单不过的道理，时至今日依然如此，唐代文人又岂能例外？正所谓“家贫自省营”[⑥]，唐代文人在园中亲自参与的生产劳作，很大程度上也是生活压力下的必然选择，我们不妨具体分析一下上面的这些例子。

王方翼与其母为亡夫正室所斥而退居凤泉别业，虽然别业中有佣保劳作，但通过后来“辟田数十顷……遂为富室”的反差来看，当时孤儿寡母的经济状况并不理想，王方翼小小年纪就“乃与佣保齐力勤作，苦心计”，很可能是生活压力所迫。

据《唐代诗人丛考 · 耿湋考》，耿湋一生仕宦不显，只做过县尉、拾遗等小官[⑦]，而且据其诗中“贫病催年齿，风尘掩姓名”[⑧]的慨叹来看，其经济

---

① 《全唐诗》卷二二一，第2348页。

② 《全唐诗》卷二二一，第2348页。

③ 《全唐诗》卷二〇〇，第2072页。

④ 岑参：《因假归白阁西草堂》，见《全唐诗》卷一九八，第2041页。

⑤ 《全唐诗》卷三九〇，第4401—4402页。

⑥ 皇甫冉：《闲居作》，见《全唐诗》卷二五〇，第2828页。

⑦ 傅璇琮：《唐代诗人丛考》，中华书局，1980年，第493—501页。

⑧ 耿湋：《华州客舍奉和崔端公春城晓望》，见《全唐诗》卷二六八，第2975页。

状况并不理想。再结合“数亩东皋宅，青春独屏居。家贫僮仆慢，官罢友朋疏”[①]和“东城独屏居，有客到吾庐。发廪因春黍，开畦复剪蔬。许酣令乞酒，辞窭任无鱼”[②]等描述，耿湋经营东郊别业的时候很可能赋闲在家，因罢官而没有了俸禄这一经济来源，经济状况愈发不好。由此可以推断，耿湋的亲自耕种也是一种缓解经济压力的生产行为。

孟郊的例子也很明显，诗中既已“耕荒生嘉苗”，则这处园居显然是开荒所得，则“独治二亩蔬”“手锄手自勖”等亲力亲为的生产劳动，也是为了生计。

再看曹邺，据《唐代园林别业考录》似应在桂林阜财坊[③]，据《唐才子传》卷七载：“曹邺。邺，字邺之，桂林人。……大中四年张温琪榜中第。……仕至洋州刺史。”[④]则老圃堂应为曹邺出仕前所居，很可能是曹邺读书习业的经济后盾，则曹邺亲自劳作也应该是出于生计的考虑。

丁隐君“前度相逢正卖文，一钱不直虚云云。今来利作采樵客，可以抛身麋鹿群”[⑤]，显然是一个自力更生的隐士，为谋生而事耕作无疑。

陆龟蒙明言“躬负畚锸”的原因是“先生由是苦饥，囷仓无升斗蓄积”，显然也是生计所迫。

据陈贻焮《杜甫评传》考证，杜甫移居瀼西本身就是出于生计方面的考虑[⑥]，则其亲自荷锄耕种的原因也就再明显不过了。

据“误徇一微官，还山愧尘容”[⑦]，白阁西草堂显然是岑参出仕前已有，而前文已经提到，岑参出仕前的许多园林都应该是垦荒所得，自然也就应该亲自参与劳动，从而为自己创造一个读书习业的经济后盾。

李贺在《南园十三首》其五中抒发过“男儿何不带吴钩，收取关山五十

① 耿湋：《春日即事二首》其二，见《全唐诗》卷二六八，第2982页。

② 《全唐诗》卷二六九，耿湋《喜侯十七校书见访》，第2996页。

③ 参见《唐代园林别业考录》，第313页。

④ 《唐才子传校笺》卷七，第356—359页。

⑤ 陆龟蒙：《丁隐君歌（并序）》，见《全唐诗》卷六二一，第7150页。

⑥ 陈贻焮：《杜甫评传》，上海古籍出版社，1982年，第1099—1100页。

⑦ 岑参：《因假归白阁西草堂》，见《全唐诗》卷一九八，第2041页。

州”[①]的豪情壮志，则其写作这组诗的时候应该也还处在求仕的阶段，尚需劳作自养。

通过上面的分析，我们不难看出生计的需要对唐代文人亲自参加生产经营的推动作用。

除此之外，如果我们从其他角度出发，还能发现另一些普遍特征。

其一，文人亲自参加生产经营的园林，往往规模不大，如耿湋的东郊别业是“数亩东皋宅”，王方翼凤泉别业后来“辟田数十顷……遂为富室”的反差也说明最初的田产并不是很丰厚。而且这些园林很可能有相当一部分是通过垦荒所得，如岑参的白阁西草堂，而丁隐君在山中构筑的别业应该也是垦荒的成果。需要特别一提的是陆龟蒙的甫里别业，该园林既是继承所得，又规模不小，但必须注意的是，其所属田产地处“污下”，这是地理条件的限制，同时陆龟蒙也不是独自一人劳作，而是“率耕夫以为具”，所以这也可以算是一个例外吧。

其二，在园林中亲自参加生产劳动的文人大都是没有官爵的。王方翼、曹邺、岑参、李贺在园林中躬耕时都还没有出仕，陆龟蒙、丁隐君干脆就是以隐逸终身，即使是曾经出仕的如耿湋、杜甫，其在园林中进行生产型经营也都是在罢官之后。孟郊考中进士并首次为官时已经年过半百，则其躬耕之时理应亦为白身。而且在这些文人当中，只有王方翼和陆龟蒙两人出身于真正意义上的世家大族，其他文人则并没有雄厚的家族背景为其提供经济支持。由此可见，园林的生产功能对没有俸禄的文人来说是一个极为重要的经济来源，而对相当一部分文人——尤其是出身寒门的文人——来说，这一生产功能需要通过他们自己的劳动加以实现。

其三，文人园主的这种生产劳动体现于诗歌中往往具有一种较为质朴的风格，与同样在田园中亲自躬耕的陶渊明的诗风颇有几分相似，我们前面引用的几首诗歌便是很好的例证。

上文讨论的这些文人亲自参与的生产劳动，大都是直接关乎生计的粮

① 《全唐诗》卷三九〇，第4401页。

食以及蔬果等农副产品的种植，但是文人园林中的生产劳动，往往又不仅仅是粮食蔬果，还包含很多其他产业，而这些生产有时候也是文人亲力亲为，或者亲自监督经营的。比如白居易，在亲自种植花草的同时还会参与酿酒，《对新家酝玩自种花》中便提到了“香麹亲看造，芳丛手自栽。迎春报酒熟，垂老看花开”[①]。又比如下一章我们讨论园林收入时，还会涉及文人园林常见的药草种植，而文人亲自种植药草的记录，我们现在也能找到不少，比如柳宗元就有《种仙灵毗》《种术》《种白蘘荷》[②]等多首相关诗作。不过，考虑到柳宗元人生后期健康状况不佳，其居住之地的医疗条件又远不及发达地区，则这里的药草种植，其实和种植粮食谋求生计一样，多少也是为现实所迫吧！

此外，还有一点需要注意，那就是虽然文人参与生产劳动往往是因为经济条件所限，是为了生活的需要而必须亲自躬耕，但也不可一概而论。如同前文的审美经营一样，简单的生产劳动对文人来说，本身也是值得体验的一种生活方式，而且他们往往能将这种体验提升到一定的思想高度，乃至和某种人格精神或审美理想联系在一起，比如张九龄的《园中时蔬尽皆锄理，唯秋兰数本，委而不顾，彼虽一物，有足悲者，遂赋二章》：

场藿已成岁，园葵亦向阳。兰时独不偶，露节渐无芳。旨异菁为蓄，甘非蔗有浆。人多利一饱，谁复惜馨香。

幸得不锄去，孤苗守旧根。无心羡旨蓄，岂欲近名园。遇赏宁充佩，为生莫碍门。幽林芳意在，非是为人论。[③]

张九龄此诗以秋兰为比兴，颇似其《感遇》中的某些咏叹，很显然，这些诗句中表达的多少带有一些宦海沉浮后的感喟。对品行高洁的张九龄而言，他在园中锄理的时蔬，自然是用于生活而不是丢弃浪费，因此也算得上是生产劳动，但是曾为盛唐宰相的他显然不会是因为经济压力、生计问题而去亲自关注园蔬的锄理，更多的还是要在这种劳作中去感受文人所追

① 《全唐诗》卷四五九，第5230页。

② 《全唐诗》卷三五三，第3950—3951页。

③ 《全唐诗》卷四八，第584页。

求的道吧！

类似的现象，在王维的作品中也能够见到，试看下面两首：

> 嗟予未丧，哀此孤生。屏居蓝田，薄地躬耕。岁晏输税，以奉粢盛。晨往东皋，草露未晞。暮看烟火，负担来归。我闻有客，足扫荆扉。[①]

> 余适欲锄瓜，倚锄听叩门。鸣驺导骢马，常从夹朱轩。穷巷正传呼，故人傥相存。携手追凉风，放心望乾坤。蔼蔼帝王州，宫观一何繁。林端出绮道，殿顶摇华幡。素怀在青山，若值白云屯。回风城西雨，返景原上村。前酌盈尊酒，往往闻清言。黄鹂啭深木，朱槿照中园。犹羡松下客，石上闻清猿。[②]

很显然，辋川闲居的王维自不必担心生计问题，但他还是亲自下田锄瓜，“薄地躬耕”。在这一生产劳作的行为中，主导因素显然并不是经济方面的，而是一种文化心理，一种对田园生活的美好想象，一种对陶渊明之类先贤的追慕与效仿。因此，在这首诗当中鲜明地体现了世外悠远与宫阙繁华的对比，并流露出诗人心里那份怡然自得的宁静。

也正因为如此，一些亲力亲为的生产劳动也和审美经营一样，可以成为文人着力书写的题材。像韦应物，就既有《移海榴》《郡斋移杉》这种描写审美经营的作品，也有《种药》《种瓜》之类以生产劳动为主题的创作。毕竟，只要不是背负巨大的生存压力，在文人眼中，审美种植和生产劳动其实都是身体力行的园林经营活动，也就都可以成为生活书写的一部分。

在讨论完文人亲自进行的审美经营和生产经营两方面内容之后，我们其实不难看出，二者之间还存在一点差异。那就是，文人亲自进行的审美经营，既见于自家私园，也见于官署等公有园林，我们在上一章中就曾举过不少文人在官署园林中进行审美建设的例子，此处不再重复。而相比较而言，文人亲自进行的生产劳动，则主要出现在自家私园当中。而这其实

① 王维：《酬诸公见过》，见《全唐诗》卷一二五，第1234页。

② 王维：《瓜园诗（并序）》，见《全唐诗》卷一二五，第1249—1250页。

也很容易理解，我们前面的讨论已经表明，亲自进行生产劳动的文人，多数是受生计所迫，而既然已经出仕为官并入住官署园林，则生活的基本保障应该已经没有问题，也就没有必须亲自劳作的压力了。

二、代理经营

上文中，我们主要探讨了作为园主的文人亲自参与的园林经营，通过分析不难看出，这种亲自经营主要适用于园林规模较小而且园主在园林中常住的情况。但事实上，唐代的文人并不总居住在自己的私家园林当中，他们所拥有的园林在规模上也是大小不一。那么，当园主因为各种原因离开自己园林的时候，或者园林的规模非常庞大以至不能靠一己之力完成经营的时候，情况又是怎么样的呢？

很显然，这时候就需要有人帮助园主对园林进行经营，笔者称之为代理经营。所谓的代理经营，主要有两种类型：一种是代理人在园林中代行园主的职权，另一种则是代理人代替园主执行具体的经营活动。而这两种类型，又因代理人的身份以及园林主要经营方式的差异而表现出种种不同的特点。下面，我们就来具体看一下唐代私家园林的代理经营。

（一）家仆代理

除了规模很小的草堂、茅茨外，唐代私家园林中往往都有一定数量的家仆服役，如白居易就曾提到自己有“家僮十余人，枥马三四匹”[①]。因此，当园主需要有人帮助他们经营园林的时候，家仆们也就很容易成为他们的第一选择。在现有的文献中，家仆代主人经营园林的实例非常多，远远超

① 白居易：《咏兴五首·出府归吾庐》，见《全唐诗》卷四五二，第5107页。

出了其他身份的代理人。所以，我们就先来看一下家仆的代理经营是怎样一种情况。

在具体讨论家仆的代理经营之前，我们首先要对唐代的家仆情况有一定的了解。关于这一问题，学界前辈论述颇多，比较重要的有李季平的《唐代奴婢制度》、孟昭庚的《唐代奴仆问题》等，韩国磐的《隋唐五代史论集》中也有相关论述。笔者即在前人研究的基础上，根据本书的需要对一些相关问题略加引述。

唐代的家仆以庄园中的私家奴仆最为典型，他们大都依附于庄园主，没有独立的户籍，更没有人身自由。《唐律疏议》更是从法律的角度规定了他们的低贱身份，如"奴婢、部曲，身系于主"[①]"奴婢有价，部曲转事无估"[②]等。由于唐代的很多大型私家园林本身就是庄园，因此我们所说的园林中的家仆应该也是如此。唐代的文献典籍中对这些家仆有种种不同的称呼，如仆、僮、奴、佣、部曲等等，这些称呼中，有一些在具体意义上是有差别的，如部曲的身份就高于奴婢，因为部曲是在魏晋南北朝时期频繁战乱中形成的，最初来源于投靠，至北周到唐初才沦为贱口，而奴婢则是奴隶制形态的残余，地位当然更低。但是，鉴于他们在园林经营中的作用差别不大，笔者在后面也就不再细加区分，而是径取《唐律疏议·斗讼律》中"部曲、奴婢，是为家仆"[③]的说法，统称之为家仆。

1．家仆代替园主进行劳动

前文已经提到，稍具规模的私家园林，往往附带有一定的田产，当田产数量有限的时候，园主只要通过自己的亲自劳动就足以完成经营，但是当园林附带的田产达到一定数量之后，单凭园主自己的个人劳动去经营显然是不现实的。因此，园主必然要选择另一种经营方式。如果园主拥有足够的家仆，那么他就可以选择让这些家仆直接参与田间生产。比如我们前面提到的王方翼凤泉别业：

① 《唐律疏议》卷一七《贼盗》，第334页。

② 《唐律疏议》卷二五《诈伪》，第468页。

③ 《唐律疏议》卷二二《斗讼律》，第407页。

> 仁表卒，妻李氏为主所斥，居于凤泉别业。时方翼尚幼，乃与佣保齐力勤作，苦心计。功不虚弃，数年辟田数十顷，修饰馆宇，列植竹木，遂为富室。

王方翼固然自己亲自参加了劳动，但和他一起进行农业生产的还有“齐力勤作”的佣保们，这些佣保显然就是一些执行具体经营活动的家仆。

同样的例子我们还可以看到很多，如《新唐书·王绩传》中记载道：

> 有田十六顷在河渚间。仲长子光者，亦隐者也，无妻子，结庐北渚，凡三十年，非其力不食。绩爱其真，徙与相近。子光喑，未尝交语，与对酌酒欢甚。绩有奴婢数人，种黍，春秋酿酒，养凫雁，莳药草自供。[①]

根据王绩的《薛记室收过庄见寻率题古意以赠》[②]《在京思故园见乡人问》[③]等诗作及《游北山赋（并序）》[④]一文，我们可以推断王绩在家乡拥有一个具有庄园性质的大型园林，则“有田十六顷”自应是附属于园林的庄田，“有奴婢数人，种黍”，也就是家仆进行的农业生产无疑。

又比如，权德舆的《许氏吴兴溪亭记》中也提到：

> 有田二顷，傅于亭下，镃基之功，出于僮指。每露蝉一声，秋稼成实，倚杖眺远，不觉日暮。[⑤]

这段记载更为清楚，既明确交代了田产是附属于溪亭的，又说明了“秋稼成实”是“僮指”之功。

其他诸如李贺《南园十三首》其三中的“自课越佣能种瓜”[⑥]，白居易《归田三首》其二中的“策杖田头立，躬亲课仆夫”[⑦]，杜荀鹤《夏日登友人书

---

① 《新唐书》卷一九六《王绩传》，第5594页。

② 《全唐诗》卷三七，第480页。

③ 《全唐诗》卷三七，第481页。

④ 《全唐文》卷一三一，第578—579页。

⑤ 《全唐文》卷四九四，第2234页。

⑥ 《全唐诗》卷三九〇，第4401页。

⑦ 《全唐诗》卷四二九，第4729页。

斋林亭》中的“抛山野客横琴醉，种药家僮踏雪锄”[①]，也都是这方面的典型例证。

除了具体的生产劳动，园林中的一些日常洒扫工作往往也是由家仆负责，比如王勃《游冀州韩家园序》中就有“家童扫地，萧条仲举之园”[②]，王泠然《汝州薛家竹亭赋》中也提到过“禁行路使勿伐，命家僮使数扫，游子见而忘归，居人对而遗老”[③]。而姚合在《新居秋夕寄李廓》中提到的“罢吏童仆去，洒扫或自专”[④]则正可作为一个反证，以见家仆平日所负责的工作。洒扫之外，在园林的日常维护、修整等工作中，同样少不了家仆劳作的身影。陆龟蒙的《袭美见题郊居十首，因次韵酬之以伸荣谢》其二中就提到过“看仆补衡茅”[⑤]。

在这方面，杜甫的《课小竖锄斫舍北果林枝蔓荒秽净讫移床三首》也是一个值得注意的例子。从题目看，是杜甫督促僮仆进行劳作，而劳作的结果不过是有了个“移床”之所，这有点类似于日常清扫，但既然劳作的对象是果林，也未必和生产全无关系。不仅如此，在诗歌当中，杜甫还写到了“背堂资僻远，在野兴清深”“众壑生寒早，长林卷雾齐”“吟诗坐回首，随意葛巾低”“寒水光难定，秋山响易哀。天涯稍曛黑，倚杖更裴回”[⑥]等等，则这样的修剪对他园居的审美体验也有很积极的影响，这又接近于审美经营了。

事实上，家仆代理的劳动本身就往往具有多重意义，既然家仆除了参加田间的农业生产之外还要承担一些日常工作，那么他们自然也就有机会参与到园主审美经营的具体实施过程中。更何况，园林的审美经营有时并不仅仅是简单的种植修剪，就算是种植修剪，也未必只是简单的一草一木，能够像姚合那样亲自动手凿井挖池塘的文人，终究是少数。因此，园主对

---

① 《全唐诗》卷六九二，第7954页。
② 《全唐文》卷一八〇，第809页。
③ 《全唐文》卷二九四，第1316页。
④ 《全唐诗》卷四九七，第5650页。
⑤ 《全唐诗》卷六二二，第7161页。
⑥ 《全唐诗》卷二二九，第2500—2501页。

园林的审美设想，也往往要通过家仆的具体劳动加以实现。即使是一些园主亲力亲为的审美经营，通常也少不了家仆的劳动，如我们前面提到的白居易的例子：

> 平旦领仆使，乘春亲指挥。移花夹暖室，徙竹覆寒池。池水变绿色，池芳动清辉。寻芳弄水坐，尽日心熙熙。[①]

很显然，白居易是在领着家仆一起进行花木种植活动。

同样，韩偓有《桃林场客舍之前有池半亩，木槿栉比，阏水遮山，因命仆大运斤梳沐，豁然清朗，复睹太虚，因作五言八韵》一诗，从题目看便可知是诗人指挥仆夫进行的审美建设，而"为能妨远目，因遣去闲枝"[②]的经营方式与目的，也和上文曾提到的白居易亲力亲为的《截树》颇为相似。

花草如此，土木亦然，比如杜佑在请王易简为自己的樊川别墅构建瀑布时，负责具体劳动的也是杜佑的家仆：

> 公乃命僮使，具畚锸，稽度力用，而请王生主之。生于是周相地形，幽寻水脉；目指颐谕，浚微导壅。穿或数仞，通如一源，窦岩腹渠，惣引涓溜，集于澄潭，始旁决以淙泻，复涌流而环曲。[③]

除此之外，我们甚至还可以找到园主人外派家仆去寻找奇花异草以完成自己审美经营的例子：

> 经年使家僮，远道求异英。[④]

就连贬官永州、跌落人生低谷的柳宗元，为了观景的需要，都可以指挥仆从劳作：

> 遂命仆人持刀斧，群而翦焉。丛莽下颓，万类皆出，旷焉茫焉，天为之益高，地为之加辟；丘陵山谷之峻，江湖池泽之大，咸若有增广之者。[⑤]

---

① 白居易：《春葺新居》，见《全唐诗》卷四三一，第4766页。

② 《全唐诗》卷六八一，第7805页。

③ 武少仪：《王处士凿山引瀑记》，见《全唐文》卷六一三，第2741页。

④ 王建：《主人故亭》，见《全唐诗》卷二九七，第3362页。

⑤ 柳宗元：《永州法华寺新作西亭记》，见《全唐文》卷五八一，第2599页。

需要特别说明的一点是，这些代替园主执行具体经营活动的家仆，有时候也包含一部分在人身上并不依附于园主而只是出卖劳动力的佣仆[①]，尤其是中唐以后，这种雇佣劳动力的比例也呈上涨趋势。不过，鉴于他们和依附于园主的奴仆在具体作用上并没有太大的差异，本书也就不再细加区分。

2. 家仆代表园主征收地租

家仆代替园主进行劳动的情况虽然多种多样，但远远不是问题的全部，尤其是在农业生产方面，并不是所有园主都让自己的家仆直接去田间耕作，因为这样的经营方式需要满足一定的条件，比如家仆的数量和田产的规模能够很好地搭配。但事实上，单是这一点，很多文人的园林就满足不了。尤其是在中唐以后，将自己的庄田出租然后征收地租的经营方式反而渐渐成为主流，比如陆龟蒙“嗜茶荈，置小园于顾渚山下，岁入茶租十许簿为瓯舣之费”[②]，显然是在采取租佃的经营方式。在这种情况下，家仆往往会以受园主委派前去征收地租的方式代替园主行使职权。比如《太平广记·颜真卿》中便有：“其后十余年，颜氏之家，自雍遣家仆往郑州，征庄租。”[③]

那么，该种经营方式是在什么样的背景下发展起来的呢？

在唐代初期，具有庄园性质的私家园林中往往拥有大量奴仆，这一点在世家大族、地方豪族的庄园中表现尤为明显。这其实和魏晋南北朝时期的历史发展颇有关联。比如部曲，最初就是在连年战乱中投靠世家大族的普通民众，在历史演进中逐渐成为世家大族坞堡和庄园中的私属。而北方游牧民族在北方纷纷建立政权，有不少还保存了游牧民族奴隶制的残余，这也促成了家奴数目的膨胀。武德元年（618）七月颁布的《隋代公卿不预义军者田宅并勿追收诏》规定：“隋代公卿以下，爰及民庶……所有田宅，并勿追收。”[④] 也就是说，前代的庄园产业大都被世家大族完整地继承了下

① 孟昭庚：《唐代奴仆问题》，见《唐史研究会论文集》，陕西人民出版社，1983年，第81—97页。
② 陆龟蒙：《甫里先生传》，见《全唐文》卷八〇一，第3732页。
③ 《太平广记》卷三二《颜真卿》，第208页。
④ 宋敏求：《唐大诏令集》卷一一四，中华书局，2008年，第598页。

来，庄园中的奴婢也应该有相当数量的保留，因此，唐代许多具有庄园性质的园林完全可以发动大量家仆直接参与农业生产。

但是在唐代的历史演进中，这一情况逐渐发生了变化。唐代的法令在对家仆的贱口身份进行了明确规定的同时，又对奴婢制度的发展进行了相应的限制。政府常常禁止买良为奴，如《旧唐书·高宗本纪下》中记载："令雍、同、华州贫窭之家，有年十五以下不能存活者，听一切任人收养为男女，充驱使，皆不得将为奴婢。"[①]政府有时还会采用出资代赎的方式放免奴婢，如《旧唐书·高丽传》中记载："应没为奴婢者一万四千人……令有司准其直，以布帛赎之，赦为百姓。"[②]此外，唐代的法令还允许主人放免或奴婢自赎。这些法令或许对旧有奴婢意义有限，却能有效地防止新增奴婢数量的增长。而随着士族的逐渐衰落，土地兼并的愈演愈烈，新兴的地主阶层往往很难像过去的世家大族那样拥有大量奴仆了，因此，为了使自己拥有的田产创造出足够的收益，他们必然要采取不同的经营方式，租佃制也随之成为主流。

除了奴婢制度的限制，赋税制度的改革也促进了土地租佃的发展。唐代前期的赋税制度主要是租庸调制，而租庸调制又是与均田制紧密相连的，即所谓的"国家赋役之法，曰租、曰调、曰庸。……有田则有租，有家则有调，有身则有庸"。在这样的赋税制度下，国家税收的主要承担者是通过均田制从国家获得土地的农民，因此，庄园中拥有多少奴婢对赋税的缴纳数额虽有影响，但比之后期终究有限。但是，随着两税法的改革，户税和地税成为国家税收的核心，而户税的具体数额是通过户等来确定的。按户等征税，隋时已有，但一直不占主要地位。安史之乱后，租庸调的收入大大减少，遂扩大户税的征收而使之成为正税。据《唐会要》卷八三记载，唐代宗大历四年（769）对户等征税的规定更为清楚，缴纳数额由五百文至四千文不等。至唐德宗时期颁布《定两税诏》："户无主客，以见居为簿；人

① 《旧唐书》卷五《高宗下》，第95页。
② 《旧唐书》卷一九九上《高丽传》，第5326页。

无丁中，以贫富为差。”[①] 遂正式确立了其在税收制度中的地位。前文已经提到，家仆是没有独立户籍的，他们的户籍都附于园主，因此，家仆越多，户等也就越高，需要交纳的赋税也就越多，这也促使庄园的主人们采取与以往不同的经营方式。《唐会要》卷八三中还有这样一段记载：“计百姓及客户，约丁产，定等第，均率作，年支两税。”[②] 也就是说，客户已经成为国家的合法编户，并不荫附于园主，自然也就不会对园主的户等产生影响。这对租佃式经营的发展同样起到了推动作用。

所谓租佃，简单地说就是将土地租出去然后收取地租的经营方式。这种经营方式由来已久，甚至可以追溯到汉代，在唐初也有记录，如《唐律疏议》卷二七中便有“官田宅，私家借得，令人佃食；或私田宅，有人借得，亦令人佃作”[③]，而王绩《春庄走笔》中的“卖药开东铺，租田向北村”[④]，“租田”也应该是出租给别人。只不过，从汉代至唐初的租佃关系是一种隶属性非常严格的原始租佃制，真正发展到契约关系租佃制的高级阶段，还是要从唐代中期算起[⑤]。中唐以后，大部分庄园都采用租佃方式加以经营，在庄园中从事劳动的租佃农民常常被称作田客、庄客、庄夫等，翻检史料，我们可以发现很多庄客、田客进行生产和缴纳地租的记载，如：

> 元稹在江夏襄州贾堑有庄，新起堂，上梁才毕，疾风甚雨。时庄客输油六七瓮，忽震一声，油瓮悉列于梁上，一滴不漏。[⑥]

> （楚州淮阴西庄主）有稻若干斛，庄客某甲等纳到者；绸绢若干匹，家机所出者；钱若干贯，东邻赎契者；银器若干件，匠某锻成者。[⑦]

---

① 《全唐文》卷五〇，第238页。

② 《唐会要》卷八三，第1535页。

③ 《唐律疏议》卷二七《杂律》，第521页。

④ 《全唐诗补编》，第644页。

⑤ 唐任伍：《论唐代的土地租佃关系》，载《史学月刊》1996年第4期。

⑥ 《酉阳杂俎》前集卷八《雷》，见《唐五代笔记小说大观》，第618页。

⑦ 高彦休：《唐阙史·赵江阴政事》，见《唐五代笔记小说大观》，第1345页。

刘晏判官李邈，庄在高陵，庄客欠租课，积五六年。邈因罢归庄，方将责之，见仓库盈美，输尚未毕。[①]

在许多带有庄园性质的私家园林中，我们也可以找到不少相关记载，如：

乃葺场圃事，迨今三四年。适因昭陵拜，得抵咸阳田。田夫竞致辞，乡耋争来前。村盘既罗列，鸡黍皆珍鲜。[②]

余温泉别业有田客。咸通中，因耕于庄前冠盖山之阴……[③]

既然很多带有庄园性质的私家园林也采取租佃的经营方式，那么征收地租自然就成了一件重要任务，在一些规模有限的庄中，园主自己就可以完成这一任务，如“蜀人毋乾昭有庄在射洪县，因往庄收刈”[④]。但大多数能够采取租佃经营的庄园都是规模颇大的，这时候就需要委派一些可靠的家仆代为征收，比如《太平广记》卷三九五《李诚》中记载的“江南军使苏建雄，有别墅，在毗陵，恒使傔人李诚来往检视”[⑤]，应该就是前去征收地租。

庄园如此，那带有庄园性质的私家园林应该也不会例外。由此可见，在园主对自己园林附属的田产采用租佃式经营的时候，往往会由家仆代替他们负责地租征收的具体工作。

3. 家仆代替园主进行日常管理

上面提到的两种情况，主要是园林规模过大（尤其是园林附带的田产规模过大）造成的，和园主是否在园林中居住并没有必然联系。但是，园主并非总是居住在自家园林里，当他暂时离开属于自己的私家园林后，同样需要有人在一定程度上代替他行使职权，对园林进行日常的管理与维护。因为一旦日常维护终止，园林便会迅速衰败，就像王建《主人故亭》中

① 《太平广记》卷三九〇《李邈》，第3115页。

② 权德舆：《拜昭陵过咸阳墅》，见《全唐诗》卷三二〇，第3607页。

③ 皇甫枚：《三水小牍》卷上，见《唐五代笔记小说大观》，第1177页。

④ 《太平广记》卷一三三《毋乾昭》，第952页。

⑤ 《太平广记》卷三九五《李诚》，第3160页。

所写的“旧岛日日摧，池水不复清”[①]那样，所以这种园主不在时的代管也就必不可少了。王维的辋川生活是亦官亦隐的，他只能在休沐期间前往居住，那么他的辋川别业平日必然有人代为管理；又比如白居易在罢杭州刺史后购置了履道池台，但随后他又出任苏州刺史，则其居住苏州的这段日子里，也应该有人对其在洛阳的这处园林进行日常维护。还有前文提到过的王季友《宿东溪李十五山亭》时也是“主人不在意亦足”，在园主人不在的情况下可以借住，也说明该园林有人代为管理。那么，这种日常代管，都是由什么人来完成的呢？

通过查阅史料，我们不难发现，这种代理同样可以由家仆来承担，比如：

> 池州李常侍宽，守江南数郡，……时桂林大夫即常侍兄，同营别业于金陵，甲第之盛，冠于邑下，人皆号为“土墙李家宅”。……自创宅，即令家人王行立看守，仅数十年矣，……世乱，王行立独守其宅，竟死其中。[②]

> 贞元中，庶子沈华致仕永崇里。其子聿尉三原。素有别业，在邑之西，聿因官遂修葺焉。于庄之北，平原十余里，垣古埏以建牛坊。秩满。因归农焉。……庄夫至云：“前夜火发，北原之牛坊，已为煨烬矣。”[③]

以上两例，园主均不在园林中居住。李宽之兄自创建别业起便令家仆负责看守，而沈聿也是在为官秩满后才准备“归农”的，其别业平日里也是由庄夫看护。

而白居易的《归履道宅》也是个较为典型的例子：

> 驿吏引藤舆，家童开竹扉。往时多暂住，今日是长归。眼下有衣食，耳边无是非。不论贫与富，饮水亦应肥。[④]

---

① 《全唐诗》卷二九七，第3362页。

② 《唐语林校证》卷七，第668—669页。

③ 《太平广记》卷三〇七《沈聿》，第2428—2429页。

④ 《全唐诗》卷四五〇，第5076页。

往日既然多是暂住，则必然有人代为打理，而代理者很可能就是这些家童。

事实上，当园主长期不在园林中居住时，负责日常管理的家仆往往会拥有很大的权利，甚至成为园主人的全权代理，可以代表园主人去招待来访的客人。

> 言从君子乐，乐彼李氏园。园中有草堂，池引泾水泉。开户西北望，远见嵯峨山。借问主人翁，北州佐戎轩。仆夫守旧宅，为客侍华筵。高怀有余兴，竹树芳且鲜。倾我所持觞，尽日共留连。[①]

但也正因为这些家仆成为园主人的全权代理，所以当园林出现经济问题或者其他问题时，他们也往往成为主要的责罚对象。

> 尹重筠者，郢州刺史实之子也。……实于汝州梁县有别业，所供税赋大，而恃郡侯家不时输送。梁县令罗延赏笞其知庄吏，会重筠至梁县，以笞庄吏为耻，无以报怨，自朝廷以诬告杀李崧。[②]

> 郑光，宣宗之舅，别墅吏颇恣横，为里中患。积岁征租不入。户部侍郎韦澳为京兆尹，擒而械系之。及延英对，上曰："卿禁郑光庄吏，何罪？"澳具奏之。……澳自延英出，径入府杖之，征欠租数百斛，乃纵去。[③]

所以，当园主离开自己的私家园林时，往往会选择最放心的家仆来负责园林的日常管理。如："陶岘者，彭泽令孙也。开元中，家于昆山。富有田业。择家人不欺能守事者，悉付之家事。身则泛游于江湖，遍行天下。往往数载不归。"[④]虽然陶岘交由家仆代理的只是田产，但对园林附带有田产的园主来说，在选择代理人上应该也会一样谨慎。不只如此，对富有田产的庄园式园林而言，即使园主没有离开园林，因园林规模过大且精力有限，有时也需要家仆来负责平日管理以及田租征收之类的工作，承担这种工

---

① 张籍：《三原李氏园宴集》，见《全唐诗》卷三八三，第4295页。

② 《册府元龟》卷九三三《总录部·诬构第二》，第10812页。

③ 《唐语林校证》卷二，第93页。

④ 《太平广记》卷四二〇《陶岘》，第3421页。

作的家仆，通常被叫作庄吏或监庄[1]，有点类似于皇庄、官庄的庄宅使和后世的大管家，这些监庄对于庄园的正常经营无疑起到了非常重要的作用。

另外，还有一点值得一提。当私家园林规模过大、产业过多，或者园林中的某些经营项目需要比较专业的能力时，园主有时会安排人员专门负责某一个专项的管理。此种现象，可谓之部分代理。比如《唐两京城坊考·亲仁坊》"剑南节度使冯宿宅"引《卢氏杂说》云："从子衮为给事中，宅有山亭院，多养鹅鸭及杂禽之类，常遣一家人主之，谓之'鸟省'。"[2]很显然，冯衮在山亭院中安排了专人负责禽类养殖的经营。只是，此"家人"是否是家仆尚无确证，如果并非家仆，那很可能就是我们接下来要讨论的族人代理了。

（二）其他代理

由上可见，在唐人园林的代理经营中，默默无闻的家仆们可谓贡献巨大。但是，综观整个唐代历史，又并非只有家仆才能承担园林代理经营的任务，翻检史书，我们还可以发现其他人代替园主经营园林的记载。这样的记载虽然不多，却大大丰富了我们对唐人园林代理经营的认识。

在其他可以承担园林代理经营的人群中，首要的无疑是园主的族人，因为唐代很多园林本身就是一个聚族而居的场所。比如：

> 王屋天坛之下有别墅焉，太妃挈今之嗣王与女子子，洎夫族之叔妹未冠笄者，与本族凋丧之遗无告者，合而家之。[3]

> 郑仁钧，钦说之子也，博学多闻，有父风。洛阳上东门外有别墅，与弟某及姑子表弟某同居。[4]

---

① 《唐代财政》，第226页。

② 《增订唐两京城坊考》卷三，第97页。

③ 穆员：《嗣曹王故太妃郑氏墓志铭》，见《全唐文》卷七八五，第3640页。

④ 《太平广记》卷三〇三《郑仁钧》，第2400页。

东都崇让里有李氏宅，里传云："其宅非吉之地，固不可居。"李生既卒，其家尽徙居陆浑别墅。[①]

既然有些园林别墅是园主和族人共同居住的，那么，当园主暂时离开自家园林的时候，他的族人是否可以代理他的职权而对园林进行经营呢？目前，笔者还没有找到直接而明确的记载，但通过部分史料中透露出的信息来看，这种族人代理的现象是完全可能存在的。

首先，无论古今，长子持家的事情都不罕见。比如郭子仪的长子郭曜，据《新唐书·郭子仪传》记载："子仪专征伐，曜留治家事，少长无闲言。诸弟或饰池馆，盛车服，曜独以朴简自处。"[②]可见长子持家在唐代是一件很正常的事情。从这个角度讲，当园主离开园林时，完全可以由其子嗣代其经营。

其次，在前文讨论园林继承时提到的两个例子，似乎也说明族人可以代替园主经营园林。如：

时父（杜佑）作镇扬州，家财钜万，甲第在安仁里，杜城有别墅，亭馆林池，为城南之最，昆仲皆在朝廷，与时贤游从，乐而有节。

杜佑镇扬州时，其子弟在杜城别墅"与时贤游从"，则这一时期杜城别墅的经营很可能就是由杜佑的这些儿子负责的。

又比如韦应物在长安城西的沣上幽居，根据其《秋夜南宫寄沣上弟及诸生》等诗作中反映出的信息，当他离开长安时，这处沣上幽居也很可能是由他的弟弟负责经营的。只不过沣上幽居也可能是家族的共有财产，其弟不是代韦应物而是代家族管理了。

通过这些材料，我们大致可以得出一个基本认识，那就是族人可以承担园林代理经营这一任务。从逻辑上推断，这种族人的代理经营往往发生在聚族而居的园林别墅中，而能够具有如此规模园林的，主要是世家大族或朝中显贵（比如上引几例，郭子仪为当朝显贵，韦应物是关中大族，杜佑更是既为大族又是显贵）。而负责代理经营的往往是园主的晚辈，尤以子

① 《太平广记》卷四四四《王长史》，第3634页。

② 《新唐书》卷一三七《郭子仪传》，第4609页。

孙居多，其次则以兄弟较为常见，比如刚刚提到的韦应物弟弟经营沣上幽居，又比如杜甫在四川时一度避乱逃离成都，寄居于梓州等地，其间他弟弟曾经回去过，彼时杜甫就嘱托他代为经营自己的浣花溪草堂：

> 久客应吾道，相随独尔来。孰知江路近，频为草堂回。鹅鸭宜长数，柴荆莫浪开。东林竹影薄，腊月更须栽。[①]

一般而言，这种族人负责的代理应该主要以代行职权为主，但也不排除其他情况，既可进行生产劳动，也可进行审美经营。生产劳动方面可以举《旧五代史》卷七一中提到的贾馥为例："后以鸿胪卿致仕，复归镇州，结茅斋于别墅，自课儿孙耕牧为事。"[②] 而在审美经营方面则可参看杜甫的《天宝初，南曹小司寇舅于我太夫人堂下累土为山，一匮盈尺，以代彼朽木，承诸焚香瓷瓯，瓯甚安矣。旁植慈竹，盖兹数峰，嵚岑婵娟，宛有尘外数致，乃不知兴之所至，而作是诗》："一匮功盈尺，三峰意出群。望中疑在野，幽处欲生云。慈竹春阴覆，香炉晓势分。惟南将献寿，佳气日氤氲。"[③]

除了族人之外，园主的友人在一定情况下也可以对园林经营进行代理。比如《全唐诗》卷二四七中就有独孤及的一首《得李滁州书以玉潭庄见托，因书春思，以诗代答》："春物行将老，怀君意讵堪。朱颜因酒强，白发对花惭。日日思琼树，书书话玉潭。知同百口累，曷日办抽簪。"[④] 很显然，诗中的李滁州委托友人独孤及代他经营玉潭庄。这种代理相对比较少见，应该也是以代行职权为主。不过，友人的代理也未必都是代行职权，在临时借住的情况下参与园主人审美经营的现象，应该也是存在的，比如皎然在《同李侍御萼、李判官集陆处士羽新宅》中就提到过"借宅心常远，移篱力更弘"[⑤]，虽然这里的"移篱"到底指的是"借宅"之人还是陆羽自己，尚不能十分确定，但从逻辑上讲，文人在借住亲友园林时，如果正赶上园主人

① 杜甫：《舍弟占归草堂检校聊示此诗》，见《全唐诗》卷二二七，第2470页。

② 《旧五代史》卷七一《贾馥传》，第1098页。

③ 《全唐诗》卷二二四，第2391—2392页。

④ 《全唐诗》卷二四七，第2772页。

⑤ 《全唐诗》卷八一七，第9209页。

在进行审美建设，那么在力所能及的情况下搭把手还是完全可能的。

值得注意的是，这里讨论的负责代理的友人，有时还会是僧道之徒、方外之士，比如由白居易《郡斋暇日忆庐山草堂兼寄二林僧社三十韵，多叙贬官已来出处之意》最后提到的“为报山中侣，凭看竹下房。会应归去在，松菊莫教荒”[①]来看，则其离开江州之后，他的庐山草堂很可能是由遗爱寺的僧人代为管理的。而由司空图的《光启丁未别山》一诗中提到的“草堂琴画已判烧，犹托邻僧护燕巢”[②]来看，显然也是委托于僧。而在许彬的《酬简寂熊尊师以赵员外庐山草堂见借》[③]中，尊师甚至可以把赵员外的草堂借给诗人居住，则其代理的权力应该也是相当大的。所以这种僧道的代理，通常情况下也大都应该属于代行职权一类吧。

当然，上述讨论的主要是正常状态下的代理，而在动乱时代，尤其是园主人自身难保时，就不能依常理推断了，比如吴融曾写过一首《废宅》，诗中便如此描述道：

> 风飘碧瓦雨摧垣，却有邻人与锁门。几树好花闲白昼，满庭荒草易黄昏。放鱼池涸蛙争聚，栖燕梁空雀自喧。不独凄凉眼前事，咸阳一火便成原。[④]

很显然，当园主人因战乱不知所踪时，其邻居暂时接管了这座废弃的宅园。

除此之外，还有一种代理经营值得重视，那就是园主人聘请他人对自己的园林进行一定的审美经营。从实质意义上讲，这无疑也是代理经营的一种。前面我们讲到，作为文人的园主常常会亲自对自己的园林进行审美经营。但是，并不是所有的文人都有充足的时间和精力去完成这一工作，而且也并非所有的文人都能够胜任这一工作。在这种情况下，聘请这方面的能人代替自己对园林进行审美经营也就是一件很正常的事情了，在这方面最为典型的例子无疑是杜佑聘请王易简为自己的樊川别墅构建瀑布了。

---

① 《全唐诗》卷四四一，第4916页。

② 《全唐诗》卷六三三，第7267页。

③ 《全唐诗》卷六七八，第7766页。

④ 《全唐诗》卷六八六，第7883页。

武少仪的《王处士凿山引瀑记》中记述道：

岐公有林园亭沼，在国南朱陂之阳，地名樊川，乡接杜曲。却倚峻阜，旧多细泉，萦树石而散流，沥沙壤而潜耗，注未成瀑，浮不胜杯。王生睨之，叹而言曰："天造斯境，人有遗功。若能疏凿控会，始可见其佳矣。"公乃命僮使，具畚锸，稽度力用，而请王生主之。生于是周相地形，幽寻水脉；目指颐谕，浚微导壅。穿或数仞，通如一源，窦岩腹渠，愬引涓溜，集于澄潭，始旁决以淙泻，复涌流而环曲。觞斝徐泛，自符洛汭之饮；管弦乍举，若试舒姑之泉。映碧甃而夏寒，间苍苔而石净。懿夫！曩滴沥以珠堕，今潺湲而练垂，又何以助清澜于荷池，滋杂芳于药囿。不易旧所，别成新趣。岐公乘间留玩，毕景忘疲，优游宴适，更异他日矣。王生之灵襟巧思，不其至欤？①

而刘禹锡的《和思黯南庄见示》中也曾提到过这种代理：

丞相新家伊水头，智囊心匠日增修。化成池沼无痕迹，奔走清波不自由。台上看山徐举酒，潭中见月慢回舟。从来天下推尤物，合属人间第一流。②

所谓"智囊心匠日增修"，很显然不是普通的经营劳动，而是需要发挥才智的审美经营，既然不是宰相本人，则也应该是请人代理，甚至可能是比较专业的"匠"。此番经营的结果，是让这处园林"合属人间第一流"，达到了晚明计成为"润之好事者""偶成为'壁'"，"遂播名于远近"③一样的效果。因此，这种专人进行的审美经营对于园林美学价值提升具有非常重要的意义，虽然唐代很少相关记载，但依然值得我们重视。

最后附带提一下，从上一章关于产权的讨论来看，这种代理的产生，又往往是园林所有权和使用权分离的结果。因此，这些采用代理方式进行日常经营的园主，其园林诗的表现内容也往往是临时的宴饮或深切的怀念，

---

① 《全唐文》卷六一三，第2741页。

② 《全唐诗》卷三六一，第4074页。

③ 计成著，赵农注释，《园冶图说》，山东画报出版社，2003年，第25页。

而非日常的园居生活，比如李德裕所作的关于其平泉山庄的诗歌，就几乎全都是怀念之作。而白居易在其《题洛中第宅》一诗中也曾经写到过“试问池台主，多为将相官。终身不曾到，唯展宅图看”[①]。则这些只能把玩“宅图”的园主若有园林诗作，也只能是抒怀念之情了。由此可见，这些园主的园林诗与那些亲自经营园林者的作品是有很大差别的。

① 《全唐诗》卷四四八，第5046页。

第三章 唐代文人园林的收入与支出

前面我们已经讨论了唐代文人私家园林的产权获得和日常经营等问题。但是，园林作为一个经济实体，并不仅仅体现在这些问题上，更重要的是它的经济运转状况。简单来说，就是园林所创造的收入、维持园林正常运转和园主人园居生活所必需的支出，以及二者之间的关系。因此，接下来需要探讨的，就是唐代文人私家园林的收入与支出，比如唐人私园通过哪些途径获得收入，主要有哪些支出，收入与支出的数额大体是多少，等等。弄清楚唐代文人私家园林的收支状况，不仅有利于我们进一步理解园林经济的运转，使我们对唐代经济史中的一些细节问题有更加透彻了解，还能帮助我们更深入地理解园林经济在唐代文人生活中所起的作用和所扮演的角色，从而对唐代文人的仕隐选择及其心态有更客观的认识。毕竟，从贾岛《斋中》所云之“已见饱时雨，应丰蔬与药”[①]来看，唐代文人在园居时不仅考虑审美，也实实在在地关心收入。

在本章具体的讨论展开之前，我们还需要先有这样三点前提认识：

其一，唐代本身就处于一个钱帛并行的时代，并不是所有的收入和支出都要转化为货币形式的体现，其中相当一部分其实都是体现在实物层面的，甚至连官员的俸禄，都不仅仅是货币的形式。结合《唐六典》《通典》及《新唐书·食货志》等文献的记载就可以看出，唐代官员从政府获得的

---

① 《全唐诗》卷五七一，第6619页。

收入，包含了俸钱、禄米、职田、月杂给、人力以及其他各种实物等多项内容（比如《唐六典·尚书礼部》中记载的官员常食料，就是细米、面、油、小豆、酒、肉、瓜、酱、醋、豉、盐、葵、韭、炭等实物[①]）。由此可见，我们在讨论唐代文人园林的收入时也不能视野过于狭窄。

其二，唐代文人的园林收支是一个动态的过程，因为园林本身是一个生活的空间，生产和消费常常会在这个空间中同时进行，许多实物的收入并不是通过进入市场来转化，而是直接在园主人日常生活消费中被抵消掉了。柳宗元的《柳州城西北隅种柑树》中就曾写道："手种黄柑二百株，春来新叶遍城隅。方同楚客怜皇树，不学荆州利木奴。几岁开花闻喷雪，何人摘实见垂珠。若教坐待成林日，滋味还堪养老夫。"[②]很显然，柑树本身是可以用来获利的（所谓"利木奴"），但柳宗元种植柑树的收获却主要是用于自己消费的（所谓"养老夫"）。也正因为如此，与日常生活紧密相关的收支项目，在一定程度上甚至可以相互转换，比如下面马上要展开讨论的粮食生产，当生产过剩的时候，除了园主人的消耗外，完全可以转化为额外的财富，而当粮食生产的收入不足以养活园主人一家时，那么购买粮食就又会变成维持园林生活的必要支出，而且不仅是粮食生产，园林中的其他农副业收入也往往如此。

其三，在中国古代的传统观念中，讲究"士农工商"各安其位，司马迁在《史记·循吏列传》中就已经提到过"使食禄者不得与下民争利"[③]，而在唐代，政府依然秉持这样的观念，因此对文人参与商业活动也有明确的法令限制。早在立国之初，武德七年"始定律令"之时，就已明确"食禄之家，不得与下人争利"[④]，永徽年间正式颁布的《唐律疏议》也继承了这一精神，而且作了更为详细的规定。在这之后，相关记载依然屡见不鲜，比

① 李林甫等著，陈仲夫点校：《唐六典》卷四《尚书礼部》，中华书局，1992年，第128—129页。

② 《全唐诗》卷三五二，第3939页。

③ 司马迁：《史记》卷一一九《循吏列传》，中华书局，1959年，第3101页。

④ 《旧唐书》卷四八《食货上》，第2088—2089页。

如开元二十九年（741）“禁九品以下清资官置客舍邸店车坊”[①]，大历十四年（779）再次明令“禁百官置邸贩鬻”[②]等。但是，即便法令有此明文规定，在实施操作层面却未必如此。且不说现存文献中关于唐代官员经商牟利的记载比比皆是，官方不断重申的禁令恰恰说明这一现象屡禁不止。更何况，唐律本身也为普通文人通过园林创收留下了一定的空间。《唐六典》卷三中记载道：“辨天下之四人，使各专其业：凡习学文武者为士，肆力耕桑者为农，功作贸易者为工，屠沽兴贩者为商。（工、商皆谓家专其业以求利者；其织纴、组紃之类，非也。）工、商之家不得预于士，食禄之人不得夺下人之利。”[③]很显然，在强调“不得夺下人之利”的同时，又特别说明“工、商皆谓家专其业以求利者；其织纴、组紃之类，非也”，也就是说，只要不是“专其业以求利”，普通的家庭生产获利是允许的。而对大多数唐代文人来说，其园林中的生产很显然都是算不上“专其业”的，则部分生产盈余进入市场转化为实际收益，也都在政策允许之内，是完全可能的。

在明确了这样几个前提之后，我们就可以具体展开关于唐代文人园林收支的讨论了。

一、文人园林的收入

在前文中我们已经提到过，在唐代，私家园林常常能够为文人们提供一个坚实的经济后盾，使他们在仕隐出处上有更大的自由度，这一点在通过继承获得园林的文人们身上表现得尤为明显。而私家园林之所以能起到这样一个经济后盾的作用，主要是因为它能够为园主人创造一定的经济收入。因此，我们有必要先对唐代文人私家园林的收入情况作一番讨论。

---

① 《旧唐书》卷九《玄宗下》，第213页。

② 《新唐书》卷七《德宗》，第184页。

③ 《唐六典》卷三《户部尚书》，第74页。

（一）农副业

园林作为一个经济实体，其最大的可利用资源无疑是土地，而园林创造收入的途径主要也是依靠土地。中国古代是一个以农耕为主的社会，土地作为农业生产最基本的生产资料，必然能为它的拥有者带来农副业方面的相应收入。更何况，在中国园林发展的早期阶段，农副业的生产本身就是园林建设的一个很重要的目的。唐代虽然已处于越发重视审美的转型期，但农副业生产的特点仍然在很大程度上得以保留。这一点在皇家园林中便有非常明显的体现，各种庞大的园囿不仅可供皇室及官僚游乐，同时也在进行农副业的生产，仅从相关的职官设置就可见一二。比如“上林署：令二人（从七品下），丞四人，从八品下。……令掌苑囿园池之事。丞为之贰。凡植果树蔬，以供朝会祭祀。其尚食所进，及诸司常料，季冬藏冰，皆主之。……温泉监：……凡近汤之地，润泽所及，瓜果之属先时而毓者，必苞匦而进之，以荐陵庙。京、都苑总监：监各一人（从五品下），副监一人（从六品下），……苑总监掌宫苑内馆园池之事。副监为之贰。凡禽鱼果木，皆总而司之。凡给总监及苑内官属，人畜出入，皆为差降之数。京、都苑四面监：监各一人（从六品下），……四面监掌所管面苑内宫馆园池，与其种植修葺之事”[①]，以及“司竹监掌植养园竹之事；副监为之贰。凡宫掖及百司所需帘、笼、筐、箧之属，命工人择其材干以供之；其笋，则以时供尚食。岁终，以竹功之多少为之考课。丞掌判监事”[②]等，皆是主管皇家园林中农副业生产的官员。不仅皇家园林如此，很多地方上的官属庄园亦然，《穆宗即位赦》中提到过“诸州府除京兆河南府外，应有官庄宅、铺店、碾硙、茶菜园、盐畦、车坊等，宜割属所管官府”[③]，将官庄宅园与各种创收的铺店碾硙之类并列，则也应是可以带来收益的。既然皇家园林、官属庄宅均可获得农副业方面的收入，那文人的私家园林自然也可以如此，其间差

① 《旧唐书》卷四四《职官三》，第1886—1888页。

② 《唐六典》卷一九《司农寺》，第529页。

③ 《唐大诏令集》卷二，第11页。

别无非是规模的大小而已。翻检文献不难发现，唐代很多带有庄园性质的私家园林都建立在大量田产的基础之上，即使是通过垦荒获得的小草堂，也往往附带有数亩薄田。在有关唐代文人私园的记载中，我们可以看到大量关于农田的记录，比如：

考室先依地，为农且用天。辋川朝伐木，蓝水暮浇田。[①]

阳关万里梦，知处杜陵田。[②]

乃葺场圃事，迨今三四年。适因昭陵拜，得抵咸阳田。[③]

平地有清泉，伊南古寺边。涨池闲绕屋，出野遍浇田。[④]

数亩四郊地，经营胜渐偏。磴崖欹入竹，筒水下浇田。[⑤]

上引文献出自唐代的不同时期，也就是说，有唐一代，我们都可以找到私家园林附带田产的例子。事实上，除了一些深居城市的住宅园林之外，附带田产是唐代私园的一个普遍现象。只不过在规模上可能会差别很大，如许浑的丁卯别墅是“自有还家计，南湖二顷田”[⑥]，而岑参的白阁西草堂却只是“幸有数亩田，得延二仲踪”，至于韦嗣立的骊山别业“灞陵下连乎菜地，新丰半入于家林”，规模就更为可观了。因此，以土地为基础的农副业也就成了唐代私家园林获得收入的一个主要途径。而且值得注意的一点是，即使是在深居城市并无附带田产的情况下，园林中小规模的农副业生产也是可以进行的，且不说蔬果种植往往并不需要多大的规模就可以满足园主的生活需要，有些蔬果还同时兼具审美价值，因此完全可以成为城市

① 宋之问：《蓝田山庄》，见《全唐诗》卷五二，第635页。
② 岑参：《过酒泉忆杜陵别业》，见《全唐诗》卷二〇〇，第2090页。
③ 皇甫枚：《三水小牍》卷上，见《唐五代笔记小说大观》，第1177页。
④ 张籍：《和令狐尚书平泉东庄近居李仆射有寄十韵》，见《全唐诗》卷三八四，第4328页。
⑤ 张祜：《题宿州城西宋徵君林亭》，见《全唐诗补编》，第206页。
⑥ 许浑：《夜归丁卯桥村舍》，见《全唐诗》卷五二九，第6051页。

宅园的收入途径。即使是粮食种植，也未必不可以在宅园中进行。关于文人在宅园中种植粮食的直接记载虽然很难找到，但是这种可能性还是存在的。唐彦谦有一首《西明寺威公盆池新稻》就很有意思：

为笑江南种稻时，露蝉鸣后雨霏霏。莲盆积润分畦小，藻井垂阴擢秀稀。得地又生金象界，结根仍对水田衣。支公尚有三吴思，更使幽人忆钓矶。①

“盆池”在唐人诗文中并不少见，一般都是指称园林中面积较小的水域，而在小水域中都可以实现粮食种植，则从理论上讲，即使没有附带田产，在城市宅园中进行粮食生产的可行性也是完全具备的。宅园如此，庄园、草堂等亦可想而知。

总的来说，唐代文人在自己园林中进行的农副业经营是非常普遍的，而且相关经营还往往是综合的、内容极其丰富的，比如戴叔伦的《酬袁太祝长卿小湖村山居书怀见寄》一诗，就作了这样的描述：

背江居隙地，辞职作遗人。耕凿资余力，樵渔逐四邻。麦秋桑叶大，梅雨稻田新。篱落栽山果，池塘养海鳞。放歌聊自足，幽思忽相亲。余亦归休者，依君老此身。②

也正是考虑到唐代文人园林中农副业经营的丰富性，所以下文也将分别述之。

1. 粮食作物

粮食作物的生产是农业生产中最基本的内容，而它也往往能够为私家园林的园主提供最稳定的收入，在唐代文人私家园林的相关文献中，涉及粮食种植的记载相当丰富。比如：

种黍傍烟溪，榛芜兼沮洳。③

一顷豆花三顷竹，想应抛却钓鱼船。④

---

① 《全唐诗》卷六七二，第7690页。

② 《全唐诗》卷二七四，第3113页。

③ 钱起《谷口新居寄同省朋故》，见《全唐诗》卷二三六，第2614页。

④ 许浑：《元处士自洛归宛陵山居见示詹事相公饯行之什因赠》，见《全唐诗》卷五三六，第6113页。

西园夜雨红樱熟，南亩清风白稻肥。[①]

粟穗干灯焰，苔根浊水泉。[②]

有庄于万安山之阴。夏麦既登，时果又熟，遂独跨小马造其庄。[③]

通过上述记载，我们不难了解到唐代私家园林中粮食作物种植的普遍和种植品种的繁多，诸如稻、麦、粟、黍、豆等，都可以在唐人私园中找到。同时，园林中的粮食种植还使用了许多新的生产工具诸如筒车之类，像宋徵君的林亭就是“筒水下浇田”，而何将军的山林也有“碾涡深没马”[④]。不仅如此，许多唐代私园中还对收获的粮食有初步加工，例如方干的镜湖别业便是“落叶凭风扫，香粳倩水舂”[⑤]，元处士的别业中也有“山厨竹里爨，野碓藤间舂”[⑥]。

那么，这种普遍存在的粮食种植能为园主提供多少收入呢？这种收入对于园主的日常生活具有多大的意义呢？从现有文献的记载来看，通过园林中的粮食种植而过上富足生活的确实不乏其人，比如樊氏水亭的主人，就“自说宦游来，因之居住偏。煮盐沧海曲，种稻长淮边。四时常晏如，百口无饥年”[⑦]。而更著名的则是唐懿宗时期的相国韦宙，《太平广记·韦宙》称其“江陵府东有别业，良田美产，最号膏腴。……积谷尚有七千堆……”[⑧]，则其庄园的规模和收入可见一斑。相对于这些材料，笔者更关注的是许浑，他只有“南湖二顷田”便能自称“自有还家计”，那么，这“二顷田”能够养活许浑及其家人么？也就是说，我们现在需要解决的问题是，

① 韦庄：《题汧阳县马跑泉李学士别业》，见《全唐诗》卷六九八，第8039页。
② 李洞：《登圭峰旧隐寄荐福栖白上人》，见《全唐诗》卷七二二，第8281页。
③ 《太平广记》卷三七二《卢涵》，第2956页。
④ 杜甫：《陪郑广文游何将军山林十首》其四，见《全唐诗》卷二二四，第2397页。
⑤ 方干：《镜中别业二首》其二，见《全唐诗》卷六四八，第7443页。
⑥ 岑参：《春半与群公同游元处士别业》，见《全唐诗》卷一九八，第2038页。
⑦ 高适：《涟上题樊氏水亭》，见《全唐诗》卷二一二，第2207页。
⑧ 《太平广记》卷四九九《韦宙》，第4095页。

通过粮食种植来维持园主生活，最少需要多少土地呢？

要解决这个问题，首先要了解的是唐代粮食的亩产量和人均粮食消费量。

先看唐代的人均粮食消费量。对于这一问题，前人多有论及，如韩国磐的《隋唐五代史论集》、宁可的《中国经济发展史》第二册以及张安福的《唐代农民家庭经济研究》等。而在具体探讨中，大家又大都以《唐六典》卷六《刑部尚书》中对官户、官奴婢每年应该供给的粮食量作为主要参考标准：

> 其粮：丁口日给二升，中口一升五合，小口六合。[①]

又据《唐六典》卷三《户部尚书》中“凡在京诸司官人及诸色人应给仓食者，皆给贮米，本司据见在供养”[②]的记载可知，上文中的“丁口日给二升”是以米来计算的。据《旧唐书·食货上》：“男女始生者为黄，四岁为小，十六为中，二十一为丁，六十为老。”[③]则作为成年人的文士，日消费粮食量应该就在两升米左右，年消费量约为米七石三斗。再根据宁可的《中国经济发展史》中米和粟折合的比例[④]，则此七石三斗米应该折合为十二石二斗粟。

弄清楚了唐代文人年均粮食消费量之后，只需再弄清楚唐代粮食的亩产量，就可以知道维持园林主人生活的最低土地需求量是多少了。

关于唐代粮食的亩产量，前人同样作过许多研究，如胡戟的《唐代粮食亩产量》、曹贯一的《中国农业经济史》以及张安福的《唐代农民家庭经济研究》等。大多数学者认为唐代粮食的具体产量因作物而异，水稻最高，粟次之，麦又次之。为避免问题过于枝蔓，此处单取粟的情况加以考察，以与前文提到的消费量作一比较参考。

关于唐代粟的亩产量，较常为学者们提及的，主要有《新唐书·黑齿常之传》中的“垦田五千顷，岁收粟斛百余万”[⑤]，此为亩产二石；李翱《平赋书（并序）》中的“一亩之田，以强并弱，水旱之不时，虽不能尽地力者，岁

---

① 《唐六典》卷六《刑部尚书》，第194页。
② 《唐六典》卷三《户部尚书》，第84页。
③ 《旧唐书》卷四八《食货上》，第2089页。
④ 参见宁可：《中国经济发展史》，中国经济出版社，1999年。
⑤ 《新唐书》卷一一〇《黑齿常之传》，第4122页。

不下粟一石”[①]，此为亩产一石以上；以及《新唐书·食货志》中的“田以高下肥瘠丰耗为率，一顷出米五十余斛”[②]，此亦为亩产一石以上。据此推断，在唐代，粟的年产量最低不会低于亩产一石，也就是说，唐代文人私家园林的单位粮食收入在正常情况下不会低于这个数目。

人均的年粮食消费量为十二石二斗粟，而粟的年产量最低不会低于亩产一石，则十三亩土地就可以满足需求。由于园林的田产属于园主私人所有，在唐代前期实施租庸调制时交纳赋税不会很多，而后期实施两税法时为“京畿田亩税五升”[③]，影响同样不大。由此可以推断，如果文士单独生活，比如在山中隐居时，他的私家园林只要能附带有十三亩左右的田产，就足以保障他的生活了。

必须注意的一点是，上面提到的亩产一石，往往是“水旱之不时，虽不能尽地力者”的情况，也就是说在条件比较好的时候，亩产量还要更多。张安福在《唐代农民家庭经济研究》中就认为当时的平均亩产量应该在一石半粟左右[④]。若据这一数据来看，则文人的私园只要附带九亩左右的田地就足以养活他自己了（如果我们再把后文要讨论的蔬果乃至野物等也都算上，则附带田地的面积还可以更小）。

根据这一结论，我们再来看园林的粮食种植对于文人生活的意义，无疑就要明晰多了。事实上，唐代的大多数私家园林所附带的田产都不会这么少，而是动辄百亩千顷，则多余的粮食完全可以转化为财富。如果按照盛唐时期“米斗不至二十文”[⑤]的价格，每亩地至少收获一石粟，大约可以创造出一百二十文钱的收入，则许浑的“南湖二顷田”每年就有两万四千文左右的收入，即使去掉粮食消费量和劳动力的花费，也是一个相当可观的数字。毕竟，根据张安福在《唐代农民家庭经济研究》中的计算，盛唐

① 《全唐文》卷六三八，第2852页。
② 《新唐书》卷五四《食货四》，第1388页。
③ 《新唐书》卷五二《食货二》，第1357页。
④ 《唐代农民家庭经济研究》，第178页。
⑤ 《通典》卷七《历代盛衰户口》，第152页。

时期唐代普通农民家庭一年在粮食方面的净收入大约是十五石粟，折合一千八百文钱左右[①]，相比之下，许浑的二顷田何止是可以作“还家计”，简直可以算是富足的小康生活了。而如果按照晚唐时期一斗米一百文的价格来计算[②]，则许浑仅此“二顷田”的年收入就可以达到十二万文，根据《新唐书·食货五》所记载的会昌年间的官俸来看，这一收入大致相当于八品官的水平[③]。当然，唐代官员的俸禄当中还包括职分田等其他项目的收入，不可仅仅局限在这个数字之上，但至少经过这样一番比较后，园林收入对文人的意义已经是不言而喻了。许浑的“二顷田”尚且如此，那些拥有大型庄园式园林的文人的生活水平更是可想而知了。

不过，和那些拥有大量田产的园林相比，粮食种植的收入对通过垦荒获得小型园林的文人来说无疑具有更为重要的意义。当一些文人迟迟无法进入仕途取得官俸的时候，通过垦荒经营一处小型园林便可以很好地解决自己的生计问题，在一定程度上减轻自己求仕时的后顾之忧，这对普通士人来说显然十分重要。比如岑参入仕之前在终南山高冠峪口营建的草堂，虽然只有“数亩田”，但通过上面的计算可知，这看似不多的“数亩田”已经足以维持诗人的生计，并为他的社会活动提供一定的经济支持了。

2. 蔬果种植

除了粮食作物的种植以外，蔬菜和水果的种植在传统的农业生产中同样占据着非常重要的位置，诸如“十亩地，一亩园”和“糠菜半年粮”等说法也是由来已久。正因为如此，在唐代文人私家园林的土地利用中，我们可以看到许多关于蔬菜和水果的种植的记录，甚至有的文献中直接记载了园中蔬果的出售，比如《江西通志》卷三八“陈处士园”一条便有：“《名胜志》：在郡东湖南涯，处士陈陶于此植花竹、种蔬芋、兼植柑橙，课山童卖之。宋《戴复古集》：伏龙山民宋正甫湖山小隐乃唐诗人陈陶故圃，曾景建

---

① 《唐代农民家庭经济研究》，第199页。

② 刘海峰：《论唐代官员俸料钱的变动》，载《中国社会经济史研究》1985年第2期。

③ 《新唐书》卷五五《食货五》，第1402—1405页。

作记，俾仆赋诗。”[1]则蔬果种植很显然也同样可以为园林的主人带来一定的收入。

我们先来看一下唐代私家园林中蔬菜的种植情况。可以说，蔬菜的种植不像粮食种植那样，需要在足够的土地上进行耕作以保证足够的收入。因此，不论是规模宏大的庄园，还是深居城市的宅园，抑或僻居山里的草堂，都可以开辟一小块土地进行蔬菜种植。比如：

萧条梧竹下，秋物映园庐。宿雨方然桂，朝饥更摘蔬。[2]

云深猿拾栗，雨霁蚁缘蔬。[3]

君开山海记，共我摘园蔬。[4]

以上各例中，安仁山庄是大型庄园，永宁小园是城市宅园，而赵处士林亭则地处山野，足可见菜园在唐人私家园林中的广泛分布。除了分布广泛，种植的品种也比较多，如：

菱芋藩篱下，渔樵耳目前。[5]

鲜鲫银丝脍，香芹碧涧羹。[6]

春韭青青耐剪，香粳日日益飧。[7]

相对于蔬菜的种植，唐人私家园林中的果树种植更为普遍，品种也更为丰富。因为果树不仅能提供一定的收入，而且可以美化园林的环境。大多数果树都具有一定的观赏价值，或为赏花植物，或为赏果植物，在园林

① 谢旻等监修：《江西通志》卷三八，见影印古籍《钦定四库全书·史部十一·地理类》。

② 羊士谔：《永宁小园即事》，见《全唐诗》卷三三二，第3695页。

③ 李洞：《鄠郊山舍题赵处士林亭》，见《全唐诗》卷七二一，第8272页。

④ 崔颢：《和黄三安仁山庄五首》其五，见《全唐诗补编》，第839—840页。

⑤ 高适：《涟上题樊氏水亭》，见《全唐诗》卷二一二，第2207页。

⑥ 杜甫：《陪郑广文游何将军山林十首》其二，见《全唐诗》卷二二四，第2397页。

⑦ 严维等：《严氏园林》联句，见《全唐诗补编》，第907页。

中加以栽培，不仅可以带来物质上的实利，还可以提供精神上的享受。因此，果树也就得到了大多数园主尤其是文人园主的青睐，翻检相关文献不难发现，唐代文人私园中种植果树的情况比比皆是，无论城市山野，无论庄园宅院，我们都能看到规模不等的各种果园。比如：

> 臣遂于蓝田县营山居一所，草堂精舍，竹林果园，并是亡亲宴坐之余，经行之所。[①]

> 秋园雨中绿，幽居尘事违。阴井夕虫乱，高林霜果稀。[②]

> 段成式修行里私第，果园数亩。[③]

唐人私园中果树种植的品种异常丰富，其中最常见的有桃、杏、李、梅、橘、樱桃、葡萄、荔枝、枣、梨等，下面逐次各举一例，以见一斑：

> 主人虽朴甚有思，解留满地红桃花。[④]

> 仙杏破颜逢醉客，彩鸳飞去避行舟。[⑤]

> 道傍苦李犹垂实，城外甘棠已布阴。[⑥]

> 味调方荐实，腊近又先春。[⑦]

> 秋日野亭千橘香，玉盘锦席高云凉。[⑧]

---

① 王维：《请施庄为寺表》，见《全唐文》卷三二四，第1455页。
② 韦应物：《题郑拾遗草堂》，见《全唐诗》卷一九二，第1984页。
③ 《太平广记》卷四七七《白蜂窠》，第3929页。
④ 吕温：《道州春游欧阳家林亭》，见《全唐诗》卷三七一，第4169页。
⑤ 羊士谔：《游郭驸马大安山池》，见《全唐诗》卷三三二，第3697页。
⑥ 许浑：《和淮南王相公与宾僚同游瓜洲别业，题旧书斋》，见《全唐诗》卷五三五，第6104—6105页。
⑦ 韦处厚：《盛山十二诗·梅溪》，见《全唐诗》卷四七九，第5449页。
⑧ 杜甫：《章梓州橘亭饯成都窦少尹》，见《全唐诗》卷二二七，第2468页。

樱桃岛前春，去春花万枝。[①]

昨夜蒲萄初上架，今朝杨柳半垂堤。[②]

荔枝时节出旌斿，南国名园尽兴游。[③]

树杪悬丹枣，苔阴落紫梨。[④]

而在这些果树之中，又以桃李（特别是桃）、杏、橘、梨、樱桃等尤为常见。笔者以为，形成这一现象的原因有很多，概言之则不外乎自然和人文两大类。从自然条件上来讲，上面提到的这些果树都是既可赏花又可赏果的品种，具有进入园林的天然优势。而且它们在唐时的可栽种范围非常广，如桃、李在南北各地都不算罕见，杜甫在成都时可以“手种桃李非无主”，在瀼西也有“桃红客若至”[⑤]，而且由于唐代正处于古代气候变化中相对温暖的时段，更是扩大了果树的栽种范围，连一向被称为“生于淮北则为枳”的橘也出现在了北方的长安地区，如李德裕的《瑞橘赋》[⑥]写的就是长安的橘。不过总的来说，果树的生长终究还是会受到地理因素的限制，因此，果树本身适应自然条件的能力对它在文人园林中分布的广泛程度还是有着非常大的影响的，像只适合于南方生长的荔枝，其普及度和其他常见果树相比，终是落了下风。而另一方面，从人文条件上讲，有些果树的种植在我国具有悠久的历史，因此也就有了非常丰富的文化积淀，从而备受文人喜爱，在文人园林中的出现频率也就变得更高了。这一点尤以桃

① 白居易：《履信池樱桃岛上醉后走笔送别舒员外兼寄宗正李卿考功崔郎中》，见《全唐诗》卷四五二，第5111页。

② 《全唐诗》卷一一〇，张谔：《延平门高斋亭子应岐王教》，见《全唐诗》卷二二七，第1131页。

③ 曹松：《南海陪郑司空游荔园》，见《全唐诗》卷七一七，第8244页。

④ 李吉甫：《九日小园独谣赠门下武相公》，见《全唐诗》卷三一八，第3581页。

⑤ 杜甫：《卜居》，见《全唐诗》卷二二九，第2498页。

⑥ 《全唐文》卷六九七，第3172页。

李表现得最为明显，早在《诗经·桃夭》中就有“桃之夭夭，灼灼其华”[①]的美丽描写，《史记·李将军列传》中又有“桃李不言，下自成蹊”[②]的道德比附，再加上陶渊明在《桃花源记》中对世外桃源的描绘，使得桃李在文人心中的审美意蕴极为丰富。事实也正是如此，在唐代文人写到桃李的园林诗中，大都是从审美的角度去吟咏的，而且屡屡用到上面的三个典故，如罗隐在《南园题》中有“桃夭亦有蹊”[③]，窦庠在《段都尉别业》中也有“桃李无言鸟自啼”[④]，吕温在《道州春游欧阳家林亭》中则写道：“主人虽朴甚有思，解留满地红桃花。桃花成泥不须扫，明朝更访桃源老。”[⑤]由此可见，果树身上所附着的文化意义对其受到文人园主的青睐同样起到了极为重要的作用。

既然蔬菜和果树的种植在唐代文人的私家园林里是非常普遍的现象，那么这些蔬菜和果树能为园主人带来多大的收益呢？

关于唐代蔬菜、水果买卖的具体价格，现在流传下来的明确记载并不多。而且，对大多数文人来说，蔬果的收入应该不会很丰厚，在通常情况下只能算作粮食收入的一个补充。因为文人私园中的蔬果种植规模往往并不很大，而且在很多情况下是出于审美目的，主要用于观赏而非收益。比如舒员外家的樱桃，只是种在一个小岛上[⑥]，能有多大收获？而赵处士更是任由“云深猿拾栗，雨霁蚁缘蔬”，显然对收成也并不怎么在意。因此，我们可以说，在大多数的唐代文人私园中，蔬果种植带来的收入其实有限，可能往往会被园主自己直接消费掉。比如王绩《游北山赋（并序）》中的“野餐二簋，园蔬一盘”[⑦]，杜甫《园》中的“畦蔬绕茅屋，自足媚盘餐”[⑧]，柳

① 朱熹注：《诗集传》，岳麓书社，1989年，第6页。
② 《史记》卷一〇九《李将军列传》，第2878页。
③ 《全唐诗》卷六六五，第7617页。
④ 《全唐诗》卷二七一，第3047页。
⑤ 《全唐诗》卷三七一，第4169页。
⑥ 白居易：《履信池樱桃岛上醉后走笔送别舒员外兼寄宗正李卿考功崔郎中》，见《全唐诗》卷四五二，第5111页。
⑦ 《全唐文》卷一三一，第579页。
⑧ 《全唐诗》卷二二九，第2499页。

识《草堂记》所记之“兰陵萧公置草堂于陂上……柴条为门，蔬圃取给”[①]，李频《过嵩阳隐者》提及之“庭果摘尝稀”[②]等，皆为自己消费的例证。但是，如果是在郊野庄园进行的大规模蔬果种植，那就另当别论了，因为很显然，有些大规模的蔬果产出，是不太可能在园居者的日常生活中被全部消耗掉的，那就只能通过市场去转化为实际收入了。根据现有材料，我们可以很清楚地了解到，唐代对蔬果有着相当大的消费需求，不仅有专门以经营蔬果生意为生者，如《太平广记》中的“龚播者，峡中云安监盐贾也，其初甚穷，以贩鬻蔬果自业”[③]，而且还出现了专门的蔬菜、水果市场，如唐代时的幽州就有“椒笋行”“果子行”[④]。因此，唐人园林中种植的蔬果也完全有可能通过进入市场流通而转化为一定的收入。据《资治通鉴》卷二〇四记载，垂拱三年时，“尚方监裴匪躬检校京苑，将鬻苑中蔬果以收其利”[⑤]，既然皇家园林中的蔬果可以拿到市场上出售，那私家园林中的蔬果自然也该可以。所以，只要种植规模可观，比如像韦嗣立的骊山别业“灞陵下连乎菜地，新丰半入于家林”，韦员外的韦曲庄“万株果树，色杂云霞”[⑥]，必然可以通过蔬果的销售获得巨大的收益。仅以种橘为例，便不乏获利颇丰的记录，《太平广记》中有“唐荆南有富人崔导者，家贫乏。偶种橘约千余株，每岁大获其利”[⑦]，《独异志》中也有：“李衡江陵种橘千树，岁收其利，谓其子曰：‘吾有木奴千头，可为汝业，当终身衣食也。’”[⑧]而皮日休《陈先辈故居》中提到的“千株橘树唯沽酒”[⑨]，亦是以橘之收入供给买酒的支出。橘子如此，其他水果的情况亦可由此推想，则杜甫在瀼西既曾有果园四十亩，亦足可为生计支撑了。

---

① 《全唐文》卷三七七，第1693页。

② 《全唐诗》卷五八七，第6813页。

③ 《太平广记》卷四〇一《龚播》，第3225页。

④ 刘玉峰：《唐代商品性农业的发展和农产品的商品化》，载《思想战线》2004年第2期。

⑤ 司马光：《资治通鉴》卷二〇四《唐纪二十》，中华书局，1956年，第6443—6444页。

⑥ 宋之问：《春游宴兵部韦员外韦曲庄序》，见《全唐文》卷二四一，第1076页。

⑦ 《太平广记》卷四一五《崔导》，第3382页。

⑧ 《独异志》卷下，见《唐五代笔记小说大观》，第945页。

⑨ 《全唐诗》卷六一三，第7069页。

在完成蔬果种植的整体观照后，还需要再注意两个特殊的例子：竹与莲。考虑到竹子产笋而莲产藕，故而在此提及，但这两种植物的经济价值却远远超出普通的蔬果，因此我们有必要对其进行单独讨论。

先看竹子。竹子在唐人园林中出现的普遍程度超过了其他任何一种植物，甚至可以说是无园不种竹，文人描写自己亲自种竹的诗文比比皆是，而像赵处士林亭有"四五百竿竹"[①]这般规模的也不在少数。竹子其实是可以创造多方面的经济收益的，单是可以食用的竹笋，便在唐人的园林诗中反复出现，比如李频的《苑中题友人林亭》就有"春篁抽笋密"[②]。更何况竹子的价值远不止此，白居易《题李次云窗竹》中的"不用裁为鸣凤管，不须截作钓鱼竿"[③]便一下提到了竹子的两种用途，而竹子用来作钓竿还可以增加垂钓的收入，因此被颇多利用，像郑谷《宣义里舍冬暮自贻》中的"独寻烟竹剪渔竿"[④]、杜荀鹤《戏题王处士书斋》中的"钓竿时斫竹丛疏"[⑤]、皎然《同李侍御萼、李判官集陆处士羽新宅》中的"钓丝初种竹"[⑥]等，便都说明了文人确会开发竹子的这一用途。《史记·货殖列传》中曾经提到过"渭川千亩竹……此其人皆与千户侯等"[⑦]，而从唐政府曾经讨论对竹子征税这一点上也可以推知竹子具有相当可观的经济价值（关于征收竹税的问题，详见后文）。关于竹子创收的具体情况，可以参见《太平广记·夏侯彪之》中的一段记载：

> 又问："竹笋一钱几茎。"曰："五茎。"又取十千钱付之，买得五万茎。谓里正曰："吾未须笋，且林中养之。至秋竹成，一茎十钱，积成五十万。"[⑧]

---

① 李洞：《鄠郊山舍题赵处士林亭》，见《全唐诗》卷七二一，第8272页。

② 《全唐诗》卷五八九，第6842页。

③ 《全唐诗》卷四三六，第4840页。

④ 《全唐诗》卷六七六，第7749页。

⑤ 《全唐诗》卷六九二，第7964页。

⑥ 《全唐诗》卷八一七，第9209页。

⑦ 《史记》卷一二九《货殖列传》，第3272页。

⑧ 《太平广记》卷二四三《夏侯彪之》，第1880页。

竹子的巨大经济价值由此可见一斑，只可惜除此之外，相关记载不多，本书也就无法展开更深入的讨论。

再看莲。就如无园不种竹一样，唐代文人的园林中也可以说是无水不生莲，哪怕是一处很小的池塘也要栽种，韩愈的《盆池五首》其二中就有“莫道盆池作不成，藕稍初种已齐生”[①]。而这样的普遍栽种，恐怕不仅与莲花的观赏价值有关，也应该考虑到其巨大的经济价值。莲花可谓浑身是宝，李渔在其《闲情偶寄·芙蕖》中讲完莲花的观赏价值后继续写道：

> 及花之既谢，亦可告无罪于主人矣：乃复蒂下生蓬，蓬中结实，亭亭独立，犹似未开之花，与翠叶并擎，不至白露为霜，而能事不已。此皆言其可目者也。可鼻则荷叶之清香，荷花之异馥，避暑而暑为之退，纳凉而凉逐之生。至其可人之口者，则莲实与藕，皆并列盘餐，而互芬齿颊者也。
>
> 只有霜中败叶，零落难堪，似成弃物矣，乃摘而藏之，又备经年裹物之用。
>
> 是芙蕖也者，无一时一刻，不适耳目之观；无一物一丝，不备家常之用者也。有五谷之实，而不有其名；兼百花之长，而各去其短。种植之利，有大于此者乎？[②]

花、藕、实、叶皆有可用之处，则莲花的价值可见一斑。而史料中也确实能找到唐人买卖莲藕的记载，比如杜荀鹤《送人游吴》一诗中就提到过“夜市卖菱藕”[③]，只可惜相关的详细情况现在同样很难了解到，所以这里也就不再过多地展开讨论了。

3. 经济作物种植

相对于自给自足的蔬果种植，经济作物种植显然能带来更大的收益。而唐人的私家园林中也的确不乏这样的例子，比如王维的辋川别业中有漆园，此名称的来历固然可能取自庄周之典，但也很可能确实种植有能创造

---

① 《全唐诗》卷三四三，第3847页。

② 李渔：《闲情偶寄》卷五《种植部·芙蕖》，浙江古籍出版社，2014年，第249—250页。

③ 《全唐诗》卷六九一，第7925页。

不菲收入的漆树；又比如李德裕的平泉山庄，他在《平泉山居草木记》中提到的各种珍奇植物中也不乏经济作物，如侧柏、天蓼就都能用作药材。可以说，唐人私园中种植的经济作物同样是多种多样的，不过就总体而言，主要还是三大类，即树木、药草、茶叶。

唐人园林中普遍都种植着一定数量的树木，而且相当一部分并非前面提到的果树，如柳树、榆树等。但这些树木同样可以为园主人创造一定的收益，比如木材收益。不过考虑到大多数的园主并不会随意砍伐自己园林中的树木，所以这方面的收益应该不会很多。因此，笔者更关注的是树木种植中的一个特殊品种——桑树。在唐代，桑树可以算作一种经济价值颇高的树木，而在唐人的私家园林中，桑树的种植也是一个很普遍的现象，比如：

涂涂沟塍雾，漠漠桑柘烟。[①]

水田聊学稼，野圃试条桑。[②]

许州长葛令严郜……乃于县西北境上陉山阳置别业。良田万顷，桑柘成阴……[③]

桑树在唐代的广泛种植其实是有政策扶持的，比如在实施均田制的时期，政府便规定“每亩课种桑五十根以上，榆枣各十根以上，三年种毕。乡土不宜者，任以所宜树充”。降至中唐，更是对庄园也提出了要求：“八月剥枣，以助男功；蚕月条桑，俾修女事。赡人之道，必广于滋殖；分地之利，非止于耕耘。益之以织纴，杂之以果实，则寒有所备，俭有所资，如旨蓄之御冬，岂无衣以卒岁？顷属多难艰食，必资树艺，以利于人，庶俾播种之功，用申牧养之化。天下百姓，宜劝课种桑枣，仍每丁每年种桑三十树。

① 权德舆：《拜昭陵过咸阳墅》，见《全唐诗》卷三二〇，第3607页。

② 颜真卿等：《竹山连句题潘氏书堂》，见《全唐诗补编》，第283页。

③ 《三水小牍》卷下，见《唐五代笔记小说大观》，第1192页。

其寄住寄庄官荫官家，每一顷地，准一丁例。”[①] 可见，扶持甚至规定桑树的种植，其主要原因无疑在于桑为蚕本、蚕为丝本，只有保证桑树的种植，才能保证丝织品的生产。而唐代文人在自己的私家园林中种植桑树，应该也考虑到了这方面的因素，比如王绩的园林中就有“浴蚕温织室”[②]。李翱在《平赋书（并序）》中提到“十亩之田，植桑五功。一功之蚕，取不宜岁度之，虽不能尽其功者，功不下一匹帛”[③]，则一亩桑就可以创造半匹帛的收入。而且正因为桑叶可供养蚕，所以也就有了商业价值，可以拿到市场上出售，如《太平广记・王公直》中便有“有桑数十株，特茂盛荫翳……明日凌晨，荷桑诣都市鬻之，得三千文”[④]。即使除去养蚕的价值，桑树本身作为木材也可以创造一定的收益，据张安福在《唐代农民家庭经济研究》中的计算，平均每棵桑树每年能创造八文钱的收入[⑤]。有如此全面的经济价值，桑树在唐人园林中的普遍种植也就不难理解了。

相对于树木的种植，药草的种植在唐代文人的私家园林里似乎更为普遍，毕竟，树木的种植往往需要足够规模的土地，而许多药草却和蔬菜、水果一样随处可种，即使是深居城市的宅园，也可以在后院中辟出一块药栏。因此，唐人园林中的药草种植在有关文献记载中可谓比比皆是，如：

（陈子昂）遂于射洪西山构茅宇数十间，种树采药以为养。[⑥]

涧水吞樵路，山花醉药栏。[⑦]

云色卷舒前后岭，药苗新旧两三畦。[⑧]

---

① 常衮：《劝天下种桑枣制》，见《全唐文》卷四一〇，第1861页。
② 王绩：《春日还庄》，见《全唐诗补编》，第645页。
③ 《全唐文》卷六三八，第2852页。
④ 《太平广记》卷一三三《王公直》，第945页。
⑤ 《唐代农民家庭经济研究》，第181页。
⑥ 卢藏用：《陈子昂别传》，见《全唐文》卷二三八，第1065页。
⑦ 岑参：《初授官题高冠草堂》，见《全唐诗》卷二〇〇，第2089页。
⑧ 秦系：《耶溪书怀寄刘长卿员外（时在睦州）》，见《全唐诗》卷二六〇，第2899页。

入门尘外思，苔径药苗间。[①]

唐代文人园林中大量种植药草，当然可以获得一定的经济收益，因为药草也可以拿到市场上去出售，比如杜甫困守长安时就曾“卖药都市”，皇甫冉的《卖药人处得南阳朱山人书》[②]亦可见有人以此为生，而皎然也曾在《买药歌送杨山人》中生动地描述“扬州喧喧卖药市”[③]。但是，唐代文人的药草种植又不仅仅是出于经济的目的，这当中同样有着较为丰富的文化内涵。关于这一问题，尚永亮和萧波合写的《唐人的“后院”——从唐诗中的“药”看唐人生活与创作》[④]一文作了非常详尽的阐述，笔者不再展开讨论。要而言之，唐代文人对药草的种植出于对生命的极度关注，继而将药园视为怡养性情、陶冶诗思之所。而这当中，道教文化又起到了相当的推动作用，有的人所种植的药草明显就与道教文化有关，如许浑在《题宣州元处士幽居》就提到这位元处士是“芝术不求人”[⑤]，结合黄道士草堂的“伴君闲种五芝田”[⑥]来看，这个“芝术”与道教文化有关应该是无疑的。

最后，我们再来看一下唐代文人园林中茶叶的种植情况。客观来讲，茶叶应该是唐代各种作物中经济价值最大的一种了，它的营销甚至促成了全国市场网络的形成[⑦]，杨晔的《膳夫经》中也有“蜀茶得名蒙顶于元和以前，束帛不能易一斤先春蒙顶，是以蒙顶前后之人，竞栽茶以规厚利，不数十年间，遂新安草市岁出千万斤”[⑧]的记载，其经济效益可见一斑。而在唐代文人的私家园林里，我们也确实可以找到茶叶种植的记载，如：

---

① 姚合：《题郭侍郎亲仁里幽居》，见《全唐诗》卷四九九，第5678页。

② 《全唐诗》卷二五〇，第2826页。

③ 《全唐诗》卷八二一，第9260页。

④ 尚永亮、萧波：《唐人的“后院”——从唐诗中的“药”看唐人生活与创作》，载《华中师范大学学报（人文社会科学版）》2004年第5期。

⑤ 《全唐诗》卷五三〇，第6059页。

⑥ 李绅：《题北峰黄道士草堂》，见《全唐诗补编》，第1092页。

⑦ 林文勋：《唐代茶叶产销的地域结构及其对全国经济联系的影响》，见李孝聪主编《唐代地域结构与运作空间》，上海辞书出版社，2003年，第218—247页。

⑧ 杨晔：《茶录》，中州古籍出版社，2015年，第212页。

架岩结茅宇，斫壑开茶园。[①]

顾渚吴商绝，蒙山蜀信稀。千丛因此始，含露紫英肥。[②]

叶积池边路，茶迟雪后薪。[③]

但是，茶叶的种植在唐代文人园林中虽然存在，却并不普遍，甚至可以说是寥寥。因为茶叶的经济价值虽然很大，而且文人本身也是茶叶消费的主体之一，可茶叶种植却因种种条件限制而无法普及。首先，茶叶生长对环境的要求，陆羽的《茶经》一开篇就是“茶者，南方之嘉木也”，“野者上，园者次；阳崖阴林，紫者上，绿者次；笋者上，牙者次；叶卷上，叶舒次。阴山坡谷者，不堪采掇……”[④]，可见好茶的生长对自然条件的要求很高，而大多数的文人私园是无法达到这一要求的。其次，茶叶的种植销售还很容易受到政策波动的影响，唐代中后期的茶税法规数次发生变化，对希望产业稳定的一般文人来说，显然是不太容易接受的。正因为受到这些自然的和人为的限制，茶叶种植在唐代文人园林中并不多见。

4. 禽畜养殖

家禽家畜的养殖在传统的农业结构中同样占据一席之地，这在唐人园林中也得到了体现。

唐人园林中的家畜养殖主要是牛和羊，如：

兰芰通荒井，牛羊出古城。[⑤]

空园种桃李，远墅下牛羊。[⑥]

---

① 白居易：《香炉峰下新置草堂即事咏怀题于石上》，见《全唐诗》卷四三〇，第4746页。

② 韦处厚：《盛山十二诗·茶岭》，见《全唐诗》卷四七九，第5450页。

③ 郑谷：《故少师从翁隐岩别墅乱后榛芜感旧怆怀遂有追纪》，见《全唐诗》卷六七五，第7727页。

④ 陆羽：《茶经校注》，中华书局，2021年，第1—9页。

⑤ 卢纶：《秋晚山中别业》，见《全唐诗》卷二八〇，第3179页。

⑥ 颜真卿等：《竹山连句题潘氏书堂》，见《全唐诗补编》，第283页。

除了最常见的牛羊，在庄园中养猪的记载也是有的，比如：

李汾秀才者，越州上虞人也。性好幽寂，常居四明山。山下有张老庄，其家富，多养豕。[①]

而像贾馥“结茅斋于别墅，自课儿孙耕牧为事”，既然提到了“牧”，则显然也包含了家畜的养殖。

不过，在提到牛羊的文献中，我们还必须注意区别一种情况，那就是牛的养殖未必是作为畜牧业来经营，而很可能是作为粮食生产的劳力，即耕牛。如陆龟蒙《甫里先生传》中的“先生之居，有地数亩，有屋三十楹，有田畸十万步，有牛不减四十蹄，有耕夫百余指”，与农田、耕夫并提，理应属耕牛无疑。而《太平广记·沈聿》中的“聿尉三原。素有别业，在邑之西，聿因官遂修葺焉。于庄之北，平原十余里，垣古埏以建牛坊”[②]，以其规模之大，则很可能是作为畜牧业来经营的。

与牛情况比较类似的，还有马。唐代园林中养马的记录也是有的，比如姚合的《寄题尉迟少卿郊居》中就提到了“朝衣挂壁上，厩马放田中”[③]。只不过，园林中的这些马，既有可能是作为家畜养殖并以之营利，也有可能只是作为园主人的代步工具，和牛一样充当一种劳力。

另外，王维在《戏题辋川别业》中提到的“柏叶初齐养麝香”[④]也值得注意。

在唐代，牛羊的买卖非常普遍，因此在唐律中也有相关的规定，如《唐律疏议》卷二六《杂律》中就有：“买奴婢、马牛驼骡驴等，依令并立市券。两和市卖，已过价讫，若不立券，过三日，买者笞三十，卖者减一等。”[⑤]《唐六典》卷二〇中也有“凡卖买奴婢、牛马，用本司、本部公验以立券”[⑥]的记载。与此相应，敦煌文书中也不乏买牛的契约。因此，只要经营得法，通

① 《太平广记》卷四三九《李汾》，第3581页。
② 《太平广记》卷三〇七《沈聿》，第2428页。
③ 《全唐诗》卷四九九，第5680页。
④ 《全唐诗》卷一二八，第1307页。
⑤ 《唐律疏议》卷二六《杂律》，第501页。
⑥ 《唐六典》卷二〇，第543页。

过牛羊养殖获得的收入必然不菲。只不过，家畜尤其是牛羊的养殖需要足够的土地空间，所以只有在大型的庄园式园林中才有实现的可能，而大多数文人私园是无法通过牛羊的养殖获得收入的。同时，这种养殖行为还会受到政策的影响，比如唐玄宗时下达的《禁官夺百姓口分永业田诏》中就要求“两京去城五百里内，不合置牧地”[①]，很显然，至少在这一时期，京畿附近的园林即使地产再多，也无法进行大规模的牛羊养殖。

相对于牛羊等大型家畜的养殖，家禽饲养对土地规模的要求就小得多了，而且我们也确实能看到关于唐人私家园林中饲养家禽的记载，比如：

依依西山下，别业桑林边。庭鸭喜多雨，邻鸡知暮天。[②]

剑南东川节度使冯宿宅。《卢氏杂说》：宿从子衮为给事中，宅有山亭院，多养鹅鸭及杂禽之类，常遣一家人主之，谓之“鸟省”。[③]

鸡鸭等家禽及其所产的蛋也都可以拿到市场上去出售，比如《太平广记·夏侯彪之》中就有这样一条记载：

唐益州新昌县令夏侯彪之初下车，问里正曰：“鸡卵一钱几颗。”曰：“三颗。”彪之乃遣取十千钱，令买三万颗。谓里正曰：“未便要，且寄鸡母抱之，遂成三万头鸡，经数月长成，令县吏与我卖。一鸡三十钱，半年之间成三十万。”[④]

不过，相对于普通鸡鸭的买卖，唐代还有另外一种情况值得注意，那就是斗鸡与斗鸭。在唐代，斗鸡游戏风行一时，比如唐玄宗就是一个热衷此道者，而如此一来必然会推动斗鸡价格的上扬，段成式《酉阳杂俎·支动》中就有这样一段记载：

威远军子将臧平者，好斗鸡，高于常鸡数寸，无敢敌者。威远监军与物十匹强买之，因寒食乃进。十宅诸王皆好斗鸡，此鸡凡敌

---

① 《全唐文》卷三三，第156页。

② 高适：《淇上别业》，见《全唐诗》卷二一四，第2232页。

③ 周云庵：《陕西园林史》，三秦出版社，1997年，第152页。

④ 《太平广记》卷二四三《夏侯彪之》，第1880页。

> 十数，犹擅场怙气。穆宗大悦，因赐威远监军帛百匹。主鸡者想其距距，奏曰："此鸡实有弟，长趾善鸣，前岁卖之河北军将，获钱二百万。"①

一只斗鸡卖到二百万钱，显然不是平常的家禽买卖可比。

斗鸭同样是唐代比较常见的一种游戏，李邕曾经写过《斗鸭赋》②，而陆龟蒙更是此中高手，宋代龚明之《中吴纪闻·斗鸭》中称："陆鲁望有斗鸭一栏，颇极驯养"③。在他的甫里别业中甚至还有专门的游戏场所，《吴趋访古录》卷六中便记载有："鸭漪亭，在长桥北，与垂虹相对，俗呼阿姨亭。相传陆天随养鸭于此。"④ 而现今苏州甪直古镇中仍有陆龟蒙斗鸭池遗迹，则陆龟蒙的养鸭显然不是普通的家禽养殖，而是一种园林娱乐了。

总的来说，唐人私家园林中成规模的家畜、家禽养殖的记载不是很多，考虑到禽畜气味过重会对园林意境造成一定的破坏，所以当时私家园林中大量饲养禽畜的情况应该确实比较少。况且唐人园林中的禽畜养殖有相当一部分并不是为了进入市场销售，而是出于耕种、娱乐等目的，因此也就不会给园林带来多少实质性的收入。

除了家禽家畜，还有一种情况值得我们注意，那就是水产养殖，相对于禽畜，水产所需的空间更小，只需一方小池，便可养鱼数头，比如许敬宗《小池赋应诏》中就提到"跃露鼎之纤鱼"⑤。事实上，唐人园林大多建有水景，而有关池鱼的记载也就远远多于家禽和家畜，比如：

> 我有一池水，蒲苇生其间。虫鱼沸相嚼，日夜不得闲。⑥

---

① 《酉阳杂俎》续集卷八，见《唐五代笔记小说大观》，第776页。

② 《全唐文》卷二六一，第1170页。

③ 龚明之：《中吴纪闻》卷一《斗鸭》，见《宋元笔记小说大观》（三），上海古籍出版社，2001年，第2842页。

④ 转引自《唐代园林别业考录》，第217页。

⑤ 《全唐文》卷一五一，第676页。

⑥ 韩愈：《读皇甫湜公安园池诗书其后二首》其二，见《全唐诗》卷三四一，第3824页。

禁苑凌晨出，园花及露攀。池塘鱼拨刺，竹径鸟绵蛮。[①]

虽然唐人园林中池鱼养殖的普遍程度要远远高于其他的家禽、家畜，但它同样无法给园主人创造多少收入。因为除了安乐公主的定昆池等极端特例外，一般的私家园林尤其是文人的私家园林中不会有太过广阔的水域，像皮日休在《陈先辈故居》中提到的“十顷莲塘不买鱼”[②]，恐怕并非普遍。这也就注定了唐人私园中的水产养殖大都用于园主自己娱乐或消费食用，即所谓“和羹跃鲤香”[③]，而不会进入市场买卖。我们翻检唐代史料时不难发现，大多数文人对自己园林中的鱼主要是玩赏或垂钓，虽然园中养鱼的目的有时也很明确是作为食物储备的，比如张光朝的《荻塘西庄赠房元垂》中就曾明确提到过“日晏始能起，盥漱看厨烟。酝酒寒正熟，养鱼长食鲜”[④]，但是考虑到现存文献中几乎见不到唐人对自己园中水产进行大规模捕捞，则其收入有限也就是毋庸置疑的，故此仅举唐人在园林中垂钓的些许事例以供参考：

门静山光别，园深竹影连。斜分采药径，直过钓鱼船。[⑤]

绣羽惊弓离果上，红鳞见饵出蒲根。[⑥]

此外，还应该注意的一点是，唐代园林诗中的垂钓并不一定都是在钓园主自家的鱼，也可能是江河湖泊等公共财产中的游鱼。考虑到唐代已经出现了专门的“鱼市”（比如元稹《闲二首》其一提到过“艇子收鱼市”[⑦]，罗邺《南行》中也有“鱼市酒村相识遍”[⑧]），故而鱼类等水产无论是自家所出还是野外捕得，进入流通的可能性都是存在的，而且好的鱼鲜价格往往还

---

① 刘禹锡：《奉和裴令公新成绿野堂即书》，见《全唐诗》卷三六二，第4092页。

② 《全唐诗》卷六一三，第7069页。

③ 李端：《奉和元丞侍从游南城别业》，见《全唐诗》卷二八五，第3268页。

④ 《全唐诗》卷五〇五，第5747页。

⑤ 张籍：《和令狐尚书平泉东庄近居李仆射有寄十韵》，见《全唐诗》卷三八四，第4328页。

⑥ 《全唐诗》卷六五三，第7499页。

⑦ 《全唐诗》卷四〇九，第4547页。

⑧ 方干：《李侍御上虞别业》，见《全唐诗》卷六五四，第7526页。

是颇为可观的，比如陆龟蒙在《五歌·食鱼》中就曾提到过“今朝有客卖鲈鲂，手提见我长于尺。呼儿舂取红莲米，轻重相当加十倍。且作吴羹助早餐，饱卧晴檐曝寒背”[①]。但即便如此，这一项目通常也只能算是园林的一点补充收入，可以在一定程度上冲抵食鲜方面的支出，但对园主的整体经济情况影响不是很大。

最后，还有必要再提一个例子，那就是王绩的私园中还有酿蜜的蜂房，他在《春日还庄》一诗中明确写道：“浴蚕温织室，分蜂煖蜜房。竹密连阶暗，花飞满宅香。”[②]很显然，养蜂酿蜜也是其庄园获得收入的途径之一。而杜甫在《秋野五首》其三中曾写过“风落收松子，天寒割蜜房”[③]，刘禹锡在《和仆射牛相公春日闲坐见怀》中也提到过“阶蚁相逢如偶语，园蜂速去恐违程”[④]，但这是否确属于园林产业，却都没有明说。不过，除此之外，我们很难再找到唐代文人在自家园林中养蜂的记录，本书也就不再展开讨论了。倒是王绩在《游北山赋（并序）》中描述自己的园居生活状态是“时挟策而驱羊，或投竿而钓鲤”[⑤]，适可为本节的讨论再添一注脚。

综上所述，禽畜养殖是大多数文人私园中都存在的，但是只有地产足够多的庄园式园林，才可以通过这一途径获得大量收入。而对大多数普通文人园林来说，禽畜养殖的收益更多只是作为日常生活中的一项补贴，其产出基本上都会在园主的日常生活中被消费掉，而不会带来太多额外的收入。

（二）地租及其他

农副业的收入是唐人园林最重要的收入来源，却并不是唯一的来源。只要仔细翻检一下相关文献，我们就不难发现其他收入的存在，即使同样

① 《全唐诗》卷六二一，第7149页。
② 《全唐诗补编》，第645页。
③ 《全唐诗》卷二二九，第2499页。
④ 《全唐诗》卷三六一，第4074页。
⑤ 《全唐文》卷一三一，第579页。

是利用土地获得收入，也可以采取和单纯的农副业生产不同的经营方式。因此，我们接下来需要探讨的就是唐人园林获得收入的其他途径。

1. 地租

前文在讨论唐代文人私家园林的经营方式时就已提到，中晚唐时期，租佃式的经营方式已经逐渐成为主流。而经营方式发生改变，获得收入的方式也往往会随之变化。当园主亲自耕种或者使用自己的家奴以及雇佣一定的劳动力来进行粮食种植时，土地出产的粮食便是他天然的收入；而当园主采用租佃的方式对自己园林附属的田产进行经营时，其收入便转而以地租的形式呈现，只不过这种收入方式主要适用于园林附属田产规模较大的情况。在现存的文献中，我们可以找到不少唐代园主收取地租的记载，而这些园林往往都具有明显的庄园性质。比如：

嗜茶荈，置小园于顾渚山下，岁入茶租十许簿为瓯舣之费。[①]

刘晏判官李邈，庄在高陵，庄客欠租课，积五六年。邈因罢归庄，方将责之，见仓库盈美，输尚未毕。[②]

唐人私园可以通过征收地租的方式获得收入，这一点是无疑的，现在需要弄清楚的是，在实施租佃式经营的情况下，园主可以获得多少地租收入。只有对这个数额有了一定的认识，我们才能更好地了解那些进行租佃经营的唐人处于一种什么样的经济水平，过着一种什么样的生活。

明确记载当时地租数额的典籍非常有限，经常被提及的主要有元稹的《同州奏均田状》[③]和陆贽的《论兼并之家私敛重于公税》[④]，前者主要讲的是官庄的情况，和此处讨论的问题关系不大，而陆贽的这篇奏疏则对我们的问题有着重要的参考价值，文中称："京畿之内，每田一亩，官税五升，而私家收租，殆有亩至一石者，是二十倍于官税也。降及中等，租犹半

① 陆龟蒙：《甫里先生传》，见《全唐文》卷八〇一，第3732页。

② 《太平广记》卷三九〇《李邈》，第3115页。

③ 《全唐文》卷六五一，第2932页。

④ 《全唐文》卷四六五，第2107—2108页。

之，是十倍于官税也。”由这则材料可知，京畿地区的地租大约在五斗至一石间。

仅凭此一则材料，显然不足以全面认识唐代的地租数额情况，所幸唐代中后期的租佃制已经得到较为充分的发展，开始通过契约文书来从法律上进行认证，这无疑给我们提供了新的线索。而敦煌藏经洞中相关文书的面世则更是提供了极为可靠的文献依据，我们完全可以通过它们对唐代的地租数额有更加全面的认识。下面，笔者即据《敦煌契约文书辑校》收录的唐代土地租佃契约中记载较为清楚的三份进行计算，进一步推断唐代地租数额的大致范围。

具体计算情况见下表（表中的页码以《敦煌契约文书辑校》为准）：

文书名称	文书编号	土地规模	年限	总租额	平均每亩租额	页码
唐天复二年（九〇二）慈惠乡百姓刘加兴出租地契	斯五九二七背	10 亩	3 年	12 石（麦、粟 5 石，布 1 匹 3 丈）	4.5 斗粟 / 年	324
唐天复七年（九〇七）洪池乡百姓高加盈等典地契	伯三二一四背	5 亩	2 年	麦 2 石、粟 1 石	3.5 斗粟 / 年	330
年代不详奴子租□分地与王粉堆契抄	斯三九〇五背	7 亩	1 年	2 石 5 斗（麦 2 分、粟 1 分）	4 斗粟 / 年	332

下面对上表进行一下说明。

说明一：为了便于比较，租额一律折算为粟，平均每亩的租额以“粟 / 年”为单位。麦、布与粟的折算比例均以张安福在《唐代农民家庭经济研究》中的计算结果为参照标准，具体为粟、麦之间的比例大致为 4 : 5[①]，绢、粟之间的比例大约在 3 : 2 到 4 : 3 之间[②]。

说明二：斯五九二七背《唐天复二年（九〇二）慈惠乡百姓刘加兴出租地契》中对租额的描述为“三年价值干货斛斗一十二石，麦粟五石，布一匹四十尺，又布三丈”。笔者以为这段文字应该理解为地租总额为三年十二

① 参见《唐代农民家庭经济研究》，第198页。

② 参见《唐代农民家庭经济研究》，第254页。

石，具体支付方式为麦、粟各五石，外加七丈布。根据《通典·食货六》规定："布帛皆阔尺八寸、长四丈为匹，布五丈为端。"[①] 按照说明一中提到的折算比例，七丈绢大约可以折合为 2.3 石粟，麦 5 石可以折合为 6.25 石粟，诸物总和即为 13.55 石粟，考虑到布的价值要远低于绢，故而总和降为 12 石是完全可以理解的。若以此计算，平均每亩租额应该是 4 斗 / 年，为了统一为粟，笔者选择按 13.55 石粟作为总和来计算，则平均每亩租额就成了 4.5 斗粟 / 年。

说明三：斯三九〇五背《年代不详奴子租□分地与王粉堆契抄》虽然从文书中找不到关于年代的记载，但是在《敦煌契约文书辑校》中对其有这样一条说明："此件正面为唐天复元年（九〇一）辛酉岁十二月十八日金光明寺造□窟上梁文。"[②] 则这份文书应该也属于晚唐时期。

通过上面的计算我们不难看出，在唐末的敦煌地区，每亩地的租额基本上都在 4 斗粟 / 年左右（伯三二一四背《唐天复七年（九〇七）洪池乡百姓高加盈等典地契》是因为抵债而出租土地，因此租额应该比一般情况略低）。和京畿地区相比，显然低了不少。这说明地租数额也和地理位置、土地好坏有关。但是应该注意的一点是，陆贽的奏疏中称"殆有亩至一石者"，说明每亩一石的地租是比较少见的极端情况。所以地租数额的地区差异虽然存在，但应该并不是特别悬殊。

上面提到的地租数额，都是在租佃契约签订的时候就已经确定了的。但当时还存在另外一种情况，就是根据最终收成按比例提取地租，比如《新唐书·段秀实传》中就记载过"焦令谌取人田自占，给与农，约熟归其半"[③]，即收取最终收成的一半作为地租。不过这种按比例提取地租的记载并不是很多，因为定额地租更能体现出其对园主的有利因素，首要是稳定，不论旱涝或丰收与否，只要签订了租佃契约，就可以保证足额的收入，而正由于收入的稳定，也就能够让园主省心，既不必过度担心自己田产中的

---

① 《通典》卷六《食货六》，第107—108页。

② 《敦煌契约文书辑校》，第333页。

③ 《新唐书》卷一五三《段秀实传》，第4849页。

庄稼，也不必操心田间劳动者的日常消费。所以综合考察起来，定额地租应该更普遍一些。

在确定了唐代地租的大体数额之后，我们再回过头来看唐代文人通过园林获得的收入，也就更加清楚了。还是以前面提到的许浑“南湖二顷田”为例，该田产地处江南，暂且取京畿地区与敦煌地区地租的中间值为参照，即每亩7斗粟／年，则许浑每年的地租收入就是140石粟。若按天宝粮价折算，则其每年的净收入就是16800文，远远超出同期农民在粮食方面的净收入（1800文）；若按晚唐粮价折算，则全年净收入为84000文，而参照《新唐书·食货五》所记载的会昌年间的官俸来看，这一收入额仍相当于“京都园苑四面监监，两京诸市、中尚、武库、武成王庙署令，王府掾、属、主簿、记室、录事参军事，七千”[①]的水准。这个通过地租计算出来的收入额看上去要小于前面粮食种植一节计算出的收入额，但前面粮食种植一节得出的收入额是毛收入，而此处为净收入，若是将前文中的毛收入扣去家奴的生活消费或雇工的工钱，或许最终的净收入还不及此处。因此，这个按照地租计算出来的收入或许更能反映唐代私园园主的收入情况。而根据许浑的例子再去推测那些拥有大型庄园性质私园的文人的收入，其经济状况也就可想而知了。

2. 园林附属产业

在某些大型的庄园式园林中，往往还有一些附属产业，它们同样可以给园林的主人带来一定的收入。在元和八年（813）的《赐王公等所有庄宅等任典贴货卖敕》中有这样的规定：“应赐王公、公主、百官等庄宅、碾硙、店铺、车坊、园林等，一任贴典货卖，其所缘税役，便令府县收管。”将“庄宅、碾硙、店铺、车坊、园林等”并称的记载还见诸《唐会要》卷八九《泉货》（“应典贴庄宅、店铺、田地、碾硙等”[②]）、《全唐文》卷五五唐顺宗《放免积欠诏》（“畿内及诸州府庄宅、店铺、车坊、园硙、零地等”[③]）等文献。

① 《新唐书》卷五五《食货五》，第1405页。
② 《唐会要》卷八九《泉货》，第1625页。
③ 《全唐文》卷五五，第260页。

有人据此认为唐代庄园是包括店铺、车坊、园硙等组成部分的整体，这种看法显然有失偏颇，乌廷玉在《唐朝“庄园”说的产生发展及其在中国的流传和影响》[①]一文中已经予以了辩驳。但是，完全否认庄园中具有其他附属产业也是不合适的，前文中举过的几个例子都说明庄园式园林可以拥有一定的附属产业，比如这两条记载：

元稹在江夏襄州贾堑有庄，新起堂，上梁才毕，疾风甚雨。时庄客输油六七瓮，忽震一声，油瓮悉列于梁上，一滴不漏。[②]

（楚州淮阴西庄主）有稻若干斛，庄客某甲等纳到者；绸绢若干匹，家机所出者；钱若干贯，东邻赎契者；银器若干件，匠某锻成者。[③]

上引文献中的榨油、纺织等，都是庄园的附属产业。

如果说这两个例子只是在说庄而未必可以完全等同于园林，那我们还可以再来看一下王方翼的例子，王方翼的凤泉别业中“列植竹木”，显然进行过一定的审美经营，属于本书探讨的园林范畴，而这样一处园林的经营状况则是：

居凤泉墅。方翼尚幼，杂庸保，执苦不弃日，垦田植树，治林垠，既完墙屋，燎松丸墨，为富家。[④]

很显然，在王方翼的这座园林中，作为附属产业的“燎松丸墨”成了一项非常重要的收入来源。

值得注意的还有高适的《涟上题樊氏水亭》：

涟上非所趣，偶为世务牵。经时驻归棹，日夕对平川。莫论行子愁，且得主人贤。亭上酒初熟，厨中鱼每鲜。自说宦游来，因之居住偏。煮盐沧海曲，种稻长淮边。四时常晏如，百口无饥年。菱

---

① 载《史学集刊》，2000年第3期。

② 《酉阳杂俎》前集卷八《雷》，见《唐五代笔记小说大观》，第618页。

③ 高彦休：《唐阙史·赵江阴政事》，见《唐五代笔记小说大观》，第1345页。

④ 《新唐书》卷一一一《王方翼传》，第4134页。

芋藩篱下，渔樵耳目前。异县少朋从，我行复迍邅。向不逢此君，孤舟已言旋。明日又分首，风涛还眇然。[①]

除了常见的农副业生产如“种稻”“菱芋”之外，还特别提到了“煮盐”。考虑到专卖政策的限制，如果唐人园林真的曾被允许兼营盐业，那收入就非常可观了。

此外，唐代文人在园林生活当中还常常会自行酿酒。比如白居易就在诗中不止一次地提到自家的酿酒：

君应怪我朝朝饮，不说向君君不知。身上幸无疼痛处，瓮头正是撇尝时。刘妻劝谏夫休醉，王侄分疏叔不痴。六十三翁头雪白，假如醒黠欲何为？[②]

霜繁脆庭柳，风利剪池荷。月色晓弥苦，鸟声寒更多。秋怀久寥落，冬计又如何。一瓮新醅酒，萍浮春水波。

酒熟无来客，因成独酌谣。人间老黄绮，地上散松乔。忽忽醒还醉，悠悠暮复朝。残年多少在，尽付此中销。[③]

香麹亲看造，芳丛手自栽。迎春报酒熟，垂老看花开。红蜡半含萼，绿油新酦醅。玲珑五六树，潋滟两三杯。恐有狂风起，愁无好客来。独酣还独语，待取月明回。[④]

不仅白居易如此，在其他诗人那里也可以看到在自家园林中酿酒的记录，比如：

酿酒漉松子，引泉通竹竿。[⑤]

---

① 《全唐诗》卷二一二，第2207页。
② 白居易：《家酿新熟每尝辄醉妻侄等劝令少饮因成长句以谕之》，见《全唐诗》卷四五四，第5145页。
③ 白居易：《冬初酒熟二首》，见《全唐诗》卷四五五，第5157页。
④ 白居易：《对新家酝玩自种花》，见《全唐诗》卷四五九，第5230页。
⑤ 岑参：《太一石鳖崖口潭旧庐招王学士》，见《全唐诗》卷一九八，第2042页。

园梅熟，家醖香。新湿头巾不复篸，相看醉倒卧藜床。[①]

家醖香醪嫩，时新异果鲜。[②]

可见，唐代文人自己园居酿酒的行为并不少，如果是像白居易晚年居洛时“岁酿酒约数百斛”[③]这样的规模，更应该是很大一笔收入。有时候，这种家酿之酒还可以用于馈赠朋友，温庭筠就写过一首《李羽处士寄新醖走笔戏酬》。但是，如果我们把其他一些因素考虑进去，情况或许就未必那么乐观了。比如国家政策的干扰就不容忽视，尤其是在中晚唐时期，为了解决中央财政问题，榷酒政策屡有变动，有时禁令还颇为严苛，这必然会对文人的私酿产生冲击。像陆龟蒙就曾在《记事》一诗中提到过“近闻天子诏，复许私醖酿”[④]，正可说明，在此之前私自酿酒一度是被禁止的。关于这一点，在下文探讨支出时还会详细展开，此处暂不赘述。

另外，除了上面讨论的这些，唐人园林中可能还有其他一些零敲碎打的收入项目，比如于鹄《过张老园林》中提到过的“不愁还酒债，腰下有丹砂”[⑤]等，但是这些项目的记载非常少，所以也就不再过多进行讨论了。

总的来说，虽然唐代的园主可以通过园林的附属产业获得一定的收入，但是拥有附属产业的园林终究比较少，而且只适用于大型的庄园式园林，因此很少能够成为唐代文人私园的主要经济来源。

3．外财输入

严格来说，外财输入并非园林本身创造的收入，但由于它对园林的正常运转往往起着非常重要的作用，所以也在这里简单提一下。唐代园林的外财输入主要有三种形式：一种是他人的赠送，一种是国家的供给，再有一种就是园主自己的家财注入。

① 韩翃：《张山人草堂会王方士》，见《全唐诗》卷二四三，第2730页。
② 姚合：《过张云峰院宿》，见《全唐诗》卷五〇〇，第5683页。
③ 白居易：《醉吟先生传》，见《全唐文》卷六八〇，第3081页。
④ 《全唐诗》卷六一九，第7130页。
⑤ 《全唐诗》卷三一〇，第3506页。

关于赠送这种形式，主要有两种情况，一种是朋友之间出于友情的赠送，一种是官场中下级对上级的“赠送”。我们先来看前者，白居易的《池上篇（并序）》中就提到了“弘农杨贞一与青石三，方长平滑，可以坐卧”[①]，还有《南侍御以石相赠，助成水声，因以绝句谢之》[②]一首，也是典型的友情赠物。类似例子还可以找到很多，比如唐彦谦的《片石》也是“小斋庐阜石，寄自沃洲僧”[③]，而薛能则有《答贾支使寄鹤》和《陈州刺史寄鹤》[④]为记。不过这种锦上添花式的赠送对园林的经济状况并没有什么特别显著的影响，更值得关注的显然应该是雪中送炭式的赠送，而在这方面，杜甫的浣花溪草堂堪称典型。

杜甫流寓成都时经济状况并不理想，他的浣花溪草堂之所以能够建立起来，朋友的资助起到了关键的作用。在现存的杜诗当中，我们能看到不少友人向杜甫赠送或者杜甫直接向他们索要各种园林所需的记载，比如：

> 客里何迁次，江边正寂寥。肯来寻一老，愁破是今朝。忧我营茅栋，携钱过野桥。他乡唯表弟，还往莫辞遥。[⑤]

> 奉乞桃栽一百根，春前为送浣花村。河阳县里虽无数，濯锦江边未满园。
>
> 草堂堑西无树林，非子谁复见幽心。饱闻桤木三年大，与致溪边十亩阴。[⑥]

> 草堂少花今欲栽，不问绿李与黄梅。石笋街中却归去，果园坊

① 《全唐诗》卷四六一，第5249页。
② 《全唐诗》卷四五九，第5226页。
③ 《全唐诗》卷八八五，第10003页。
④ 《全唐诗》卷五六〇，第6504页。
⑤ 杜甫：《王十五司马弟出郭相访，兼遗营茅屋赀》，见《全唐诗》卷二二六，第2432页。
⑥ 杜甫：《凭何十一少府邕觅桤木栽》，见《全唐诗》卷二二六，第2448页。

里为求来。[①]

从杜甫浣花溪草堂后来的“桤林碍日吟风叶，笼竹和烟滴露梢”[②]等记载来看，他的请求大都得到了满足，其浣花溪草堂几乎完全是在友人的资助下建立起来的。士人之间互相赠送物品原非罕事，出现于园林经营之中也无甚稀奇，只是我们在这里应该看到，这种外财输入对类似浣花溪草堂这样的园林来说确实具有非常重要的意义。

但是，赠送这种方式未必只限于友人之间，有时候，甚至在表面温情的“赠送”之下，潜藏着残酷的现实。我们不妨来看一下李德裕的例子：

> 东都平泉庄，去洛城三十里，卉木台榭，若造仙府。有虚槛，前引泉水，潆回疏凿，像巴峡洞庭十二峰九派，迄于海门，江山景物之状。竹间竹径，有平石，以手摩之，皆隐隐云霞龙凤草树之形。有巨鱼肋骨一条。长二丈五尺，其上刻云：“会昌二年（842），海州送到。”初德裕之营平泉也，远方之人，多以土产异物奉之，故数年之间，无所不有。时文人有题平泉诗者：“陇右诸侯供语鸟，日南太守送名花。”威势之使人也。[③]

可见李德裕的平泉山庄中也有很多来自他人赠送的珍奇物品，仅以奇石为例，在《全唐诗》卷四七五这一卷中便出现韩给事所赠之叠石、兖州从事所寄之泰山石、番禺连帅所遗之罗浮山、鲁客见遗之漏潭石、临海太守所赠之赤城石等。但这种赠送显然不同于杜甫浣花溪草堂的那种友人赠送，一句“威势之使人也”，足令人齿寒。

无独有偶，李德裕的党争对头牛僧孺也享受了这样的待遇：

> 今丞相奇章公嗜石……以司徒保厘河洛，治家无珍产，奉身无长物，惟东城置一第，南郭营一墅，精葺宫宇，慎择宾客，性不苟合，居常寡徒，游息之时，与石为伍。石有族聚，太湖为甲，罗浮、天竺之族次焉。今公之所嗜者甲也。先是公之僚吏，多镇守江

---

① 杜甫：《诣徐卿觅果栽》，见《全唐诗》卷二二六，第2448—2449页。

② 杜甫：《堂成》，见《全唐诗》卷二二六，第2433页。

③ 《太平广记》卷四〇五《李德裕》，第3271页。

> 湖，知公之心，惟石是好，乃钩深致远，献瑰纳奇，四五年间，累累而至。公于此物，独不廉让，东第南墅，列而置之，富哉石乎！[①]

这种赠送显然也不是普通文人之间出于友情的赠送，理应和李德裕的"威势之使人也"归为一类。由白居易自己《三年为刺史》其二中对天竺石"此抵有千金"[②]的感慨，以及皮日休《太湖诗·太湖石（出鼋头山）》里"求之烦耄倪，载之劳舳舻"[③]的描述，足可见江南之石所得不易。而牛僧孺坐享僚吏"钩深致远，献瑰纳奇"，白居易还要竭力称颂其为"治家无珍产，奉身无长物"，则官场上趋附之易，威权下作文之难，亦可见一斑！权势与利益的结合，向为中国传统一痼疾，然在富有诗意的唐代园林中亦能见到，实在令人怅然……

谈完赠送，再看国家供应。这种形式的外财输入同样有两种情况：一种是唐代官员俸禄中附带的仆役收入，如《各级官月给俸料敕》中规定的"五品以上给防阁……六品以下庶仆"[④]；另一种是君主的赏赐，如《旧唐书·宪宗本纪上》中记载的"三月辛丑朔，宰相杜佑与同列宴于樊川别墅，上遣中使赐酒馔"[⑤]。如果说杜佑的这个例子还算是对三朝元老的特殊优待的话，那有些赏赐则应是常态了，比如唐德宗曾下过一道《三节赐宴赏钱诏》：

> 比者卿士内外，朝夕公务。今方隅无事，蒸民小康。其正月晦日、三月三日、九月九日三节日，宜任文武百僚，择胜地追赏。每节宰相常参官共赐钱五百贯文，翰林学士一百贯文，左右神威神策等十军各赐五百贯，金吾英武威远及诸卫将军共赐二百贯，客省奏事共赐一百贯，委度支每节前五日支付，永为常制。[⑥]

很显然，官员节日宴饮，政府出钱赏赐，至少在这一时期形成了定制。

---

① 白居易：《太湖石记》，见《全唐文》卷六七六，第3061页。

② 《全唐诗》卷四三一，第4763页。

③ 《全唐诗》卷六一〇，第7041页。

④ 李希泌主编：《唐大诏令集补编》卷二二《俸禄》，上海古籍出版社，2003年，第978页。

⑤ 《旧唐书》卷一四《宪宗上》，第430页。

⑥ 《全唐文》卷五一，第243页。

而来自君主的赏赐，其形式也是多种多样的，除了上文提到的直接赐钱和宴饮赐酒馔外，有时还会特别赏赐一些园林建设的所需之物，比如花木，姚合的《题崔驸马宅》中便有“数树异花皆敕赐”[①]，而于邵的《谢内园果栽并令府县供花药状》更是一个典型例证：

> 右。臣得男曜状称，伏奉圣旨：缘臣庄栽莳，赐内园果树。又令府县与竹及同栽花药等。今月十日，仍令开府鱼朝恩以下到庄检校者。谬承天眷，累沐恩私，事有至微，亦关圣虑。顾唯别业，封植未成，特降明命，赐臣甘木。移根上苑，擢秀中园，发挥池馆之胜，实荷生成之力。侍臣中贵，接武员来，墟落生光，里闾增庆。况内园所赐，品类已多；府县更供，窃忧烦扰。在臣诸已先有，不敢重此劳人，望停府县所供，曲遂微臣至愿。[②]

果树、竹、花药皆有，确是品类丰富的赏赐，和直接赐钱、宴饮赐酒馔等方式相比，这种赏赐之于园林的意义无疑更为直接。

此外，园主家财的输入对于其自家园林（特别是城市宅园）也具有非常重要的意义，比如李翰《尉迟长史草堂记》中的尉迟长史，便是“以俸钱构草堂于郡城之南”[③]，完全是靠自己官俸的注入完成了园林的营建。不只是初期的园林营建，在许多私家园林的日常运转中，园主人的官俸等财产的输入也常常会起到关键作用。比如裴延翰在《樊川文集后序》中称杜牧曾“尽吴兴俸钱，创治其墅”[④]，综合来看，这应该是对继承自杜佑的樊川别墅的整修而非创建，是靠官俸的注入完成了修葺维护。不过，关于官俸对于园林日常运转的意义，下文还将论及，此处就暂不赘述了。

4. 野物补充

前文曾经提到，唐代园林诗中的垂钓并不一定都是在钓园主自家的鱼，也可能是江河湖泊等公共财产中的游鱼。这其实已经涉及了另外一种收入

---

① 《全唐诗》卷四九九，第5680页。
② 《全唐文》卷四二五，第1919页。
③ 《全唐文》卷四三〇，第1939页。
④ 《全唐文》卷七五九，第3493页。

形式，也就是野物的补充。对郊野的园林来说，这其实也是普遍存在的。首先，唐代的法令就已经提供了这样的空间，《唐律疏议》卷二〇中便有：

诸山野之物，已加功力刈伐积聚，而辄取者，各以盗论。

【疏】议曰："山野之物"，谓草、木、药、石之类。有人已加功力，或刈伐，或积聚，而辄取者，"各以盗论"，谓各准积聚之处时价，计赃，依盗法科罪。

很显然，"山野之物"，只要经过了人为的加工或采集，即可视为私产。唐德宗《修昆明池诏》中认为"昆明池俯近都城，古之旧制，蒲鱼所产，实利于人"[①]，也说明政府坚持了这项法令。因此，在生态条件远好于今天的唐代，依山傍水的郊野园林通过这种方式获得补充收入实在是再正常不过的事情了。我们在《全唐诗》中便可以看到许多这样的例子，不仅禽鱼蔬果样样俱全，甚至还包括一些普通园林中的稀有之物，比如蜂蜜乃至麝香之类：

脱貂贳桂醑，射雁与山厨。[②]

畦丁告劳苦，无以供日夕。蓬莠独不焦，野蔬暗泉石。卷耳况疗风，童儿且时摘。[③]

野老来看客，河鱼不取钱。[④]

对酒溪霞晚，家人采蕨还。[⑤]

偶逢野果将呼子，屡折荆钗亦为妻。拟共钓竿长往复，严陵滩

① 《全唐文》卷五三，第247页。

② 王维：《过崔驸马山池》，见《全唐诗》卷一二六，第1274页。

③ 杜甫：《驱竖子摘苍耳》，见《全唐诗》卷二二一，第2344页。

④ 杜甫：《陪郑广文游何将军山林十首》其六，见《全唐诗》卷二二四，第2397页。

⑤ 钱起：《过孙员外蓝田山居》，见《全唐诗》卷二三七，第2628页。

上胜耶溪。[①]

随蜂收野蜜，寻麝采生香。更忆前年醉，松花满石床。[②]

当然，唐代园林虽然可以通过采集捕猎等方式获得额外的野物补充，但是这种补充并不是完全没有限制的。一方面，这一行为会受到野物成熟的自然时令限制；另一方面，唐人已经非常关注生态保护和可持续发展，因此对渔猎行为也有诸多规定。比如唐高宗咸亨四年（673）“闰五月丁卯，禁作簺捕鱼、营圈取兽者”[③]，对部分渔猎方式下了禁令，以免竭泽而渔。又比如唐代宗大历九年（774）“三月丙午，禁畿内渔猎采捕，自正月至五月晦，永为常式”[④]，在野生动物的繁育期实行禁猎保护。唐文宗《禁弋猎伤田苗诏》中也曾提道：“时属阳和，令禁麛卵。所以保兹怀生，仁遂物性。”[⑤]这样的政策符合自然规律，因此文人们对此也是非常支持和认可，白居易在其《策林》第二十六《养动植之物，以丰财用以致麟凤龟龙》中就对这一精神作了充分阐述：

臣闻天育物有时，地生财有限，而人之欲无极。以有时有限，奉无极之欲，而法制不生其间，则必物暴殄而财乏用矣。先王恶其及此，故川泽有禁，山野有官，养之以时，取之以道。是以豺獭未祭，罝网不布于野泽；鹰隼未击，矰弋不施于山林；昆虫未蛰，不以火田；草木未落，不加斧斤；渔不竭泽，畋不合围；至于麛卵蚳蝝，五谷百果，不中杀者，皆有常禁。夫然则禽兽鱼鳖，不可胜食矣；财货器用，不可胜用矣。臣又观之，岂直若此而已哉！盖古之圣王，使信及豚鱼，仁及草木，鸟兽不狘，胎卵可窥，麟凤效灵，

① 秦系：《耶溪书怀寄刘长卿员外（时在睦州）》，见《全唐诗》卷二六〇，第2899页。

② 张祜：《寄题商洛王隐居》，见《全唐诗》卷五二八，第5824页。又作许浑《寄题南山王隐居（南山一作商洛，王隐居一作王隐士居）》，见《全唐诗》卷五一〇，第6044页。

③ 《新唐书》卷三《高宗》，第70页。

④ 《旧唐书》卷一一《代宗》，第304页。

⑤ 《全唐文》卷七一，第328页。

龟龙为畜者，亦由此涂而致也。[①]

既然如此，则唐代文人园林靠野物补充的收入不宜高估，再考虑到唐代采摘渔猎的技术水平，则野物补充对于部分文人园林生活的维持或有重要意义，但若以之营利，所获却未必丰厚。而如果文人已经窘迫到连采集野物的工具都不能齐备的话，想以野物作为园林收入的补充就更加困难了。比如张籍就曾在《野居》一诗中感慨过“秋田多良苗，野水多游鱼。我无耒与网，安得充廪厨”[②]。

二、文人园林的支出

前文在探讨园林产权的获得方式时就已经提到过，文人购买园林的行为大都发生在为官多年之后，这当中经济方面的原因至关重要，因为在享有多年俸禄之前，一般士人是无法承受园林购买、建设的巨大开销的。而前文在探讨园林的收入时，也在时刻注意一点，那就是很多情况下我们并没有计算创造收入所需的成本，也就是说园林在创造收入的同时，必然伴随着一些必要的支出。更何况，园林的日常运转和园主的园居生活消费，也都需要相应的支出来维持。因此，探讨唐代文人园林的支出，也就成了接下来必须要做的事情。毕竟，只有全面了解了收入与支出两方面的情况，才能真正完整地认识唐代文人园主的经济水平与生活状况。

（一）园林建设

既然是探讨唐代文人园林的经济状况，首先就应该考虑他们在园林建设方面的支出。这份支出是所有园主都必须承担的，只不过因为具体情况

① 《全唐文》卷六七〇，第3025页。

② 《全唐诗》卷三八三，第4294页。

的不同，支出的数额往往差别很大。

具体来说，唐人在园林建设方面的支出主要包括三个方面，即土木工程、木石营构和动物饲养。

1. 土木工程

这里所谓的土木工程，主要指唐人园林中大规模的建筑工事，包括凿山引泉、堆叠假山、疏浚池沼、楼阁亭台的营建与修缮等。在园林支出中，土木工程要占很大的比例，我们经常可以看到唐代文人在自家园林中大兴土木的记载，比如裴度，据《旧唐书·裴度传》记载，他在洛阳营建园林的情况是：

> 东都立第于集贤里，筑山穿池，竹木丛萃，有风亭水榭，梯桥架阁，岛屿回环，极都城之胜概。又于午桥创别墅，花木万株，中起凉台暑馆，名曰“绿野堂”。引甘水贯其中，酾引脉分，映带左右。[①]

既“筑山穿池”，又“起凉台暑馆”，还“引甘水贯其中”，如此大规模的工程，花费定然不菲。

裴度的园林营建可以说是一项综合的土木工程，对新建的园林来说，开展这种综合工程是很正常的。只不过，为了论述的方便，下面将对唐人园林的土木工程进行分类探讨。简单来说，唐人园林的土木工程主要可以归为两大方面的内容：一方面是自然地貌的经营，主要体现为山池的营建；另一方面则是人工建筑的经营，主要体现为各种亭台楼阁的兴建、装饰和修缮。

先来看一下唐代文人园林在山池方面的营建。唐人在山池营建方面已经达到了很高的水平，规模稍大的园林中大都有筑山凿池的工程，如：

> 无竹栽芦看，思山叠石为。[②]

> 凿沼三泉漏，为山九仞成。[③]

---

① 《旧唐书》卷一七〇《裴度传》，第4432页。

② 姚合：《寄王度居士》，见《全唐诗》卷四九七，第5634页。

③ 王绩：《新园旦坐》，见《全唐诗补编》，第654页。

东都平泉庄……前引泉水，潆回疏凿，像巴峡洞庭十二峰九派……

街之南汝州刺史王昕园。引永安渠为池，弥亘顷亩，竹木环布，荷荇丛秀。[①]

唐代文人私家园林中的山池营建，在郊野者，往往利用泉、河等自然水流略加疏凿而成；在城市者，则往往引城中渠水为池，叠石累土为山。如裴度于洛阳所建之园林，在城中集贤里者，需“筑山穿池”，而在郊野午桥庄者，则是“引甘水贯其中”。又如长安城中的王昕园，“引永安渠为池”，而洛阳郊外的平泉山庄，则是“前引泉水，潆回疏凿”。一般来说，借助自然山水的因势利导，多少会降低一些成本，而工程本身的精细程度也会有所影响，像白居易的《官舍内新凿小池》要“中底铺白沙，四隅甃青石”[②]，自然不同于简单的凿池。但是从根本上讲，最终决定支出数额的，并不在于营建方式的不同，主要还是由建设的用工数和工程的土方量来定。虽然由于缺乏这方面的记载，具体数值现在已经无从知晓，但从韩愈《和裴仆射相公假山十一韵》中“有来应公须，归必载金帛”[③]的描述来看，园林建设中涉及土木的支出理应不小。

在山池营建方面，园主的支出往往并不仅限于工程本身，由于叠山引水的专业性比较强，有时还必须聘请专人加以经营，而这同样需要一定的支出。这一方面最典型的例子，莫过于我们前面曾经提到过的武少仪《王处士凿山引瀑记》所记王易简为杜佑的樊川别墅凿山引泉一事，而杜佑本人也曾在《杜城郊居王处士凿山引泉记》中对此作了详细记述：

佑此庄贞元中置，杜曲之右，朱陂之阳，路无崎岖，地复密迩。开池水，积川流，其草树蒙茏，冈阜拥抱，在形胜信美，而跻攀莫由。爰有处士琅邪王易简……因发叹曰：“懿兹佳景，未成具美，蒙泉可导，绝顶宜临，而面势小差，朝晡难审，庸费不广，日

---

① 《长安志》卷一〇《昭行坊》，第340页。

② 《全唐诗》卷四三〇，第4741页。

③ 《全唐诗》卷三四二，第3837页。

月非延，舆识无不为疑。”佑独固请卒事。于是薙丛莽，呈修篁，级诘屈，步逦迤，竹径窈窕，藤阴玲珑，腾概益佳，应接不足，登陟忘倦，达于高隅。若处烟霄，顿觉神王，终南之峻岭，青翠可掬；樊川之清流，逶迤如带。蒇役春仲，成功秋暮，其烦匪病，不愆于素。开双洞于岩腹，当郁燠而生寒，交清泉于巘上，遭旱暵而淙注。止则澄澈，动则潺湲，宛如天然，莫辨所泄。悬布垂练，摇曳晴空，定东西之方隅，正子午之晷度。[①]

除了杜佑，我们之前提过的另一个聘请专人进行园林土木工程设计从而“化成池沼无痕迹”的，是刘禹锡《和思黯南庄见示》一诗的庄主牛僧孺。值得注意的是，杜佑和牛僧孺都曾身为宰相，有着足够的资财建设园林。今天能找到的唐代请专人进行工程设计的例子，笔者目力所及，只有这两个。而两位园主同样做过宰相，或许意味着聘请这样的专业人员所需的花费，也不是普通文人承担得起的吧！

不仅凿石引泉这种大型的土木工程有时需要专业人员，甚至一些小型工程，如果园主人不是熟知此道，免不得也需要请人来操办，比如王建《原上新居十三首》其八中提到的“倩人开废井”[②] 便是一例。

再看唐代文人园林在人工建筑方面的消费，这同样是不可避免的支出，因为一定的建筑是园林必需的构成要素，即使是最简陋的园林，也至少要有一两间茅茨、草堂之类，以供园主居住。园林建筑方面的支出涉及营建、修缮、装饰等多方面的内容，具体支出额度还往往因园主的经济状况不同而体现出巨大的差异。比如营建，据《旧唐书·马璘传》记载，“璘之第，经始中堂，费钱二十万贯”[③]，则相应的“璘之家园”“璘之山池”的花费可想而知。而白居易的《秦中吟·伤宅》中也描写过“十载为大官”之人经营园宅是“一堂费百万”，则最终达成“累累六七堂，栋宇相连延”[④] 的规模，又

① 《全唐文》卷四七七，第2160页。

② 《全唐诗》卷二九九，第3395页。

③ 《旧唐书》卷一五二《马璘传》，第4067页。

④ 《全唐诗》卷四二五，第4674—4675页。

该付出怎样一笔惊人的开支！而相比之下，卢郎中在浔阳的竹亭只是“因数仞之丘，伐竹为亭。其高出于林表，可用远望。工不过凿户牖，费不过翦茅茨，以俭为饰，以静为师”[①]，差距之大不言而喻。又比如装饰，仅以壁画为例，像“魏徵宅山池院有进士郑光乂画山水”[②]这样的壁画装饰，既然能“为时所重”，想必也要付出一笔不小的开支。而刘长卿《会稽王处士草堂壁画衡霍诸山》中描写的壁画，能达到“粉壁衡霍近，群峰如可攀。能令堂上客，见尽湖南山。青翠数千仞，飞来方丈间”[③]的效果，想来也不是寻常所为，难免花费。甚至是“野客怜霜壁，青松画一枝”[④]这种简单的笔墨，而且还很可能是出自友人之手，也不免要付出待客的费用吧。至于像王鉷家园那样的“又有宝钿井栏，不知其价，他物称是”[⑤]，奢华如此，其支出定然更加不菲了。而与之相反的，白居易在庐山所建的草堂则完全不同，“木斫而已不加丹，墙圬而已不加白。墄阶用石，幂窗用纸。竹帘纻帏，率称是焉”[⑥]，几乎毫无装饰可言，这方面的支出自然可以忽略不计了。事实上，大多数唐代文人在自己私家园林的建设、装饰方面都以俭朴为上，就像梁肃在《李晋陵茅亭记》中所说的那样：“思所以退食修政，思所以端已崇俭，乃作茅亭于正寝之北偏。功甚易，制甚朴。大足以布函丈之席，税履而跻宾位者，适容数人。则仲山约身临人，颛固简一之道可知矣。”[⑦]这种态度显然是把俭朴作为一种追求。不仅普通士人如此，甚至前文提到的“凿沼三泉漏，为山九仞成”的王绩，在园林建筑方面都只是“自持茅作屋，无用杏为梁”[⑧]。文人们在园林建筑方面的俭朴追求对于减少园林开支具有重要意义，毕竟，那种珠光宝气的奢华往往只适合权豪势要之家，大多数文人是

① 独孤及：《卢郎中浔阳竹亭记》，见《全唐文》卷三八九，第1749页。

② 《增订唐两京城坊考》卷五，第305页。

③ 《全唐诗》卷一四九，第1530页。

④ 刘商：《题杨侍郎新亭》，见《全唐诗》卷三〇三，第3454页。

⑤ 《唐语林校证》卷五，第498页。

⑥ 白居易：《草堂记》，见《全唐文》卷六七六，第3057页。

⑦ 《全唐文》卷五一九，第2336页。

⑧ 王绩：《春日还庄》，见《全唐诗补编》，第645页。

消费不起的。

园林中的建筑物除了要进行营建与装饰外，还必须进行日常的维护与修缮，这种支出同样是不可或缺的，因为只有经常进行维护与修缮，才能保证建筑物的寿命。唐代文人对自家园林建筑进行修缮的记载，现在还能找到不少，比如：

深山秋事早，君去复何如。裛露收新稼，迎寒葺旧庐。①

而园林建筑的日常维护与修葺同样需要一定的支出，杜甫的浣花溪草堂就表现得很明显：

为嗔王录事，不寄草堂赀。昨属愁春雨，能忘欲漏时。②

穷困的杜甫需要友人的资助才能完成草堂的修缮，可见园林建筑的维护与修葺同样是一笔不小的开支。

而在白居易的诗歌中，我们也能看到文人在园宅中久住之后，需要对建筑进行修葺维护的例子：

池月夜凄凉，池风晓萧飒。欲入池上冬，先葺池上阁。向暖窗户开，迎寒帘幕合。苔封旧瓦木，水照新朱蜡。软火深土炉，香醪小瓷榼。中有独宿翁，一灯对一榻。③

虹梁雁齿随年换，素板朱栏逐日修。但恨尚书能久别，莫忘州守不频游。重移旧柱开中眼，乱种新花拥两头。李郭小船何足问，待君乘过济川舟。④

时间既久，瓦木皆不免朽坏，平日小修，定期大修，逐日随年，此事常有，自然也都需要相应的支出。而且这种支出对有积蓄有官俸的白居易而言，都会构成一定的压力，所以他便又有《题新居呈王尹，兼简府中三掾》这样描述道：

弊宅须重葺，贫家乏羡财。桥凭川守造，树倩府僚栽。朱板新

---

① 皇甫冉：《送元晟归潜山所居（一作送王山人归别业）》，见《全唐诗》卷二五〇，第2825页。
② 杜甫：《王录事许修草堂赀不到，聊小诘》，见《全唐诗》卷二二八，第2482页。
③ 白居易：《葺池上旧亭》，见《全唐诗》卷四四五，第4993页。
④ 白居易：《答王尚书问履道池旧桥》，见《全唐诗》卷四五〇，第5084—5085页。

犹湿，红英暖渐开。仍期更携酒，倚槛看花来。[①]

有官俸傍身者尚且如此，则该项目支出之不菲亦是显而易见的了。

在完成园林建筑方面的讨论之前，还应提及一种情况，那就是唐代文人园林中往往有水池，而不少文人为了游赏的需要都在水池中安置了船舫，比如：

林亭一出宿风尘，忘却平津是要津。松阁晴看山色近，石渠秋放水声新。孙弘阁闹无闲客，傅说舟忙不借人。何似抡才济川外，别开池馆待交亲。[②]

船舫从广义上讲，未尝不可以算作是一种移动的建筑，而唐代文人在自家私园水池中安置船舫，同样需要花钱购买，杜牧的《李侍郎于阳羡里富有泉石，牧亦于阳羡粗有薄产，叙旧述怀，因献长句四韵》中说得非常明白：

终南山下抛泉洞，阳羡溪中买钓船。欲与明公操履杖，愿闻休去是何年。[③]

不仅如此，年深日久，船舫之类也同样不免会有维修的需要，白居易在《池上即事》中便曾提到过“行寻甃石引新泉，坐看修桥补钓船”[④]，《池边》中也有“池边更无事，看补采莲船”[⑤]的描述，而既然涉及了维修，自然也就需要相应的支出了。

除此之外，为了避免像朱庆餘所见的废园那样“空厩欲摧尘满枥，小池初涸草侵沙”[⑥]，园林中的水系也需要日常的维护和疏浚，而这也就不免有相应的支出。

通过上面的分析不难看出，唐代文人在园林建设方面，单单是土木工程一项就有许多必须的支出，但是在这方面的具体支出数额却是因人而

① 《全唐诗》卷四四六，第5015页。

② 白居易：《宿裴相公兴化池亭（兼蒙借船舫游泛）》，见《全唐诗》卷四四九，第5057页。

③ 《全唐诗》卷五二一，第5956页。

④ 《全唐诗》卷四五〇，第5077页。

⑤ 《全唐诗》卷四五四，第5145页。

⑥ 朱庆餘：《过旧宅》（一作《题王侯废宅》），见《全唐诗》卷五一四，第5875页。

定。许多通过垦荒方式获得园林的文人往往将这方面的开支压缩得非常少，依自然之山水而不加凿引，构简陋之草堂而不加装饰，就像梅远《筑居》一诗中写到的那样："结构类茅茨，宁复事雕饰。草堂亦易成，经营岂木石。"[①]事实上，也正是这种压缩开支的经营，保证了这些文人在收入有限的情况下维持自己园林的正常运转。

2. 木石营构

这里所谓的木石营构，主要指私家园林在花木和奇石等静态景观布置方面的支出，这里的花木主要指观赏型植物，而奇石主要指景点布置所用的石头。唐人常常将花木与奇石并提，比如前面提到的两位公主官卖园林的例子，在园林估价时都将花木和奇石算作一类：

> 长宁公主……而西京鬻第，评木石直，为钱二十亿万。
>
> 旧东阳公主亭子……初欲出卖，官估木石当二千万，山池仍不为数。

又比如关于牛僧孺园林的记载，显然也是将木石合为一类：

> 洛都筑第于归仁里。任淮南时，嘉木怪石，置之阶廷……[②]

因此，此处也就沿用唐人的习惯用法，将木石营构算作园林支出的一个大的方面。不过考虑到木、石终究有异，我们在具体探讨时还是分开来看。

先看唐代文人园林在花木方面的支出。可以说，花木一直是构成园林景观极为重要的要素，虽然在郊野山园中，文人可以将园林之外的自然花木也作为审美欣赏的对象，比如钱起《晚归蓝田旧居》中的"引藤看古木"[③]，既然是古木，则不太可能是其园林中的私产。而且在经济条件有限的情况下，文人也确实可以很好地利用这种方式来弥补园林内部花木的不足，从而达到节省开支的目的。但对大多数文人园林来说，无论园林规模或园主经济状况如何，按照自己构想与设计种植的花木终究是不可缺

① 《全唐诗补编》，第1387页。

② 《旧唐书》卷一七二《牛僧孺传》，第4472页。

③ 《全唐诗》卷二三八，第2656页。

少的，比如杜甫，便是“平生憩息地，必种数竿竹”[①]，白居易亦然，无论在哪里居住，哪怕只是租赁或者为地方官时的临时居所，都要进行或多或少的花木种植。类似种种，亦可见文人对此的执着了。因此，翻检文献便会看到，唐人园林中的花木种植是非常普遍的，如“沽酒一篱花”[②]“花圃任烟归”[③]等，真可谓俯拾皆是，而这种花木种植的行为，也必然需要一定的开支予以维持。

探讨园主在花木方面的支出，第一位应该考虑获得花木的方式。对地处郊野的山庄或者草堂来说，园主往往可以通过移栽的方式将野生花木转化为园林所有，比如符蒙的潜溪寓居就是“石面和云坐，花根带土移”[④]，鲜于氏的离堆也是“其松竹桂柏，冬青杂树，皆徙他山而栽莳焉”[⑤]，王建《别药栏》一诗中更是明确地说“芍药丁香手里栽”“总是山中自取来”。在正常情况下，这种获得方式显然只需要移栽的劳动力支出而已，费用应该不会很高。但还有一种移栽情况有所不同，那就是远距离移栽，这在唐人留下的诗文中可以找到很多例子，比如柳宗元就有《自衡阳移桂十余本植零陵所住精舍》《湘岸移木芙蓉植龙兴精舍》[⑥]等，而李德裕平泉山庄的金松出自天台山，月桂则出自蒋山[⑦]。这种移栽的支出，显然要将远途运输的运费以及运输过程中对花木的养护费用都考虑在内，则其支出应该不会很低，甚至高于直接购买都是有可能的。否则，文人们也就不必特别提及距离的问题，甚至像贾岛的《题张博士新居》那样，专门说明远途移栽之不易了：“青枫何不种，林在洞庭村。应为三湘远，难移万里根。”[⑧]

而对深居都市的宅园来说，移栽就不那么容易了（如果有，恐怕也多是

① 杜甫：《客堂》，见《全唐诗》卷二二一，第2332页。
② 许浑：《灞东题司马郊园》，见《全唐诗》卷五二八，第6043页。
③ 耿湋：《会凤翔张少尹南亭》，见《全唐诗》卷二六八，第2990页。
④ 符蒙：《春日潜溪寓居》，见《全唐诗补编》，第1347页。
⑤ 颜真卿：《鲜于氏离堆记》，见《全唐文》卷三三七，第1512页。
⑥ 《全唐诗》卷三五三，第3952页。
⑦ 李德裕：《春暮思平泉杂咏二十首》，见《全唐诗》卷四七五，第5406页。
⑧ 《全唐诗》卷五七二，第6647页。

需要一定花费的远途移栽），而相关材料也确实是少之又少。正因为如此，购买就成了这些园林获得花木的主要方式，比如元稹就曾“买得山花一两栽”[①]，白居易也曾写到过“持钱买花树”[②]以及《秦中吟·买花》等诗。虽然像元稹、白居易这样直接声明其花木来自购买的材料相对有限，但我们还可以从另一个侧面去推断唐代私园的花卉购买情况。我们现在可以看到许多唐代专业卖花人的材料，许浑的《春日题韦曲野老村舍二首》其一中便有“药栏春卖花”[③]的描述。而在这些人当中，甚至有不少是累代经营且通过养花卖花而致富的，比如司马扎的《卖花者》就这样写道：

少壮彼何人，种花荒苑外。不知力田苦，却笑耕耘辈。当春卖春色，来往经几代。长安甲第多，处处花堪爱。良金不惜费，竞取园中最。一蕊才占烟，歌声已高会。自言种花地，终日拥轩盖。农夫官役时，独与花相对。那令卖花者，久为生人害。贵粟不贵花，生人自应泰。[④]

该诗中的卖花人，显然并不是偶然为之，而是“来往经几代”的家传行业了。

再比如陆龟蒙的《阖闾城北有卖花翁，讨春之士往往造焉，因招袭美》：

故城边有卖花翁，水曲舟轻去尽通。十亩芳菲为旧业，一家烟雨是元功。闲添药品年年别，笑指生涯树树红。若要见春归处所，不过携手问东风。[⑤]

则该诗中的卖花人，经营的也同样是家传产业，且足有十亩。皮日休在其作《鲁望以花翁之什见招因次韵酬之》中亦称此人“劚烟栽药为身计，负水浇花是世功”[⑥]。

此外，冯贽《云仙散录》的《终庐出李》也值得注意：

---

① 元稹：《花栽二首》其一，见《全唐诗》卷四一四，第4580页。
② 白居易：《东坡种花二首》其一，见《全唐诗》卷四三四，第4802页。
③ 《全唐诗》卷五二九，第6051页。
④ 《全唐诗》卷五九六，第6900页。
⑤ 《全唐诗》卷六二四，第7176页。
⑥ 《全唐诗》卷六一三，第7071页。

终南山及庐岳出好李花，两市贵侯富民，以千金买种，终、庐有致富者。[①]

由此可见，不仅卖花人大量存在，连专门的花市都已经出现了。从目前所能找到的材料来看，当时与园林需求相关的商品，大多数都还没有专门的市场存在，但花市却是个例外，比如韦庄的《奉和左司郎中春物暗度感而成章》中便有“锦江风散霏霏雨，花市香飘漠漠尘”[②]。而上文所引司马扎的“自言种花地，终日拥轩盖”，其实多少也说明种花之地本身就形成了颇具规模的市场。大量专业卖花人和花市的出现意味着巨大市场需求的存在，而这样的市场需求只能来自皇宫御苑和私家园林。因此，这些卖花人往往居住于城市周边，正从一个侧面表明：城市宅园是花卉购买的主力，即所谓“和烟和露一丛花，担入宫城许史家”[③]。当然，这里并不是说只有城市宅园才需要购买花卉，有些大型山庄为了获得珍奇花木同样要采用购买这种形式，比如李德裕平泉山庄中的花木，其自述主要来源就是：“嘉树芳草，性之所耽，或致自同人，或得于樵客，始则盈尺，今已丰寻。”[④]“致自同人”或为赠送，“得于樵客”则很可能就是购买了。不仅如此，这么多卖花人致富的信息，又恰好从反面说明了购买花卉的消费其实颇为不菲，而园主们为了自己的园林景观又往往无法时时顾惜成本，从罗邺《春日偶题城南韦曲》一诗中“千金不惜买花栽”[⑤]的描述，亦可知时人在花卉方面的投入之巨大了。

此外，除了卖花人，在唐诗当中我们还能看到卖松人的身影，比如于武陵的《赠卖松人》：

入市虽求利，怜君意独真。劚将寒涧树，卖与翠楼人。瘦叶几经雪，淡花应少春。长安重桃李，徒染六街尘！[⑥]

---

① 冯贽：《云仙散录》，中华书局，2008年，第156页。

② 《全唐诗》卷七〇〇，第8051页。

③ 吴融：《卖花翁》，见《全唐诗》卷六八五，第7873页。

④ 李德裕：《平泉山居草木记》，见《全唐文》卷七〇八，第3220页。

⑤ 《全唐诗》卷六五四，第7526页。

⑥ 《全唐诗》卷五九五，第6889页。

卖松是为“求利”，目的非常明确，而有专门的卖者，自然也就应该有买者，裴夷直便曾有《令和州买松》[①]一诗，姚合的《题厉玄侍御所居》中亦有“邻里不通径，俸钱唯买松”[②]，曹唐在《题子侄书院双松》中也提到过“自种双松费几钱，顿令院落似秋天”[③]。既然“长安重桃李”，想来经营其他苗木的人也应该广泛存在，则大量园主会为苗木而支出，也就是必然的了。至于其他苗木的购买记录，我们现在也可以查到一些，比如吴融就曾写过一首《买带花樱桃》：“粉红轻浅靓妆新，和露和烟别近邻。万一有情应有恨，一年荣落两家春。”[④]而在这一过程中，如果园主对花木有特殊要求，还会进一步提高价格，比如钱起的《中书王舍人辋川旧居》中就曾提到过“带石买松贵”[⑤]。

伴随着花木种植的普遍，具备专门技术的人也出现了，比如王建《主人故亭》中提到的“酒食宴圃人，栽接望早成”。显然，这里的“圃人”应该就是专门负责栽种和嫁接工作的。而既然要好酒好菜地招待，以便“圃人”能够更加用心地劳作，则基本的工钱支出应该也是必不可少的了。

园主在花木上的消费，除了栽种、购买等之外，还有平日的养护一项。比如皮日休的《二游诗·任诗》中有：“门留医树客，壁倚栽花锸。”[⑥]这个“医树客”显然是请来医护树木的专业人士，而陆龟蒙的《袭美见题郊居十首，因次韵酬之以伸荣谢》其二中也提到过“倩人医病树”[⑦]，正相呼应。吕温在《贞元十四年旱甚，见权门移芍药花》一诗中所写的“四月带花移芍药”[⑧]，明显也是在“贞元十四年旱甚”情况下的一种养护行为。而由白居易《秦中吟·买花》中提到的“上张幄幕庇，旁织笆篱护。水洒复泥封”[⑨]，以

① 《全唐诗》卷五一三，第5859页。
② 《全唐诗》卷四九九，第5679页。
③ 《全唐诗》卷六四〇，第7342页。
④ 《全唐诗》卷六八六，第7880页。
⑤ 《全唐诗》卷二三八，第2665页。
⑥ 《全唐诗》卷六〇九，第7029页。
⑦ 《全唐诗》卷六二二，第7161页。
⑧ 《全唐诗》卷三七一，第4175页。
⑨ 《全唐诗》卷四二五，第4676页。

及司空图《牡丹》中的“主人犹自惜，锦幕护春霜”[1]等描述，更可见即使在日常状态下，花的养护也是不可缺少的。而不论是请人医树，还是移栽避旱，甚至是日常简单的护理，都无不需要一定的支出。而如果养护不及时，就会出现王建《园果》一诗所描述的“雨中梨果病，每树无数个。小儿出入看，一半鸟啄破”[2]的情况，如此已经不仅是审美的问题，而完全是影响收入了。

如果把养护一项加上，我们更可以看出，远途移栽无疑是花木种植中最耗费资财的。一方面，如前文所言，除了花木本身的价格外还要加上长途运输的费用；而另一方面，远距离移栽的花木还需要考虑其对园林所在地的适应程度，若是园林的所在地与花木的生长地水土不同，往往就会需要更多养护上的开支，因为一旦花木出现水土不服的情况便很容易死去，从而造成更大的损失。比如元稹的《花栽二首》便这样描述道：

> 买得山花一两栽，离乡别土易摧颓。欲知北客居南意，看取南花北地来。
>
> 南花北地种应难，且向船中尽日看。纵使将来眼前死，犹胜抛掷在空栏。[3]

而白居易的《感白莲花》中也曾提到，其履道池台中移栽自苏州的白莲花，也是“初来苦憔悴，久乃芳氛氲”[4]，在度过了移栽的适应期之后，才能芬芳起来。

花木的购买、船舶的运输、养护不善可能造成的花木死亡，这两首诗都涉及了。

此外，除了这些常规的花木获得方式之外，也不排除一些成本极低的无心插柳，比如白居易在《种桃歌》中就曾提到过自己“食桃种其核，一年核生芽。二年长枝叶，三年桃有花。忆昨五六岁，灼灼盛芬华。迨兹八九

① 《全唐诗》卷六三二，第7258页。
② 《全唐诗》卷三〇一，第3422页。
③ 《全唐诗》卷四一四，第4580页。
④ 《全唐诗》卷四五二，第5113页。

载，有减而无加”[①]，则此桃树的获得几乎完全就是饮食消费的附带物，这方面的支出几乎可以忽略不计。但是，与之类似的记载现在却并不多见。一则苗木由种子到成熟的过程往往需要精心甚至专业的经营，并非所有文人都具备这一条件；二则很多人在进行园林建设时也常常希望更快地看到成效、获得审美享受，并不是所有人都有耐心去等待三五年后的开花结果。所以我们也就不深入讨论了。不过在此之外，还有一个有意思的例子值得注意，来鹄在其《病起》一诗中曾提到“藕穿平地生荷叶，笋过东家作竹林”[②]，对他的东家来说，这可真正是无本之利，白得一片竹林。不过这应该是很偶然的现象，没有必要过多论及，毕竟，应该没有哪个园主会把自己园林景观的建设寄托在这种偶然的事件上。

在讨论完花木支出的主要内容后，我们再来看一下这类支出的特点。而要寻找支出的特点，就要了解唐代文人园林中花木种植的特点，比如各种花木栽种的普遍程度等问题。

在探讨唐代文人园林中花木种植的特点之前，我们要先将前面提到过的竹、莲、果树等排除掉。虽然它们在园林中也都有很大的观赏价值，甚至文人栽种它们主要就是为了观赏而非营利，但是由于我们在前面已经按照经济型植物予以了探讨，此处暂时就不再划为观赏型植物之列，以免引起统计的混乱。需要强调是，尽管我们在这里不再探讨，但应该明确的一点是，竹、莲、果树等的栽种同样需要一定的支出，这在相关文献中记载得非常清楚，比如白居易在《东坡种花二首》其一中就很明确地写道：“持钱买花树，城东坡上栽。但购有花者，不限桃杏梅。”[③]桃、杏、梅都是我们前面提到的果树，显然也是要“持钱买”的。只不过由于竹、莲、果树都或多或少地为园主创造了一些经济收益，所以在它们身上的投资其实也带有一点生产成本的意味，而不纯是观赏型植物的消费了。

在排除掉竹、莲、果树之后，再看唐代文人园林中的花木种植情况，前

① 《全唐诗》卷四五三，第5131页。
② 《全唐诗》卷六四二，第7357页。
③ 《全唐诗》卷四三四，第4802页。

文已经明确提到过，并非所有园林诗文中提到的花木都是园主消费后所得，在一些郊园如山中草堂或大型山庄中，可以观赏到很多自然生长的花木，比如李华《卢郎中斋居记》中写到的“寻尺无遗材，草木不移植。书堂斋亭，成于指顾；高松茂条，森于门巷”[①]，既然“不移植”，那么“森于门巷”的显然就是野生的松树了。因为此处是在探讨园林的支出，所以这种野生的花木并不在我们的考虑之列。

据笔者的粗略统计（由于许多诗文中的花木究竟是野生还是家养难以判断，我们也就无法对各种花木的种植情况作出精确的统计），在可以确认的产权归属园林的花木中，花卉类中桂、菊、兰、槿、蔷薇等较多，而树木类中则是松和柳最多，其中松树的数量相对于其他种类的树木有绝对的压倒性优势，是最为唐代文人园主青睐的观赏型树木无疑。这里需要说明的是，尽管前面提到过王方翼在凤泉别业“燎松丸墨”而为富室，但这并不意味着松树是作为经济型树木存在于园林中的。因为竹、莲、果树等植物只需要采集其有价值的部分去市场出卖就可以换来收益，对大多数园主来说并没有什么难处，而“燎松丸墨”则是一项专门的技术，绝大多数园林可能都不具备这种条件，松树在园林中也就更应该以观赏型植物视之了。

在完成这样一个粗略的统计之后，笔者惊奇地发现，受到唐人极度追捧的牡丹，虽然也有在文人私园中出现的记录，如白居易就曾“金钱买得牡丹栽”[②]，由其《微之宅残牡丹》可知元稹宅园中亦有种植。但总的来说，牡丹在文人私园中出现的情况却是相当少的，远远无法和上面提到的几种花卉相比。与之相对的，能够种植牡丹的私园往往属于豪贵之家，如白居易《秦中吟·伤宅》中“十载为大官”者便有“带花移牡丹”[③]之举，岑参诗中“金印耀牡丹”[④]的园主同样身居相国高位，而被刘禹锡夸赞为“径尺千

① 《全唐文》卷三一六，第1419页。

② 白居易：《移牡丹栽》，见《全唐诗》卷四四二，第4947页。

③ 《全唐诗》卷四二五，第4675页。

④ 岑参：《左仆射相国冀公东斋幽居（同黎拾遗赋献）》，见《全唐诗》卷一九八，第2039页。

余朵，人间有此花。今朝见颜色，更不向诸家”①的牡丹，其主人更是豪贵一时的中唐名将浑瑊。此外，在党争两魁的牛僧孺思黯南墅、李德裕平泉山庄中亦都有种植牡丹的记录。笔者认为，这一现象恰恰反映了唐代文人园主在花木消费上的特点，即倾向于购买常见的而又富有文化内涵的花木，如桂、菊、兰、松、柳等无不如此。相比较而言，牡丹虽好，价格却昂贵。大多数普通文人都没有一掷千金的经济实力，更不会作出如“适所寄笼子，中有金三十两、蜀茶二斤，以为酬赠”②这样的豪举，因此，牡丹往往成了豪贵园林中的奢侈品，即所谓“公室侯家，列之如麻。咳唾万金，买此繁华”③，而在普通文人的私园中，却难得一见了。因此，如前文所述，文人始终更倾向于有文化底蕴又相对廉价的花木，所谓“敢问贤主人，何如种桃李”④，而对待牡丹的态度却显得极为矛盾。一方面，他们也会追随倾城游赏并写下大量诗文，而另一方面，又只能不断地感叹其价格之高，普通人难以承受，比如：

近来无奈牡丹何，数十千钱买一颗。今朝始得分明见，也共戎葵不校多。⑤

共道牡丹时，相随买花去。贵贱无常价，酬直看花数。灼灼百朵红，戋戋五束素。……一丛深色花，十户中人赋。⑥

万物珍那比，千金买不充。如今难更有，纵有在仙宫。⑦

其中白居易和柳浑的诗，更不仅仅是感叹价格，而是已经充满讽刺的意味了。

---

① 刘禹锡：《浑侍中宅牡丹》，见《全唐诗》卷三六四，第4104页。

② 康骈：《剧谈录》卷下，见《唐五代笔记小说大观》，第1482页。

③ 舒元舆：《牡丹赋（有序）》，见《全唐文》卷七二七，第3317页。

④ 李端：《鲜于少府宅看花》，见《全唐诗》卷二八四，第3236页。

⑤ 柳浑：《牡丹》，见《全唐诗》卷一九六，第2014页。

⑥ 白居易：《秦中吟·买花》，见《全唐诗》卷四二五，第4676页。

⑦ 姚合：《和王郎中召看牡丹》，见《全唐诗》卷五〇二，第5705页。

而提到了文人园林的牡丹种植，就不得不再附带提及另一现象。唐代园林中牡丹种植最丰富的记录，其实并不在私家园林，而在寺观园林。在前文中，我们就已经举过慈恩寺牡丹的例子，而上一段里“金三十两、蜀茶二斤，以为酬赠”的，也正是慈恩寺僧“栽培近二十年”“婆娑几及千朵”的“殷红牡丹一窠”。此外，诸如“兴唐寺有牡丹一窠，元和中，著花一千二百朵”[①]等名品也往往出自寺观。而这一反差，抛开园林资本本身的多少不论，其实也正体现了寺观园林和文人私园的经济差异。一方面，寺观园林具有开放性，常常靠名胜花木招揽访客，从而吸纳香火、扩大收入，因此也就无妨多下些本钱，以求名品；而文人私园往往园宅一体，作为一个具有一定私密性的居所，招待的一般也只是亲朋好友，且待客多是支出而非收入，自不必事事争奇斗胜。另一方面，大型的寺观往往和宫廷、政府有着密切的关联，既能得到大量的布施以为本钱，又可获得世俗权力的庇护，本身还可以成为某些权力者的获利场所，比如李肇《唐国史补》所谓的“每春暮车马若狂，以不耽玩为耻。执金吾铺官围外寺观种以求利，一本有直数万者”[②]，而杭州开元寺中的牡丹，也是寺僧惠澄为了讨好地方官白居易，才“近于京师得之，始植于庭”[③]的。这些显然也都不是文人园林的特点。因此，“一朵值千金”[④]的牡丹，或为豪贵园林中的炫耀资本，或为寺观园林的可营利性投资，却终不是普通文人园林中常见的花木。

讨论完花木支出的情况后，再来看一下唐代文人园主在奇石方面的消费。

最晚从中唐时期开始，奇石已经受到文人们的追捧。在现存的史料中可以找到许多唐人爱石的例子，也能见到许多品种不同的奇石记载，比如：

> 平泉庄周围十余里，台榭百余所，四方奇花异草与松石，靡不置其后。石上皆刻“支遁”二字，后为人取去。……怪石名品甚众，各为洛阳城族有力者取去。有礼星石、狮子石，好事者传

① 《酉阳杂俎》前集卷一九《广动植之四·草篇》，见《唐五代笔记小说大观》，第701页。
② 李肇：《唐国史补》卷中，见《唐五代笔记小说大观》，第185页。
③ 《太平广记》卷一九九《杜牧》，第1492页。
④ 张又新：《牡丹》（一作《成婚》），见《全唐诗》卷四七九，第5452页。

玩之。（原注：礼星石，从广一丈，厚尺余，上有斗极之象。狮子石，高三四尺，孔窍千万，递相通贯，如狮子，首、尾、眼、鼻皆全。）[①]

石尽太湖色，水多湘渚声。[②]

勃窣松栽短，尖纤石笋圆。[③]

除了礼星石、狮子石、太湖石、石笋等之外，见诸史籍的还有天竺石、流杯石等，品种的众多从一个侧面反映出唐代文人园林中置放奇石的普遍，而园主们的这一嗜好，同样需要一定的开支予以维持。奇石虽然本是天然之物，但要将其移入园林，却必须要费一番功夫。首先，从山野湖泽中觅石、采石就需要消耗大量的人力物力，皮日休的《太湖诗·太湖石（出鼋头山）》中就有“白丁一云取，难甚网珊瑚”[④]，吴融的《太湖石歌》中也提到过“波中万古生幽石。铁索千寻取得来”[⑤]。而相比之下，奇石的运费应该更为惊人，即皮日休《太湖诗·太湖石（出鼋头山）》中所谓“求之烦耄倪，载之劳舳舻。通侯一以眄，贵却骊龙珠。厚赐以琛赆，远去穷京都。五侯土山下，要尔添岩龉”[⑥]。从现有记录来看，唐人园林中的奇石大都不是本地所产，比如长安薛贻简奉亲园中的流杯石，来自洛阳平泉：

阁门使薛贻简园，号薛氏奉亲园，园内流杯石，传自平泉徙至。[⑦]

而牛僧孺洛阳归仁园中的奇石，则得自淮南：

洛都筑第于归仁里。任淮南时，嘉木怪石，置之阶廷，馆宇清

① 《唐语林校证》卷七，第617页。

② 姚合：《题长安薛员外水阁》，见《全唐诗》卷四九九，第5680页。

③ 张祜：《丹阳新居四十韵》，见《全唐诗补编》，第218页。

④ 《全唐诗》卷六一〇，第7041页。

⑤ 《全唐诗》卷六八七，第7898页。

⑥ 《全唐诗》卷六一〇，第7041—7042页。

⑦ 《增订唐两京城坊考》卷五《温柔坊》，第314页。

华，竹木幽邃。常与诗人白居易吟咏其间，无复进取之怀。[①]

这种奇石产地与园林所在地之间的空间距离必然会导致高额运费的产生，在当时技术条件有限的情况下，长距离运输石头，花费定然不菲，否则，白居易也就不会在《三年为刺史二首》其二中感慨“唯向天竺山，取得两片石。此抵有千金，无乃伤清白”[②]了。虽然现在很难找到关于唐代奇石运费的明确记载，但是《唐六典》卷三中的“凡天下舟车水陆载运皆具为脚直，轻重、贵贱、平易、险涩，而为之制”后有这样一段注文，可以作为参考：

> 河南、河北、河东、关内等四道诸州运租、庸、杂物等脚，每驮一百斤，一百里一百文，山阪处一百二十文；车载一千斤九百文。黄河及洛水河，并从幽州运至平州，上水，十六文，下，六文。余水，上，十五文；下，五文。从澧、荆等州至杨州，四文。其山阪险难、驴少处，不得过一百五十文；平易处，不得下八十文。其有人负处，两人分一驮。其用小舡处，并运向播、黔等州及涉海，各任本州量定。[③]

当然，这是盛唐时的运费标准，而文人观赏奇石之风在中晚唐更加兴盛，考虑到名石多出南方且多走水运，我们还可以借当时的漕运成本作一参考。孙彩红曾在《“用斗钱运斗米”辨——关于唐代漕运江南租米的费用》一文中作过一番推算，认为唐代在正常情况下，漕运费用一般为每斗二三百文之间[④]，若以重量换算，观赏石一般都有数吨之重（比如三吨的玉玲珑、五吨的冠云峰等），则一块观赏石的运送成本至少也应有数万钱之多。再联想到明末米万钟运输青芝岫时花费重金竟至败家的故事，则唐代的一般情况也就多少可以想见了。而且无独有偶，像米万钟那样因石败家之事，在唐代就已经有了“先例”，那就是上面提到的石笋的主人张祜，陆

① 《旧唐书》卷一七二《牛僧孺传》，第4472页。

② 《全唐诗》卷四三一，第4763页。

③ 《唐六典》卷三《户部尚书》，第80—81页。

④ 孙彩虹：《“用斗钱运斗米”辨——关于唐代漕运江南租米的费用》，载《中国农史》2002年第2期。

龟蒙在《和过张祜处士丹阳故居（并序）》序中这样记载道：

（张祜）以曲阿地古淡，有南朝之遗风，遂筑室种树而家焉。性嗜水石，常悉力致之。从知南海间罢职，载罗浮石笋还。不蓄善田利产为身后计。死未二十年，而故姬遗孕，冻馁不暇。[①]

因嗜石而不蓄善田利产，竟至“故姬遗孕，冻馁不暇”，若非在奇石上消耗了大量财富，又何以至此？则陆龟蒙在此诗中“闻道平生多爱石，至今犹泣洞庭人”的感慨，实不为无因。

在这则材料中，我们还应该留意一个情况，那就是张祜的石笋是自己从南海携带回来的，这种行为在唐代文人中其实非常普遍，甚至可以说是唐代文人奇石消费的一大特色。而这种奇石自带的做法无疑可以在一定程度上减少开支。园主可以自己选石，也就减少了选石方面的支出，而在罢职还家的同时携带奇石，其开销自然也要少于单独运输。因此，我们现在还可以找到其他唐人携石而归的记载，比如：

罢杭州刺史时，得天竺石一、华亭鹤二以归……罢苏州刺史时，得太湖石、白莲、折腰菱、青版舫以归。

余洛川弊庐，在崇让里，有竹千竿，有池一亩。罢郡之日，携猿一只，越鸟一双，叠石数片，将归洛中。[②]

只不过，这种做法究竟能够节省多少开支，由于文献记载的缺乏，我们现在也已经无从知晓了。

随着唐代文人赏石之风的盛行，还有一个现象值得注意，那就是专业的奇石买卖也已经出现了，王建的《题元郎中新宅》中有“买来高石虽然贵”，黄韬的《陈侍御新居》中提到过“石买太湖奇”[③]，无可的《题崔驸马林亭》中亦有“更买太湖千片石”[④]，而姚合有一首专门描写奇石购买的《买太湖石》，无疑更值得玩味：

① 《全唐诗》卷六二六，第7194页。
② 《全唐文》卷六九五，韦瓘《浯溪题壁记》，第3164页。
③ 《全唐诗》卷七〇四，第8100页。
④ 《全唐诗》卷八一四，第9165页。

> 我尝游太湖，爱石青嵯峨。波澜取不得，自后长咨嗟。奇哉卖石翁，不傍豪贵家。负石听苦吟，虽贫亦来过。贵我辨识精，取价复不多。比之昔所见，珍怪颇更加。背面淙注痕，孔隙若琢磨。水称至柔物，湖乃生壮波。或云此天生，嵌空亦非他。气质偶不合，如地生江河。置之书房前，晓雾常纷罗。碧光入四邻，墙壁难蔽遮。客来谓我宅，忽若岩之阿。[1]

这首诗透露出的信息非常丰富。首先，虽然文人爱石，但是无论是奇石的采集还是长途的运输，却往往不是他们负担得起的，所以只能遗憾地“长咨嗟”了。其次，当时出现了专门的卖石人，他们不但会将奇石卖给豪门大户（否则姚合也不必专门夸此人“不傍豪贵家”了），而且会“虽贫亦来过”，到一些看似贫居的地方招揽生意。这其实意味着他们的奇石销售已经有了明确的目标客户群体，除了豪贵之外，主要就是文人，因为赏石之风本就是这些文人推动起来的，即使他们清贫，却奈何多有“石癖”，所以即使看似贫居，也未必没有商机，因此便会追踪着诗人的“苦吟”，“负石”前来了。再者，文人既然有“石癖”，自然也是懂得石头审美的人，因此不像某些豪贵那样容易被欺骗，相反，还会靠着自己的“辨识精”来讨价还价，从而获得“取价复不多”的较优性价比。可以说，这首诗歌不仅充分体现了唐代文人在奇石消费上的一些特点，更为我们留下了唐代奇石交易的生动画面。而关于奇石的购买，姚合在其《武功县中作三十首》的第四首中还提到过“簿书多不会，薄俸亦难销。……移花兼蝶至，买石得云饶”[2]，不知与《买太湖石》是否是同一次购买经历。如果是同一次，则说明卖石人都已经深入到了武功县，则在大都市里的情况更是可想而知。而如果这是两次买石记录，则以姚合当时并不算很好的经济条件（“贫”“取价复不多”“薄俸”），尚且会不止一次地购买奇石，则经济条件宽裕的文人在建设园林时为奇石付出的费用，想必也就更加惊人了。

---

① 《全唐诗》卷四九九，第5676页。

② 《全唐诗》卷四九八，第5656页。

3. 动物饲养

这里提到的动物，主要指的是园林中用于观赏的珍禽异兽，不包括前文提到的可以为园林创造收入的家禽、家畜，虽然家禽、家畜的饲养同样需要有一定的开支，但终究属于生产成本，此处就不再多加讨论了。

在园林中饲养动物，可以说是古已有之。周文王的灵囿、秦汉时的上林苑中都饲养有大量的珍禽异兽，这一传统不仅在后来的皇家园林中得以继承，而且也逐渐扩展到私家园林当中，唐代文人的私家园林里就不乏动物饲养的例子。比如前面刚刚提到的白居易"罢杭州刺史时，得天竺石一、华亭鹤二以归"以及韦瓘"携猿一只，越鸟一双"。而这两个例子，在唐代文士私园中也是颇有代表性的。鹤与猿都是深受唐代文人青睐的"园林宠物"，尤其是鹤，在唐代文人园林中出现的频率要远高于其他动物，除了白居易的例子外，我们还可以举出很多，比如：

舞鹤乘轩至，游鱼拥钓来。①

月满珠藏海，天晴鹤在笼。②

轩静留孤鹤，庭虚到远砧。③

高笼华表鹤，静对幽兰琴。④

而皮日休的《悼鹤》诗尤其值得我们注意：

莫怪朝来泪满衣，坠毛犹傍水花飞。辽东旧事今千古，却向人间葬令威。⑤

鹤亡而悼之，已是深情，更难得的是这样一首诗歌还引起了当时文人的广泛唱和。翻检《全唐诗》我们可以看到，这样一首《悼鹤》诗竟至少有陆龟

---

① 孟浩然：《夏日与崔二十一同集卫明府宅》，见《全唐诗》卷一六〇，第1643页。
② 卢纶：《和考功王员外杪秋忆终南旧居》，见《全唐诗》卷二七六，第3138页。
③ 刘得仁：《题从伯舍人道正里南园》，见《全唐诗》卷五四五，第6299页。
④ 李群玉：《送处士自番禺东游便归苏台别业》，见《全唐诗》卷五六八，第6577页。
⑤ 《全唐诗》卷六一五，第7098页。

蒙、张贲、李縠、魏朴四人与之唱和，其中陆龟蒙和张贲还各和了两首，则唐代文人对家养之鹤的感情之深可见一斑。而白居易更是曾在自己的诗中列举出鹤作为园林观赏动物时优于其他物种之处，如“低头乍恐丹砂落，晒翅常疑白雪消。转觉鸬鹚毛色下，苦嫌鹦鹉语声娇”[①]，“鸳鸯怕捉竟难亲，鹦鹉虽笼不著人。何似家禽双白鹤，闲行一步亦随身”[②]。由此可见，鹤广受文人园主的青睐并不是一件偶然的事情。

除了鹤与猿之外，鸳鸯、鹦鹉、鹿等动物在唐人园林中也较为常见，比如：

> 鹿麛冲妓席，鹤子曳童衣。[③]

> 仙杏破颜逢醉客，彩鸳飞去避行舟。[④]

> 辉赫车舆闹，珍奇鸟兽驯。猕猴看枥马，鹦鹉唤家人。[⑤]

除此之外，孔雀也已经出现在唐人的园林中了。王建就有《伤韦令孔雀词》和《和武门下伤韦令孔雀》，前者还明确提到为了饲养孔雀而专门进行的园林建设（“可怜孔雀初得时，美人为尔别开池”[⑥]）。虽然我们对这种少见之物不做过多的关注，但是为了动物的养殖而对园林进行相应的建设，却并非孤例。姚合的《崔少卿鹤》中曾提到“致得仙禽无去意，花间舞罢洞中栖”[⑦]，则这处洞穴很大程度上可能是为了鹤之栖息而营造，也就是说动物养殖往往还会带动土木工程方面的连锁支出。

抛开比较少见的孔雀之类不论，即使在园林中饲养的动物是比较普遍、常见的品种，一定的支出也在所难免。那么唐代文人在园林中饲养动物都需要在哪些方面付出一定的资财呢？首先当然是购买和运输，前面的白居

① 白居易：《池鹤二首》其一，见《全唐诗》卷四四九，第5066页。
② 白居易：《家园三绝》其三，见《全唐诗》卷四五六，第5166页。
③ 杜审言：《和韦承庆过义阳公主山池五首》其四，见《全唐诗》卷六二，第733页。
④ 羊士谔：《游郭驸马大安山池》，见《全唐诗》卷三三二，第3697页。
⑤ 白居易：《题周皓大夫新亭子二十二韵》，见《全唐诗》卷四三八，第4864页。
⑥ 《全唐诗》卷二九八，第3384页。
⑦ 《全唐诗》卷五〇二，第5714页。

易和韦瓘便是典型的例子。不过这二人在作品中都仅仅提到了携带，却没有说明其来源。按常理推之，无非直接捕获或者从他人那里购买。而一旦涉及购买，就必然伴随相应的支出。唐代园林动物的购买记载很少，但细检文献还是会有所发现，比如皮日休所养之鹤，就在其悼鹤之时明确说明了此鹤当初是通过购买所得："华亭鹤闻之旧矣，及来吴中，以钱半千得一只，养之殆经岁，不幸为饮啄所误，经夕而卒，悼之不已，遂继以诗。南阳润卿博士、浙东德师侍御、毗陵魏不琢处士、东吴陆鲁望秀才及厚于余者，悉寄之，请垂见和。"[①] 不仅提到了购买，还写明了价格，则其他唐人园林中的鹤亦可以此为参照了。购买之外，直接捕获可能只要工具和诱饵的支出。至于运输方面的费用，我们之前已经讨论过奇石的运费，动物的运费和奇石相比理应低很多，但是考虑到运输过程中的护理，则这项支出虽然无法查找，但也是应该提及而不能忽视的。

在将这些野生的动物运回自家园林之后，接下来的工作就是日常喂养了。如果能在自己的园林中形成良好的小生态系统，这方面的开支无疑可以减少一些，比如以池鱼为鹤食，就足以省去一项专门的开支。但有的动物则是无法融入私家园林这样的小生态系统的，比如鹦鹉，显然不能散养，必然需要专门的喂养了。就像杜甫《秋兴八首》其八中提到的"香稻啄余鹦鹉粒"[②] 一样，在私园中养殖动物，一定的粮食消耗显然是必需的，比如薛能的《失鹤二首》其一中有"曾啄稻粱残粒在"[③]，皮日休《暇日独处寄鲁望》中亦有"园蔬预遣分僧料，廪粟先教算鹤粮"[④]，白居易在其《洛下卜居》一诗中也曾明确写道："天竺石两片，华亭鹤一只。饮啄供稻粱，包裹用茵席。诚知是劳费，其奈心爱惜。"[⑤]

除了购买、运输、喂养这样的常规性消费外，唐人园林中养殖动物往

---

① 《全唐诗》卷六一四，第7089页。

② 《全唐诗》卷二三〇，第2510页。

③ 《全唐诗》卷五六〇，第6503页。

④ 《全唐诗》卷六一三，第7070页。

⑤ 《全唐诗》卷四三一，第4763—4764页。

往还需要另一种专业性较强的开支，那就是动物训练方面的支出。在现有文献中，我们经常可以看到园林中养殖的动物很驯顺的表现，而这只有经过一定的专门训练才可能达到，上面提到的“猕猴看枥马，鹦鹉唤家人”就是一个典型的例子，不经过训练，野生的猿猴和鹦鹉怎能达到如此境界？又比如王昌龄《灞上闲居》中的庭前孤鹤可以“为我衔素书”[①]，以及张蠙在《夏日题老将林亭》中提到的“笼开鹦鹉报煎茶”[②]，也都应该是训练过的结果。而李郢在《春日题园林》一诗中，更是明确地写到了“红粉人闲教鹦鹉”[③]。而既然要进行动物驯养，那么不论是自己兼职还是聘请专人，一定的人力物力消耗也就同样是必不可少的了。

上文提及花木需要平日的养护，而动物饲养又何尝不是如此？但凡生命，便不免生老病死，动物亦然，也就免不了又为园林生活增加了一些无法回避的支出。在唐人诗文中，不乏一些园林中饲养的动物生病的记录。比如白居易便不止一次写到病鹤：

同病病夫怜病鹤，精神不损翅翎伤。未堪再举摩霄汉，只合相随觅稻粱。但作悲吟和嘹唳，难将俗貌对昂藏。唯应一事宜为伴，我发君毛俱似霜。[④]

右翅低垂左胫伤，可怜风貌甚昂藏。亦知白日青天好，未要高飞且养疮。[⑤]

此类情况在其他诗人那里也能看到，比如项斯就也有一首《病鹤》：

青云有意力犹微，岂料低回得所依。幸念翅因风雨困，岂教身陷稻粱肥。曾游碧落宁无侣，见有清池不忍飞。纵使他年引仙驾，主人恩在亦应归。[⑥]

---

① 《全唐诗》卷一四一，第1433页。
② 《全唐诗》卷七〇二，第8082页。
③ 《全唐诗补编》，第432页。
④ 白居易：《病中对病鹤》，见《全唐诗》卷四四三，第4954页。
⑤ 白居易：《叹鹤病》，见《全唐诗》卷四五〇，第5079页。
⑥ 《全唐诗》卷五五四，第6421页。

在皮日休那里，我们甚至能看到《病孔雀》，正可与之前王建的“伤孔雀”对看：

烟花虽媚思沈冥，犹自抬头护翠翎。强听紫箫如欲舞，困眠红树似依屏。因思桂蠹伤肌骨，为忆松鹅损性灵。尽日春风吹不起，钿毫金缕一星星。[①]

显然，园林中的动物感染疾病并不是什么稀奇的事情，而当这些动物生病的时候，就不可避免地需要相应的医疗，而这种相对专业的工作也必然伴随着不等的支出。

在动物生病之后，一旦医治失败，那就难免要出现死亡了。在今天的唐人作品中，我们很少能看到园林饲养的赏玩动物如鹤、猿之类有繁殖的记录，比较典型的可能只有秦系《春日闲居三首》其二中提到的“老鹤兼雏弄，从篁带笋移”[②]。而相对的，这些园林赏玩动物的死亡记录却不少，比如前文所引皮日休的《悼鹤》一诗就是，薛能的《失鹤二首》亦然，白居易在《苏州故吏》中也曾沉痛感慨过“不独使君头似雪，华亭鹤死白莲枯”[③]，而园林中赏玩动物的死亡，又何尝不是一种经济上的损耗呢？

而除了死亡之外，这些饲养的动物也可能会因为园主的放生而离开园林，比如许浑就有《放猿》[④]一诗，司空图也曾写过《上元放二雉》[⑤]，这其实同样是园林物产的一种损失。而园主人出于交际需要的赠送行为，也会造成园林饲养动物的离去，比如曹松的《送人庭鹤》[⑥]即是如此。

当然，和前面提到的花木栽培一样，唐代文人园林诗中提到的动物未必就一定是园林中所养，而完全可能是天然的、野生的，特别是在山野湖泽间的山庄、草堂中出现的动物，绝大多数都并不是园主的私人豢养，文人们在诗文中提及它们时也常常会明确点明“野”的属性。因为唐代文人在自家园林中经常饲养的那些动物并非真的是什么珍奇罕见的品种，我们

① 《全唐诗》卷六一三，第7072页。

② 《全唐诗》卷二六〇，第2897页。

③ 《全唐诗》卷四五七，第5192页。

④ 《全唐诗》卷五二九，第6050页。

⑤ 《全唐诗》卷六三二，第7251页。

⑥ 《全唐诗》卷七一六，第8230页。

在很多郊野园林中都可以看到它们野生同胞的身影，例如：

猿啸风中断，渔歌月里闻。[①]

野鹤清晨出，山精白日藏。[②]

野畦连蛱蝶，江槛俯鸳鸯。[③]

山头鹿下长惊犬，池面鱼行不怕人。[④]

游从随野鹤，休息遇灵龟。[⑤]

很显然，上面这些猿、鹤、鸳鸯、鹿、龟等，都是野生的。而除了这些文人园林中常见的动物之外，在郊野园林中我们还可以看到许多很难在私家园林中豢养的野生动物，比如：

紫鳞冲岸跃，苍隼护巢归。[⑥]

像苍隼这样的猛禽，普通文人在私家园林里如何饲养？但是在郊野园林中欣赏其自由的身姿却并不是什么奢望。

我们只要对确定存在家养动物的园林进行一下粗略统计，就可以发现，凡是有动物养殖的私家园林，绝大多数都是城市中的宅园，而且以长安和洛阳地区最多。这其实很容易理解，既然郊野园林中能够欣赏到野生动物的身影，自然也就没有什么豢养的必要。而且园林只要建设得当，也能通过良好的环境招来一部分野生动物，像刘威在其《题许子正处士新池》中就提到过“渐有野禽来试水”[⑦]，陆龟蒙的《新秋杂题六首·食》中也有“林

① 李白：《过崔八丈水亭》，见《全唐诗》卷一八〇，第1840页。
② 杜甫：《陪郑广文游何将军山林十首》其七，见《全唐诗》卷二二四，第2397—2398页。
③ 杜甫：《陪王使君晦日泛江就黄家亭子二首》其二，见《全唐诗》卷二二八，第2473页。
④ 王建：《题金家竹溪》，见《全唐诗》卷三〇〇，第3404页。
⑤ 许浑：《将赴京师留题孙处士山居二首》其二，见《全唐诗》卷五三〇，第6056页。
⑥ 杜甫：《重题郑氏东亭》，见《全唐诗》卷二二四，第2391页。
⑦ 《全唐诗》卷五六二，第6525页。

乌信我无机事，长到而今下石盆”[①]（由陆龟蒙《移石盆》一诗可知，此“石盆”当系园中小池）。不过，虽然这种招引在深居城市的宅园中也可以实现，比如裴度的兴化小池中就曾经“鸥惊误拂凤凰池”[②]，但终究是无法和郊园相比的。因此，文人们为了自己的山野之思，就只好通过养殖来弥补不足了。不过需要说明的一点是，虽然郊野园林中大都不需要进行专门的动物养殖，但是要想充分享受动物们带来的野趣，恐怕还是要有一定支出的，因为居于郊野园林的文人，有时候也会有意地吸引野生动物的到来，甚至把到来者留在园中，就像王建《山居》中所写的“闭门留野鹿，分食养山鸡”[③]那样，而这通常也需要投入一定的饲料。不仅如此，许多深居山野的雅士往往尝试对野生动物进行一定程度的驯化，而且有不少都收到了一定的效果，比如：

> 太白山有隐士郭休，字退夫，有运气绝粒之术。于山中建茅屋百余间，有白云亭、炼丹洞、注易亭、修真亭、朝玄坛、集神阁。每于白云亭与宾客看山禽野兽，即以槌击一铁片子，其声清响，山中鸟兽闻之，集于亭下，呼为唤铁。[④]

> 松鹤认名呼得下，沙蝉飞处听犹闻。[⑤]

如果不是平日加以驯养，又怎么会有这样神奇的效果？而在这种野生动物的驯养中，至少为它们提供一定的食物同样是在所难免的，至于是否还有其他手段其他支出，现在已经不得而知了。

可以说，唐代文人在园林中进行观赏动物的养殖必然伴随着一定的支出，如果自家园林出产的粮食不足以供给消费，或者涉及动物饲养期间的其他需要，园主人总不免要“禄食分供鹤”[⑥]的，虽然其具体数额现在已经

① 《全唐诗》卷六二九，第7221页。
② 白居易：《酬裴相公题兴化小池见招长句》，见《全唐诗》卷四四八，第5041页。
③ 《全唐诗》卷二九九，第3391页。
④ 王仁裕：《开元天宝遗事》卷上《唤铁》，见《唐五代笔记小说大观》，第1720页。
⑤ 方干：《题长洲陈明府小亭》，见《全唐诗》卷六五〇，第7465页。
⑥ 白居易：《衰病》，见《全唐诗》卷四四三，第4954页。

很难考订清楚。而如果园林经济困难，也必然会影响到动物的饲养，比如李洞笔下的《郑补阙山居》，便是“马饥餐落叶，鹤病晒残阳”[1]。

在即将结束关于园林建设支出的讨论时，还需要再补充说明一点，即这种建设支出有时候不仅仅是文人在自己园林内部进行的各种经营项目，还包括了对园林周边环境的改造，白居易就是一个比较典型的例子，在晚年居洛时，不但精心建设自己的履道池台，还对园外的西街进行了一番不小的修整，并为此留下了一首《西街渠中，种莲叠石，颇有幽致，偶题小楼》：

> 朱槛低墙上，清流小阁前。雇人栽菡萏，买石造潺湲。影落江心月，声移谷口泉。闲看卷帘坐，醉听掩窗眠。路笑淘官水，家愁费料钱。是非君莫问，一对一翛然。[2]

在这首诗中，诗人明确提到了他改造西街水渠的种种支出，包括雇工的费用、木石的购买等，甚至到了“家愁费料钱”的地步，显然是一笔不小的开支，在讨论园林经济时自不可忽视。而且这一经营虽然并不在白居易自己园林的内部，但对园林景观及整体审美效果却又有着重要的意义，这从后来白居易的《宅西有流水，墙下构小楼，临玩之时，颇有幽趣，因命歌酒，聊以自娱，独醉独吟，偶题五绝句》[3]《亭西墙下伊渠水中置石，激流潺湲成韵，颇有幽趣，以诗记之》[4]等作品中均可看出，则这一经营显然也是出于园林建设的整体考虑。因此，即使此类情况记载不多，亦不可排除在讨论范围之外。

（二）日常消费

除了园林建设方面的支出，唐代文人在日常的园林生活中同样需要进

① 《全唐诗》卷七二一，第8271页。
② 《全唐诗》卷四五四，第5146页。
③ 《全唐诗》卷四五六，第5179页。
④ 《全唐诗》卷四五九，第5220页。

行各种各样的消费。从广义上讲，在所有权和使用权不发生分离的情况下，园林只是园主人的一个生活空间，因此，园主人日常生活的各种支出便都可能在这个空间内发生，并且影响园主人园居生活的状态和质量。但是如此一来，问题就很容易被泛化，变成唐人生活消费研究，而一旦如此泛化，一则日常生活的支出项目往往因人而异，差别很大；二则容易脱离园林这个具体环境，使问题更加夹缠不清。因此，这里的日常消费探讨，主要考虑园林生活的特点和这种生活的基本物质保障这两方面的因素，目的是更好地了解唐代的文人是如何维持园居生活的正常运转的，以免问题过于枝蔓。

此外，前面还提到过，唐人的私家园林中往往有一定数量的家仆从事生产劳动甚至代理经营，这些家仆的日常消费也是计算园林支出时必须予以考虑的。因此，接下来的讨论也会将其考虑在内，从而使得对唐代文人园林日常消费情况的探讨更为全面。

1. 园主消费

先来看园主的日常消费。既然私家园林本就是园主的一个生活场所，一切消费活动当然也都是围绕着园主园林生活的需要而展开的，因此，园主的日常生活消费必然是园林日常消费的主要部分，理应首先予以探讨。总的来说，唐代文人在私家园林中的消费主要包括两大方面的内容，一方面是园主个人生活的消费，另一方面则是园主交际应酬的消费。

下面我们就先来看一下园主个人生活的消费。

一般来说，个人的日常生活支出首先应该是饮食和穿戴的消费，具体到园主身上也是如此。前文已经提到了唐人的年平均粮食消费量，即十二石二斗粟。结合不同时期的粮食价格，比如贞观四年“米斗四五钱……是时（天宝五载）海内富实，米斗之价钱十三，青齐间斗才三钱”[①]等记载，则唐代文人维持园林生活的粮食保障，每年至少要有多少支出，便可以根据其所处的历史时期作一个大致的推算了。当然，这个推算是按照最低标准

① 《新唐书》卷五一《食货一》，第1344—1346页。

进行的，如果士人要讲究生活品质的话，其实远远不够。那么，唐代文人园主一年要消费掉多少粮食呢？这个数字现在根本无法计算，首先是因为文献记载的缺乏，其次也因为园主们各有各的情况，而对那些贫寒的文士来说，甚至也只能维持一个最低标准。不过，我们至少可以明确的一点是，唐人还是很清楚粮食储备对于维持园主正常生活的意义的，前面提到的“足谷翁”韦宙即是一例，而白居易在《池上篇（并序）》中的自述也可作为参照：

> “虽有台，无粟不能守也”。乃作池东粟廪。……罢刑部侍郎时，有粟千斛、书一车，洎臧获之习筦磬弦歌者指百以归。[①]

至于穿戴方面的消费，若据张安福在《唐代农民家庭经济研究》中的计算结果进行折算，则一件成人春衣大约需要布帛6尺×3.5尺，冬衣所需则为春衣的两倍（内絮丝绵不计）[②]。而据《通典·食货六》规定：“布帛皆阔尺八寸、长四丈为匹，布五丈为端。”则平均一匹布帛大约可以做三套春衣，一点五套冬衣。而稍有身份的文人园主往往穿的是丝绢而不是布帛，而丝绢的价格在不同时期常有变化，主要可以参考以下几组数字：开元年间“绢一匹二百一十二文”[③]，“贞元四年……绢匹为钱三千二百，其后一匹为钱一千六百”[④]，元和五年（810）“帛一匹价不出八百”[⑤]，开成三年（838）“白绢二匹，价二贯”[⑥]。根据这些数字记载，不同时期文人园主在穿戴上的支出情况也就可以估算个大概了。不过，制作服装除了要计算衣料的成本之外，手工费也不能不考虑，而关于唐人置装的手工费数额，则可以参照《入唐求法巡礼行记》中提到过的唐文宗开成三年扬州地区的情况，“缝手功：作大衣廿五条，用一贯钱；作七条，四百文；作五条，三百文，总计一贯七百

---

① 《全唐诗》卷四六一，第5249页。

② 参见《唐代农民家庭经济研究》，第194—195页。

③ 《通典》卷七《历代盛衰户口》，第152页。

④ 《新唐书》卷五二《食货二》，第1353页。

⑤ 李翱：《进士策问二道》其一，见《全唐文》卷六三四，第2834页。

⑥ 圆仁著，白化文、李鼎霞、许德楠校注：《入唐求法巡礼行记校注》卷一，中华书局，2019年，第52页。

文”[1]。除了衣服，穿戴方面的消费还应包括冠、巾、鞋、袜等，这些支出的大致数额，在现有文献中也能找到一些参考数值，比如在天宝二年的交河郡，一双棉鞋需要二十七文，一双细鞋则为一百文。当然，如果一定要落实为一个具体的数额，那就有点不太现实了。毕竟，和上面粮食支出的讨论一样，唐代文人园主在穿戴上的消费也是因人而异，并不存在一个确切的数值，我们这里的讨论，也只是去观察一个文人维持园林生活的最低标准。当文人官位提升、生活水平提高时，支出也会随着提高，很可能会使用到高级丝织品。同样以天宝二年交河郡的物价为例：一匹紫熟绵绫需要2640文，一匹细绵绸需要1440文，而同时期的生绢则是一匹470文，差距非常明显。而以此处的生绢470文/匹为基准，按前文所引不同时期的绢价去折算其他丝织品的价格，则其他时代文人在穿戴上的支出，均可根据其具体情况作一个大致的推算。但是这已经超出了单纯的园林支出的范畴，维持这种高消费的收入也未必得自园林，所以这里也就没有必要过多展开了。[2]

对当时的普通家庭来说，日常生活的消费主要也就是饮食与穿戴，但是对文人来说就不一样了。唐代文人在自己园林中的日常生活要远比普通百姓丰富得多，除了平常的饮食、穿戴外，还有一系列凸显闲情雅致的活动，如抚琴、读书、饮酒、弈棋、焚香、品茗等：

> 独坐幽篁里，弹琴复长啸。[3]

> 读金书兮饮玉浆，童颜幽操兮不易长。[4]

---

① 《入唐求法巡礼行记校注》卷一，第51页。

② 本段涉及的天宝二年交河郡物价，可参见胡如雷《隋唐五代社会经济史论稿》一书中的《〈唐天宝二年交河郡市估案〉中的物价资料》、李鸿宾《隋唐五代诸问题研究》一书中的《唐代西州市场商品初考——兼论西州市场的三种职能》。

③ 王维：《辋川集·竹里馆》，见《全唐诗》卷一二八，第1301页。

④ 卢鸿一：《嵩山十志十首·草堂》，见《全唐诗》卷一二三，第1223页。

酒熟人须饮，春还鬓已秋。[①]

浇药泉流细，围棋日影低。[②]

清漏焚香夕，轻岚视事朝。[③]

茶香秋梦后，松韵晚吟时。[④]

文人园主的这种闲情雅致无疑需要付出相应的开支才能够实现，而且这方面的开支应该还不是一个小数目。仅以读书生活为例，唐代文人园林中富有藏书的并不罕见，如李德裕的平泉山庄有“满室图书在”[⑤]，赵处士的林亭有“两三千卷书”[⑥]，朱兵曹的山居有“朱氏西斋万卷书”[⑦]，陆龟蒙的山斋中也是“万卷图书千户贵”[⑧]。若究其最初来源，则唐代文人园林中的藏书无外乎来自抄写和购买，像徐夤《经故广平员外旧宅》中的“买书船近葬时归”[⑨]，就表明园宅主人曾有买书之举。在印刷术尚未普及的唐代，书肆中销售的图书必定价格不菲，在园主人如此规模的藏书背后也必然是巨大的开销，由杜荀鹤《书斋即事》中“卖却屋边三亩地，添成窗下一床书”[⑩]的描述便可见一斑。而若是抄写，要达到如此规模，雇人的费用恐怕也不会是个小数目。

而更值得注意的是，唐代文人园主非常重视生活情趣，即使是在经济

① 刘希夷：《故园置酒》，见《全唐诗》卷八二，第887页。

② 秦系：《春日闲居三首》其一，见《全唐诗》卷二六〇，第2897页。

③ 朱庆馀：《杭州卢录事山亭》，见《全唐诗》卷五一四，第5872页。

④ 许浑：《溪亭二首》其二，见《全唐诗》卷五二九，第6053页。

⑤ 刘禹锡：《和李相公以平泉新墅获方外之名因为诗以报洛中士君子兼见寄之什》，见《全唐诗》卷三五八，第4041页。

⑥ 李洞：《鄠郊山舍题赵处士林亭》，见《全唐诗》卷七二一，第8272页。

⑦ 张祜：《题朱兵曹山居》，见《全唐诗》卷五一一，第5847页。

⑧ 殷文圭：《题吴中陆龟蒙山斋》，见《全唐诗》卷七〇七，第8134页。

⑨ 《全唐诗》卷七〇八，第8146页。

⑩ 《全唐诗》卷六九二，第7973页。

状况不佳的时候，也往往要勉力维持。比如白居易在庐山置草堂时，虽然有“药圃茶园为产业”[①]，但经济状况远不及其晚年居履道池台时，但他在尽量减少园林建设支出的同时却不放弃对生活雅趣的追求：

> 木斫而已不加丹，墙圬而已不加白。墄阶用石，幂窗用纸。竹帘纻帏，率称是焉。堂中设木榻四，素屏二，漆琴一张，儒、道、佛书各三两卷。[②]

除了琴书之乐，饮酒也是唐代文人园林生活中必不可少的项目。而提及饮酒，就不得不作些进一步的解释。前文曾经提到，唐代文人不乏在自己园林中酿酒的记录，因此常常可以成为一种补充性的收入。但是，这一收入事实上并不稳定，很容易受到政策变动的干扰。就目前研究成果来看，初盛唐时期尚未见施行榷酒或者征收酒税的事例，官方对私营私酿基本没有什么干预，在《新唐书》中也能找到“唐初无酒禁”[③]的明确记载。到肃宗朝，虽然下达过《禁京城酤酒敕》，但当时主要是考虑到“今农功在务，廪食未优。如闻京城之中，酒价尤贵。但以麴糵之费，有损国储”，所以“麦熟之后，任依常式”[④]。但是再往后的中晚唐时期，朝廷为了扩大收入，就常常推行榷酒政策，通过专卖来垄断这一利益了。至晚在唐代宗时期，酒税就成为政府财政方面经常讨论的一个话题。比如广德二年（764）便曾有敕曰：“天下州各量定酤酒户，随月纳税。除此外，不问官私，一切禁断。”[⑤]不但开始征收酒税，而且施行了一定程度的榷酒专卖，未经登记纳税的酿酒行为被明令禁绝。这对园居嗜酒且有自酿行为的文人来说，必然会构成冲击。此后酒税虽曾一度罢征，但是几年之后，政策便又发生变化：“建中三年，初榷酒，天下悉令官酿。斛收直三千。米虽贱，不得减二千。委州县综领。醨薄私酿，罪有差。以京师王者都，特免其榷。”[⑥]这次明显是

---

① 白居易：《重题》，见《全唐诗》卷四三九，第4890页。

② 白居易：《草堂记》，见《全唐文》卷六七六，第3057页。

③ 《新唐书》卷五四《食货四》，第1381页。

④ 《全唐文》卷四四，第207页。

⑤ 《通典》卷一一《榷酤》，第246页。

⑥ 《旧唐书》卷四九《食货下》，第2130页。

改为完全推行专卖，唯京城例外，而四年之后，更是连京师也纳入了禁令。很显然，这一时期，对文人来说，不仅仅是纳税的问题了，而是这一收入途径都被完全切断了。直到元和六年（811），禁令才有所松动：“榷酒钱除出正酒户外，一切随两税青苗据贯均率。”[①]官营酒坊罢除，榷酒钱被摊入两税。但是私家酿酒应该依然受到种种限制，因此，会昌六年才会再次下敕：“扬州等八道州府，置榷麹，并置官店沽酒，代百姓纳榷酒钱，并充资助军用，各有榷许限，扬州、陈许、汴州、襄州、河东五处榷麹，浙西、浙东、鄂岳三处置官沽酒。如闻禁止私酤，过于严酷，一人违犯，连累数家，闾里之间，不免咨怨。宜从今以后，如有人私沽酒及置私麹者，但许罪止一身，并所由容纵，任据罪处分。乡井之内，如不知情，并不得追扰。其所犯之人，任用重典，兼不得没入家产。”[②]由此可见，文人们的酿酒活动非常容易受到政策的冲击，很难作为一项常规收入，即使能够获得收入，也要面临税收方面的问题。由上文所引会昌敕令可见，中晚唐在施行榷酒专卖的时期，政策的执行非常严酷。翻检唐人的诗作，我们还能看到当时因违反而被籍没财产的事件，比如韦庄的《官庄》一诗便写道：“谁氏园林一簇烟，路人遥指尽长叹。桑田稻泽今无主，新犯香醪没入官。”[③]由此可见，文人对这一政策实在无法小视，因此，中晚唐的私家园林酿酒行为也就只能在政策调整或松动的夹缝中生存，再加上并非所有文人园林都能酿酒，但几乎所有唐代文人都嗜酒，因此饮酒反而更多地以支出的面貌呈现了。而为了满足这一嗜好，文人们同样可以不惜代价，比如姚合，即使是赊账，也要饮酒：

赊酒风前酌，留僧竹里棋。[④]

赊酒的记录在唐代文人的园居之作中还能找到不少，比如韦庄的《李

---

① 《旧唐书》卷四九《食货下》，第2130页。

② 《旧唐书》卷四九《食货下》，第2130—2131页。

③ 《全唐诗》卷六九七，第8019页。

④ 姚合：《闲居遣怀十首》其三，见《全唐诗》卷四九八，第5654页。

氏小池亭十二韵（时在婺州寄居作）》中有“贳酒日西衔”[①]，方干的《山中》也提到过“嗜酒空教僮仆赊”[②]。而从周朴《客州赁居寄萧郎中》中“邻舍见愁赊酒与，主人知去索钱来”的描述来看，诗人即使在暂居于租赁的园宅中且生活非常窘迫的情况下，仍然要赊账饮酒。由此看来，文人在营造生活雅趣方面的开支确实不可等闲视之。

除了生活方面的支出外，唐代文人园林日常消费最重要的内容就是园主的交际应酬了。而在文人的交际应酬中，聚会宴饮无疑是开支最大的一项。唐代文人多有在自己园林中邀请好友宴饮的习惯，即所谓“为爱小塘招散客”[③]，园林中的收入（尤其是各种农副产品）也往往会直接用在招待客人上，比如刘长卿《过鹦鹉洲王处士别业》所云之“问人寻野笋，留客馈家蔬”[④]。虽然这种宴饮的消费额难以确估，但必然不菲，因为园主人在招待客人时，往往都要用最好的食物和最好的器具，例如：

> 于是外仆告次，兽人献鲜，樽以大罍，烹用五鼎。木器拥肿，即天姿以为饰；沼毛蘋蘩，在山羞而可荐。[⑤]

> 春酒杯浓琥珀薄，冰浆碗碧玛瑙寒。[⑥]

> 鲙下玉盘红缕细，酒开金瓮绿醅浓。[⑦]

当然，有时聚会的规模并不大，如白居易《李十一舍人松园饮小酎酒，得元八侍御诗叙云在台中推院有鞫狱之苦即事书怀因酬四韵》中写到的“爱酒舍人开小酌”[⑧]，但即使如此，也必然伴随有一定的支出，只不过数额

---

① 《全唐诗》卷六九七，第8024页。
② 《全唐诗》卷八八五，第10005页。
③ 白居易：《酬裴相公题兴化小池见招长句》，见《全唐诗》卷四四八，第5041页。
④ 《全唐诗》卷一四八，第1505页。
⑤ 王维：《暮春太师左右丞相诸公于韦氏逍遥谷宴集序》，见《全唐文》卷三二五，第1457页。
⑥ 杜甫：《郑驸马宅宴洞中》，见《全唐诗》卷二二四，第2391页。
⑦ 韩翃：《宴杨驸马山池》，见《全唐诗》卷二四五，第2753页。
⑧ 《全唐诗》卷四三八，第4866页。

能少一点罢了。

而周皓竟然因为宾朋宴饮而“门以招贤盛，家因好事贫”[①]，更是从一个侧面证明了宴饮开销的庞大。而王建在其《原上新居十三首》其五中描写的“庄贫客渐稀”[②]亦是如此。

文人私园的应酬功能甚至在园主不在园中居住的时候也能体现出来，比如：

> 毕竟林塘谁是主？主人来少客来多。[③]

> 陋巷掩弊庐，高居敞华屋。新昌七株松，依仁万茎竹。松前月台白，竹下风池绿。君向我斋眠，我在君亭宿。平生有微尚，彼此多幽独。何必本主人，两心聊自足。[④]

> 有兴即来闲便宿，不知谁是主人翁。[⑤]

> 借问主人翁，北州佐戎轩。仆夫守旧宅，为客侍华筵。高怀有余兴，竹树芳且鲜。倾我所持觞，尽日共留连。[⑥]

而这显然更是一种纯粹的交际支出了。

除了这些正常的交际外，许多文人园主还不得不应酬一些登门“打秋风”的人，比如：

> 豳国公杜悰自西川除淮海，庭筠诣韦曲林氏林亭，留诗云：“卓氏炉前金线柳，隋家堤畔锦帆风。贪为两地行霖雨，不见池莲

① 白居易：《题周皓大夫新亭子二十二韵》，见《全唐诗》卷四三八，第4864页。
② 《全唐诗》卷二九九，第3395页。
③ 白居易：《题王侍御池亭》，见《全唐诗》卷四三八，第4867页。
④ 白居易：《闻崔十八宿予新昌弊宅，时予亦宿崔家依仁新亭，一宵偶同，两兴暗合，因而成咏，聊以写怀》，见《全唐诗》卷四四五，第4994页。
⑤ 白居易：《宿窦使君庄水亭》，见《全唐诗》卷四四八，第3285页。
⑥ 张籍：《三原李氏园宴集》，见《全唐诗》卷三八三，第4295页。

照水红。”鄘公闻之，遗绢千匹。[①]

南阳临湍县北界，秘书郎袁测、襄阳椽王汧皆立别业。大和六年，客有李佐文者，旅食二庄。[②]

这种支出的多少当然视园主自身的经济情况而定，不可一概而论。

不仅这些世俗交际需要支出，唐代文人多好参禅论道，而和方外之士的交际也需要相应的开销。比如“饭僧”，姚合的《和裴令公新成绿野堂即事》中便提到过裴度的园居生活包括“古寺招僧饭，方塘看鹤行”[③]，郑巢所写的《陈氏园林》中有“寻鹤新泉外，留僧古木中”[④]，其《题崔行先石室别墅》一诗中又有“采菊频秋醉，留僧拟夜棋”[⑤]。刘得仁在《初夏题段郎中修竹里南园》中既然称“数有僧来宿”[⑥]，足可见其普遍。而且这种现象不仅常见，在某些情况下，甚至也会成为巨大的经济负担。皮日休在《暇日独处寄鲁望》中写到过“园蔬预遣分僧料”，可见这份支出也需要提前预算，而朱庆餘在《题钱宇别墅》中描述的“药蔬秋后供僧尽”[⑦]，就更可见这方面的消耗之大。招待饮食如此，而如果再涉及布施，那支出的多少就更加难以估计了。司空图在其《修史亭三首》其三中就提到过自己当下是“谁料平生臂鹰手，挑灯自送佛前钱”[⑧]，只可惜具体的数额已不得而知了。

由此可见，唐代文人园主在交际应酬方面的支出同样不能忽视。

2. 家仆消费

唐代文人的私家园林中往往需要有一定的家仆进行各种劳动才能保证其正常维持，而这些家仆日常的消费同样也应该算作园林的支出。对那些

---

① 《太平广记》卷一九九《温庭筠》，第1496—1497页。

② 《太平广记》卷三四七《李佐文》，第2751页。

③ 《全唐诗》卷五〇一，第5694页。

④ 《全唐诗》卷五〇四，第5739页。

⑤ 《全唐诗》卷五〇四，第5739页。

⑥ 《全唐诗》卷五四四，第6296页。

⑦ 《全唐诗》卷五一五，第5892页。

⑧ 《全唐诗》卷六三四，第7276页。

人身依附隶属于园主的奴仆来说，他们的一切消费都要由园主负担，而对那些属于雇佣关系的劳动者来说，虽然不需要完全承担其所有的消费，但园主为其支付的工钱显然也是园林支出的一项。虽然家仆本身可以参与园林经营增加收入，但是园主人在家仆身上的支出也不是一个小数目，因此我们才会看到，在园林经济运转艰难的时候，园主人也会有相应的裁员，以缩减这方面的支出，比如郑谷《访姨兄王斌渭口别墅》一诗就提到过在粮食收入不足的情况下会“久歉家僮散”。

那么接下来，我们就先来看一下那些人身隶属于园主的家仆都需要他们的主人付出哪些方面的开支。

首先，我们应该考虑这些奴仆的来源。根据李季平在《唐代奴婢制度》中的研究成果，唐代奴婢的来源主要有前代遗留、籍没、自卖与掠卖、家生、俘虏、贡献、赏赐等途径，其中有的途径明显不可能为私园园主所用，比如籍没、俘虏等。综合考虑，唐代私园园主应该主要通过购买、继承、赏赐、家生这四种途径获得奴仆。唐代虽然对奴仆的买卖持禁止态度，但并没有完全禁绝，每当出现战乱饥荒时，往往会伴随有奴仆买卖的事情发生，比如《新唐书·食货二》中所载陆贽给唐德宗的上疏中就称：“饥岁室家相弃，乞为奴仆，犹莫之售，或缢死道途。”[①] 而对唐代私园园主来说，购买也应该是获得奴仆的主要途径之一，而通过这种途径获得奴仆，自然需要花费一定的资财。奴仆作为一种财产同样可以继承，比如开国功臣刘弘基就“遗令给诸子奴婢各十五人、良田五顷”[②]。只不过通过继承方式获得奴仆者往往是出身世家大族的文人，而且往往是在继承祖上园林的同时获得一定数量的奴仆，比如王绩“有奴婢数人”就应该属于此类。赏赐往往是高官勋臣才能享受的待遇，而且主要见于唐代对外战争较为频繁的前期，对于私园园主意义不大。而家生则指家中原有奴仆所生的子女，《唐律疏议》卷四《名例》中曾规定“及生产蕃息者，谓婢产子，马生驹之类”[③]，则奴仆的

① 《新唐书》卷五二《食货二》，第1357页。

② 《旧唐书》卷五八《刘弘基传》，第2311页。

③ 《唐律疏议》卷四《名例》，第88—89页。

子女自然也就脱不了奴仆的身份。

在得到一定数量的奴仆之后，接下来就应该负担这些奴仆的饮食与穿戴了。唐代私园园主在园中奴仆吃穿方面的支出数额可以参考《唐六典》卷六中对官户、官奴婢每年应该供给的衣食量：

> 四岁以上为“小”，十一以上为“中”，二十以上为“丁”。春衣每岁一给，冬衣二岁一给，其粮则季一给。丁奴：春头巾一，布衫裤各一，牛皮靴一量，并毡。官婢：春给裙衫各一，绢禅一，鞋二量。冬给襦复裤各一，牛皮靴一量，并毡。十岁以下男：春给布衫一、鞋一量。女：给布衫一、布裙一、鞋一量。冬，男女各给布襦、鞋韈一量。官户长上者准此。其粮：丁口日给二升，中口一升五合，小口六合。诸户留长上者，丁口日给三升五合，中男给三升。[①]

这个额度应该能够体现唐代奴仆日常消费的一般水平。其中饮食的支出可以根据上引文献的数额结合不同时期的粮食价格进行推算，和前文所论园主人差别不大，而衣物的支出则不同，奴仆通常穿的是布衣而非丝织品，需要结合麻布、棉布等的物价进行计算。而唐代的布价我们今天也能找到一些可供参考的资料，比如《天宝二年交河郡市估案》中就有相关信息，纳春英曾据此结合正仓院实物记账当中的服装尺寸，对唐代平民服装的成本进行了一番推算，上引《唐六典》中的许多官奴婢的衣物，在其《唐代平民的置装成本研究——以天宝二年交河郡市估案为例的研究》一文的相关计算制成的列表中，均可找到对应的价格区间，比如麻布衫的成本在一百五十文到二百七十文之间，单裤的成本在六十三文到一百一十五文之间，棉裤的成本在一百二十五文到二百二十九文之间，等等。[②] 参照这些数据，加上前文提到的制作服装的手工费，再结合唐代不同私园中奴仆数量等具体情况，则该园林在奴仆日常消费方面的支出也就大体有数了。

不过，不同园林的奴仆生活标准并不一样，有的园林在经济运转上比

---

① 《唐六典》卷六《刑部尚书》，第193—194页。

② 纳春英：《唐代平民的置装成本研究——以天宝二年交河郡市估案为例的研究》，见《唐史论丛》第23辑，2016年第2期。

较艰难，则家仆的日常供应也会受限，比如王建的《原上新居十三首》其四中就有“家贫僮仆瘦”[①]的描写，姚合在《新昌里》中也提到自己家是“僮仆惯苦饮”[②]。而与之相反的，也存在富有的园主用锦衣玉食“豢养”家仆的情况，比如《旧唐书》卷一一八《元载传》中就记载元载“城南膏腴别墅，……奴仆曳罗绮一百余人”[③]，若按照这样的标准，园主在家仆日常消费方面的支出无疑将远远超过《唐六典》所规定的一般水平。

在探讨完奴仆生活方面的一般消费后，我们还应该注意奴仆当中的一个特殊群体——歌儿舞女。如果说神龙二年（706）的“三品以上，听有女乐一部；五品以上，女乐不过三人”[④]尚对此有所限制，那天宝十载的“五品以上正员清官、诸道节度使及太守等，并听当家畜丝竹，以展欢娱”[⑤]则完全放开了规定。因此，唐代文人私园中也往往豢养了一批歌妓舞妓，比如杜佑“城南樊川有佳林亭，卉木幽邃，佑每与公卿宴集其间，广陈妓乐”[⑥]，而权德舆在《司徒岐公杜城郊居记》中也描写杜佑樊川别墅中的这些家妓是“淑姿修态，流光含睇，回风遏云之艺”[⑦]。更著名的是白居易的履道池台，园中有“家妓樊素、蛮子者，能歌善舞”[⑧]，其“樱桃樊素口，杨柳小蛮腰”[⑨]的描述早已脍炙人口，不仅如此，在其《咏兴五首·小庭亦有月》中还描述过“菱角执笙簧，谷儿抹琵琶。红绡信手舞，紫绡随意歌”[⑩]，而刘禹锡的《忆春草（乐天舞妓名）》[⑪]一诗又提到了白居易居洛时另有一位名为春草的舞妓。相对于一般的奴仆，园主们在这些家妓身上无疑要有更多的

① 《全唐诗》卷二九九，第3395页。
② 《全唐诗》卷五〇二，第5714页。
③ 《旧唐书》卷一一八《元载传》，第3411页。
④ 《唐会要》卷三四《杂录》，第628页。
⑤ 《唐会要》卷三四《杂录》，第630页。
⑥ 《旧唐书》卷一四七《杜佑传》，第3981页。
⑦ 《全唐文》卷四九四，第2234页。
⑧ 《旧唐书》卷一六六《白居易传》，第4354页。
⑨ 孟棨：《本事诗·事感》，见《唐五代笔记小说大观》，第1245页。
⑩ 《全唐诗》卷四五二，第5108页。
⑪ 《全唐诗》卷三五六，第4003页。

支出。在购买方面，有一定表演基础的歌儿舞女自然要比一般奴仆昂贵许多，比如白居易就曾在《与元九书》中提道："又闻有军使高霞寓者，欲聘娼妓，妓大夸曰：'我诵得白学士《长恨歌》，岂同他妓哉？'由是增价。"[①]其《感故张仆射诸妓》中也有"黄金不惜买蛾眉，拣得如花三四枝"[②]，而《太平广记》中的一则材料更是明确提到了价格："其婢端丽，饶音伎之能，汉南之最姝也。姑贫，鬻婢于连帅，连帅爱之。以类无双，给钱四十万，宠盼弥深。"[③]花费之高，令人咋舌！除了身价远高于普通奴仆之外，她们的日常教习以及所使用的乐器等，也都需要一定的花费，即所谓"黄金用尽教歌舞"[④]。此外，这些家妓往往要在园林宴饮中登台表演，因此必然要用华丽的衣物和首饰来装扮，比如孟浩然《宴张记室宅》中描写的"曲岛浮觞酌，前山入咏歌。妓堂花映发，书阁柳逶迤。玉指调筝柱，金泥饰舞罗"[⑤]，而白居易在《题周皓大夫新亭子二十二韵》中所描写的"家妓数十人"也是"敛翠凝歌黛，流香动舞巾。裙翻绣鸂鶒，梳陷钿麒麟"[⑥]。这方面的支出虽然难以确估，但数额必定不菲。仅以首饰为例，《新唐书·柳玭传》中便有这样一则材料可供参考：

> 永宁王相国涯居位，窦氏女归，请曰："玉工货钗直七十万钱。"王曰："七十万钱，岂于女惜？但钗直若此，乃妖物也，祸必随之。"女不复敢言。后钗为冯球外郎妻首饰，涯曰："为郎吏妻，首饰有七十万钱，其可久乎！"[⑦]

一件玉钗的价格高达七十万钱，实在惊人。虽然这个价格在这里是作为批判奢靡的案例讲出的，应该是比较极端的情况，但据此多少也可以推测，在当时，一件好的首饰必然价格不菲，至少几万钱应是常态。

---

① 《全唐文》卷六七五，第3053页。
② 《全唐诗》卷四三六，第4834页。
③ 《太平广记》卷一七七《于頔》，第1317页。
④ 司空曙：《病中嫁女妓》，见《全唐诗》卷二九二，第3324页。
⑤ 《全唐诗》卷一六〇，第1661页。
⑥ 《全唐诗》卷四三八，第4864页。
⑦ 《新唐书》卷一六三，第5028页。

玉器如此，金制首饰的价格也可以找到相应的参考。比如何家村唐代金银器窖藏曾出土一件重3.2克的金梳背，在相关研究中，曾有学者提出："（何家村窖藏的）总价值大约可折合当时的黄金900—1000两，铜钱3830万钱"[①]。即使按照最低价折算，唐代一两黄金也得有38300钱，"唐一大两合今45克"[②]，则这枚金梳背仅仅金价就至少需要2724钱，若将梳齿及加工的费用加上，就更加昂贵了。

由此可见，园林生活中供养歌儿舞女的衣服和首饰也会是一项非常庞大的支出。当然，具体的支出额根据各自情况的不同也会有很大差异，若"梳陷钿麒麟"只是在木梳上螺钿装饰，则应俭省不少，而像"奴仆曳罗绮一百余人"的元载别墅这样，怕是也少不了需要大量的金饰品吧！再看《朝野佥载》中的记载：

> 睿宗先天二年（713）正月十五、十六夜，于京师安福门外作灯轮，高二十丈，衣以锦绮，饰以金玉，燃五万盏灯，簇之如花树。宫女千数，衣罗绮，曳锦绣，耀珠翠，施香粉。一花冠、一巾帔皆万钱，装束一妓女皆至三百贯。妙简长安、万年少女妇千余人，衣服、花钗、媚子亦称是，于灯轮下踏歌三日夜，欢乐之极，未始有之。[③]

这里的"万钱""三百贯"，也都可以帮助我们了解唐代园林中豢养歌儿舞女的惊人费用。若是园主人还有大量需要装饰的家眷，则此支出就更加难以估量了。

下面再附带提一下雇工方面的支出。当园主需要具有特殊技能的劳动力或者园中奴仆劳动力不足时，往往可以通过雇佣劳动力来解决问题，而敦煌文书中存在的大量雇佣契约也说明此时的雇佣关系已经发展得较为成熟了。那么，唐代私园园主雇佣劳动力时需要多少支出呢？总的来说，数额是不固定的，工种的差异、雇佣时间的长短都会影响到工钱的具体数额。

---

① 谭前学：《盛世遗珍——唐代金银器巡礼》，三秦出版社，2003年，第31页。

② 《盛世遗珍——唐代金银器巡礼》，第30—31页。

③ 《朝野佥载》卷三，见《唐五代笔记小说大观》，第40页。

如《新唐书》卷四六《百官志》中记载工匠的工钱为“雇者，日为绢三尺”[①]，敦煌文书北图咸字五九背《寅年（八二二）僧慈灯雇博士汜英振造佛堂契》中规定垒墙“一丈四尺”的工钱是“麦八汉硕”[②]，而敦煌文书斯三八七七背《戊戌年（八七八）洪润乡百姓令狐安定雇工契》中所记载的工钱则是“每月五斗”，“春衣一对，汗衫褐裆并鞋一两”[③]。张安福在《唐代农民家庭经济研究》中认为敦煌地区进行“岁作”的长工工钱为每月一石左右[④]，结合唐代普通百姓的生活水平和年均粮食消费量来看，这个雇价应该是具有一定普遍性的。除此之外，《太平广记》卷五三《麒麟客》中有“茂实家于华山下，唐大中初，偶游洛中，假仆于南市，得一人焉。其名曰王夐，年可四十余，佣作之直月五百”[⑤]，这里明确提到的“月五百”的雇价亦可供参考。

唐代私园园主在奴仆日常生活方面的支出主要就包括这几个方面，其具体数额则视园林的规模和奴仆的生活标准而定，不可一概而论。

除此之外，人有生老病死、有婚丧嫁娶，这些也都是需要支出的，无论园主人还是奴仆，都在所难免，只不过园主人支出多些，奴仆少些而已。均田制下唯一允许买卖永业田的条件就是贫不能葬，可见丧葬支出不小。唐代的财产继承特别提出在平均分配的基础上，在室女可以额外分得一份妆奁，亦可见婚配支出不容忽视。至于医疗支出，视病情而不等，有时自家药草即可解决，有时则必须求助专人，所费不菲。若是疑难杂症，支出更是惊人。《太平广记》中的一则故事便提道：“永贞年，东市百姓王布知书，藏钱千万，商旅多宾之。有女年十四五，艳丽聪悟，鼻两孔各垂息肉，如皂荚子，其根细如麻线，长寸许，触之痛入心髓。其父破钱数百万治之。”[⑥]这类支出虽然并非常规，但是一旦需要，往往开销颇大。而且由

① 《新唐书》卷四六《百官志》，第1201页。

② 《敦煌契约文书辑校》，第242页。

③ 《敦煌契约文书辑校》，第248页。

④ 参见《唐代农民家庭经济研究》，第200页。

⑤ 《太平广记》卷五三《麒麟客》，第325页。

⑥ 《太平广记》卷二二〇《王布》，第1691页。

于古时医疗条件所限，再加上唐代文人若非由继承得园，则或年老方有积蓄可供购买园林，或自己垦荒得园辛劳无比，亦容易多病，医疗的费用就很可能会转化为常态支出，如此一来就更不容小视了。比如白居易晚年居洛，便不免疾病缠身，多有买药支出，其《病中诗十五首（并序）》的序文中就曾明确写道："开成己未岁，余蒲柳之年六十有八。冬十月甲寅旦，始得风痹之疾，体瘰目眩，左足不支，盖老病相乘时而至耳。"[①]而他的诗歌里也就频频出现买药记录了，比如《酬梦得贫居咏怀见赠》中的"病添庄舄吟声苦，贫欠韩康药债多"[②]、《自咏老身示诸家属》中的"走笔还诗债，抽衣当药钱"[③]等，都足以说明医药费用已经是他晚年园居生活中的一项重要支出了。

（三）缴纳赋税

园林作为一个经济实体，既是不动产的一种，同时又能创造一定的收益，因此在唐代的国家财政体系中，私家园林同样也承担了一定的税务。这也是唐人经营园林尤其是躬耕为生时，必须要考虑到的问题，即所谓"愿守黍稷税，归耕东山田"[④]。因此，不少唐代诗文中均有私家园林需要交纳赋税的记录，比如权德舆的咸阳墅便是"自惭廪给厚，谅使井税先"[⑤]，而李处士的弋阳山居也是"暂来城市意何如，却忆葛阳溪上居。不惮薄田输井税，自将嘉句著州闾"[⑥]，甚至于还出现了"（张祜）横塘之西，有故田数百亩，力既贫窭，十年不耕，唯岁赋万钱，求免无所"这样"犹向荒田责地征"[⑦]的事情。由此可见，唐代文人的私家园林确实需要缴纳一定的赋税，

① 《全唐诗》卷四五八，第5197页。

② 《全唐诗》卷四五八，第5200页。

③ 《全唐诗》卷四六〇，第5243页。

④ 刘眘虚：《浔阳陶氏别业》，见《全唐诗》卷二五六，第2869页。

⑤ 权德舆：《拜昭陵过咸阳墅》，见《全唐诗》卷三二〇，第3607页。

⑥ 权德舆：《送李处士归弋阳山居》，见《全唐诗》卷三二四，第3643页。

⑦ 颜萱：《过张祜处士丹阳故居（有序）》，见《全唐诗》卷六三一，第7241页。

而这显然也是园林支出的一个重要方面。那么，唐代文人的私家园林都需要缴纳哪些赋税呢？缴纳的税额又是多少呢？这正是我们接下来需要探讨的问题。

唐代前期主要的赋役制度无疑是租庸调制，但事实上租庸调却与文人私园关系不大。租庸调的征收对象主要是国家授田的课户，即所谓“有田则有租，有家则有调，有身则有庸”，虽然征收原则是计丁征税，许多官员也能享有一定的国家授田，而且理论上文人也存在通过建设国家授田而得到园林的可能，但事实上，租庸调下的税务主要承担者还是普通百姓。唐制规定，凡王公贵族及有官爵者，均能在不同程度上免除课役。如《唐六典》卷三《户部尚书》中就记载道：“凡丁新附于籍账者，春附则课、役并征，夏附则免课从役，秋附则课、役俱免。凡丁户皆有优复蠲免之制。（诸皇宗籍属宗正者及诸亲，五品以上父祖、兄弟、子孙，及诸色杂有职掌人。）若孝子、顺孙、义夫、节妇志行闻于乡闾者，州县申省奏闻，表其门闾，同籍悉免课役。”[①]《唐会要》卷五八《户部侍郎》中又称：“今内外六品以下官。及京司诸色职掌人。合免课役。”[②]也就是说，五品以上可免全家之课役，六品至九品官可以免掉自己的课役。而唐代前期文人中有私家园林者，园产或继承自祖上或来源于购买，园主又往往有官爵傍身，则通常情况下租庸调制所规定的赋税也就与他们关系不大。比如王绩就曾在《薛记室收过庄见寻率题古意以赠》中提到过自己的庄园是“资税幸不及，伏腊常有储”[③]。而对一些没有官爵但是通过自己在山中开荒而获得园林的文人来说，由于国家对开荒的优待政策，至少短期内他们所需要承担的赋税压力也不会很大。比如《唐六典》中就有“凡王公以下，每年户别据已受田及借荒等，具所种苗顷亩，造青苗簿，诸州以七月已前申尚书省；至征收时，亩别纳粟二升，以为义仓”[④]的明确说法，而大历时期也曾规定“夏税，上田亩税六升，

① 《唐六典》卷三《户部尚书》，第77页。
② 《唐会要》卷五八《户部侍郎》，第1012页。
③ 《全唐诗》卷三七，第480页。
④ 《唐六典》卷三《户部尚书》，第84页。

下田亩税四升。秋税，上田亩税五升，下田亩税三升。荒田开佃者，亩率二升”[①]。而在两税法实行后，租庸调等一切并入两税，文人私园更是不必单独承担这一税务了。

那么，唐代文人园林所要承担的税务主要是哪些呢？应该是地税和户税。

地税在唐初就已存在，不过最初是以义仓的名义征收的，即《旧唐书·食货下》中提到的“王公以下垦田，亩纳二升。其粟、麦、稻之属，各依土地，贮之州县，以备凶年”[②]。可见地税是按田亩征收，其征收对象则是“王公以下”，也就是说不论官品多高，只要有一定的田产，就必须缴纳地税。而我们前面已经提到，除了城市宅园之外，唐代大多数私家园林往往附带有一定的田产，因此地税也就成了他们必须缴纳的一种赋税。比如王维，生于租庸调制尚未完全崩溃的盛唐时代，有进士出身又为官多年，且辋川别业是自己购买所得而与均田无关，但在其《酬诸公见过（时官未出，在辋川庄）》中，我们还是可以看到“岁晏输税，以奉粢盛”的记述，结合诗中“屏居蓝田，薄地躬耕”的描写，则其缴纳的很可能就是地税。而至于地税的税额，唐代前期大部分时间都维持在“亩纳二升”的水平上，但从唐高宗开始，又逐渐有一些补充条款，主要见于《唐六典》卷三《户部尚书》中所记载的开元二十五年定式：

> 凡王公以下，每年户别据已受田及借荒等，具所种苗顷亩，造青苗簿，诸州以七月已前申尚书省；至征收时，亩别纳粟二升，以为义仓。（宽乡据见营田，狭乡据籍征，若遭损四以上，免半；七以上，全免。其商贾户无田及不足者，上上户税五石，上中以下递减一石，中中户一石五斗，中下户一石，下上七斗，下中五斗，下下户及全户逃并夷獠薄税并不在取限，半输者准下户之半。乡土无粟，听纳杂种充。）[③]

安史之乱后，由于租庸调制的破坏，地税在国家财政中的地位越发重

① 《旧唐书》卷四八《食货上》，第2092页。
② 《旧唐书》卷四九《食货下》，第2123页。
③ 《唐六典》卷三《户部尚书》，第84页。

要，税额也不断上涨，如唐代宗时期发布的几道诏令：

其地总分为两等，上等每亩税一斗，下等每亩税五升。其荒田如能开佃者，一切每亩税二升。[①]

其京兆来年秋税，宜分作两等，上下各半，上等每亩税一斗，下等每亩税六升。其荒田如能佃者，宜准今年十月二十九日敕，一切每亩税二升。[②]

京兆府夏麦，上等每亩税六升，下等每亩税四升，荒田开佃者每亩税二升。秋税，上等每亩税五升，下等每亩税三升，荒田开佃者每亩税二升。[③]

可见，此时的地税比之唐前期已经是大大提高了，而其进一步发展便逐渐成为两税法中的田亩税，在整个唐代后期一直是文人私园必须承担的一项赋税。

在地税问题上，还有必要提及一种地税的附加税，即青苗钱。青苗钱"以税亩有苗者"[④]，同样是按田亩征收，而且在两税法的时代也没有被并入地税。从崔戎《请勒停杂税奏》中"西川税科，旧有青苗，如茄子、姜芋之类，每亩或至七八百文"来看，此处之苗不仅指粮食作物，还包含蔬菜，也就是但凡有所种植便应纳税，因此只要是附带有田产的，乃至仅仅是在园宅中种植有蔬菜的私家园林，都概不能免。青苗钱的具体税额可参照《旧唐书·食货上》中记载的"青苗地头钱，天下每亩率十五文。以京师烦剧，先加至三十文，自今已后，宜准诸州，每亩十五文"[⑤]。虽然也有过变动，但大部分时间里也还算稳定。崔戎所说的"每亩或至七八百文"，应该是比较

---

① 《全唐文》卷四八《减次年麦税敕》，第229页。

② 《全唐文》卷四八《减次年秋税敕》，第229—230页。

③ 常衮：《京兆府减税制》，见《全唐文》卷四一四，第1878页。

④ 《旧唐书》卷四八《食货上》，第2091页。

⑤ 《旧唐书》卷四八《食货上》，第2092页。

极端的情况，所以才会被认为是“征敛不时，烦扰颇甚”，应该“今令并省税名目，一切勒停，尽依诸处为两限，有青苗约立等第，颁给户帖。两税之外，余名一切勒停”[①]。除了青苗钱，还有一项和地税相关的义仓税，也没有因两税法的推行而省并，《册府元龟》卷五〇二《邦计部·常平》中就曾不止一次地提及，比如唐文宗开成元年八月就有“通公私田亩，别纳粟一升，逐年添贮义仓”[②]的记录。

此外，还有类似于税草等按地亩征收的杂税，其实也应该算作地税的附加税而为附带有田产的私家园林所承担。

除了地税，另一项与唐代文人私园密切相关的税收项目就是户税。户税的征收同样始自唐初，至晚在武周时期就已经有过“天下诸州，王公以下，宜准往例税户”[③]的记载。而征收对象同样是“王公以下”，因此大多数私家园林的主人同样不能幸免。唐代户税的征收是以户等为依据的，而唐代的定户等工作，据《通典·食货六》中记载的武德年间“天下户立三等，未尽升降，宜为九等”[④]的诏令，则从唐初就已经开始了。唐代户税即按此九等户的标准征收。关于唐代前期户税数额的记载，流传下来的不是特别多，主要就是《通典·食货六》中所提到的“按天宝中天下计帐，户约有八百九十余万，其税钱约得二百余万贯（大约高等少，下等多，今一例为八等以下户计之。其八等户所税四百五十二，九等户则二百二十二。今通以二百五十为率。自七载至十四载六七年间，与此大数，或多少加减不同，所以言约，他皆类此）”[⑤]。考虑到《通典·食货七》中“其税户虽兼出王公以下，比之二三十分唯一耳”[⑥]的记载，则唐前期的户税征收数额应该还不是很多。

和地税一样，在安史之乱之后，户税对国家财政的意义变得重要起来，

① 崔戎：《请勒停杂税奏》，见《全唐文》卷七四四，第3412页。
② 《册府元龟》卷五〇二《邦计部·常平》，第5710页。
③ 《通典》卷六《食货六》，第107页。
④ 《通典》卷六《食货六》，第106页。
⑤ 《通典》卷六《食货六》，第110页。
⑥ 《通典》卷七《食货七》，第157页。

政府的重视程度和征收数额也随之提高，并逐渐成为两税法的重要内容。关于唐代中后期的户税税额，唐代宗大历四年户税改革的诏令为我们提供了主要的依据：

> 大历四年正月十八日，敕有司："定天下百姓及王公以下每年税钱，分为九等：上上户四千文，上中户三千五百文，上下户三千文。中上户二千五百文，中中户二千文，中下户一千五百文。下上户一千文，下中户七百文，下下户五百文。其见官，一品准上上户，九品准下下户，余品并准依此户等税。若一户数处任官，亦每处依品纳税。其内外官，仍据正员及占额内阙者税。其试及同正员文武官，不在税限。其百姓有邸店行铺及炉冶，应准式合加本户二等税者，依此税数勘责征纳。其寄庄户，准旧例从八等户税，寄住户从九等户税，比类百姓，事恐不均，宜各递加一等税。其诸色浮客及权时寄住户等，无问有官无官，各所在为两等收税。稍殷有者准八等户，余准九等户。如数处有庄田，亦每处税。诸道将士庄田，既缘防御勤劳，不可同百姓例，并一切从九等输税。"①

由这一则材料不难看出，唐代宗时期的户税改革对唐代私园的赋税支出有很大的影响。首先，"邸店行铺及炉冶，应准式合加本户二等税者"的规定使园林的附属产业成为决定赋税额度的一个重要因素；其次，"其寄庄户，准旧例从八等户税，寄住户从九等户税"以及"数处有庄田，亦每处税"的规定对那些在非居住地拥有园林或拥有多处私园的园主也是很大冲击，因此李咸用在《题王处士山居》中才会有"无多别业供王税"② 的说法。此外，在这次改革中，户等的大小和官位有密切联系，由于以租庸调为主流时官员是免课役的，而经过这一改革后，那些有官爵的私园园主在赋税上的支出无疑也会随之大大增加。

除了官位，占有土地的规模也是评定户等的一个重要依据。不过我们还应该留心这样一条记录："（开元）二十二年五月十三日敕：定户之时，百

① 《旧唐书》卷四八《食货上》，第2091—2092页。

② 《全唐诗》卷六四六，第7404页。

姓非商户，郭外居宅及每丁一牛，不得将入货财数。”[①]也就是说，至少在盛唐时期，郊野园林如果没有附带田产的话则不会对户等产生影响。

两税法的得名，有的学者认为主要是指地税和户税，也有的学者认为主要是因为分夏秋两次征税。但不管到底得名原因究竟为何，至少可以肯定的一点是，相对于唐代前期的租庸调制，实行两税法后，虽然有些杂项税收依然存在，但是地税和户税在整个税制中的地位无疑已经占据了主导，张泽咸就在其《唐五代赋役史草》中指出：“两税法的核心是地税和户税。”[②]所以说，在实行两税法之后，私园园主所承担的主要税务从实质上讲还是地税和户税，只不过具体数额我们现在已经很难全面掌握了，因为两税并没有一个全国统一的税额，而是根据各地情况而定。因此，唐代文人园林在实施两税法之后的具体赋税额，也只能根据其所在州县的情况加以推测，笔者在这里也就不再展开了。

至于垦荒优待的问题，在两税法的时代也得到了坚持，当时的一般观念认为“莱田不税，实师古之通方”[③]，所以在中晚唐时期，垦荒免税的政策还算是相对稳定。比如陆贽曾提到过当时“贵田野垦辟，率民殖荒田，限年免租”[④]，唐武宗也下过一道《禁额外征税制》，其中明确提到：“内外诸州府百姓所种田苗，率税斛斗，素有定额。……自今已后，州县每年所徵斛斗，一切依元额为定，不得随年检责。数外如有荒闲陂泽山原，百姓或力能垦辟耕种，州县不得辄问。所收苗子，五年不在收税限，五年之外，依例收税。”[⑤]这一免税政策，对普通文人园林的经济运转来说，还是相当重要的。但是随着王朝的衰落，这一传统终于被打破，唐宣宗在《召募闲田制》中要求：“如闻州府之内，皆有闲田，空长蒿莱，无人垦辟，与其虚弃，曷若济人。宜令所在长吏设法召募贫人，课励耕种。所收苗子，以备水旱及当

① 《唐会要》卷八三《租税上》，第1533页。

② 张泽咸：《唐五代赋役史草》，中华书局，1986年，第123页。

③ 林谔：《对莱田不应税判》，见《全唐文》卷三六三，第1629页。

④ 《新唐书》卷五二《食货二》，第1356页。

⑤ 《全唐文》卷七六，第348页。

处军粮。”[①] 只是此次重新开始对垦荒征税，是维持大历时期“亩率二升”的相对优待，还是与普通田产一样不加区别，已不得而知，但此时的文人园林即使是垦荒所得也不能免税，则是可以肯定的了。

除了租庸调、地税和户税等基本税收，唐代还有其他一些杂税，而这当中的一部分也与私家园林有关，因此也需要进行一下梳理。唐代的各项杂税中，有可能会对文人私园发生影响的主要有以下几种：

交易税。交易税在一段时间内主要以“除陌钱”称之。前文已经提到过，唐代的许多私家园林中或种植有蔬果及经济作物，或饲养有一定的禽畜，如果这些蔬果禽畜只是被园主自己消费掉的话，可能是不需要缴纳赋税的，但是如果它们要进入市场流通而为园主创造更多收入的话，那么就必须要缴纳一定数额的交易税了。而像前文提到的园林买卖，显然也是应该缴税的。根据《唐会要》卷六六“太府寺”条中记载的“天宝九载二月二十四日敕……除陌钱每贯二十文”[②]，则至晚在盛唐时期已经开始征收交易税，税率是百分之二。在唐代大部分时间里这个税率还算相对稳定，但在国家因战争等原因造成财政困难时，则会导致税率的增加，比如唐德宗建中四年（783），“天下公私给与货易，率一贯旧算二十，益加算为五十”[③]。而其具体征收过程则可以参考《唐会要》卷八四《杂税》中的记载：“市牙各给印纸，人有买卖，随自署记。翌日合算之。有自贸易不用市牙者，给其私簿。无私簿者，投状自集。其有隐钱百者，没入二千，杖六十，告者赏十千，出于犯罪人家。”[④]

茶税。前面已经提到过，唐代有些文人园林中是种植有茶叶的，对这些园林来说，茶税也就成了必须承担的一种税务。一般认为，唐代茶税的征收始于德宗时期，据《旧唐书·德宗本纪》记载，建中三年九月，“于诸道津要置吏税商货，每贯税二十文，竹木茶漆皆什一税一，以充常平之

---

① 《全唐文》卷七九，第360页。

② 《唐会要》卷六六，第1154页。

③ 《旧唐书》卷四九《食货下》，第2128页。

④ 《唐会要》卷八四，第1546页。

本”[①]，但此时的茶税还不是独立的税种，而是包含在商品通过税之中，且兴元元年（784）一度罢废，直到贞元九年（793）才再次征收，并正式独立。据《唐会要》卷八七《转运盐铁总叙》记载，“（贞元）九年，张滂奏立税茶法。郡国有茶山及商贾以茶为利者，委院司分置诸场，立三等时估为价，为什一之税”[②]。此时是根据茶叶的品质分等抽税，税率为百分之十。此后，茶税成为定制，但其具体政策却多次发生变动，比如穆宗、文宗、武宗时期均曾提高过税率，文宗朝甚至还一度施行过榷茶专卖，而宣宗朝则又曾下过《停税茶敕》。不过考虑到唐代文人园林中有茶叶种植的终究是少数，而唐代茶税政策的变化又有许多专门的研究成果，笔者在这里也就不再进行详细讨论了。

酒税。前文中已经提到，唐代文人在日常的园林生活中，有时也会自行酿酒，但是这一酿酒行为在中晚唐时期不断受到榷酒政策的冲击，也就不免需要承担一定的赋税。因为前文已有相关论述，而且到了晚唐时期，酒税的性质其实已经发生了变化，“借用了两税法的税法税则，虽以榷酒为名，但实是凭政治强权进行摊征的一项固定税收”[③]，事实上已经与园林酿酒行为没有了直接关系，所以此处也就不再赘述了。

间架税。间架税是唐德宗时期征收的住宅税，其具体征收方法则是“凡屋两架为一间，屋有贵贱，约价三等，上价间出钱二千，中价一千，下价五百。所由吏秉算执筹，入人之庐舍而计其数。衣冠士族，或贫无他财，独守故业，坐多屋出算者，动数十万。人不胜其苦。凡没一间者，仗六十，告者赏钱五十贯，取于其家”[④]。私家园林本身也是一个居住场所，自然也会受到这一政策的冲击。不过由于这一方案引起了民愤，因此实行不久就告停罢，也就并未对私家园林产生过于严重的影响。

此外，我们前面还提到过关于竹税的问题。从《全唐文》中收录了数篇

---

① 《旧唐书》卷一二《德宗上》，第334—335页。

② 《唐会要》卷八七《转运盐铁总叙》，第1592页。

③ 刘玉峰：《论唐代税收体系和结构的发展变化》，载《思想战线》2003年第3期。

④ 《旧唐书》卷四九《食货下》，第2127—2128页。

《对税千亩竹判》(比如在卷四三五中就出现了三个人的同名作)来看,至少这一问题确实被认真考虑并讨论过,至于其究竟实行与否,似乎没有明确的记载,但竹子在税收政策中被作为特殊商品对待却是有据可查的,如《唐会要》卷八四《杂税》中记载的:"诸道津要都会之所,皆置吏,阅商人财货,计钱每贯税二十文;天下所出竹、木、茶、漆,皆什一税之"[①]。既然唐代文人园林中几乎是无园不种竹,则这一政策对他们也应该会多多少少地产生一些影响。

最后,我们再来讨论一下唐代文人园主的免税问题。许多学者都提到了唐代进士享有免赋役的特权,至少中晚唐时期如此,比如姚合在《送喻凫校书归毗陵》中就提到过"阙下科名出,乡中赋籍除"[②],而唐穆宗的《南郊改元德音》和唐敬宗的《南郊赦文》中也都曾提到过"名登科第,即免征徭"[③]。从这个角度看,只要是进士出身的文人,其拥有的私家园林似乎就应该是免税的。而前面提到过的需要缴纳园林赋税的文人如权德舆、张祜等,也确实都不是进士出身。不过应该注意的一点是,根据《旧唐书·权德舆传》中"父皋,字士繇,后秦尚书翼之后,少以进士补贝州临清尉"[④]的记载,权德舆的父亲是进士出身无疑。这就是说,进士出身或者只能免除自身的赋税,或者只能免除部分赋税,否则也就无法解释权德舆咸阳墅的税收问题了。但是关于这一问题,还有一条文献值得注意,那就是晚唐杨夔的《复宫阙后上执政书》,其中有这样一段文字:

> 今天下黔首,不惮征赋,而惮力役。明敕屡降,非不丁宁。州县奉私,曾不遵禀。既因循未用,亦有所未尽焉。盖侨寓州县者,或称前贤,或称衣冠。既是寄住,例无徭役。且敕有进士及第,许免一门差徭,其余杂科,止于免一身而已。今有侥幸辈偶忝微官,便住故地。既云前曾守官州县,须存事体。无厌辈不惟自置庄田,

① 《唐会要》卷八四《杂税》,第1545页。

② 《全唐诗》卷四九六,第5620页。

③ 《全唐文》卷六六、六八,第306、313页。

④ 《旧唐书》卷一四八《权德舆传》,第4001页。

抑亦广占物产。百姓惧其徭役，悉愿与人。不计货物，只希影覆。[①]

由此可见，进士科所免主要是“一门差徭”，强调的是“力役”而不是“征赋”，至于其他方面，则“止于免一身”。因此，首先权德舆咸阳墅的税收问题就可以完美解决，因为“止于免一身”，即使他父亲可免，也与他无关。而另一方面，更值得思考的是，这个“止于免一身”到底包含多少项目。仅从字面上来讲，似乎也不过是“其余杂科”，并没有提及户税与地税的问题，则唐代文人园林是否可以凭借进士出身而实现完全免税，还值得作进一步的思考和探究。毕竟，地税在唐初就已存在，且“王公以下”皆需缴纳，则中唐本就为解决中央财政困难而推行的两税法，未必就会在这方面额外对进士有所优待。连唐宣宗想对其舅郑光的鄠县及云阳县庄免税，都受到了中书门下官员“据地出税，天下皆同”[②]的反对，中晚唐官员中进士出身者已经比例甚高，倘若大家的私园平日里都享受了免税的待遇，又如何有底气对皇帝表达这一反对意见呢？此外，白居易曾在其《归田三首》其二中提到，自己要“上求奉王税，下望备家储”[③]，而且还写有《纳粟》一诗，描述了自己缴纳赋税的场景。此时的白居易已是“三十为近臣，腰间鸣佩玉。四十为野夫，田中学锄谷”[④]，进士登科已有十年，如果进士一概免税，那他惦记的“奉王税”又是什么呢？不只地税如此，户税也是同样，前引大历四年对户税的规定为：“定天下百姓及王公以下每年税钱，分为九等：上上户四千文，上中户三千五百文，上下户三千文。中上户二千五百文，中中户二千文，中下户一千五百文。下上户一千文，下中户七百文，下下户五百文。其见官，一品准上上户，九品准下下户，余品并准依此户等税。若一户数处任官，亦每处依品纳税。……诸道将士庄田，既缘防御勤劳，不可同百姓例，并一切从九等输税。”很显然，“王公以下”所有官员都需缴纳户税，且税额直接与官品挂钩，唯一享有优待的只有军士。这一改

① 《全唐文》卷八六六，第4023页。

② 《唐会要》卷八四《租税下》，第1545页。

③ 《全唐诗》卷四二九，第4729页。

④ 白居易：《归田三首》其三，见《全唐诗》卷四二九，第4729页。

革本就是两税法的先声，则两税法又怎么会再去给进士免户税呢？杨炎在奏请行两税法时，也表达过对"为官为僧，以色役免"[①]的不满，而中晚唐官员进士出身者甚多，若是都免税，那两税的改革还有什么意义呢？

据此，笔者以为，唐代进士在赋役方面的特权，主要体现为免"力役"而不是免"征赋"，且所免也止于一身。因此，无论出身如何，唐代文人的私家园林都需要承担法令规定的与之规模相对应的地税、户税及其他杂税。这应该是没有问题的。

① 《唐会要》卷八三《租税上》，第1536页。

第四章　园林经济对唐代文人的影响

在前面三章的论述里，我们已经了解了唐代园林经济的方方面面，积累了较为丰富的信息。而这些经济因素对文人的影响，穿插其间，也已经多有涉及。但是限于体例，在以经济探讨为主的篇章中，这种影响只能是略略提及，很难充分展开。因此，在经济方面的论述已经相对充分的情况下，接下来的篇章，我们便主要围绕文人和文学进行，具体分析在产权、经营、收支等诸多园林经济因素的影响下，唐代文人在心态、生活状态以及文学表达等方面，都有哪些值得注意的特点。

一、园林产权与文人心态

（一）产权变更的触动

通过之前第一章中的相关论述，我们不难看出，唐人获得私家园林的途径有许多种，而除直接垦荒之外，通常都表现为一次园林产权的变更，同时，这对原主人来讲，则又意味着产权的失去。能够像长孙家林亭那样长期继承达到“赵国林亭二百年”的，其实非常罕见。正所谓“二百年来城里宅，一家知换几多人”[①]，“亚尹故居经几主，只因君住有诗情”[②]。通观历史，唐代园林产权变更的频率还是相当高的，在前文当中，我们就曾看到过不少园林产权数次变更的例子。唐代前期，因为土地兼并与帝王赏赐等原因，就已经常常造成园林产权的转移。而在均田制崩溃、土地可以自由买卖之后，这种现象更加普遍。综观唐代历史，造成园林产权的频繁转移的原因主要有以下几种：

其一，土地的兼并与买卖。

可以说，土地的兼并与买卖是造成园林产权频繁转移最主要最普遍的一个原因。在前面举过的几个例子中，我们已经看到权豪势要兼并土地是一种非常普遍的现象。如果出现园主政治失势或园主去世而子孙没落的情况，更是会加速产权的变更。郭子仪死后，“奸人幸其危惧，多论夺田宅奴婢，(郭)曜不敢诉”[③]。韦嗣立去世后，他的骊山别业便遭到安乐公主的强买，虽然因中宗表态“大臣所置，宜传子孙，不可夺也”而作罢，但据其宅于天宝年间卒为虢国夫人所强占，“韦氏诸子乃率家童，挈其琴书，委于路中，而授韦氏隙地十数亩，其宅一无所酬”[④]来看，其别业似也难保持太久。从“然卫公李靖家庙，已为嬖臣杨氏马厩矣”[⑤]的感慨中，我们不难想象权豪以势夺占土地的普遍，也不难理解李德裕的担心。高官后裔尚且如此，则普通人迫于权力与经济的压力，更加无法抵御兼并，往往不得不通过种种方式转让产权。比如《唐会要》中提到的“典贴庄宅、店铺、田地”[⑥]，又比如柳宗元《钴鉧潭记》中的“不胜官租私券之委积，既芟山而更居，愿以潭上田贸财以缓祸”[⑦]，都反映出社会下层之人保有园林的不易。在“安乐公主改为悖逆庶人。夺百姓庄园，造定昆池四十九里，直抵南山”的背后，

---

① 元稹：《和乐天高相宅》，见《全唐诗》卷四一四，第4584页。

② 雍陶：《题友人所居》，见《全唐诗》卷五一八，第5929页。

③ 《旧唐书》卷一二〇《郭子仪传》，第3468页。

④ 郑处诲：《明皇杂录》卷下，见《唐五代笔记小说大观》，第964页。

⑤ 《旧唐书》卷一五二《马璘传》，第4067页。

⑥ 《唐会要》卷八九《泉货》，第1625页。

⑦ 《全唐文》卷五八一，第2600页。

有多少人失去了他们的庄园！而“成安公主夺民园，不酬直”[1]所造成的，也是一样的斑斑血泪。至于陈彦博《恩赐魏文贞公诸孙旧第以导直臣》[2]中所写的魏徵子孙因皇帝恩赐而重新得到先人池馆，固是一桩佳话，但在这表面佳话的背后，也是连续数代失去祖产的零落吧！由于前文已经征引过许多园林兼并和买卖的例子，此处也就不再赘述了。

其二，皇帝赐园的改赐。

在前文中曾经提到，皇帝经常赏赐园林给宗室或者臣子，但这种赏赐得来的园林，其产权似乎不那么稳定。一旦园主远谪或过世，该园林往往又会被另赏他人，尤其在涉及公主、驸马的赐园中，这种现象更是普遍。如“驸马都尉杨慎交山池，本徐王元礼之池”，又如前面提到过的魏王故第转赐长宁公主、太平公主园亭转赐诸王、永穆公主池观转赐安禄山等，都是这方面的例子。而且，帝王所赐之宅园，在继承上似乎确实存在这样的特殊性，比如于邵曾作《为薛岌谢赐宅状》，其中提到“宅先赐臣亡弟嵩，比缘空闲，臣遂权住。某年月日，中使某至，奉宣进止，转以赐臣，并敕所司，改给公验”[3]，也就是说，帝王赏赐之宅园，若无许可，是不得由其他家人继承的。若事实果真如此，则赐园的产权就更不稳定了。

其三，政府的罚没。

因为政治经济方面的原因，唐代经常出现私家园林被罚没入官的事情，这也是造成园林产权频繁转移的一个重要原因。如“璘之第，经始中堂，费钱二十万贯，他室降等无几。及璘卒于军，子弟护丧归京师，士庶观其中堂，或假称故吏，争往赴吊者数十百人。德宗在东宫，宿闻其事，及践祚，条举格令，第舍不得逾制，仍诏毁璘中堂及内官刘忠翼之第，璘之家园，进属官司。自后公卿赐宴，多于璘之山池。子弟无行，家财寻尽”[4]，便是一个典型的例子。又比如韦庄诗中提到的“谁氏园林一簇烟，路人遥指

---

① 《新唐书》卷一二九《李朝隐传》，第4480页。

② 《全唐诗》卷四八八，第5542页。

③ 《全唐文》卷四二五，第1919页。

④ 《旧唐书》卷一五二《马璘传》，第4067页。

尽长叹。桑田稻泽今无主，新犯香醪没入官”，也是如此。其实，按照唐朝的国家法令，对于财产的罚没本是有着明确的相关规定：“谨按国家典法，没入官产，唯有两科：一谓奸赃，一谓叛逆。皆须先鞫犯状，审得实情，宪司察冤，法寺论罪，会府覆奏，掖垣参详，如是悉无异词，然后谓之狱成，而闻于天子。其有抵于深辟者，制可既下，所司犹三五覆奏，庶或宥之。圣王爱人恤刑，乃至如此精慎。罪法既定，方合征收，叛逆则尽没其家，奸赃则止征所犯。”[①]只可惜，该法令在具体执行时却未必总是能够被遵循，反倒常常为帝王之好恶所左右，上举马璘之山池即是如此。

其四，垦荒所得园林的临时性。

对部分通过垦荒获得园林的文人来说，他们拥有的园林往往比较简陋，这样的园林在很大程度上起到的是一种临时性的经济来源的作用，一旦园主出仕，有了更为稳定的收入，那垦荒获得的园林就失去了意义，从而趋于荒废。比如岑参出仕离开白阁西草堂，该草堂便处于“野碓无人舂”的状态了。另外，政府虽然对垦荒获得的私田有一定的政策优待，但这种优待是有年限的，如果超出了优待年限，赋税额很可能会上涨，比如前文提到过的唐武宗《禁额外征税制》中的规定便是“五年不在收税限，五年之外，依例收税”。而如此一来，许多垦荒所得之园林也就难以维持了。陆贽就曾描述当时的垦荒情况是“贵田野垦辟，率民殖荒田，限年免租，新亩虽辟，旧畬芜矣。人以免租年满，复为污莱”。也就是说一旦免租期满，耕种者往往会放弃这片土地而去重新开荒，而这也从一个侧面说明，文人垦荒而来的园林，其产权是不稳定的。

上述桩桩件件，都说明园林产权的稳定性确实要比人们通常想象的脆弱得多。其实，造成园林产权丧失的原因，也远不止这几种，各类天灾人祸，都可能对文人辛苦营构的产业造成巨大的冲击。比如梁肃在《过旧园赋（并序）》中的辛酸描述，便是典型案例。梁肃所赋之“旧园”，建于开元年间，所谓“高祖父赵王府记室宜春公洎曾王父侍御史府君已降，三世居

---

① 陆贽：《请不簿录窦参庄宅状》，见《全唐文》卷四七五，第2145页。

陆浑，有田不过百亩。开元中，为大水所坏，始徙于函关”，可见其家族在陆浑曾有产业，却在开元年间毁于自然灾害，这才不得不迁居新安，重构园居。然而，这处“桑柘接连，蔬果芳滋”的园居也不过维持了十几年，便在战乱中毁于一旦：“上元辛丑，盗入洛阳，三河间大涂炭。因窜身东下，旅于吴越，转徙厄难之中者，垂二十年。上嗣位岁，应诏诣京师。其年夏，除东宫校书郎，遂请告归觐于江南。八月，过崤渑，次于新安东南十数里，旧居在焉。时岁滋远，荆榛芜翳，乔木苍然，三径莫辨。访邻老而已尽，眄庭柯以沾衣。情之所钟，可胜叹耶？”[①] 安史乱起，四海南奔，乱后归来，故园已是荡然无存，正所谓“旧宅兵烧尽”[②]。有这样经历的，显然绝非梁肃一人。时局不宁，一介士子又有什么能力保护自己的这点园产呢？所以，到了晚唐，时局更加动荡，司空图也就不得不面对同样的悲剧，其《休休亭记》中就曾如此描述道：“司空氏王官谷休休亭，本濯缨也。濯缨为陕军所焚，愚窜避逾纪。天复癸亥岁，蒲稔人安，既归葺于坏垣之中。”[③] 当然，司空图还算幸运，毕竟他还可以于乱后“归葺于坏垣之中”，而对大多数人来说，恐怕“三径莫辨”，遗踪无觅才是常态吧！则“情之所钟，可胜叹耶”，梁肃之叹，实为代一辈人发声，代千万乱世人发声了。

园林产权的脆弱，已如上文所述，而文人的感觉总是格外敏锐的，因此，园林产权的变更也就很容易触动他们敏感的心弦，或者由此联想到世事沧桑富贵无常，或因此而慨叹物是人非感时怀旧，形成了唐代园林诗里颇为独特的一类。在唐诗中，以此为主题的作品并不少见，例如：

平阳旧池馆，寂寞使人愁。座卷流黄簟，帘垂白玉钩。庭闲花自落，门闭水空流。追想吹箫处，应随仙鹤游。[④]

高亭望见长安树，春草冈西旧院斜。光动绿烟遮岸竹，粉开红

① 《全唐文》卷五一七，第2324页。

② 贾岛：《逢旧识》，见《全唐诗》卷五七三，第6652页。

③ 《全唐文》卷八〇七，第3763页。

④ 丁仙芝：《长宁公主旧山池》，见《全唐诗》卷一一四，第1156页。

艳塞溪花。野泉闻洗亲王马，古柳曾停贵主车。妆阁书楼倾侧尽，云山新卖与官家。[①]

树绕荒台叶满池，箫声一绝草虫悲。邻家犹学宫人髻，园客争偷御果枝。马埒蓬蒿藏狡兔，凤楼烟雨啸愁鸱。何郎独在无恩泽，不似当初傅粉时。[②]

一朝寂寂与冥冥，垄树未长坟草青。高节雄才向何处，夜阑空锁满池星。[③]

通过以上这些例子，结合白居易《答尉迟少监水阁重宴》一诗中的“闻道经营费心力，忍教成后属他人”及其自注“时主人欲卖林亭”[④]，则园林产权变动对文人心理的强烈影响可见一斑。

上文所引，都还只是与作者本人无关的园林产权转移，尚且不免让文人们为之感伤，那如果是文人自己失去了园林，又是怎样一种心境？孟郊有一首《乙酉岁舍弟扶侍归兴义庄居后独止舍待替人》，就为我们描述了诗人在等待他的兴义庄的新主人来接手时的情景：

谁言旧居止，主人忽成客。僮仆强与言，相惧终脉脉。出亦何所求，入亦何所索。饮食迷精粗，衣裳失宽窄。回风卷闲簟，新月生空壁。士有百役身，官无一姓宅。丈夫耻自饰，衰须从飒白。兰交早已谢，榆景徒相迫。惟予心中镜，不语光历历。[⑤]

此庄已经转手，家人都已离去，物品大都也已搬走，只有自己和僮仆留在此地，等待接手人的到来。无心言语，又无奈于生计，劳碌大半生，却连这点产业也保不住。临风对月，却四顾无物，当此长夜，凄凉可知。一句“官

① 王建：《郭家溪亭》，见《全唐诗》卷三〇〇，第3403页。

② 刘禹锡：《题于家公主旧宅》，见《全唐诗》卷三六〇，第4067页。

③ 方干：《经故侯郎中旧居》，见《全唐诗》卷六五三，第7501页。

④ 《全唐诗》卷四四八，第5044页。

⑤ 《全唐诗》卷三七四，第4205页。

无一姓宅”，强行自我安慰，却更加令人心痛。

失去产权之时，心境已是如此凄凉，那多年之后，故地重游，再次面对曾经属于自己的园林，甚至自己亲自经营过的一草一木，又该是何等伤怀？且看雍陶的《过旧宅看花》：

山桃野杏两三栽，树树繁花去复开。今日主人相引看，谁知曾是客移来。[①]

私有的园林尚且不免产权的变动，小产权的园林就更是如此了。比如官署园林，园主必然会随着地方官的迁转而不断变化，前任的经营也只能交付继任，而曾经见证过前任经营的文人，在面对产权变动时，也同样有所感怀。其中王建的两首诗就颇为典型：

主人昔专城，城南起高亭。贵与宾客游，工者夜不宁。酒食宴圃人，栽接望早成。经年使家僮，远道求异英。郡中暂闲暇，绕树引诸生。开泉浴山禽，为爱山中声。世间事难保，一日各徂征。死生不相及，花落实方荣。我来至此中，守吏非本名。重君昔为主，相与下马行。旧岛日日摧，池水不复清。岂无后人赏，所贵手自营。浇酒向所思，风起如有灵。此去不重来，重来伤我形。[②]

高池高阁上连起，荷叶团团盖秋水。主人已远凉风生，旧客不来芙蓉死。[③]

参照王建生平，此主人应是诗人在邢州求学问道时期曾对其有过提携礼遇的邢州刺史元谊[④]，由“郡中”“守吏”等字眼，亦可知此园带有小产权的性质。王建作为宾客见证了昔日园主为了这处园林所付出的种种心血，几乎所有的建设都是在园主人的授意下进行的，而且不惜工本。但是一旦园主人调离或去世，一切经营都归属于继任的守吏，而继任者在园林经营上显

① 《全唐诗》卷五一八，第5925页。

② 王建：《主人故亭》，见《全唐诗》卷二九七，第3362页。

③ 王建：《主人故池》，见《全唐诗》卷二九八，第3381页。

④ 参见王建著，王宗棠校注：《王建诗集校注》，中州古籍出版社，2006年，第726页。

然不那么热情，以至于“旧岛日日摧，池水不复清”“旧客不来芙蓉死”。而对当年见证过这里一草一木栽植和成长的诗人来说，自然是不忍重来重见了。

这种园林产权的频繁变动，很容易让人联想到世事的无常，尤其是像上文所举的《长宁公主旧山池》《郭家溪亭》《题于家公主旧宅》一类，园主或为皇室或为勋贵，哪个不曾显赫一时，而最终也都是过眼云烟。富贵如此，功名亦如此，则文人所谓的事业、所谓的安身立命之本，又将何去何从？张籍在《沈千运旧居》中面对故去文人星散、破败的园产所发出的感慨就是这种苍茫的心境：

> 汝北君子宅，我来见颓墉。乱离子孙尽，地属邻里翁。土木被丘墟，溪路不连通。旧井蔓草合，牛羊坠其中。君辞天子书，放意任体躬。一生不自力，家与逆旅同。高议切星辰，余声激喑聋。方将旌旧闾，百世可封崇。嗟其未积年，已为荒林丛。时岂无知音，不能崇此风。浩荡竟无睹，我将安所从。[①]

故园芜没，此身安归？亲见如此，吾更何为！

这种情绪的蔓延，甚至在文人正居住于园林中时，都能感受得到，白居易晚年居洛时，就在《有感三首》其一中感慨着“车舆红尘合，第宅青烟起。彼来此须去，品物之常理。第宅非吾庐，逆旅暂留止。子孙非我有，委蜕而已矣”[②]，人生尚如逆旅，则辛苦经营的履道池台，也终究不过是在世之时的临时栖身之所罢了。

类似世事无常所带来的出世情绪，一旦再结合宗教的影响，有时候甚至会促使文人主动放弃园林的产权。而这种放弃，最常见的一种方式就是布施为寺观，即使《唐令·田令》中有“诸官人、百姓，并不得将田宅舍施及卖易与寺观。违者，钱物及田宅并没官”[③] 这样明确的规定，都无法阻止

---

① 《全唐诗》卷三八三，第4295页。

② 《全唐诗》卷四四四，第4976—4977页。

③ 天一阁博物馆、中国社会科学院历史研究所天圣令整理课题组：《天一阁藏明钞本天圣令校证（附唐令复原研究）》，中华书局，2006年，第253页。

他们。王维无疑是这种情绪的典型，早在天宝年间在辋川别业常住之时，诗人就已经每每感受到这种无常，并在其《辋川集》中多有流露，试看以下几首：

新家孟城口，古木余衰柳。来者复为谁，空悲昔人有。①

飞鸟去不穷，连山复秋色。上下华子冈，惆怅情何极。②

文杏裁为梁，香茅结为宇。不知栋里云，去作人间雨。③

古人非傲吏，自阙经世务。偶寄一微官，婆娑数株树。④

辋川别业本属宋之问，后来被王维购得，这本身就是一次产权的转移，有第一次，也就有后来的无数次，园主此刻的居住，也只是暂寄此身，百年之后，花木如许，复属何人？《孟城坳》所悲者如是，推广开来，人生何事不如是？所谓为官，只是偶然寄身于此位（《漆园》），所谓云雨，也不过是天上人间，偶然聚散而已（《文杏馆》）。而《华子冈》更是取自佛家之“飞鸟喻”，“了知诸法性寂灭，如鸟飞空无有迹”⑤，所谓“诸行无常，诸法无我”，有情众生、森罗万象，皆是如此⑥，又何况只是暂为寄身之所的一处小小园林呢？于是，安史之乱后，“晚年唯好静，万事不关心”⑦的王维最终选择了舍园为寺，呈上了一道《请施庄为寺表》：

臣维稽首：臣闻罔极之恩，岂有能报？终天不返，何堪永思？然要欲强有所为，自宽其痛。释教有崇树功德，宏济幽冥。臣亡母故博陵县君崔氏，师事大照禅师三十余岁，褐衣蔬食，持戒安禅，

---

① 王维：《孟城坳》，见《全唐诗》卷一二八，第1299页。

② 王维：《华子冈》，见《全唐诗》卷一二八，第1300页。

③ 王维：《文杏馆》，见《全唐诗》卷一二八，第1300页。

④ 王维：《漆园》，见《全唐诗》卷一二八，第1302页。

⑤ 澄观撰述：《大方广佛华严经疏抄会本》卷六二，中华书局，2020年，第44页。

⑥ 陈允吉：《王维辋川〈华子冈〉诗与佛家“飞鸟喻”》，载《文学遗产》1998年第2期。

⑦ 王维：《酬张少府》，见《全唐诗》卷一二六，第1267页。

乐住山林，志求寂静。臣遂于蓝田县营山居一所，草堂精舍，竹林果园，并是亡亲宴坐之余，经行之所。臣往丁凶衅，当即发心，愿为伽蓝，永劫追福。比虽未敢陈情，终日常积恳诚。又属元圣中兴，群生受福，臣至庸朽，得备周行。无以谢生，将何答施？愿献如天之寿，长为率土之君，惟佛之力可凭，施寺之心转切。效微尘于天地，固先国而后家，敢以鸟鼠私情、冒触天听？伏乞施此庄为一小寺，兼望抽诸寺名行僧七人，精勤禅诵，斋戒住持，上报圣恩，下酬慈爱。无任恳款之至。[①]

虽然表面上说的是“先国而后家”“上报圣恩”，然伤亲亡而园在，叹天地之微尘，其实才是其内心深处的感受吧！

而唐代曾经舍宅布施的，也绝非王维一人，同处盛唐的王鉷，也有一道《请舍宅为观表》：

臣旧宅在城南安化门内道东第一家，祖父相传，竹树犹茂，已更数代，垂向百年。同萧何之买田，诚为偏僻；异晏婴之近市，稍远嚣尘。臣于此中，选其胜处，减兼官之禄俸，回累赐之金帛，尽除遗堵，创建遵堂。廊宇既成，功德将毕，伏乞俯矜丹恳，特降皇慈，因诞圣之辰，充报恩之观，捧迎仙榜，光映敝庐。每至三元八节之时，天长乙酉之日，臣得澡雪纷垢，奉持斋戒。一心至愿，稽首尊容，献福圣躬，永资宝算。千生顶戴，万劫归依。虽蝼蚁之负细尘，岂能裨岳？而鸟鹊之衔微毳，有志填河。……[②]

由这段文字可知，王鉷此宅，得自继承，已历数代，竹树满堂，园宅一体。作为一个佞臣，王鉷舍宅之举，自不乏讨好信奉道教的玄宗之意，其对产权变动的感受，恐怕也不会像王维那么深刻。然而所谓“高处不胜寒”，煊赫一时者势热心冷的例子也不是没有，时人视杨国忠之势尚如冰山难倚，何况一王鉷？王鉷能将数代传承之老宅舍出，而且声明自己“澡雪纷垢，奉持斋戒”，若说其一点宗教的体验都没有，怕也未必合适吧。

① 《全唐文》卷三二四，第1455页。

② 《全唐文》卷三四六，第1553页。

太平年代的王铁尚不免有舍宅之举，经过安史之乱且本就宗教修养颇深的王维就更可理解了。而事实上，这种时局动荡的刺激，往往会推动士人倒向宗教，抛舍产业，寻求安慰，安史之乱如此，百年前的隋末大乱也曾如此。德宣在《隋司徒陈公舍宅造寺碑》中便记载了武德二年陈杲仁舍园之事：

法兴欲割据常州，诈结父子之义。时逆人李子通屯集数万，镇在江北，惧公之威，不敢辄渡。法兴潜谋，诈称疾亟。公往问疾，乃觉中毒，走马而归。公素与高僧凛禅师着尘外之交，法师寻与受菩萨戒。付嘱张轸二夫人，所居之华第，并道南兵仗院，并施为僧伽蓝，名杜业寺。是郡东南三十五里，公之别业。红沼夏溢，芰荷发而惠风香；绿田秋肥，霜露降而嘉禾熟，并舍入景星寺。言讫而终。虽幽魂冥冥，梁木斯坏；而生气凛凛，高风尚存。功可勒石，食堪配庙。……[①]

在《隋司徒陈公舍宅造寺碑》的前半部分，曾历数陈杲仁自六世祖陈武帝以下世系，代有才俊，述及陈杲仁本人，时称"八绝者，一忠、二孝、三文、四武、五信、六义、七谋、八辨"，亦可谓一时之人杰。然经隋末动乱，不得其所，弥留之际，万象成空，遂将家宅庄园等全部产业一并舍于佛寺，以换得人生最后的心安，宁不悲夫！

降及晚唐，天下复乱之时，我们依然可以看到类似的现象，即使未必是全园布施，也可能会让渡出园林的一部分使用权给予僧徒，比如司空图的《山居记》中便提道：

会昌中，诏毁佛宫，因为我有谷之名，本以王官废垒在其侧。今司空氏易之为祯陵溪，亦曰祯贻云。愚以家世储善之祐，集于厥躬，乃像刻大悲，跂新构于西北隅，其亭曰"证因"。证因之右，其亭曰"拟纶"，志其所著也。拟纶之左，其亭曰"修史"，勖其所职也。西南之亭曰"濯缨"，濯缨之窗旦鸣，皆有所警。堂

① 《全唐文》卷九一五，第4226页。

曰“三诏之堂”，室曰“九籥之室”，皓其壁以模玉川于其间，备列国朝至行清节文学英特之士，庶存耸激耳。其上方之亭曰“览昭”，悬瀑之亭曰“莹心”，皆归于释氏，以栖其徒。[①]

当是时，王朝之没落，会昌法难之冲击，无疑更会加剧诗人心中的无常之感，作亭以栖僧徒，想来也不复是以往文人那样，以结交僧道为清高之举，在“像刻大悲”“归于释氏”的背后，满是人生末路的悲剧意味，而文章最后的“且讵知他日复睹睟容、访陈迹者，非今兹誓愿之证哉”[②]，直写身后之遗容，承“来者复为谁”之感慨，却又更多了一分不甘心的执拗。唐亡后，司空图绝食而死，而如此刚烈的举动，恐怕也不仅仅是出于气节与忠诚，或许其中亦包含了这股执拗。

当然，并不是所有的舍园为寺都是文人的自主，但是其背后的悲剧色彩，却往往并无二致。比如《旧唐书·马燧传》中便曾记载道：“燧既卒，畅承旧业，屡为豪幸邀取。贞元末，中尉杨志廉讽畅令献田园第宅，顺宗复赐畅。初为汇妻所诉，析其产，中贵又逼取，仍指使施于佛寺，畅不敢吝；晚年财产并尽，身殁之后，诸子无室可居，以至冻馁。今奉诚园亭馆，即畅旧第也。”[③]很显然，马畅将宅园“施于佛寺”，乃是中贵人所逼（之前曾提及寺院经济与权力者的密切关联，亦由此可见），而曾经煊赫一时的马家，最终落得个“诸子无室可居，以至冻馁”，更可谓是无常之至了。

在马燧家的例子中，我们看到了产权转移后子孙的窘境，但这一例子多少与世俗权力的蛮横干预有关。因此，文人也不免颇有微词，比如窦牟的《奉诚园闻笛》便写道：“曾绝朱缨吐锦茵，欲披荒草访遗尘。秋风忽洒西园泪，满目山阳笛里人。”[④]而有的时候，园林的产权则完全是因为子孙不肖而无法顺利继承下去，最终转归他人。比如前文就提到过马璘家，其山池被罚没，固有逾制等原因，但其他产业最终却是“子弟无行，家财寻尽”。

---

① 《全唐文》卷八〇七，第3763页。

② 《全唐文》卷八〇七，第3763页。

③ 《旧唐书》卷一三四《马燧传》，第3701—3702页。

④ 《全唐诗》卷二七一，第3039页。

又比如《太平广记》中的屈突仲任"性不好书，唯以樗蒲弋猎为事。父卒时，家僮数十人，资数百万，庄第甚众。而仲任纵赏好色，荒饮博戏，卖易且尽。数年后，唯温县庄存焉。即货易田畴，拆卖屋宇，又已尽矣，唯庄内一堂岿然。仆妾皆尽，家贫无计"[①]。而这种现象无疑更会激发起时人深切的感慨，张嘉贞在其《答劝置田园札》就曾叹息道："若负谴责，虽富田庄，亦无用也。比见朝士广占良田，及身没后，皆为无赖子弟作酒色之资，甚无谓也。"[②]一个"皆为"，正见其普遍。而面对"田季羔，公忠正直，先朝名臣。其祖父皆以孝行旌表门闾，京城隋朝旧第，季羔一家而已。今被堂侄伯强进状，请货宅召市人马"的事件，柳浑也在《请禁田季羔货宅奏》中痛斥其为"毁弃义门，亏损风教"。[③]而《太平广记》中的一则故事尤令人读之悯然：

中和中，将家于义兴，置一别墅，用缗钱二百千。既半授之矣，泰游吴兴郡，约回日当诣所止。居两月，泰回，停舟墅前，复以余资授之，俾其人他徙。于时睹一老妪，长恸数声。泰惊悸，召诘之，妪曰："老妇尝事翁姑于此，子孙不肖，为他人所有，故悲耳。"泰怃然久之，因绐曰："吾适得京书，已别除官，固不可驻此也，所居且命尔子掌之。"言讫，解维而逝，不复返矣。[④]

孙泰最终既没有索回定金，也没有强行完成收买。他的"解维而逝"，究竟是纯粹的同情怜悯，还是在唐末乱世中动了物伤其类之情，已是不得而知了。但是因子孙不肖而转手园林的，又有几人能遇到孙泰这样的买主呢？数百年后，王献臣之子一夜豪赌，便将拙政园输与他人，如此知名的故事，其实也不过是为这一现象再添一注脚而已。

子孙不肖，则园产难保。由此看来，李德裕在《平泉山居诫子孙记》中殷殷叮嘱"留此林居，贻厥后代。鬻吾平泉者，非吾子孙也。以平泉一树

---

① 《太平广记》卷一〇〇《屈突仲任》，第667—668页。

② 《全唐文》卷二九九，第1342页。

③ 《全唐文》卷三七七，第1692页。

④ 《太平广记》卷一一七《孙泰》，第820页。

一石与人者，非佳子弟也”，也并非一种无谓的担心了。

其实，不仅园林本身的产权经常会发生转移，园林中物产的所有权也同样面临这一问题。有的物产是会随着园林产权而转移的，比如张蠙《和友人许裳题宣平里古藤》中的古藤便是“历代频更主”[①]。而有的物产转移则是与园林产权相分离的，比如于鹄《寻李逸人旧居》中的“琴书随弟子，鸡犬在邻家”[②]，便主要强调了物产所有权的变更。而白居易在《有感三首》其二中也曾感慨过“莫养瘦马驹，莫教小妓女。后事在目前，不信君看取。马肥快行走，妓长能歌舞。三年五岁间，已闻换一主”[③]。白居易的这番感慨，或许正源自自身的感受，他在洛阳履道池台中所养的双鹤，便曾一度被裴度索去。这对鹤，本为白居易在江南任职期间所得，后携归洛阳。但是后来为裴度所注意，遂向白居易寄诗索取，从裴度写下《白二十二侍郎有双鹤留在洛下予西园多野水长松可以栖息遂以诗请之》开始，两人围绕这对鹤的归属开始用诗歌展开交锋，后来因刘禹锡《和裴相公寄白侍郎求双鹤》的介入而打破僵局。最终，或许出于对裴度权势的顾虑，白居易还是出让了这对鹤。[④] 对于这次产权的让渡，白居易无疑是颇为伤感的，其在《送鹤与裴相临别赠诗》中的“稻粱恩厚莫愁饥”“的应胜在白家时”[⑤]，虽似劝鹤，实则是自己的满怀不舍。而在后来的《问江南物》一诗中，白居易更是因这怀念而引发无限的惆怅：

> 归来未及问生涯，先问江南物在耶。引手摩挲青石笋，回头点检白莲花。苏州舫故龙头暗，王尹桥倾雁齿斜。别有夜深惆怅事，月明双鹤在裴家。[⑥]

不过，还算幸运的是，这对鹤最终还是回到了白居易的园子里。个中

---

① 《全唐诗》卷七〇二，第8083页。

② 《全唐诗》卷三一〇，第3505页。

③ 《全唐诗》卷四四四，第4977页。

④ 参见韩晓山著，文韬译：《私人领域的变形：唐宋诗歌中的园林与玩好》，江苏人民出版社，2008年，第126—131页。

⑤ 《全唐诗》卷四四九，第5057页。

⑥ 《全唐诗》卷四五〇，第5076页。

缘由与经过，如今已无从考索，不过裴度毕竟不是权相，晚年居洛时也明显更多一些文人气，归还双鹤也并不是什么太奇怪的事情。然而，围绕双鹤的所有权而衍生的一系列诗歌，以及白居易失去双鹤时的惆怅与伤感，却永久地留在了文学史里。

而相比于白居易最终的幸运，其他文人园林附属物产的流失，应该都是很难再回来的了。否则，李德裕也不必强调“以平泉一树一石与人者，非佳子弟也”了。毕竟，和园林产权的转移一样，物产转移的背后有时也不免是滥用权力的巧取豪夺，无理可讲，比如白居易的《宿紫阁山北村》中的描写就非常典型：

> 晨游紫阁峰，暮宿山下村。村老见余喜，为余开一尊。举杯未及饮，暴卒来入门。紫衣挟刀斧，草草十余人。夺我席上酒，掣我盘中飧。主人退后立，敛手反如宾。中庭有奇树，种来三十春。主人惜不得，持斧断其根。口称采造家，身属神策军。主人慎勿语，中尉正承恩。①

而李德裕生前的担心最终也都成为现实，宋代杜绾的《云林石谱》中已专列“平泉石”②一则，可见庄中木石宋时已然星散。甚至早在唐末五代，“平泉庄故物”就已经被洛阳城中的富贵权豪之家竞相收藏。《旧五代史》中曾记载道：

> 初，德裕之为将相也，大有勋于王室，出籓入辅，绵历累朝。及留守洛阳，有终焉之志，于平泉置别墅，采天下奇花异竹、珍木怪石，为园池之玩。自为家戒序录，志其草木之得处，刊于石，云：“移吾片石，折树一枝，非子孙也。”洎巢、蔡之乱，洛都灰烬，全义披榛而创都邑，李氏花木，多为都下移掘，樵人鬻卖，园亭扫地矣。有醒酒石，德裕醉即踞之，最保惜者。光化初，中使有监全义军得此石，置于家园。敬义知之，泣渭全义曰：“平泉别业，吾祖戒约甚严，子孙不肖，动违先旨。”因托全义请石于监

① 《全唐诗》卷四二四，第4659页。

② 杜绾：《云林石谱》，中华书局，2012年，第53页。

军。他日宴会，全义谓监军曰："李员外泣告，言内侍得卫公醒酒石，其祖戒堪哀，内侍能回遗否？"监军忿然厉声曰："黄巢败后，谁家园池完复，岂独平泉有石哉！"[①]

太平时节，失势之家的产权已难保全，而乱世之中，又岂有长存之可能？"黄巢败后，谁家园池完复"的背后，更不知有多少唐人池台俱已物去园荒了！

虽然无论园林本身还是附属物产，都有可能发生所有权的转移。但是它的每一任主人，终究曾经在此留下过印记。产权或已转移，甚至园主人已经离世，但这些印记却未必那么快被消磨干净。有时候，就算具体的印记消失了，还可能会在他人那里留下记忆，所谓"村人都不知时事，犹自呼为处士庄"[②]，正是因为这些印记的存在，往往使文人们的怀念也有了具体的依托，刘禹锡的《伤愚溪三首（并引）》就是最典型的例子：

故人柳子厚之谪永州，得胜地，结茅树蔬，为沼沚，为台榭，目曰愚溪。柳子没三年，有僧游零陵，告余曰："愚溪无复曩时矣！"一闻僧言，悲不能自胜，遂以所闻为七言以寄恨。

溪水悠悠春自来，草堂无主燕飞回。
隔帘惟见中庭草，一树山榴依旧开。

草圣数行留坏壁，木奴千树属邻家。
唯见里门通德榜，残阳寂寞出樵车。

柳门竹巷依依在，野草青苔日日多。
纵有邻人解吹笛，山阳旧侣更谁过？[③]

纵然产权已经转属邻家，但山榴如昔、柳门依旧，处处都是柳宗元当年经营过的痕迹，单是听闻现状，都足以令人感怀，更何况有时文人是亲临

① 《旧五代史》卷六〇《李敬义传》，第935页。
② 白居易：《过温尚书旧庄》，见《全唐诗》卷四五〇，第5086页。
③ 《全唐诗》卷三六五，第4119—4120页。

其地，比如：

手植已芳菲，心伤故径微。往年啼鸟至，今日主人非。满地谁当扫，随风岂复归。空怜旧阴在，门客共沾衣。[①]

芍药花开出旧栏，春衫掩泪再来看。主人不在花长在，更胜青松守岁寒。[②]

故池春又至，一到一伤情。雁鹜群犹下，蛙螟衣已生。竹丛身后长，台势雨来倾。六尺孤安在，人间未有名。[③]

戚戚抱幽独，宴宴沉荒居。不闻新欢笑，但睹旧诗书。艺檗意弥苦，耕山食无余。定交昔何在，至戚今或疏。薄俗易销歇，淳风难久舒。秋芜上空堂，寒槿落枯渠。薙草恐伤蕙，摄衣自理锄。残芳亦可饵，遗秀谁忍除。徘徊未能去，为尔涕涟如。[④]

手植花木仍在，园林主人已非，“竹丛身后长”“但睹旧诗书”，都是曾经的印记，都是如今的寄托，类似人去而园在，临园而怀故主的作品，在唐诗当中可谓比比皆是。这种临园怀旧之情，有时甚至能引起多人的唱和与共鸣，比如在李德裕作《房公旧竹亭闻琴，缅慕风流，神期如在，因重题此作》之后，刘禹锡和郑澣就分别唱和了《和游房公旧竹亭闻琴绝句》和《和李德裕房公旧竹亭闻琴》。更值得注意的是，这类诗歌在中晚唐以降数量明显增多，尤其是晚唐，仅许浑一人，便有《经马镇西宅》《题倪处士旧居》《过故友旧居》《过鲍溶宅有感》《朱坡故少保杜公池亭》《题故李秀才居》《出永通门经李氏庄》《经故丁补阙郊居》《经李给事旧居》等近十首之多（这些诗歌的题目中虽多言宅、居，但诗中都有相应的园林景观描写，故皆

① 刘长卿：《过萧尚书故居见李花，感而成咏》，见《全唐诗》卷一四七，第1504页。
② 钱起：《故王维右丞堂前芍药花开，凄然感怀》，见《全唐诗》卷二三九，第2688页。
③ 刘禹锡：《再经故元九相公宅池上作》，见《全唐诗》卷三五七，第4023—4024页。
④ 孟郊：《哀孟云卿嵩阳荒居》，见《全唐诗》卷三八一，第4271—4272页。

可视为宅园）。而在温庭筠那里，这类作品也至少有七八首。这些临园怀旧之作，与同时期流行的咏史怀古诗一起，承载着此时文人内心深处所体验到的王朝衰败、人生零落与世事无常，透露出的更是一种带有时代气息的感伤。

不仅如此，这种依托于存世园林或园中之物的怀念，有时候还可以跨越更为漫长的历史时光，并且能够超越故交与亲族的局限，晚唐诗人雍陶就曾在浣花溪追怀盛唐先贤并写下《经杜甫旧宅》，赵鸿也有以园址为媒追怀杜甫的《杜甫同谷茅茨》，其他诸如温庭筠的《题贺知章故居叠韵作》、储嗣宗的《过王右丞书堂二首》等亦然。如果说盛唐之于晚唐也不过一个多世纪、当代陈迹尚多有留存可供凭吊的话，那么李白的《题金陵王处士水亭（此亭盖齐朝南苑，又是陆机故宅）》一诗就更加令人感怀了：

> 王子耽玄言，贤豪多在门。好鹅寻道士，爱竹啸名园。树色老荒苑，池光荡华轩。此堂见明月，更忆陆平原。扫拭青玉簟，为余置金尊。醉罢欲归去，花枝宿鸟喧。何时复来此，再得洗嚣烦。[①]

无数次改朝换代，无数次产权变更，然而只因此园最初的产权归属依然可考，则即使园主当年留下的具体印记都已不存，可这里仍旧贴着这样一道身份的标签，把园主的影响继续维系在此，从而能将后世诗人的怀想重新拉回到数百年前，旧时明月犹在，而陆机的身影也重现在后人心间。

因为后人的怀念可以凭此而有所依托，这些印记还使文人们感受到了另一重意义，从而更加激发起一种传诸后世的执着。这体现在公有园林建设的延续性上，因为并无完全的产权，所以园居者或建设者的流动性更强，可就是在这种流动中，前任官员的政绩政声往往靠这些园林传递给后人。比如韦夏卿《东山记》里的这段记述：

> 有唐良二千石独孤公之莅是邦也，人安欲阜，三稔于兹。文为宗师，政号清静，有仁智山水之乐，有风流退旷之怀，如独鹤唳天，孤云出岫，想见其人也。公尝言谢公东山，亦非名岳，苟林

① 《全唐诗》卷一八四，第1874页。

> 峦兴远，邱壑意深，则一拳之多，数仞为广矣。由是于近郊传舍之东，得崇丘浚壑之地……以东山定号，始于中峰之顶，建茅茨焉。……复有南池西馆，宛如方丈瀛洲……自公之往，清风寂寥，野兽恒游，山禽咸萃，不转之石斯固，勿伐之木惟乔。而继守数公，实皆朝彦，虽下车必理，或周月而迁，志在葺修，时则未暇。贞元八年，余出守是邦，迨今四载，政成讼简，民用小康。永怀前贤，屡陟兹阜，芟荟翳而松桂出，夷坎窞而溪谷通，不改池台，惟杂风月，东山之赏，实中兴哉！于是加置四亭，合为五所……从我之游者，咸遇其胜也。……懿乎创物垂名，俾传来者，登山临水，每想古人……①

这段文字的描述，便颇可玩味。东山园林之建设，始于“良二千石独孤公”，既地处毗陵，又“文为宗师”，当即古文先驱独孤及。以独孤及在中唐文坛的名望，兼之治理毗陵之政绩，则其在东山营构之茅茨池馆，自然就成了后来者追怀先贤、“想见其人”时所能面对的最直观的对象，也就必然会被视为独孤及文章政绩的象征。这一公有园林的营构成果，历经“继守数公”后，传递到了“出守是邦”的韦夏卿这里，韦夏卿在此为官四年后，又对已经有所破败的园林“芟荟翳”“夷坎窞”，重加修葺。一方面表达了“永怀前贤”的敬慕之情，另一方面又使这修葺之功和“加置四亭”，成为自己“政成讼简，民用小康”的佐证与纪念，继而生发出“创物垂名，俾传来者，登山临水，每想古人”的联想。在这里，韦夏卿不仅感受到了园林“一拳之多，数仞为广”的空间拓展，更进一步延伸到了时间轴上。就如同他怀念独孤及而重加修葺一样，设若后来者都能以前贤为榜样，施政清简，与民休息，而长保此地之小康，则东山之园林，亦必不荒矣！在这里，我们看到了伴随着小产权的不断转移，公有园林建设体现出的一种延续性，而更重要的是伴随着这种延续性而实现的一种精神与理想的传递。在韦夏卿“俾传来者”的表达中，其实也应包含着这份对后来者的期望吧！

① 《全唐文》卷四三八，第1980页。

像韦夏卿这样因公有园林的延续而追慕先贤的，并非孤例。梁肃《李晋陵茅亭记》中便有“赵郡李兖（一作政）仲山，大历中由秘书郎为晋陵令，思所以退食修政，思所以端已崇俭，乃作茅亭于正寝之北偏。功甚易，制甚朴。大足以布函丈之席，税履而跻宾位者，适容数人。则仲山约身临人，颛固简一之道可知矣。解龟后，继其任凡六七人，每居于斯，必称作者之美”[①]。白居易《白蘋洲五亭记》中也有“洲一名白蘋。梁吴兴守柳恽于此赋诗……颜鲁公真卿为刺史，始翦榛导流，作八角亭，以游息焉。……宏农杨君为刺史，乃疏四渠，浚二池，树三园，构五亭，卉木荷竹，舟桥廊室，洎游宴息宿之具，靡不备焉。……盖是境也，实柳守滥觞之，颜公椎轮之，杨君绘素之，三贤始终，能事毕矣”[②]。无论是梁肃最后的“观进德之美，辄直笔志之”，还是白居易最后的“恐年祀久远，来者不知，故名而字之”，其希望传诸后世的，亦无非德与政而已。

正是因为这样一种传递可能性的存在，甚至在德与政之外，其他一些方面的内容，也可以寄托于此，比如李商隐在《奉同诸公题河中任中丞新创河亭四韵之作》中赞颂的就是“独留巧思传千古，长与蒲津作胜游”[③]，其所表达的就更像是一种对审美传承的期待。

如果说公有园林的建设者可以留其经营之成果以待来者，甚至可以借此实现一种精神与理想的传承，那么私家园林的产权转移，可就未必都这么温情脉脉了。无论是出于何种原因何种途径，如前文所言，产权的失去对文人来说都是痛苦的。可即使这样，他们仍然在内心深处怀有一种渴望，渴望他们的印记能够留存在未来的时光里。比如李德裕在其《平泉山居诫子孙记》中就曾这样说道：

> 虽有泉石，杳无归期，留此林居，贻厥后代。鬻吾平泉者，非吾子孙也。以平泉一树一石与人者，非佳子弟也。吾百年后，为权势所夺，则以先人所命，泣而告之。此吾志也。《诗》曰：“维桑

① 《全唐文》卷五一九，第2336页。
② 《全唐文》卷六七六，第3062页。
③ 《全唐诗》卷五四一，第6230页。

与梓，必恭敬止。”言其父所植也。昔周人之思召伯，爱其所憩之树。近代薛令君于禁省中见先祖所据之石，必泫然流涕。汝曹可不慕之！唯岸为谷、谷为陵，然后已焉可也。[①]

如果说李德裕所渴望的还仅仅是在家族后人心中那份对先祖的怀念，且止于“岸为谷、谷为陵”而已，那之前提到的司空图将“且讵知他日复睹睟容、访陈迹者，非今兹誓愿之证哉”的愿望寄托在“久于斯石，庶几不昧”[②]上，想的就更为长远了。事实上，这种在园林中刻石以传世的行为，在唐人那里并不少见，无论园林之公私，皆不乏其例。元结《右溪记》的文末便有“刻铭石上，彰示来者”[③]，韦夏卿《东山记》的结尾亦是“为文斫石，于彼山阿”[④]，而白居易在其《太湖石记》的最后也曾这样写道：

自一成不变已来，不知几千万年。或委海隅，或沦湖底，高者仅数仞，重者殆千钧，一旦不鞭而来，无胫而至，争奇骋怪，为公眼中之物，公又待之如宾友，亲之如贤哲，重之如宝玉，爱之如儿孙，不知精意有所召邪？将尤物有所归邪？孰不为而来邪？必有以也。石有大小，其数四等，以甲、乙、景、丁品之，每品有上、中、下，各刻于石阴。曰“牛氏石甲之上”“景之中”“乙之下”。噫！是石也，千百载后散在天壤之内，转徙隐见，谁复知之？欲使将来与我同好者，睹斯石，览斯文，知公嗜石之自。[⑤]

园主终将逝去，顽石终将星散，而刻于石上之品题，却可以更长久地留存，为后人所知见。犹如铸事迹于钟鼎、镌生平于碑铭，文人渴求之不朽，就这样在历史的长河中执拗地表达着，纵使于园居之一隅，亦可见此种心态之流露。毕竟，唐代文人在园林中感知到的，从来都不只是一处小小的居所，而是整个宇宙。比如王勃在《山亭兴序》中所说的“风尘洒落，

---

① 《全唐文》卷七〇八，第3220页。

② 司空图：《山居记》，见《全唐文》卷八〇七，第3763页。

③ 《全唐文》卷三八二，第1715页。

④ 《全唐文》卷四三八，第1980页。

⑤ 《全唐文》卷六七六，第3061—3062页。

直上天池九万里；丘墟雄壮，傍吞少华五千仞。裁二仪为舆盖，倚八荒为户牖”[①]，比如韩愈面对一方小池看到的却是“且待夜深明月去，试看涵泳几多星”[②]，又比如白居易由牛僧孺园中之太湖石而想到的“三山五岳，百洞千壑，覼缕簇缩，尽在其中。百仞一拳，千里一瞬，坐而得之”[③]，正所谓“草占一方绿，树藏千古春”[④]，而“以小观大，则天下之理尽矣”[⑤]。因此，他们思考的也就不仅仅是当下的存在，而是生命在无尽时空中的价值与意义。

（二）所有权与使用权分离的感怀

上文提到，主要是产权变更所引发的文人心态上的触动，但是有时候，即使产权仍在，文人也可能无法享受在该园林中的园居生活，白居易就曾在《李卢二中丞各创山居，俱夸胜绝，然去城稍远，来往颇劳，弊居新泉，实在宇下，偶题十五韵，聊戏二君》中调侃过“清镜碧屏风，惜哉信为美。爱而不得见，亦与无相似。”[⑥]当然，这种情况毕竟和失去园林不同，从产权的角度而言，似乎可以称之为所有权和使用权的分离。其实此类现象在唐代文人那里同样比比皆是，元稹在《和乐天题王家亭子》中就曾说过“都大资人无暇日，泛池全少买池多”[⑦]，白居易在《履道居三首》其一中也提到了“莫嫌地窄林亭小，莫厌贫家活计微。大有高门锁宽宅，主人到老不曾归”[⑧]。那么，这种所有权与使用权分离的现象，又是如何产生的呢？

其一，无疑是源于唐代文人多处置产的行为，像白居易，就是“洛中有小宅，渭上有别墅”[⑨]。很显然，对有多处园林的文人来说，是不可能同时在

---

① 《全唐文》卷一八〇，第809页。

② 《全唐诗》卷三四三，《盆池五首》其五，第3847页。

③ 白居易：《太湖石记》，见《全唐文》卷六七六，第3061页。

④ 韦庄：《嘉会里闲居》，见《全唐诗》卷六九五，第7998页。

⑤ 李华：《贺遂员外药园小山池记》，见《全唐文》卷三一六，第1420页。

⑥ 《全唐诗》卷四五九，第5220—5221页。

⑦ 《全唐诗》卷四一五，第4590页。

⑧ 《全唐诗》卷四五一，第5105页。

⑨ 《全唐诗》卷四四四，白居易《自咏五首》其五，第4974页。

每一处园林中居住的，则必然有一些园林是所有权与使用权相分离的。唐人的多处置产，有时主要是为了适应现实居住的需要，比如初盛唐时期，皇帝常常带领百官在长安与洛阳间来往，因此，许多官员也就在两京都建有园林（比如宋之问便既有陆浑别业，又有辋川别业）。甚至一些尚未出仕的文人，也常常两处开荒躬耕，既求仕进上的近水楼台，也可以减少应举时的住宿和行旅支出（比如岑参既在长安终南山有高冠草堂，又在洛阳缑山有西峰草堂）。因此，伴随着两京之间的来往，就必有一处园林是不会居住的，比如韦嗣立就曾在洛阳怀念自己长安的骊山别业，写下了《偶游龙门北溪忽怀骊山别业因以言志示弟淑奉呈诸大僚》[①]，而同时至少有三个人唱和的记录得以传世，亦可见这种情感在当时颇能引发共鸣。此外，随着对园林有癖好的文人离京为地方官，也往往会每到一处都对自己当下的居所刻意经营，以至处处有园，白居易就是这方面的典型。当然，也有些文人多处置产主要考虑的是经济上的因素，比如杜牧除了在长安城南继承了樊川别墅之外，还曾在阳羡置办园林，而阳羡这处园林，在杜牧眼中是“粗有薄产”，很显然是出于产业的考虑。中唐以降，国家的税收政策对多处产业分别征税，亦足以说明这一现象的普遍。

其二，唐代文人大都有过仕宦的经历，而一旦出仕，则官职的迁转乃至贬谪，也都会使园主人离开自己的园林。所谓“因病求归易，沾恩更隐难”[②]，一旦“名利驱人心，贤愚同扰扰”，便不免“丘园居者少”[③]，甚至于“试问池台主，多为将相官。终身不曾到，唯展宅图看”。为官即不得自由，由于这种原因而离开自己园林的情况，在唐代文人中亦相当普遍。比如苏颋的《将赴益州题小园壁》[④]，就是他因为出任益州大都督府长史而不得不离开小园时所作，而温庭筠在《题城南杜邠公林亭》中描写的“贪为两地分霖

① 《全唐诗》卷九一，第986页。

② 李端：《送吉中孚拜官归业》，见《全唐诗》卷二八五，第3253页。

③ 白居易：《过骆山人野居小池》，见《全唐诗》卷四三一，第4755页。

④ 《全唐诗》卷七四，第814页。

雨，不见池莲照水红”，也有题下注“时公镇淮南，自西蜀移节”[①]，作了明确说明。有时候，甚至并不存在迁转贬谪，也会有园难居。比如在京城为官者，除非是居住于长安城内的宅园，否则也只能在休沐时暂归郊野山林，像王维在辋川别业的园居就是这种状态。又比如为地方官时，或许出于公务需要等原因，也不免要常常居住在官宅而非自己的私园中，比如白居易为河南尹时，虽然同在东都，却不得不经常离开自己的履道池台，到官府中居止。此外，不仅是为官之后，甚至唐代文人在求仕的过程中，也往往会向政治中心靠拢，因此也就同样不免要暂时离开故乡的园林了。许浑在《将离郊园留示弟侄》中所感慨的“身贱与心违，秋风生旅衣。……西都万余里，明旦别柴扉”[②]就是这种情况，鲍溶的《长安旅舍怀旧山》一诗应系在长安应举时所作，则其思念的“旧山”应该也就是他那“窈窕垂涧萝，蒙茸黄葛花。鸳鸯怜碧水，照影舞金沙”[③]的山居，而李昭象更是在诗歌题目中就明确说明了离园的原因乃是应举，即其《赴举出山留寄山居郑参军》[④]。

其三，则是时局动荡造成的，文人们可能因为战乱等原因暂时逃离居所。如果园林被彻底破坏，那就是失去产权，也就是上一小节中讨论过的梁肃那一类的情况。而如果战乱平息后园林还在，那就只是暂时失去了使用权。乱后归来，园林仍在的例子，也是不少的。前文曾提到过司空图《休休亭记》描述的“司空氏王官谷休休亭，本濯缨也。濯缨为陕军所焚，愚窜避逾纪。天复癸亥岁，蒲稔人安，既归葺于坏垣之中”就是这种情况。刘长卿《送朱山人放越州贼退后归山阴别业》[⑤]一诗描写的也是这一类现象。又比如杜甫在四川时，也曾一度逃离成都，寄居于梓州等地，乱后才回到草堂，其《寄题江外草堂》《草堂》等作品就描写过这段经历。而钱起《归故山路逢邻居隐者》中所言之“谁知绿林盗，长占彩霞峰”[⑥]，亦属此类。

---

① 《全唐诗》卷五七九，第6730页。

② 《全唐诗》卷五二九，第6050页。

③ 鲍溶：《山居》，见《全唐诗》卷四八七，第5532页。

④ 《全唐诗》卷六八九，第7915页。

⑤ 《全唐诗》卷一四七，第1489页。

⑥ 《全唐诗》卷二三七，第2623页。

此外，在均田制时代，既然“所给五品以上永业田，皆不得狭乡受，任于宽乡隔越射无主荒地充。（即买荫赐田充者，虽狭乡亦听。）其六品以下永业，即听本乡取还公田充，愿于宽乡取者亦听”[①]，则如果分配到的土地不在本乡之居住地，但又将这片土地建设成了庄园的话，园主亦不免要长期与之分离吧！

但不管是出于什么样的原因，对不得不离开自己苦心经营的园林的文人来说，对故园的思念是在所难免了。这种情绪的抒发，在唐人诗文中也非常普遍，单是岑参一人，就写下了《南池夜宿，思王屋青萝旧斋》《下外江舟怀终南旧居》《宿蒲关东店，忆杜陵别业》《春兴思南山旧庐招柳建正字》《过酒泉，忆杜陵别业》《早发焉耆，怀终南别业》《巴南舟中，思陆浑别业》《行军九日思长安故园》等诸多思念自己园林的作品。从其诗中记录的行程来看，几乎可以说岑参自从出仕离园之后，无时无刻不在思念故园，而除了上述明确以怀别业为题的作品外，还有很多散见于其他诗作中的表达，下文还会涉及一些，此处就不一一列举了。

像这种有园难居而只能反复书写思念的，并不仅岑参一人，几乎所有暂时离开自己园林的文人，都不免如此，我们还可以举出许多例子，比如：

> 形骸黾勉班行内，骨肉句留俸禄中。无奈攀缘随手长，亦知恩爱到头空。草堂久闭庐山下，竹院新抛洛水东。自是未能归去得，世间谁要白须翁。[②]

> 燕辞旅舍人空在，萤出疏篱菊正芳。堪恨昔年联句地，念经僧扫过重阳。[③]

正因为这种情绪比较普遍，因此还会成为文人之间互动的一个话题，或者共同怀念故园，或者因一人之怀念而引发其他诗人的共鸣，促成唱和，比如：

---

① 《通典》卷二《田制下》，第30页。

② 白居易：《忆庐山旧隐及洛下新居》，见《全唐诗》卷四四八，第5042页。

③ 司空图：《忆中条》，见《全唐诗》卷六三三，第7265页。

因君话故国，此夕倍依依。旧业临秋水，何人在钓矶。浮名如纵得，沧海亦终归。却是风尘里，如何便息机。[①]

客舍经时益苦吟，洞庭犹忆在前林。青山残月有归梦，碧落片云生远心。溪路烟开江月出，草堂门掩海涛深。因君话旧起愁思，隔水数声何处砧。[②]

而同样是离开园林，如果这处园林同时意味着故乡，那怀念之情就更深了。比如我们前文提到过的韦嗣立，现在只能看到他在洛阳怀念长安的骊山别业，却不见其在长安怀念洛阳的居所，这其中思乡的因素便应该是一个很重要的原因。而翻检唐人作品，这种因仕宦而远离故土，将思园与思乡的情绪融为一体的，权德舆也是一个典型，年少时随父祖居于江南，为官多年且于咸阳另有园林后，仍反复书写对故乡故园的思念：

十年江浦卧郊园，闲夜分明结梦魂。舍下烟萝通古寺，湖中云雨到前轩。南宗长老知心法，东郭先生识化源。觉后忽闻清漏晓，又随簪珮入君门。[③]

前年冠獬豸，戎府随宾介。去年簪进贤，赞导法宫前。今兹戴武弁，谬列金门彦。问我何所能，头冠忽三变。野性惯疏闲，晨趋兴暮还。花时限清禁，霁后爱南山。晚景支颐对尊酒，旧游忆在江湖久。庾楼柳寺共开襟，枫岸烟塘几携手。结庐常占练湖春，犹寄藜床与幅巾。疲羸只欲思三径，戆直那堪备七人。更想东南多竹箭，悬圃琅玕共葱蒨。裁书且附双鲤鱼，偏恨相思未相见。[④]

其他类似的例子还可以举出很多，比如：

---

① 崔涂：《与友人同怀江南别业》，见《全唐诗》卷六七九，第7771页。

② 刘沧：《和友人忆洞庭旧居》，见《全唐诗》卷五八六，第6805页。

③ 权德舆：《待漏假寐梦归江东旧居》，见《全唐诗》卷三二二，第3625页。

④ 权德舆：《省中春晚忽忆江南旧居戏书所怀因寄两浙亲故杂言》，见《全唐诗》卷三二二，第3625—3626页。

秋草樊川路，斜阳覆盎门。猎逢韩嫣骑，树识馆陶园。带雨经荷沼，盘烟下竹村。如今归不得，自戴望天盆。[①]

兵书一箧老无功，故国郊扉在梦中。藤蔓覆梨张谷暗，草花侵菊庾园空。朱门迹忝登龙客，白屋心期失马翁。楚水吴山何处是，北窗残月照屏风。[②]

旧忆陵阳北，林园近板桥。江晴帆影满，野迥鹤声遥。岛径通山市，汀扉上海潮。秦城归去梦，夜夜到渔樵。[③]

在许浑和许棠的诗中，其实都夹杂着失意的味道，这种仕途上的坎坷很容易触动乡关之思。因此，文人若是遭逢贬谪而远离园林，这种思念故园的情绪就更加复杂了，试看刘长卿的《初至洞庭怀灞陵别业》：

长安邈千里，日夕怀双阙。已是洞庭人，犹看灞陵月。谁堪去乡意，亲戚想天末。昨夜梦中归，烟波觉来阔。江皋见芳草，孤客心欲绝。岂讶青春来，但伤经时别。长天不可望，鸟与浮云没。[④]

刘长卿此诗，当为南贬时所作，途径洞庭而思灞陵别业。其实，无论是郡望还是实际籍贯或成长地，刘长卿都不能算是长安人，但是他在思念灞陵别业的时候，说的却是“去乡意”，颇觉不符，但若再结合“日夕怀双阙”来看，则其真正眷恋的乃是朝堂，是故国，这就是传统家国合一观念的体现了。而另一方面，就算此“去乡意”指的确实是他的故乡，也远比一般思乡诗情绪更为复杂。想他刘长卿为了仕宦而远离故乡到长安城外置业，而如今却负罪远谪，竟连这处产业也无法安享，则国在哪里家又在哪里呢？奋斗半生，又所为何来呢？

---

① 杜牧：《忆游朱坡四韵》，见《全唐诗》卷五二一，第5959页。
② 许浑：《怀旧居》，见《全唐诗》卷五三三，第6089页。
③ 许棠：《忆宛陵旧居》，见《全唐诗》卷六〇四，第6989页。
④ 《全唐诗》卷一四九，第1534页。

至于贬谪蛮荒，“纵逢恩赦，不在量移之限”[①]的柳宗元，在贬所念及故园时，情绪就更加沉痛了，其《游朝阳岩遂登西亭二十韵》中就有一段这样的书写：

谪弃殊隐沦，登陟非远郊。所怀缓伊郁，讵欲肩夷巢。高岩瞰清江，幽窟潜神蛟。开旷延阳景，回薄攒林梢。西亭构其巅，反宇临呀庨。背瞻星辰兴，下见云雨交。惜非吾乡土，得以荫菁茆。羁贯去江介，世仕尚函崤。故墅即沣川，数亩均肥硗。台馆葺荒丘，池塘疏沉坳。会有圭组恋，遂贻山林嘲。薄躯信无庸，琐屑剧斗筲。囚居固其宜，厚羞久已包。庭除植蓬艾，隟牖悬蟏蛸。……[②]

而在《首春逢耕者》中，柳宗元也再次表达了这种沉痛的故园之情：

南楚春候早，余寒已滋荣。土膏释原野，白蛰竞所营。缀景未及郊，穑人先耦耕。园林幽鸟啭，渚泽新泉清。农事诚素务，羁囚阻平生。故池想芜没，遗亩当榛荆。慕隐既有系，图功遂无成。聊从田父言，款曲陈此情。眷然抚耒耜，回首烟云横。[③]

由这两首诗的描述可见，早在出仕之前，柳宗元在长安沣水之畔就已有园墅，且此墅有田有池，足可为生计之本。然而，在为了政治理想与家族荣誉等原因出仕之后，非但一事无成，还遭受了如此沉重的政治打击。身份如囚徒，居所满艾蒿，而且还不得不低头服软，承认自己当下的境遇是自作自受的“固其宜”，即使偶然出游，风景甚佳，也要时时刻刻提醒自己是“谪弃殊隐沦”，而无法真正地享受山水之美、游赏之乐。同时，伴随着他的远谪，其长安故园亦已无人打理，一片榛荆，废弃芜没。当此际，柳宗元对其曾经的山林之乐，该是怎样一种怀恋？对自己一生的选择与作为，又会是怎样一种感喟？只可惜，“悠悠故池水，空待灌园人”[④]，纵有再多思念再多感伤，都已无法重归故园。再看其《游南亭夜还叙志七十韵》中的这

① 《旧唐书》卷一四《宪宗上》，第418页。

② 《全唐诗》卷三五二，第3941页。

③ 《全唐诗》卷三五二，第3946页。

④ 柳宗元：《春怀故园》，见《全唐诗》卷三五三，第3960页。

段想象中的归乡生活，就更加令人伤感了：

归诚慰松梓，陈力开蓬蒿。卜室有鄠杜，名田占沣涝。磻溪近余基，阿城连故濠。螟蛑愿亲燎，荼堇甘自薅。饥食期农耕，寒衣俟蚕缫。及骭足为温，满腹宁复饕。安将蒯及菅，谁慕粱与膏。弋林驱雀鹞，渔泽从鳅鲂。观象嘉素履，陈诗谢干旄。方托麋鹿群，敢同骐骥槽。处贱无溷浊，固穷匪淫慆。踉跄辞束缚，悦怿换煎熬。……[①]

细读之，竟似有华亭鹤唳、上蔡苍鹰之恨了！

除了故乡之外，自己早年出仕前的习业之所，也是格外让文人们怀念的。尤其是宦海沉浮多年之后，回首故园，便是回首平生，无数经历，尽在其中。比如韦应物的这首《登蒲塘驿沿路见泉谷村墅忽想京师旧居追怀昔年》就很典型：

青山导骑绕，春风行旆舒。均徭视属城，问疾躬里闾。烟水依泉谷，川陆散樵渔。忽念故园日，复忆骊山居。荏苒斑鬓及，梦寝婚宦初。不觉平生事，咄嗟二纪余。存殁阔已永，悲多欢自疏。高秩非为美，阑干泪盈裾。[②]

这种故园情深，甚至明明自己居住在其他园林当中，都不能冲淡：

亭亭心中人，迢迢居秦关。常缄素札去，适枉华章还。忆在沣郊时，携手望秋山。久嫌官府劳，初喜罢秩闲。终年不事业，寝食长慵顽。不知为时来，名籍挂郎间。摄衣辞田里，华簪耀颓颜。卜居又依仁，日夕正追攀。牧人本无术，命至苟复迁。离念积岁序，归途眇山川。郡斋有佳月，园林含清泉。同心不在宴，樽酒徒盈前。览君陈迹游，词意俱凄妍。忽忽已终日，将酬不能宣。氓税况重叠，公门极熬煎。责逋甘首免，岁晏当归田。勿厌守穷辙，慎为名所牵。[③]

---

① 《全唐诗》卷三五二，第3944页。

② 《全唐诗》卷一九一，第1960页。

③ 韦应物：《答崔都水》，见《全唐诗》卷一九〇，第1950页。

很显然，韦应物写这首诗时，正在官署园林中居住，佳月清泉，风光不可谓不好，宴会樽酒，气氛不可谓不佳。但当此时，诗人想到的却是“忆在沣郊时，携手望秋山”，满满都是自己早年读书习业于沣上幽居时的画面。在这里，曾经居住的园林，不仅意味着故乡，更意味着早年习业时那份志向，感怀故园，也就是感怀初心，莫忘理想。所以，韦应物才会在诗歌最后写下“氓税况重叠，公门极熬煎”“勿厌守穷辙，慎为名所牵”，提醒自己出来做官是为了什么，如果这点为国为民的志愿不能落实，又要虚名何用？类似园居而怀故园的诗，韦应物存世的不只一首，还有《始夏南园思旧里》等，虽然在其他同类作品中，韦应物很少像《答崔都水》这样明确强调自己早年的志向，但是这种反复的怀念，本身便是文人对初心的一种执着吧！

这种园居而怀故园的现象，也并不仅仅见于韦应物，岑参也曾有过类似的情绪表达，见其《初至西虢官舍南池，呈左右省及南宫诸故人》：

> 黜官自西掖，待罪临下阳。空积犬马恋，岂思鹓鹭行。素多江湖意，偶佐山水乡。满院池月静，卷帘溪雨凉。轩窗竹翠湿，案牍荷花香。白鸟上衣桁，青苔生笔床。数公不可见，一别尽相忘。敢恨青琐客，无情华省郎。早年迷进退，晚节悟行藏。他日能相访，嵩南旧草堂。①

和韦应物一样，岑参当此贬官之际而思念早年耕读之所，其实也是在回味着一生的遭际，追怀着曾经的理想吧！

而对早年读书之所的怀念，有时也并不需要像韦应物、岑参这样有园居的具体背景，但凡在仕途上心境萧索，便不免触动对初心的感怀，比如杜荀鹤的这首《怀庐岳书斋》：

> 长忆在庐岳，免低尘土颜。煮茶窗底水，采药屋头山。是境皆游遍，谁人不羡闲？无何一名系，引出白云间。②

诗人当半生无成之际，忆及早年读书之所，甚至隐隐有出山之悔了。

而除了自己有园难居、徒增伤感之外，当文人们看到他人的园林闲置

① 《全唐诗》卷一九八，第2023—2024页。

② 《全唐诗》卷六九一，第7932页。

时，也不免会心有戚戚，因此，这一类感慨也常常出现在唐人的作品中，比如：

寂寂孤莺啼杏园，寥寥一犬吠桃源。落花芳草无寻处，万壑千峰独闭门。[①]

爱汝玉山草堂静，高秋爽气相鲜新。有时自发钟磬响，落日更见渔樵人。盘剥白鸦谷口栗，饭煮青泥坊底芹。何为西庄王给事，柴门空闭锁松筠。[②]

借问池台主，多居要路津。千金买绝境，永日属闲人。竹径萦纡入，花林委曲巡。斜阳众客散，空锁一园春。[③]

相思夕上松台立，蛩思蝉声满耳秋。惆怅东亭风月好，主人今夜在鄜州。[④]

在文人们不得不离开自家园林时，总不免依依惜别，前面提到的苏颋《将赴益州题小园壁》、许浑《将离郊园留示弟侄》等都是典型，而在这惜别之际，有时也不免会想到同病相怜之人：

曾住炉峰下，书堂对药台。斩新萝径合，依旧竹窗开。砌水亲看决，池荷手自栽。五年方暂至，一宿又须回。 纵未长归得，犹胜不到来。君家白鹿洞，闻道亦生苔。[⑤]

有园难居，自是伤感，但是如果因缘际会，能够重返故园，则无疑是件非常值得欣喜的事情。毕竟，这里讨论的是使用权与所有权分离的情况，而不是产权变更的问题，所以文人也还是有机会回到自己的园林的，也就

① 刘长卿：《过故人所居》，见《全唐诗》卷一五〇，第1558页。
② 杜甫：《崔氏东山草堂》，见《全唐诗》卷二二四，第2403页。
③ 刘禹锡：《城东闲游》，见《全唐诗》卷三五七，第4019—4020页。
④ 白居易：《题李十一东亭》，见《全唐诗》卷四三六，第4841页。
⑤ 白居易：《题别遗爱草堂兼呈李十使君》，见《全唐诗》卷四四三，第4951—4952页。

留下了大量以归园为主题的作品。即使是平日里的休沐归园，都会让文人们颇觉怡然自得，比如李吉甫《九日小园独谣赠门下武相公》中的“小园休沐暇，暂与故山期”[①]即是如此。而长期离园的文人一旦归来，更是满纸深情。比如之前提到的写过大量思念故园作品的岑参，就是如此。因为这种思念，一旦他能有机会暂时回到自己的园林，必然感慨万分，因此其归园诗的写作也颇为丰富，比如以下几首：

雷声傍太白，雨在八九峰。东望白阁云，半入紫阁松。胜概纷满目，衡门趣弥浓。幸有数亩田，得延二仲踪。早闻达士语，偶与心相通。误徇一微官，还山愧尘容。钓竿不复把，野碓无人舂。惆怅飞鸟尽，南溪闻夜钟。[②]

敛迹归山田，息心谢时辈。昼还草堂卧，但与双峰对。兴来恣佳游，事惬符胜概。著书高窗下，日夕见城内。曩为世人误，遂负平生爱。久与林壑辞，及来松杉大。偶兹近精庐，屡得名僧会。有时逐樵渔，尽日不冠带。崖口上新月，石门破苍霭。色向群木深，光摇一潭碎。缅怀郑生谷，颇忆严子濑。胜事犹可追，斯人邈千载。[③]

昨日山有信，只今耕种时。遥传杜陵叟，怪我还山迟。独向潭上酌，无人林下期。东溪忆汝处，闲卧对鸬鹚。[④]

岑参早年努力垦荒躬耕，为出仕作着各种准备，但是真的出仕了，不得不离开自己苦心经营的园林，心里想的却是“误徇一微官”“遂负平生爱”，甚至觉得“山有信”而“怪我还山迟”了。则文人挣扎于仕隐之间的矛盾心态，通过这份对园林的思念与感怀，也非常充分地体现了出来。

归园主题的诗歌，在其他诗人那里也能看到不少，比如：

---

① 《全唐诗》卷三一八，第3580—3581页。

② 岑参：《因假归白阁西草堂》，见《全唐诗》卷一九八，第2041页。

③ 岑参：《终南山双峰草堂作》，见《全唐诗》卷一九八，第2038—2039页。

④ 岑参：《还高冠潭口留别舍弟》，见《全唐诗》卷二〇〇，第2072页。

渺渺归何处，沿流附客船。久依鄱水住，频税越人田。偶俗机偏少，安闲性所便。只应君少惯，又欲寄林泉。[①]

归去春山逗晚晴，萦回树石罅中行。明时不是无知己，自忆湖边钓与耕。[②]

就如他人园林的闲置会让文人们心有戚戚一样，归园的欣喜也自然会在友人之间进一步酝酿发酵。归园之前，不免与朋友告别，许多归园诗本身就可作告别之用。上引刘长卿之《归弋阳山居，留别卢、邵二侍御》，便是主动将归园之情呈示朋友，除此之外，他还有多首同类之作，比如《罢摄官后将还旧居，留辞李侍御》等。而这种行为又进而催生出一批送人归园的作品，这在唐人当中非常普遍，单是深谙其中滋味的刘长卿，便为后人留下不少此类作品：

浔阳数亩宅，归卧掩柴关。谷口何人待，门前秋草闲。忘机卖药罢，无语杖藜还。旧笋成寒竹，空斋向暮山。水流经舍下，云去到人间。桂树花应发，因行寄一攀。[③]

迢迢此恨杳无涯，楚泽嵩丘千里赊。岐路别时惊一叶，云林归处忆三花。秋天苍翠寒飞雁，古堞萧条晚噪鸦。他日山中逢胜事，桃源洞里几人家。[④]

前朝旧业想遗尘，今日他乡独尔身。郧地国除为过客，杜陵家在有何人。苍苔白露生三径，古木寒蝉满四邻。西去茫茫问归路，关河渐近泪盈巾。[⑤]

---

① 刘长卿：《归弋阳山居，留别卢、邵二侍御》，见《全唐诗》卷一四八，第1518页。
② 方干：《将归湖上留别陈宰》，见《全唐诗》卷六五三，第7503页。
③ 刘长卿：《送郑十二还庐山别业》，见《全唐诗》卷一四八，第1528页。
④ 刘长卿：《送常十九归嵩少故林》，见《全唐诗》卷一五一，第1571页。
⑤ 刘长卿：《郧上送韦司士归上都旧业》，见《全唐诗》卷一五一，第1572页。

半山溪雨带斜晖，向水残花映客衣。旅食嗟余当岁晚，能文似汝少年稀。新河柳色千株暗，故国云帆万里归。离乱要知君到处，寄书须及雁南飞。①

当然，也并不是所有的归园都是美好的，就如同进入官场之后往往就不能自主，从而被迫离开园林、宦游四方一样，归园有时候也是一种无奈之举，比如科举失败或仕途失意之后的退隐。虽然在这些诗歌里，我们仍然可以看到很多恬静淡泊的风味，足可见自家园林对身心的抚慰，但是这当中又终究不可避免地会夹杂一些其他情绪。关于这一点，下文还将讨论，此处暂不赘述。

除此之外，前文还曾提到过，当文人远离自己的园林时，并不意味着这所园林从此高门深锁，更无人居。相反，常常会有其他人居留于此，代为经营管理，甚至园主人不在时，也并不妨碍他的朋友们前来游赏甚至借住，之前已经提到过不少，其实这样的例子还可以举很多，比如：

向来携酒共追攀，此日看云独未还。不见山中人半载，依然松下屋三间。峰攒仙境丹霞上，水绕渔矶绿玉湾。却望夏洋怀二妙，满崖霜树晓斑斑。②

而因为这种游赏的特殊性，游赏者有时又不免会联想起园主人的现状，于是也就催生了在他人园林中向园主人寄诗以表问候的作品，像韦庄就有一首《寄园林主人》："主人常不在，春物为谁开。桃艳红将落，梨华雪又摧。晓莺闲自啭，游客暮空回。尚有余芳在，犹堪载酒来。"③而这样的作品又往往能得到园主人的回应，从而形成诗歌上的往还。比如：

守土亲巴俗，腰章□汉仪。春行乐职咏，秋感伴牢词。旧里藏书阁，闲门闭槿篱。遥惭退朝客，下马独相思。④

① 刘长卿：《送杨於陵归宋汴州别业》，见《全唐诗》卷一五一，第1572页。

② 戴叔伦：《过故人陈羽山居》，见《全唐诗》卷二七三，第3093页。

③ 《全唐诗》卷六九六，第8012页。

④ 羊士谔：《酬礼部崔员外备永宁里弊居见寄，来诗云："图书锁尘阁，符节守山城"》，见《全唐诗》卷三三二，第3707页。

昔日居邻招屈亭，枫林橘树鹧鸪声。一辞御苑青门去，十见蛮江白芷生。自此曾沾宣室召，如今又守阖闾城。何人万里能相忆，同舍仙郎与外兄。[①]

殷勤江郡守，怅望掖垣郎。惭见新琼什，思归旧草堂。事随心未得，名与道相妨。若不休官去，人间到老忙。[②]

而更有意思的，还是前文提到过的独孤及《得李滁州书以玉潭庄见托，因书春思，以诗代答》。李滁州因为暂时离开自己的园林，而将其委托给独孤及代为经营管理。于是，主客身份就此发生了奇妙的颠倒。作为代理经营者的独孤及可以享受玉潭庄的风光，写下《题玉潭》等作品，而作为园林所有者的李滁州，却只能寄诗怀念，而独孤及还以《答李滁州忆玉潭新居见寄》进行了回应：

从来招隐地，未有剖符人。山水能成癖，巢夷拟独亲。猪肝无足累，马首敢辞勤。扫洒潭中月，他时望德邻。[③]

类似主客身份颠倒的现象，在白居易那里也发生过一次：

陋巷掩弊庐，高居敞华屋。新昌七株松，依仁万茎竹。松前月台白，竹下风池绿。君向我斋眠，我在君亭宿。平生有微尚，彼此多幽独。何必本主人，两心聊自足。[④]

彼此居住在对方的宅园中，享受着对方园林经营的成果，虽然和独孤及代理玉潭庄相比，崔白二人的借宿比较临时，但如此巧合，亦足以令人称奇了。

唐人园林所有权和使用权分离所影响的创作，当属这两个例子最为奇特了。

---

① 刘禹锡：《酬朗州崔员外与任十四兄侍御同过鄙人旧居见怀之什，时守吴郡》，见《全唐诗》卷三五九，第4054—4055页。

② 白居易：《钱侍郎使君以题庐山草堂诗见寄，因酬之》，见《全唐诗》卷四四二，第4938页。

③ 《全唐诗》卷二四七，第2772页。

④ 白居易：《闻崔十八宿予新昌弊宅时，予亦宿崔家依仁新亭，一宵偶同，两兴暗合，因而成咏，聊以写怀》，见《全唐诗》卷四四五，第4994页。

（三）小产权下的复杂心理

在第一章的讨论中，我们曾经提到过小产权的问题。很多时候，园主人在小产权园林中的园居生活和在自家并没有显著差异。尤其是官署园林，在通常情况下正可成为官员平日的颐养身心之所，比如郑谷的《题汝州从事厅》即是如此：

诗人公署如山舍，只向阶前便采薇。惊燕拂帘闲睡觉，落花沾砚会餐归。壁看旧记官多达，榜挂明文吏莫违。自说小池栽苇后，雨凉频见鹭鹚飞。①

而李洞的《春日隐居官舍感怀》更是将此当作了暂时的隐逸之所：

风吹烧烬杂汀沙，还似青溪旧寄家。入户竹生床下叶，隔窗莲谢镜中花。苔房毳客论三学，雪岭巢禽看两衙。销得人间无限事，江亭月白诵南华。②

但是，在一些特殊境况下，在小产权园林中居住的文人，心态还是会有微妙的变化，体现出与私园生活情感的不同。下面，我们就将重点放在小产权园居者身上，进一步考察产权影响下文人的复杂心理。

前面曾经提到，送友人归园已经成为唐诗当中常见的主题。而因为送友人归园触发自己故园之情、归隐之思的，也是常态。但这当中，岑参的《虢州送郑兴宗弟归扶风别庐》却格外值得注意：

佐郡已三载，岂能长后时。出关少亲友，赖汝常相随。今旦忽言别，怆然俱泪垂。平生沧洲意，独有青山知。州县不敢说，云霄谁敢期。因怀东溪老，最忆南峰缁。为我多种药，还山应未迟。③

在之前的章节中已经分析过，岑参是靠垦荒而得园，凭借躬耕支撑了自己的求仕之路，其早年生活颇为不易，所谓“自怜无旧业，不敢耻微官”，后来在仕宦上虽然艰辛，但至少生活条件比之前好很多。但即使如此，他

---

① 《全唐诗》卷六七六，第7753页。

② 《全唐诗》卷七二三，第8293—8294页。

③ 《全唐诗》卷一九八，第2036页。

还是始终不改对自己园林的思念。如果说在万里之遥的酒泉、焉耆思念故园还很好理解的话，在有园可居的情况下却仍然如此，就没那么简单了。以虢州经历为例，虽然岑参是被贬官到此的，而且由前引《初至西虢官舍南池，呈左右省及南宫诸故人》可见，岑参刚到虢州时确实情绪低落，难免会有对"嵩山旧草堂"的思念。但已经过去三年了，且岑参在虢州所居之官舍是确有园林的，而他在这处园林中的生活有时候也算惬意，因此还曾留下一些描写园居幽兴的作品，既曾在此招朋引伴(《郡斋南池招杨辚》)，也曾在《虢州郡斋南池幽兴，因与阎二侍御道别》中自称"及兹佐山郡，不异寻幽栖"。可即使在这样的生活状态下，他仍然会因送人归园而想着自己"还山应未迟"，恐怕在仕途失意的情绪之外，也还夹杂着一种归属感的缺失吧。郡斋园林再好，再"不异寻幽栖"，自己也终究只是个过客，还是被贬谪的过客，如何比得上自己的草堂，即使简陋，也是魂牵梦萦的家("关门锁归客，一夜梦还家"[①])啊!

其实，这种在小产权园林中居住时归属感的缺失，在唐代文人那里并不少见。像岑参这种园居而思故园的现象，我们前面其实讨论过，只不过当时我们关注的是故园记忆里所包含的初心与理想。事实上，在很多时候，这种思念也完全可以比较纯粹，就仅仅是一种对"家"的眷恋。比如：

> 暮雨风吹尽，东池一夜凉。伏流回弱荇，明月入垂杨。石竹闲开碧，蔷薇暗吐黄。倚琴看鹤舞，摇扇引桐香。旧笋方辞箨，新莲未满房。林幽花晚发，地远草先长。抚枕愁华鬓，凭栏想故乡。露余清汉直，云卷白榆行。惊鹊仍依树，游鱼不过梁。系舟偏忆戴，炊黍愿期张。末路还思借，前恩讵敢忘。从来叔夜懒，非是接舆狂。众病婴公干，群忧集孝璋。惭将多误曲，今日献周郎。[②]

> 乔木带凉蝉，来吟暑雨天。不离高枕上，似宿远山边。篁冷窗中

① 岑参：《宿蒲关东店，忆杜陵别业》，见《全唐诗》卷一九九，第2062页。

② 李端：《宿荐福寺东池有怀故园因寄元校书》，见《全唐诗》卷二八六，第3276页。

月，茶香竹里泉。吾庐近溪岛，忆别动经年。[①]

举目纵然非我有，思量似在故山时。鹤盘远势投孤屿，蝉曳残声过别枝。凉月照窗倚枕倦，澄泉绕石泛觞迟。青云未得平行去，梦到江南身旅羁。[②]

庾家楼上谢家池，处处风烟少旧知。明日落花谁共醉，野溪猿鸟恨归迟。[③]

有时候，这种流落漂泊的情绪并没有指向家园，而更多地和人生的失意相结合，显得更加凄惶。比如黄滔在《宿李少府园林》的最后便写道“明日绿苔浑扫后，石庭吟坐复容谁”[④]，感慨自已借宿此园终是过客，谁知明日在此吟坐者又是何人。同样，在李九龄《宿张正字别业》“茅屋萧寥烟暗后，松窗寂历月明初。此时谁念孤吟客，唯有黄公一帙书”[⑤]的书写中，也透出一股寄人篱下的辛酸。

由此可见，小产权的园林通常无法给予文人们一种真正的归属感。毕竟，官宅也好，租借也罢，都终究不是家园。因此，文人们在进行园林建设与经营时，都时时有这种区别对待之感，以至于在刚刚建成之时就已经开始担忧日后的离别了，比如方干的这首《盐官王长官新创瑞隐亭》：

指画便分元化力，周回秀绝自清机。孤云恋石寻常住，落絮萦风特地飞。雏鸟啼花催酿酒，惊鱼溅水误沾衣。明年秩满难将去，何似先教画取归。[⑥]

也正因为这种内心的区别对待，所以文人们在建设时表现出的热情也常常会有着明显差异。比如白居易在《春葺新居》中就曾这样写道：

---

① 张乔：《题友人林斋》，见《全唐诗》卷六三九，第7332页。

② 方干：《旅次洋州寓居郝氏林亭》，见《全唐诗》卷六五〇，第7468页。

③ 王喦：《回旧山》，见《全唐诗》卷七三一，第8371页。

④ 《全唐诗》卷七〇五，第8116页。

⑤ 《全唐诗》卷七三〇，第8365页。

⑥ 《全唐诗》卷六五一，第7480—7481页。

江州司马日，忠州刺史时。栽松满后院，种柳荫前墀。彼皆非吾土，栽种尚忘疲。况兹是我宅，葺艺固其宜。平旦领仆使，乘春亲指挥。移花夹暖室，徙竹覆寒池。池水变绿色，池芳动清辉。寻芳弄水坐，尽日心熙熙。一物苟可适，万缘都若遗。设如宅门外，有事吾不知。[①]

在白居易的仕宦生涯中，每到一处，都会兴致勃勃地进行花木种植，但是再多的经营，也改变不了此地非家的现实。白居易在自己家园中的经营，可以说是不遗余力的，而在地方为官时，纵然也会很投入地“每日领童仆，荷锄仍决渠。划土壅其本，引泉溉其枯”[②]，却终不免有任期的顾虑，而在花木选择上有所保留：

野性爱栽植，植柳水中坻。乘春持斧斫，裁截而树之。长短既不一，高下随所宜。倚岸埋大干，临流插小枝。松柏不可待，楩柟固难移。不如种此树，此树易荣滋。无根亦可活，成阴况非迟。三年未离郡，可以见依依。种罢水边憩，仰头闲自思。富贵本非望，功名须待时。不种东溪柳，端坐欲何为。[③]

正是因为这种差异，官署的园林或许可以成为诗人身心一时的安顿，却永远不会是“设如宅门外，有事吾不知”的归隐终老之地。因此，虽然白居易也曾在《官宅》中一时兴起而说出“恋他官舍住，双鬓白如云”这样的话，但还是不免要感慨着“楼上明年新太守，不妨还是爱花人”[④]惆怅离去，不得不承认“官舍非我庐，官园非我树”[⑤]。小产权的经营终究非我所有，诗人晚年的全部心血还是要投入到自己的履道池台中。因为只有那里才是真正属于自己的归宿。所谓“庾信园殊小，陶潜屋不丰。何劳问宽窄，宽窄在心中”[⑥]“小水低亭自可亲，大池高馆不关身。林园莫妒裴家好，憎故怜

① 《全唐诗》卷四三一，第4766页。

② 白居易：《东坡种花二首》其二，见《全唐诗》卷四三四，第4803页。

③ 白居易：《东溪种柳》，见《全唐诗》卷四三四，第4804页。

④ 白居易：《别种东坡花树两绝》，见《全唐诗》卷四四一，第4926页。

⑤ 白居易：《自咏五首》其五，见《全唐诗》卷四四四，第4974页。

⑥ 白居易：《小宅》，见《全唐诗》卷四五五，第5161页。

新岂是人”[①]，即使规模、建设都不及别家，但只要有真正属于自己的一片园居，也便“不羡大池台”[②]了。

对拥有私家园林的文人来说，自然无法在小产权的园林里找到归属感，而终究希望回到自己的园林中。但是在没有自己园林的文人那里，即使是小产权的园林生活，都是难能可贵的了。因此，当他们寄居于他人园林中时，往往会更加激起他们无钱置产的伤感和渴望拥有园林的期盼：

到此应常宿，相留可判年。蹉跎暮容色，怅望好林泉。何日沾微禄，归山买薄田？斯游恐不遂，把酒意茫然。[③]

江湖同避地，分手自依依。尽室今为客，经秋空念归。岁储无别墅，寒服羡邻机。草色村桥晚，蝉声江树稀。夜凉宜共醉，时难惜相违。何事随阳侣，汀洲忽背飞。[④]

春入池亭好，风光暖更鲜。寻芳行不困，逐胜坐还迁。细草乱如发，幽禽鸣似弦。苔文翻古篆，石色学秋天。花落能漂酒，萍开解避船。暂来还愈疾，久住合成仙。迸笋porcelain阶起，垂藤压树偏。此生应借看，自计买无钱。[⑤]

对没有自己园林的文人来说，任何一种园居体验，都可能触发他们拥有园林的渴望，乃至于小产权的官署园林，都足以令他们艳羡。毕竟，和借居的时间限制、租赁的费用支出相比，只要跻身仕途，便有机会较为稳定地享有官署园林，而不至于受园主的主观态度制约。因此，我们便能看到这样的表达：

羡尔方为吏，衡门独晏如。野猿偷纸笔，山鸟污图书。竹里藏

① 白居易：《重戏答》，见《全唐诗》卷四五五，第5154页。

② 白居易：《自题小园》，见《全唐诗》卷四五九，第5218页。

③ 杜甫：《重过何氏五首》其五，见《全唐诗》卷二二四，第2398—2399页。

④ 皇甫冉：《宿严维宅送包七》，见《全唐诗》卷二四九，第2809页。

⑤ 姚合：《题宣义池亭》，见《全唐诗》卷四九九，第5678页。

公事，花间隐使车。不妨垂钓坐，时脍小江鱼。[①]

更有甚者，乃至他人园林中的某样物产，都可能引发他们的欣羡之情，比如王建的几首诗就很典型：

此地本无竹，远从山寺移。经年求养法，隔日记浇时。嫩绿卷新叶，残黄收故枝。色经寒不动，声与静相宜。爱护出常数，稀稠看自知。贫来缘未有，客散独行迟。[②]

年少狂疏逐君马，去来憔悴到京华。恨无闲地栽仙药，长傍人家看好花。[③]

小叶稠枝粉压摧，暖风吹动鹤翎开。若无别事为留滞，应便抛家宿看来。[④]

文人对属于自己的一处园居的渴望，可谓极矣！

二、园林经营与文学主题

（一）亲自经营的深厚感情

文人亲自在园林中进行审美经营时，往往比一般家仆要用心得多，一草一木的布置乃至日后的养护，都是精心的设计与心血的倾注，这在很多诗文中都可以看到。比如戴叔伦在《山居即事》中便提到过自己“养花分

① 张谓：《过从弟制疑官舍竹斋》，见《全唐诗》卷一九七，第2019页。
② 王建：《杜中丞书院新移小竹》，见《全唐诗》卷二九九，第3399页。
③ 王建：《人家看花》，见《全唐诗》卷三〇一，第3431—3432页。
④ 王建：《于主簿厅看花》，见《全唐诗》卷三〇一，第3434页。

宿雨”[①]，连浇灌都一丝不苟；王建的《杜中丞书院新移小竹》中也有“经年求养法，隔日记浇时”，用心程度亦丝毫不逊。正因为这种心血倾注，所以很容易培养出一种感情上的亲切与重视，即所谓“岂无后人赏，所贵手自营”。

文人对自己亲自栽种的花木，已然有着更为亲切的情感，而伴随着花木的成长，这种感情也会变得越来越深，甚至成为园林中最让他们牵挂的部分。比如杜甫居住于成都浣花溪草堂时，曾经栽种过四株松树。这四株松树很可能是他亲自向朋友讨要的，即《凭韦少府班觅松树子》所记之事。刚刚讨要回来亲自栽种下的时候，不过三尺多高的小树苗，但其伴随着杜甫在草堂中的生活慢慢成长，也逐渐成为诗人朝夕相伴的伙伴。当杜甫因为蜀中变乱而不得不暂时逃离成都、寄居梓州时，这四株松树便成了他对故园深切思念的寄托：

> 我生性放诞，雅欲逃自然。嗜酒爱风竹，卜居必林泉。……偶携老妻去，惨澹凌风烟。事迹无固必，幽贞愧双全。尚念四小松，蔓草易拘缠。霜骨不甚长，永为邻里怜。[②]

而当他重新回到草堂的时候，首先关注到的也还是这四株松树：

> 昔我去草堂，蛮夷塞成都。今我归草堂，成都适无虞。……贱子且奔走，三年望东吴。弧矢暗江海，难为游五湖。不忍竟舍此，复来薙榛芜。入门四松在，步屧万竹疏。旧犬喜我归，低徊入衣裾。邻舍喜我归，酤酒携胡芦。大官喜我来，遣骑问所须。城郭喜我来，宾客隘村墟。天下尚未宁，健儿胜腐儒。飘摇风尘际，何地置老夫。……[③]

不仅入门即关注，甚至还专门为这四株松树写了一首《四松》：

> 四松初移时，大抵三尺强。别来忽三载，离立如人长。会看根不拔，莫计枝凋伤。幽色幸秀发，疏柯亦昂藏。所插小藩篱，本亦

① 《全唐诗》卷二七三，第3076页。

② 杜甫：《寄题江外草堂》，见《全唐诗》卷二二〇，第2321页。

③ 杜甫：《草堂》，见《全唐诗》卷二二〇，第2327页。

有堤防。终然振拨损，得吝千叶黄。敢为故林主，黎庶犹未康。避贼今始归，春草满空堂。览物叹衰谢，及兹慰凄凉。清风为我起，洒面若微霜。足以送老姿，聊待偃盖张。我生无根带，配尔亦茫茫。有情且赋诗，事迹可两忘。勿矜千载后，惨澹蟠穹苍。[①]

除了松树之外，浣花溪草堂中其他被杜甫亲自以诗乞得并亲手种植的花木，在其诗歌中也出现得较为频繁，比如“入门四松在”之后的“步屧万竹疏”来自《从韦二明府续处觅绵竹》，又比如在《萧八明府堤处觅桃栽》后，有《题桃树》等等，不一而足，皆可参看。

在园林中朝夕相对时，这些亲自种植的花木就如同园主人的亲密朋友一样。而在产权和使用权分离时，这些亲自经营的物产也往往最能牵动园主人的情思。将要离别时，总不免依依不舍、殷勤致辞，比如：

芍药丁香手里栽，临行一日绕千回。外人应怪难辞别，总是山中自取来。[②]

去年今日栽，临去见花开。好住守空院，夜间人不来。[③]

曾住炉峰下，书堂对药台。斩新萝径合，依旧竹窗开。砌水亲看决，池荷手自栽。五年方暂至，一宿又须回。 纵未长归得，犹胜不到来。君家白鹿洞，闻道亦生苔。[④]

常叹春泉去不回，我今此去更难来。欲知别后留情处，手种岩花次第开。[⑤]

在远方抒发对自己园林的怀念时也是如此，比如：

① 《全唐诗》卷二二〇，第2327—2328页。
② 王建：《别药栏》，见《全唐诗》卷三〇一，第3428页。
③ 王建：《别自栽小树》，见《全唐诗》卷三〇一，第3423页。
④ 白居易：《题别遗爱草堂兼呈李十使君》，见《全唐诗》卷四四二，第4591—4592页。
⑤ 李渤：《留别南溪二首》其一，见《全唐诗》卷四七三，第5368页。

故里心期奈别何，手移芳树忆庭柯。东皋黍熟君应醉，梨叶初红白露多。[①]

何处曾移菊，溪桥鹤岭东。篱疏还有艳，园小亦无丛。日晚秋烟里，星繁晓露中。影摇金涧水，香染玉潭风。罢酒惭陶令，题诗答谢公。朝来数花发，身在尉佗宫。[②]

这种对亲自栽种的花木的深厚感情，在很多文人那里都可以看到。而且，花木都是有生命之物，自种下之后，便会在此后的岁月里伴随着园主人一起经历时光，经历成长，乃至衰老与死亡。这种于时光中相伴的感情无疑比一般的挂念更加深沉。比如施肩吾的《玩手植松》中，书写的就是对自己亲植松树的成长的见证与期望："却思毫末栽松处，青翠才将众草分。今日散材遮不得，看看气色欲凌云。"[③] 而柳宗元在《始见白发题所植海石榴》一诗中表达的则是另一番感受："几年封植爱芳丛，韵艳朱颜竟不同。从此休论上春事，看成古木对衰翁。"[④]

花木的成长，总是伴随着流逝的时光，无论园主栽种之后是离是合，只要花木还在，便不免经历这漫长时光的酝酿，甚至会因此使这份情感中充满着一种世事沧桑。且看白居易的这几首诗：

旧居清渭曲，开门当蔡渡。十年方一还，几欲迷归路。追思昔日行，感伤故游处。插柳作高林，种桃成老树。因惊成人者，尽是旧童孺。试问旧老人，半为绕村墓。浮生同过客，前后递来去。白日如弄珠，出没光不住。人物日改变，举目悲所遇。回念念我身，安得不衰暮。朱颜销不歇，白发生无数。唯有山门外，三峰色如故。[⑤]

① 羊士谔：《永宁里小园与沈校书接近，怅然题寄》，见《全唐诗》卷三三二，第3710页。

② 许浑：《南海使院对菊怀丁卯别墅》，见《全唐诗》卷五三七，第6132页。

③ 《全唐诗》卷四九四，第5602页。

④ 《全唐诗》卷三五三，第3951—3952页。

⑤ 白居易：《重到渭上旧居》，见《全唐诗》卷四三二，第4774—4775页。

小松未盈尺，心爱手自移。苍然涧底色，云湿烟霏霏。栽植我年晚，长成君性迟。如何过四十，种此数寸枝。得见成阴否，人生七十稀。[①]

爱君抱晚节，怜君含直文。欲得朝朝见，阶前故种君。知君死则已，不死会凌云。[②]

离乡十载，一朝归来，寻觅自己曾经亲自种下的花木，已是“插柳作高林，种桃成老树”，而在这花木成长的背后，却是故园的物是人非，自己的半世沉浮，诚所谓“木犹如此，人何以堪”！而在《栽松二首》中，我们看到的却是诗人中年栽种，既不知自己还有多少时光等待树木的长成，同时又依然对松树的未来有所期待。一如垂暮之人面对儿孙，欣喜之余却更不知能否见其来日。如果再联想到白居易四十岁左右经历了女儿金銮子的出生与三岁夭折，则其种植松树时所引发的这种情感背后，很有可能隐藏着更深的伤痛。

光阴流逝，人树俱老，岂独种者如是，即令观者亦不免同感。因此在临园怀旧的作品中，曾经园主亲自种下的花木也会成为缅怀者特别关注的对象，比如李群玉的这首《桂州经佳人故居琪树》即是如此：

种树人何在，攀枝空叹嗟。人无重见日，树有每年花。满院雀声暮，半庭春景斜。东风不知恨，遍地落余霞。[③]

唐代文人在自家园林中亲自进行经营的成果，往往成为凝结情感的对象。而这种情感有时甚至无关产权，纯粹是因为自己亲自经营时倾注的心血，而成为令他们挂怀之物。这在公有园林的建设中体现得尤为突出，白居易就是个中典型：

移根易地莫憔悴，野外庭前一种春。少府无妻春寂寞，花开将

---

① 王启兴：《校编全唐诗》中，2001年，第1983页。

② 白居易：《栽松二首》，见《全唐诗》卷四三三，第4787页。

③ 《全唐诗》卷五六九，第6592页。

尔当夫人。[1]

水斋岁久渐荒芜，自愧甘棠无一株。新酒客来方宴饮，旧堂主在重欢娱。莫言杨柳枝空老，直致樱桃树已枯。从我到君十一尹，相看自置府来无。[2]

由这两首诗可见，白居易在盩厔官署中亲择亲种的蔷薇，是为朝夕相伴，进而一往情深，而他在任河南尹时亲自创建的水堂，在许多年之后，仍旧能激发其一种特殊的情感，从而亦与一般的宴饮诗有所不同。除此之外，白居易在任忠州刺史时在东坡种下的桃花，更是成为他离任后不断思念的对象，在其《西省对花忆忠州东坡新花树因寄题东楼》《寄题忠州小楼桃花》等作品中被反复书写。

（二）亲自经营的丰富感受

亲自进行的经营，往往倾注了文人们对自己园林最深切的感情，但这种亲自经营的意义其实又远不止于此。如前所述，文人们亲自参与的园林审美建设，往往最能集中体现他们的审美观念，因此文人们在写作这一题材时，有时也会明确说明自己经营的目的，比如陆希声的《阳羡杂咏十九首·松岭》：

岭上青松手自栽，已能苍翠映莓苔。岁寒本是君家事，好送清风月下来。[3]

很显然，诗中并不强调松树的比德，而只关注清风明月的审美效果。

不过，和审美观念的表达相比，我们接下来要关注的，是在这个亲自经营的过程中，情感丰富、思想深沉的文人往往还会触发其他的联想和感喟，从而使得简单的经营活动具备了更为丰富的内涵，乃至闪耀出夺目的人文精神的光辉。在前文讨论亲自经营的深厚感情时，我们主要关注的是审美

---

① 白居易：《戏题新栽蔷薇》，见《全唐诗》卷四三六，第4831页。

② 白居易：《宴后题府中水堂赠卢尹中丞》，见《全唐诗》卷四五九，第5225页。

③ 《全唐诗》卷六八九，第7914页。

经营，因为生产经营的成果通常会被消费掉，文人一般也不会过于在意。但是如果我们关注的是过程中的感受，情况就不一样了。我们会发现，即使在看似寻常的生产劳动中，文人们也不会因手上的劳作而停止自己的思考，而是依然在通过相关的诗文表达自己的人生态度。比如白居易在渭南下邽别墅丁忧后期，基本上都是亲自躬耕，元和九年（814）所作《得袁相书》中便自我描述为“谷苗深处一农夫，面黑头斑手把锄”[①]，而在这一过程中，他对普通民众的情感和辛劳都有了更深的认识，比如：

世役不我牵，身心常自若。晚出看田亩，闲行旁村落。累累绕场稼，啧啧群飞雀。年丰岂独人，禽鸟声亦乐。田翁逢我喜，默起具尊杓。敛手笑相延，社酒有残酌。愧兹勤且敬，藜杖为淹泊。言动任天真，未觉农人恶。停杯问生事，夫种妻儿获。筋力苦疲劳，衣食常单薄。自惭禄仕者，曾不营农作。饱食无所劳，何殊卫人鹤。[②]

此诗作于元和七年（812）左右，表面上看似乎和早年的《观刈麦》之类非常相似，但事实上却又有了质的不同。此时的白居易已是“四十为野夫，田中学锄谷”了，他观看的是自己亲自种下的庄稼，他不是置身事外的看客。在《观刈麦》中，其实或多或少仍有一种父母官居高临下悲悯子民的意味，而在这首《观稼》中，我们却更多地感受到对农夫的亲近与尊重，而这又正是最得陶渊明田园诗精髓的。

除了白居易的相关作品，陆龟蒙的《村夜二篇》其二也是个值得注意的例子：

世既贱文章，归来事耕稼。伊人著农道，我亦赋田舍。所悲劳者苦，敢用词为诧。只效刍牧言，谁防轻薄骂。嘻今居宠禄，各自矜雄霸。堂上考华钟，门前伫高驾。纤洪动丝竹，水陆供鲙炙。小雨静楼台，微风动兰麝。吹嘘川可倒，眄睐花争姹。万户膏血穷，一筵歌舞价。安知勤播植，卒岁无闲暇。种以春鳸初，获从秋隼下。专专望穜稑，揹揹条桑柘。日晏腹未充，霜繁体犹裸。平生守仁

① 《全唐诗》卷四三七，第4853页。

② 白居易：《观稼》，见《全唐诗》卷四二九，第4731页。

义，所疾唯狙诈。上诵周孔书，沈溟至酣藉。岂无致君术，尧舜不上下。岂无活国方，颇牧齐教化。蛟龙任干死，云雨终不借。羿臂束如囚，徒劳夸善射。才能诮箕斗，辩可移嵩华。若与氓辈量，饥寒殆相亚。长吟倚清瑟，孤愤生遥夜。自古有遗贤，吾容偏称谢。[①]

因为自己亲自参与耕作，而且无功名官爵傍身，所以陆龟蒙能最深刻地体验彼时农夫的境遇。这首诗也就一改其园林诗中常见的闲适之情，而充满了一种社会批判的意味，与其小品文的精神颇为接近。传统文人素来当以天下为己任，在劳作时心系苍生的，又何止陆龟蒙一人。如果说在这首诗中，陆龟蒙的不平完全跃然纸上，以至从诗艺的角度讲不免有些稍欠含蓄的话，那工于比兴又同样胸怀天下的杜甫，就是另一番滋味了，且看其《种莴苣》一诗：

阴阳一错乱，骄蹇不复理。枯旱于其中，炎方惨如毁。植物半蹉跎，嘉生将已矣。云雷欻奔命，师伯集所使。指麾赤白日，澒洞青光起。雨声先已风，散足尽西靡。山泉落沧江，霹雳犹在耳。终朝纡飒沓，信宿罢潇洒。堂下可以畦，呼童对经始。苣兮蔬之常，随事蓺其子。破块数席间，荷锄功易止。两旬不甲坼，空惜埋泥滓。野苋迷汝来，宗生实于此。此辈岂无秋，亦蒙寒露委。翻然出地速，滋蔓户庭毁。因知邪干正，掩抑至没齿。贤良虽得禄，守道不封己。拥塞败芝兰，众多盛荆杞。中园陷萧艾，老圃永为耻。登于白玉盘，藉以如霞绮。苋也无所施，胡颜入筐篚。[②]

此诗所写，乃久旱逢甘霖之际，抓紧进行蔬菜种植，很显然是关乎生计的劳作。杜甫自称“老圃”并亲自荷锄参与了这一劳作，但是在劳作的过程中，却由田间的野苋而引发了现实感触。同样经霜而萎，但是这野苋却可以迅速重生，且侵户毁庭，而真正需要的莴苣，却是“两旬不甲坼”而终“埋泥滓”。小人君子之分，亦自古而然。联想杜甫生活的年代，安史之乱冲决了正常的社会秩序，在王朝秩序重建的过程中，投机之人更容易迅

① 《全唐诗》卷六一九，第7129页。

② 《全唐诗》卷二二一，第2347—2348页。

速崛起，以至于肃宗朝堂一时佞幸当道，杜甫曾因房琯一事受到排斥，对此更是有深切的体会。此刻，正好借种菜的劳作，一吐胸中之积郁。但是，杜甫的伟大之处恰恰在于他没有因此而放弃文人的良心与责任感，“中园陷萧艾，老圃永为耻”，中园或即暗指“中原”，国家一日不宁，诗人便引以为耻，绝非只是因为自己的不幸而乱发牢骚而已。

在杜甫的这首诗歌中，我们感受到的是一种文人自己精神的投射与象征，而这绝非孤例。中国文学自先秦时期就已形成了香草美人的传统模式，因此一草一木都可能会触发文人这种比附性的联想。在生产劳动中面对自然的芳草时尚且不免如此，则亲自培育的花木就更容易成为其象征了。类似在花木种植中感受到自己精神与人格的例子，在唐人的诗文中还可以见到许多，比如元结的《菊圃记》：

> 舂陵俗不种菊。前时自远致之，植于前庭墙下，及再来也，菊已无矣。徘徊旧圃，嗟叹久之。谁不知菊也？方华可赏，在药品是良药，为蔬菜是佳蔬。纵须地趋走，犹宜徙植修养。而忍蹂践至尽，不爱惜乎？於戏！贤人君子自植其身，不可不慎择所处。一旦遭人不爱重，如此菊也，悲伤奈何？于是更为之圃，重畦植之。……[①]

而竹子的种植和比德，更是常常被书写的典型：

> 当砌植檀栾，浓阴五月寒。引风穿玉牖，摇露滴金盘。有韵和宫漏，无香杂畹兰。地疑云锁易，日近雪封难。静称围棋会，闲宜阁笔看。他年终结实，不羡树栖鸾。[②]

> 秋八月，刘氏徙竹凡百余本，列于室之东西轩，泉之南北隅，克全其根，不伤其性，载旧土而植新地，烟翠霭霭，寒声萧然。适有问曰：“树梼桐可以代琴瑟，植栌梨可以代甘实。苟爱其坚贞，岂无松桂也，何不杂列其间也？”答曰：“君子比德于竹焉：原夫劲本坚节，不受霜雪，刚也；绿叶萋萋，翠筠浮浮，柔也；虚心而直，无所隐蔽，忠也；不孤根以挺耸，必相依以林秀，义也；虽春

① 《全唐文》卷三八二，第1715页。

② 吴融：《玉堂种竹六韵》，见《全唐诗》卷六八五，第7868页。

阳气王，终不与众木斗荣，谦也；四时一贯，荣衰不殊，恒也；垂蕡实以迟凤，乐贤也；岁擢笋以成干，进德也；及乎将用，则裂为简牍，于是写诗书篆象之命，留示百代，微则圣哲之道，坠地而不闻矣，故后人又何所宗欤？至若镞而箭之，插羽而飞，可以征不庭，可以除民害，此文武之兼用也；又划而破之为篾席，敷之于宗庙，可以展孝敬；截而穴之，为篪为箫，为笙为簧，吹之成虞韶，可以和神人，此礼乐之并行也。夫此数德，可以配君子，故岩夫列之于庭，不植他木，欲令独擅其美，且无以杂之乎。”……[①]

因为文人对这种比德、象征的熟悉与惯用，故此相关书写有时候甚至能形成互动。比如元稹也曾种植过竹子，并写有《种竹（并序）》一诗：

昔公怜我直，比之秋竹竿。秋来苦相忆，种竹厅前看。失地颜色改，伤根枝叶残。清风犹淅淅，高节空团团。鸣蝉聒暮景，跳蛙集幽阑。尘土复昼夜，梢云良独难。丹丘信云远，安得临仙坛。瘴江冬草绿，何人惊岁寒。可怜亭亭干，一一青琅玕。孤凤竟不至，坐伤时节阑。[②]

而白居易正有《酬元九对新栽竹有怀见寄（顷有赠元九诗云：“有节秋竹竿”，故元感之，因重见寄）》一诗与之呼应，由白诗自注及元诗原序“昔乐天赠予诗云……”可见，这番象征的背后，其实伴随着昔日二人以竹之风格相互砥砺的记忆，且这种早年的砥砺与此刻的种植还有着不可忽视的联系：

昔我十年前，与君始相识。曾将秋竹竿，比君孤且直。中心一以合，外事纷无极。共保秋竹心，风霜侵不得。始嫌梧桐树，秋至先改色。不爱杨柳枝，春来软无力。怜君别我后，见竹长相忆。长欲在眼前，故栽庭户侧。分首今何处，君南我在北。吟我赠君诗，对之心恻恻。[③]

作为现知在园林经营方面最为用心的白居易，自然少不了在园林中

① 刘岩夫：《植竹记》，见《全唐文》卷七三九，第3385页。

② 《全唐诗》卷三九七，第4459页。

③ 《全唐诗》卷四二四，第4661页。

亲自经营，除了与元稹这段与种竹相关的互动往来之外，白居易本人也有过亲手种竹的行为，而且这一种植行为同样引发过他的深切思考，从而由个人的道德比附引申到了时政得失，试看其《养竹记》一文最后的这段表述：

嗟乎！竹植物也，于人何有哉？以其有似于贤而人爱惜之，封植之，况其真贤者乎？然则竹之于草木，犹贤之于众庶。呜呼！竹不能自异，惟人异之。贤不能自异，惟用贤者异之。故作《养竹记》，书于亭之壁，以贻其后之居斯者，亦欲以闻于今之用贤者云。[①]

而除了竹子之外，白居易在面对其他亲自经营的结晶时，也曾有过丰富的感触，有一些甚至带有更明显的个人印记。试看其《栽杉》：

劲叶森利剑，孤茎挺端标。才高四五尺，势若干青霄。移栽东窗前，爱尔寒不凋。病夫卧相对，日夕闲萧萧。昨为山中树，今为檐下条。虽然遇赏玩，无乃近尘嚣。犹胜涧谷底，埋没随众樵。不见郁郁松，委质山上苗？[②]

在这首诗里，白居易所象征的并不是通常文人话语中的人格与道德，虽然也提到了“孤茎挺端标”“爱尔寒不凋”，但更值得注意的是与他“中隐”选择息息相关的人生思考。隐于山野，便是寂寞无名、无所作为，而居于都市，虽不免为尘嚣所染，却有机会更好地实现自己的价值与追求。毕竟，晚年居洛的白居易，虽然看似不问世事，但面对“东都龙门潭之南，有八节滩、九峭石，船筏过此，例及破伤”，还是会作出“振锡导师凭众力，挥金退傅施家财”“七十三翁旦暮身，誓开险路作通津”这样“适愿快心拔苦施乐者耳，岂独以功德福报为意哉”[③]的善举，以助力民生，坚守传统文人应有的社会责任。

在白居易的作品中，我们能看到一些很个人化的表达，毕竟，即使生活在同样的语境中，接受的是同样的文化背景的影响，人与人终究会因性格

① 《全唐文》卷六七六，第3058页。

② 《全唐诗》卷四三〇，第4744页。

③ 白居易：《开龙门八节石滩诗二首（并序）》，见《全唐诗》卷四六〇，第5236—5237页。

与个体遭遇而不同。比如柳宗元，因为个人的悲惨命运，就更多了一些独特的人生体验，这种体验与传统的文人精神相通，但又带有鲜明的个人色彩。众所周知，柳宗元在贬谪之所每每以美好而被弃置的山水来隐喻自己的命运，而这种隐喻并不仅仅停留在大家熟知的山水中，其在园林里亲自种植的竹子，也同样承担了这一使命：

瘴茅葺为宇，溽暑常侵肌。适有重膇疾，蒸郁宁所宜。东邻幸导我，树竹邀凉飔。欣然惬吾志，荷锸西岩垂。楚壤多怪石，垦凿力已疲。江风忽云暮，舆曳还相追。萧瑟过极浦，旖旎附幽墀。贞根期永固，贻尔寒泉滋。夜窗遂不掩，羽扇宁复持。清泠集浓露，枕簟凄已知。网虫依密叶，晓禽栖迥枝。岂伊纷嚣间，重以心虑怡。嘉尔亭亭质，自远弃幽期。不见野蔓草，蓊蔚有华姿。谅无凌寒色，岂与青山辞。[①]

同样的表达，还见于柳宗元的其他种植当中，比如：

弱植不盈尺，远意驻蓬瀛。月寒空阶曙，幽梦彩云生。粪壤擢珠树，莓苔插琼英。芳根閟颜色，徂岁为谁荣。[②]

又如《自衡阳移桂十余本植零陵所住精舍》中的“南人始珍重，微我谁先觉。芳意不可传，丹心徒自渥”[③]等，也都是如此。不断地体会，不断地象征，不断地书写，则柳宗元这种遭弃感受的强烈程度可想而知。

而对一生都被悲剧浸透了的李商隐来说，不论何种题材，都不免染上悲哀的情绪，即使面对的是自己种植的花木，也是如此，所以就有了《永乐县所居一草一木无非自栽，今春悉已芳茂，因书即事一章》：

手种悲陈事，心期玩物华。柳飞彭泽雪，桃散武陵霞。枳嫩栖鸾叶，桐香待凤花。绶藤萦弱蔓，袍草展新芽。学植功虽倍，成蹊迹尚赊。芳年谁共玩，终老邵平瓜。[④]

---

① 柳宗元：《茅檐下始栽竹》，见《全唐诗》卷三五三，第3950页。

② 柳宗元：《新植海石榴》，见《全唐诗》卷三五三，第3951页。

③ 《全唐诗》卷三五三，第3952页。

④ 《全唐诗》卷五四〇，第6219页。

一生所学，一生奋斗，一生一事无成，沉沦下僚，辗转幕府，理想消磨成空。虽然李商隐写这首诗的时候还是在会昌后期，但是在“学植功虽倍，成蹊迹尚赊。芳年谁共玩，终老邵平瓜”的慨叹中，此时的诗人也许已经看尽了自己的人生。

唐末的韦庄在自己栽种花木时，心境也带有明显的个人印记：

> 寂寞阶前见此君，绕栏吟罢却沾巾。异乡流落谁相识，唯有丛篁似主人。[①]

> 为忆长安烂熳开，我今移尔满庭栽。红兰莫笑青青色，曾向龙山泛酒来。[②]

韦庄半生漂泊的命运，都融化在这亲自栽种的一草一木中了。

由此可见，文人在园林经营过程中的感受，除了常常体现文人群体共有的思想观念（比如人格的象征、道德的标榜等），以及个人政治观念与遭遇的投射之外，往往还会带上更加鲜明的个性印记，而在个人特点本就十分突出的诗人那里，更是如此。比如李贺，这位仕途失意、疾病缠身的悲剧诗人，始终在更加敏感地体会着时间无可挽回的流逝，并表现出一种超出常人的焦灼，乃至园中凿井这种再平常不过的事情（甚至他可能只是凿井的授意者、指挥者而并非动手者），都会触发这方面的联想，而写下这首《后园凿井歌》：

> 井上辘轳床上转。水声繁，弦声浅。情若何，荀奉倩。城头日，长向城头住。一日作千年，不须流下去。[③]

诗人的个性是不同的，在园林经营中的感受也就不免因人而异，既然连一处很小的经营都会带上鲜明的个人印记，则整座园林的建设更是会成为园主个人审美理想的凝结，而呈现出千差万别、各具特色的风采吧！

不过，正如前文所言，中国传统文人最宝贵的精神，从来都不是这些审美情调，而是民胞物与的情怀和永不逃避的社会责任感，因此，即使自己

---

① 韦庄：《新栽竹》，见《全唐诗》卷六九七，第8029页。

② 韦庄：《庭前菊》，见《全唐诗》卷六九七，第8029页。

③ 《全唐诗》卷三九二，第4419页。

是在经营一处园林，也常常会联想到民间疾苦，检讨起时政得失。如果说杜甫在《种莴苣》中的表达还比较隐晦，那白居易的《东坡种花二首》其二就体现得非常明显了：

东坡春向暮，树木今何如。漠漠花落尽，翳翳叶生初。每日领童仆，荷锄仍决渠。划土壅其本，引泉溉其枯。小树低数尺，大树长丈余。封植来几时，高下随扶疏。养树既如此，养民亦何殊。将欲茂枝叶，必先救根株。云何救根株，劝农均赋租。云何茂枝叶，省事宽刑书。移此为郡政，庶几甿俗苏。①

而除此之外，前文还曾经提到过，文人在园林中活动的印记可以成为后人怀念的依托，也因此激发起文人一种传诸后世的执着。而当他们亲自进行园林经营时，这种意识也更容易被唤起。试看柳宗元的这首《种柳戏题》：

柳州柳刺史，种柳柳江边。谈笑为故事，推移成昔年。垂阴当覆地，耸干会参天。好作思人树，惭无惠化传。②

这首诗的最后，显然用的是召伯甘棠之典。虽然柳宗元在诗里自谦道“惭无惠化传”，但毫无疑问，这更多的是一种自励、自勉，是期望自己在做了刺史——哪怕是偏远地区的刺史——之后能够造福一方百姓，留下和召伯一样的德行。则自己此刻种下的柳树，也就可以在未来的岁月里成为同样的象征。不仅如此，在《永州龙兴寺东丘记》一文中，柳宗元描述完自己种树列石的行为后，也曾提及过这一典故，在“无召公之德，惧翦伐之及也”③的表达背后，也是同样的一种理想在涌动。如果说在柳州为刺史时，即使偏远，但终究可以在地方上有所作为，那永州时期的柳宗元更让我们看到了中国第一流的文人在人生最低谷中，内心深处那份理想不灭的倔强与执着。

① 《全唐诗》卷四三四，第4803页。

② 《全唐诗》卷三五二，第3937页。

③ 《全唐文》卷五八一，第2599页。

三、园林收支与文人生活

（一）园林收支状况的基本类型

在前文当中，我们已经详细探讨过唐代文人私家园林的收入与支出情况，而根据这些探讨结果，也就可以对文人私园进行一下简单的归类。从收支角度来看，唐代文人私园大体上可以分为收入型、支出型和平衡型三大类。

收入型也可以称之为盈余型，这类园林在通常情况下收入要远大于支出，主要代表则是那些位居郊野的山庄、别业等具有庄园性质的园林。从前面的探讨中，我们不难看出，唐代园林最主要的收入来源就是粮食种植的收入（地租也可视作另一种形式的粮食收入），而粮食收入的多少在很大程度上取决于园林附带田产的多少。因此，拥有大量附属田产的山庄、别业必然是收入大于支出。同时，大规模的庄园型园林也可以根据情况发展多种经营，比如前面提到过的家畜养殖、附属产业等就只可能在大型的庄园型园林中实现。

支出型也可以称之为消费型，这类园林在通常情况下支出要大于收入，主要代表则是那些深居城市的池台、山池等住宅园林。从前面的探讨中，我们不难看出，深居城市的住宅园林大都没有附带田产，只能通过蔬果、药草等的种植获得不多的一点收入，而与这种收入途径的缺乏不相称的是，这种住宅园林的支出内容却要远远多于郊野园林。前文已经提到过，郊野园林往往可以利用自然的山水地貌和花木鸟兽，而城市宅园则只能通过购买来获取花木和动物，仅是这一项就要花费不少，再加上交际应酬等开支，单从园林本身的经济周转来看，入不敷出也就是必然的了。既然这类园林自身的收入无法提供足够的经济支撑，那就只能依赖于外财的输入比如园主的俸禄来维持了。

平衡型也可以称之为自给型，这类园林在通常情况下收入和支出基本相等或者收入略大于支出，主要代表则是山野之间的那些草堂、茅茨之类，这其中有相当一部分是通过垦荒的途径获得的。这类园林往往有不多的一点田产，其产出基本上可以满足一般的衣食需要。虽然这种园林的收入也不是很多，但与城市宅园不同的是，其支出也不是很多，诸如宴饮应酬、动植物养殖等开支大都可以免去。所以这类园林在正常状态下基本上都可以维持一种低水平的自给自足。比如孟郊《哀孟云卿嵩阳荒居》里提到的"艺檗意弥苦，耕山食无余"，就可见孟云卿当年在园中的辛勤劳作，也是仅供温饱，难有积蓄。

当然，这只是针对唐代文人园林在经济运转上处于相对稳定状态之后，从收支角度作的简单分类，不能过于绝对化。因为园林建设是一个动态的过程，园林经济亦然，因此园林收支的状态也不可能自始至终一成不变。

一方面，在园林的初期建设阶段，几乎所有的园林都是支出型。即便是能获得丰厚收益的大型山庄，最初也需要先购买地产、建筑房屋，而各项农副业乃至其他附属产业，同样需要先期投放的外财作为生产资本，在经营得当、趋于稳定之后，才能慢慢发展为盈余型园林。比如李德裕的平泉山庄，这是一个很大的庄园，但是最初也是从乔处士那里购买的，也是先要以外财为支出的。大型山庄如此，平衡型的小草堂也是如此，比如李翰在《尉迟长史草堂记》中提到的"以俸钱构草堂于郡城之南，求其志也。材不斫，全其朴；墙不雕，分其素。然而规制宏敞，清泠含风，可以却暑而生白矣"[①]，即使这样的草堂最初很可能来源于垦荒，不需要付出买地的成本，但是搭建和修葺草屋，在荒地里最初投放的种子或苗木，也同样需要外财注入为本钱，更不用说在垦荒过程中文人自己付出的劳动力成本了。就像后文中还会提到的杜甫浣花溪草堂，在稳定之后基本上可以维持一个低水平的自给自足，但是在最初阶段，也是靠了杜甫的各种乞讨，才一点点建设起来的。对此，我们可以举张籍的《题韦郎中新亭》为例，诗中提到"起得幽亭景复新，碧莎地上更无尘。琴书著尽犹嫌少，松竹栽多亦称

① 《全唐文》卷四三〇，第1939页。

贫”[①]，在前文的讨论中，我们曾经将竹子列为园林收入的一项来源，但是对新建的韦郎中新亭来说，却必须先付出一定的成本，以至于竟因消费过高而“称贫”了。同样，我们之前也曾将药草种植作为一项收入，但是曹邺在《贵宅》中却写到“公子厌花繁，买药栽庭内”[②]，亦可见初始种植时必须付出的成本。

另一方面，唐代园林的收入在很大程度上还是依赖于农副业，因此很容易受到各种自然的、人为的因素干扰，比如自然灾害，比如税收政策的变化，等等。在一些特殊情况下，收入型园林很可能也仅能勉强维持一种平衡，甚至同样难免破产的命运。比如下一章我们具体分析陆龟蒙的园居生活时就会看到，一个有着大量田产的文人，是怎样在晚唐动荡中勉强维持的。收入型园林尚且如此，低水平的自给自足，其平衡就更容易被打破了。而反过来讲，最初只能勉强自给自足的平衡型小园林，在较长的时间里不断积累本钱扩展规模而慢慢发展为盈余型的大园林，虽然困难，但也不是完全没有可能。

因此，这里所作的简单分类，主要是用来帮助我们对文人园居生活的状态进行考察的，而并不是绝对化的划分。此外还有一点需要注意，我们的这个简单分类主要是针对文人私园的，而不包括公有园林，因为像官署园林之类，其各种日常营造、维护的支出自有公廨田之类的收入作为保障，这已经是另一个问题，并不属于我们这里要讨论的范畴。

（二）园林收支与文人仕隐

在对唐代文人私园进行了这样一番简单分类之后，园林收支状况对文人生活的影响也就明显了很多。我们首先来看传统文人一生中最大的关节所在，那就是仕与隐。过去我们往往将文人的仕隐选择归结为政治清浊或者佛道思想等因素的影响，这固然没有问题。但是，仕隐选择背后的经济

① 《全唐诗》卷三八五，第4333页。

② 《全唐诗》卷五九二，第6868页。

因素也同样不能忽视，尤其是作为居所的园林，其收支情况更是与之息息相关。下面我们就逐步展开讨论。

1. 对科举的支撑意义及下第后的退路

我们首先讨论的话题是，在文人仕进的过程中，园林经济的意义是怎样的。因为按照传统文人的观念，士即为仕，这是必然的人生道路，很少有人会从一开始就打定主意隐居一生的。那么，在走上仕途的过程中，文人又需要经历怎样的准备与奋斗呢？从20世纪开始，就一直有学者探讨唐代文人读书山林的现象，这在唐人那里确实非常普遍，很多文人都是在园林中完成了学业的磨砺，进而走向仕途的。但是在大家之前关于这一现象的讨论中，对读书山林背后的经济因素却关注不够。事实上，唐人的读书山林，不仅是寻求一个安静的习业之所，更是寻求一种追求举业的经济支撑。尤其是中晚唐以降，科举逐渐成为文人入仕的首选途径，甚至连世家大族也需依靠科第维持门户，园林对于举子的经济意义就更大了。因为对尚未入仕的文人来说，参与科考竞争的过程中，往往伴随着巨额支出，仅行旅、衣食、书籍、笔墨、交际等就都是不可避免的开销，更遑论其他。韩愈便曾在《代张籍与李浙东书》中感慨过“胸中虽有知识，家无钱财，寸步不能自致”[①]。《太平广记》卷四九六《邢君牙》中更是直接说明贞元年间（785—805）举子张汾“在京应举，每年常用二千贯文，皆出往还”[②]。前文曾经提到过，盛唐时期唐代普通农民家庭一年在粮食方面的净收入大约是十五石粟，折合一千八百文钱左右，这“二千贯文”对于他们简直是个天文数字！而按照贞元年间的官俸标准，即使最高的“三太”，每月也才只有“各二百贯文”，连侍中、中书令的“各一百六十贯文”[③]都达不到一年“二千贯”，则应举过程中的巨大支出，对白身士子来说是怎样的一种经济压力，可想而知。而在他们必须去应对这种经济压力的时候，园林的意义也就凸显了出来。其实，通过我们之前的讨论就已经不难看出园林经济对于文人

---

① 《全唐文》卷五五二，第2475页。

② 《太平广记》卷四九六《邢君牙》，第4072页。

③ 《唐会要》卷九一《内外官料钱上》，第1661页。

读书习业的意义。对家底比较丰厚的士子来说，自然可以依靠充裕的家财作为支撑，而这种家财来源，除了父祖官俸外，也很可能是出自家族的收入型的郊野庄园。比如杜牧，其祖父杜佑之樊川别墅，便是富有田产的大型庄园，而杜牧少时的习业之所，应该就在这里，其甥裴延翰所作之《樊川文集后序》中曾这样描述道：

> 长安南下杜樊乡，郦元长注《水经》，实樊川也。延翰外曾祖司徒岐公之别墅在焉。上五年冬，仲舅自吴兴守拜考功郎中知制诰，尽吴兴俸钱，创治其墅。出中书直，亟召昵密，往游其地。一旦，谈啁酒酣，顾延翰曰："……我适稚走于此，得官受俸，再治完具，俄及老为樊上翁。……"

显然，杜牧就是在樊川别墅中长大的，所以如此情深，则其习业之所，自然也应该在这处庄园里。杜牧另有《望故园赋》一文，其对樊川故园的感怀，也与我们前文提到过的宦海沉浮后思念故园缅怀理想的情感颇为类似，亦可资佐证。

而对寒门出身的士子来说，除了靠打秋风、写墓志等方式获得收入外，在一处自给自足的平衡型园林中耕读，或许是一种更为稳定的支撑。如果坚持不归园躬耕，则难免常常遭遇饥寒了，比如杜荀鹤在《春日闲居即事》中便说过："未得青云志，春同秋日情。……饥寒是吾事，断定不归耕。"[①]不过，像杜荀鹤这般倔强的终是少数，而且即使是杜荀鹤，由其《闲居书事》中的"竹门茅屋带村居，数亩生涯自有余"[②]以及落第时也和许多文人一样选择暂时归园（《下第东归将及故园有作》[③]）来看，也终究是以一定的园产作为生活保障的。因此，在唐代，多数下层文人应该还是以耕读生活为基础完成了求仕之路。比如前文曾分析过，岑参出仕前就是垦荒为园以作生计，支撑着自己完成学业、步入仕途，而这样的情况在唐代文人那里绝非少见，甚至文人们已经步入仕途，但俸禄尚不充裕时，仍然需要园林

① 《全唐诗》卷六九一，第7946页。

② 《全唐诗》卷六九二，第7958页。

③ 《全唐诗》卷六九二，第7969—7970页。

的收入作为支持。所谓“农桑子云业，书籍蔡邕家”[①]，二者的关系不可谓不密切。对此，我们还可以举很多例子，比如钱起，他就有过读书山林的经历，并且留下了一首《山斋读书寄时校书杜叟》描述这种生活：

日爱蘅茅下，闲观山海图。幽人自守朴，穷谷也名愚。倒岭和溪雨，新泉到户枢。丛阑齐稚子，蟠木老潜夫。忆戴差过剡，游仙惯入壶。濠梁时一访，庄叟亦吾徒。[②]

那么，钱起读书的这处蘅茅是怎样的经济状况呢？我们可以从其诗歌当中找到不少相关描述：

种黍傍烟溪，榛芜兼沮洳。亦知生计薄，所贵隐身处。橡栗石上村，莓苔水中路。萧然授衣日，得此还山趣。汲井爱秋泉，结茅因古树。闲云与幽鸟，对我不能去。寄谢鸳鹭群，狎鸥拙所慕。[③]

谷口逃名客，归来遂野心。薄田供岁酒，乔木待新禽。溪路春云重，山厨夜火深。桃源应渐好，仙客许相寻。[④]

守静信推分，灌园乐在兹。且忘尧舜力，宁顾尚书期。晚景采兰暇，空林散帙时。卷荷藏露滴，黄口触虫丝。三径与嚣远，一瓢常自怡。情人半云外，风月讵相思。[⑤]

种黍薄田，汲井灌园，无不说明钱起的这处园林也是建立在山间薄产、亲自躬耕的基础上的，属于平衡型园林。钱起就是靠着这样一种经济支持完成了读书习业进入仕途的历程，并且在为官一段时间之后依然仰赖于此。直到后来俸禄渐丰，才改变了经营方式，转而开始标榜“自乐鱼鸟性，宁求农牧资”，而将重点放到“种兰入山翠，引葛上花枝”“扫径兰芽出，添池山

① 耿湋：《题杨著别业》，见《全唐诗》卷二六八，第2991页。

② 《全唐诗》卷二三八，第2656页。

③ 钱起：《谷口新居寄同省朋故》，见《全唐诗》卷二三六，第2614页。

④ 钱起：《岁暇题茅茨》，见《全唐诗》卷二三七，第2644—2645页。

⑤ 钱起：《山园栖隐》，见《全唐诗》卷二三八，第2652页。

影深”[①]了。

这种平衡型园林对作着入仕准备的文人来说，意义自然非比寻常。甚至是一些家庭出身不错的人，在读书山林时，也往往是依靠园林本身的经济运转来保证生活的维持，以便较少与人来往，保持读书环境的清静，比如：

开园过水到郊居，共引家童拾野蔬。高树夕阳连古巷，菊花梨叶满荒渠。秋山近处行过寺，夜雨寒时起读书。帝里诸亲别来久，岂知王粲爱樵渔。[②]

很显然，此刻在郊园中读书的，乃是公主之子，就算家境败落了，应该也还不至于马上就沦落到耕读为生的境况。然而，他却还是僻居于山野，靠野蔬和渔樵为生。很显然，这是刻意与“帝里诸亲”保持距离，以求读书的专注。但是亲友来往少，也就意味着不会有及时的经济输入和生活补给，因此，其日常生活的维持，也就主要依靠平衡型园林本身的自给自足了。

当然，对这些衣食生计尚能得到保障，不需要亲自开荒、躬耕劳作的文人来说，租赁、借居的小产权园林，也可以作为一个临时的读书习业之所。比如：

读书林下寺，不出动经年。草阁连僧院，山厨共石泉。云庭无履迹，龛壁有灯烟。年少今头白，删诗到几篇。[③]

正因为园林对文人参加科举具有经济后盾的意义，所以唐代文人一旦因科场不顺之类的原因而暂时无法跻身仕途时，便往往会选择退回到自己的园林中，以保证生活能够正常维持，而不会出现生计的问题。所谓“慈恩塔上名，昨日败垂成。赁舍应无直，居山岂钓声”[④]，隐居不是为了沽名钓誉，缓解经济压力才是许多文人在落第时选择归山的重要因素。试看祖咏

① 钱起：《春谷幽居》，见《全唐诗》卷二三七，第2645页。

② 卢纶：《秋中过独孤郊居》，见《全唐诗》卷二七八，第3163页。

③ 于鹄：《题宇文褧山寺读书院》，见《全唐诗》卷三一〇，第3498页。

④ 姚合：《送狄兼谟下第归故山》，见《全唐诗》卷四九六，第5629页。

的《汝坟别业》和《归汝坟山庄留别卢象》：

失路农为业，移家到汝坟。独愁常废卷，多病久离群。鸟雀垂窗柳，虹霓出涧云。山中无外事，樵唱有时闻。[①]

淹留岁将晏，久废南山期。旧业不见弃，还山从此辞。沤麻入南涧，刈麦向东菑。对酒鸡黍熟，闭门风雪时。非君一延首，谁慰遥相思。[②]

在仕途上找不到出路的情况下，祖咏回到了他的汝坟山庄，靠着沤麻和刈麦等园林产业的收入，便可以过起“山中无外事，樵唱有时闻”的惬意生活，而这种惬意生活又大大平衡了仕途失意的心态，进而导向一种对功名的看轻，为园主人的内心注入一丝走向隐逸的契机。类似唐人仕途失路而退居园林暂谋生计以待机会的作品，还可以找到很多，比如李颀：

寸禄言可取，托身将见遗。惭无匹夫志，悔与名山辞。绂冕谢知己，林园多后时。葛巾方濯足，蔬食但垂帷。十室对河岸，渔樵祇在兹。青郊香杜若，白水映茅茨。昼景彻云树，夕阴澄古逵。渚花独开晚，田鹤静飞迟。且复乐生事，前贤为我师。清歌聊鼓楫，永日望佳期。[③]

蔬食自养，可谓“乐生事”矣！此外，李颀还另有两首《晚归东园》，其中一首也提到“荆扉带郊郭，稼穑满东菑”，进而感受到“澹泊真吾事，清风别自兹”[④]，亦是一派隐逸之情。

孟浩然入京求仕未果后，也是同样的选择：

尝读高士传，最嘉陶征君。日耽田园趣，自谓羲皇人。余复何为者，栖栖徒问津。中年废丘壑，上国旅风尘。忠欲事明主，孝思侍老亲。归来当炎夏，耕稼不及春。扇枕北窗下，采芝南涧滨。因

① 《全唐诗》卷一三一，第1334页。
② 《全唐诗》卷一三一，第1331页。
③ 李颀：《不调归东川别业》，见《全唐诗》卷一三二，第1345页。
④ 《全唐诗》卷一三四，第1361页。

声谢朝列，吾慕颖阳真。[①]

孟浩然此次离京后，便再也没有回来，从此便在园林中安享这份“田园趣”。

然而，对大多数诗人来说，这种惬意与淡泊却并非长久的打算，究其实，终归不过是生计考虑下的权宜之计，祖咏在另一首《家园夜坐寄郭微》的最后便曾写道：“谁念穷居者，明时嗟陆沉。”[②]可见，他最终还是会离开园林，再次去谋求仕进上的出路，如果顺利，可能就会如前文讨论的那样，转入因使用权分离而常常思念故园的状态，而如果再次受挫，园林也将再次支撑起他的生活乃至之后一次又一次的尝试，直到理想达成或彻底灰心。而这一次又一次的尝试背后，必然是极为痛楚的内心折磨，因此，并不是所有人下第归山后，都能保持惬意与淡泊，失意之情其实从来都不是那么容易散去的。鲍溶在《将归旧山留别孟郊》中表态“别君归耕去”的同时，也感慨着“择木无利刃，羡鱼无巧纶。如何不量力，自取中路贫。前者不厌耕，一日不离亲。今来千里外，我心不在身”[③]，仕途的失意与不得奉养老母的愧疚交织成巨大的痛苦。再比如卢纶的这几首诗：

寂寞过朝昏，沉忧岂易论。有时空卜命，无事可酬恩。寄食依邻里，成家望子孙。风尘知世路，衰贱到君门。醉里因多感，愁中欲强言。花林逢废井，战地识荒园。怅别临晴野，悲春上古原。鸟归山外树，人过水边村。潘岳方称老，嵇康本厌喧。谁堪将落羽，回首仰飞翻。[④]

野日初晴麦垄分，竹园相接鹿成群。几家废井生青草，一树繁花傍古坟。引水忽惊冰满涧，向田空见石和云。可怜荒岁青山下，惟有松枝好寄君。[⑤]

---

① 孟浩然：《仲夏归汉南园寄京邑耆旧》，见《全唐诗》卷一五九，第1619页。

② 《全唐诗》卷一三一，第1336页。

③ 《全唐诗》卷四八五，第5506页。

④ 卢纶：《落第后归山下旧居留别刘起居昆季》，见《全唐诗》卷二七六，第3137页。

⑤ 卢纶：《早春归盩厔旧居却寄耿拾遗湋李校书端》，见《全唐诗》卷二七八，第3156页。

暑雨青山里，随风到野居。乱沤浮曲砌，悬溜响前除。尘镜愁多掩，蓬头懒更梳。夜窗凄枕席，阴壁润图书。萧飒宜新竹，龙钟拾野蔬。石泉空自咽，药圃不堪锄。浊水淙深辙，荒兰拥败渠。繁枝留宿鸟，碎浪出寒鱼。桑屐时登望，荷衣自卷舒。应怜在泥滓，无路托高车。[①]

久为名所误，春尽始归山。落羽羞言命，逢人强破颜。交疏贫病里，身老是非间。不及东溪月，渔翁夜往还。[②]

卢纶其人，求仕之路也是屡试不第，历尽坎坷。在这个过程中，他只能一次又一次回到山中小园，或"寄食依邻里"，或"龙钟拾野蔬"，来勉强维持生计，再谋出路。在这样的反复中，他实在是没有多少心思去惬意淡泊，"惟有松枝好寄君"的窘迫，才是他最真实的现状，"久为名所误""身老是非间"的悲叹，才是他最切身的感受。"不及东溪月，渔翁夜往还"，园林在暂时提供了经济上支撑的同时，也为诗人提供了心灵上的安顿，但只要园主人还没有放下"回首仰飞翻"的渴望，就终究无法消解"应怜在泥滓，无路托高车"的哀怨。

而如果落第的文人连这个归耕的退路都没有，那人生无疑就更加茫然了：

只有退耕耕不得，茫然村落水吹残。[③]

这种茫然正从反面说明了园林经济对于落第文人的意义。

正因为这种落第归山、暂保生计的现象在当时并不罕见，自然也就无须避讳。所以，在前面提到的送人归园的题材中，便又分支出特别的一类，即专门写给落第归山者的。与单纯的送人归园诗相比，这类分支常常会表现出两方面的特点。一方面，往往特别提到了园林对于生活维系的意义，比如：

看君尚少年，不第莫凄然。可即疲献赋，山村归种田。野花迎

① 卢纶：《郊居对雨寄赵涓给事包佶郎中》，见《全唐诗》卷二七八，第3156—3157页。

② 卢纶：《落第后归终南别业》，见《全唐诗》卷二八〇，第3186页。

③ 郑谷：《下第退居二首》其二，见《全唐诗》卷六七五，第7731页。

短褐，河柳拂长鞭。置酒聊相送，青门一醉眠。[①]

计偕十上竟无成，忽忆岩居便独行。志业尝探绝编义，风尘虚作弃繻生。岁储应叹山田薄，里社时逢野酝清。惆怅中年群从少，相看欲别倍关情。[②]

另一方面，则又往往会劝说归园者好好准备、不要放弃，以待来日。毕竟，在通常情况下，落第后的园居只是为了生存的权宜之计，一旦有了足够的积蓄，还是会走出园林选择再战。对于这一点，大部分文人都是有着清醒的认识的，比如：

正月今欲半，陆浑花未开。出关见青草，春色正东来。夫子且归去，明时方爱才。还须及秋赋，莫即隐嵩莱。[③]

当然，也有同时表达这两方面态度的作品，比如：

工为楚辞赋，更著鲁衣冠。岁俭山田薄，秋深晨服寒。武人荣燕颔，志士恋渔竿。会被公车荐，知君久晦难。[④]

不过，落第终是失意之事，如果归山者和相送者都已在求仕路上饱经磨难，则很容易一同沉浸在悲哀落寞的心绪中，也就无心想及其他了。相对而言，这种二者一同消沉的情况主要出现在晚唐诗人笔下，则亦可见时代的衰败对文人命运及心境之影响。这当中，刘驾的这首《送李垣先辈归嵩少旧居》就很典型：

高秋灞浐路，游子多惨戚。君于此地行，独似寻春色。文章满人口，高第非苟得。要路在长安，归山却为客。□□□□□，狂歌罢叹息。我岂无故山，千里同外国。[⑤]

总的来说，园林的存在及园林经济的支撑，确实使得唐代文人在求仕

① 岑参：《送胡象落第归王屋别业》，见《全唐诗》卷二〇〇，第2070页。
② 权德舆：《送殷卿罢举归淮南旧居》，见《全唐诗》卷三二三，第3635—3636页。
③ 岑参：《送杜佐下第归陆浑别业》，见《全唐诗》卷二〇〇，第2071页。
④ 权德舆：《送山人归旧隐》，见《全唐诗》卷三二四，第3641页。
⑤ 《全唐诗》卷五八五，第6775页。

过程中有了一处可供缓冲的安身之所。也正因为园林对于文人的求仕之路有着如此重要的意义，所以即使在他们成功入仕之后，也无法冲淡这份对园林的依恋之情。比如白居易就有《及第后忆旧山》：

偶献子虚登上第，却吟招隐忆中林。春萝秋桂莫惆怅，纵有浮名不系心。[①]

早年在园林中读书习业的经历，已然培养了文人们对故园极为深厚的感情，纵然走出园林去追寻理想了，也无法抹去烙印在心底的那份山林之趣。因此，一旦仕途不顺，早年的习业之所就会成为他们最怀念的地方，一如前文忆故园主题的讨论。而有的时候，这些仕途不顺的文人，甚至不再仅仅停留在怀念的层面，而是重新归山，或暂时调整情绪、安顿身心，或就此隐逸、终老园林。

2. 宦海沉浮的转圜之地

前面讨论的，主要是文人出仕之前，园林经济对于他们生活的支持，但是这并不意味着出仕之后园林就变得不再重要。相反，园林经济对于他们的生活依然是不可或缺的。前面已经提到过，文人进入仕途之后，如果官职不高、俸禄不够丰厚的话，可能依然需要园林收入作为补充。如杨巨源在《送李舍人归兰陵里》中也有“三亩嫩蔬临绮陌，四行高树拥朱门。家贫境胜心无累，名重官闲口不论”[②]的描述，此李舍人很显然仍需这几亩菜园的收入来贴补自己清贫的生活。更何况，有过这样的经验之后，即使文人将来俸禄越来越丰厚了，也未必就会随便舍弃其他方面的收入，元稹后来在江陵置庄就是典型。

不仅如此，文人入仕之后，在官场上也从来都不是一帆风顺的，罢官贬官之类皆是司空见惯的事情。而在仕途遭遇此类挫折的时候，文人拥有的私家园林也将再次凸显出重要的价值，成为文人临时休养生息、调整心态的转圜之地。因此，遭逢罢官命运的文人，在暂时归园后，也时常会留下诗文表达自己的感受，比如皇甫冉的《闲居作》：

---

① 《全唐诗》卷四三六，第4840页。

② 《全唐诗》卷三三三，第3742页。

多病辞官罢，闲居作赋成。图书唯药箓，饮食止藜羹。学谢淹中术，诗无郢下名。不堪趋建礼，讵是厌承明。已辍金门步，方从石路行。远山期道士，高柳觅先生。性懒尤因疾，家贫自省营。种苗虽尚短，谷价幸全轻。篇咏投康乐，壶觞就步兵。何人肯相访，开户一逢迎。[①]

很显然，罢官归园的皇甫冉，是靠着自己经营、种植粮食来维持生计的，这正是园林经济为他提供的一条退路。所以，他可以说自己是"因病辞官"，多一些主动的意味，少一些被动的尴尬，可以平和地说出"不堪趋建礼，讵是厌承明"，而不必过分地伤感或愤愤不平。从他《逢庄纳因赠》最后"甘泉须早献，且莫叹飘蓬"[②]的说法来看，可见其并非甘心隐逸终老之人，则退居庄园，也只不过是一个暂时性的调整罢了。

前面我们在产权分离的讨论中谈到过送人归园诗的繁荣，而送人归园也有多种情况。如果只是临时休沐，自是怡然自得；而如果是科举下第，其境况则如上文所述。而除此之外的另一种比较常见的情况，就是送罢官者归园了，比如：

常知罢官意，果与世人疏。复此凉风起，仍闻濠上居。故山期采菊，秋水忆观鱼。一去蓬蒿径，羡君闲有余。[③]

君思郢上吟归去，故自渝南掷郡章。野戍岸边留画舸，绿萝阴下到山庄。池荷雨后衣香起，庭草春深绶带长。只恐鸣驺催上道，不容待得晚菘尝。[④]

水边残雪照亭台，台上风襟向雪开。还似当时姓丁鹤，羽毛成

① 《全唐诗》卷二五〇，第2828页。

② 《全唐诗》卷二五〇，第2835页。

③ 郎士元：《赠张五諲归濠州别业》，见《全唐诗》卷二四八，第2784页。

④ 刘禹锡：《送周使君罢渝州归郢州别墅》，见《全唐诗》卷三五九，第4046页。

后一归来。[①]

而在宦海沉浮后的归园，更具一种复杂的人生体验。无论归者还是送者，都是如此。在这类送人归园诗中，我们也能看到两种不同的态度：一种是像刘禹锡、赵嘏那样，依然抱有一种乐观的态度，期待对方的归来，所以才会说“只恐鸣驺催上道，不容待得晚菘尝”，似乎重新被起用是很快的事情；而另一种，则是被友人的遭遇激发出感同身受的沧桑感，也开始萌生出一种归山的渴望，比如郎士元就在“羡君闲有余”。再来看于鹄的《送李明府归别业》：

寄家丹水边，归去种春田。白发无知己，空山又一年。鹿裘长酒气，茅屋有茶烟。亦拟辞人世，何溪有瀑泉。[②]

既称明府，应不是白身士子，既然“归去种春田”，以躬耕为生，则亦必不是临时休沐。再加上“白发无知已”的感慨，只能理解为罢官归山了。此次之罢官，是临时调整还是就此归隐，尚不得知，但送他的于鹄，却已经动了同样的归山之心，所以才会有“亦拟辞人世，何溪有瀑泉”的结语。

此外，在这首诗中，于鹄在送别时还明确提到了这处园林别业对于罢官者的经济意义，而这在唐人那里也不是特例，周贺在《送韩评事》中就也有“罢官余俸租田种，送客回舟载石归”[③]的描述。在这些作品中，作者只是送别者而并不是园林产业的拥有者，连他们都能意识到罢官归园的经济意义，亦足可见这一现象在当时已经是大家普遍具备的一种共识了。

罢官可以在自家园林中获得一种精神和生活上的调适，而遭遇贬官时，园林同样可以暂时抚慰文人的心灵，并提供一种经济上的支撑。比如白居易贬官江州之时，就在庐山营建草堂，而这处草堂不仅是颐养身心之所，而且也是可以带来收益的。在《重题》中，白居易就提到过这处草堂有“药圃茶园为产业，野麋林鹤是交游”[④]，《草堂记》中亦描述了“环池多山竹野

① 赵嘏：《送王龟拾遗谢官后归浐水山居》，见《全唐诗》卷五五〇，第6379页。

② 《全唐诗》卷三一〇，第3500页。

③ 《全唐诗》卷五〇三，第5729页。

④ 《全唐诗》卷四三九，第4890页。

卉，池中生白莲、白鱼”，“绿阴蒙蒙，朱实离离”[①]。对贬官为江州司马的白居易来说，既然还要“留俸作归粮”[②]，则草堂的收入对于其生活的意义也就非常重要了。

当然，并不是只有罢官贬官的文人，才需要园林作为临时的转圜，对仕途的失意者来说，即使是日常的休沐，在园居生活中都不免怅然。比如羊士谔就有《永宁里园亭休沐怅然成咏》[③]一诗，其《燕居》中也写道：“秋斋膏沐暇，旭日照轩墀。露重芭蕉叶，香凝橘柚枝。简书随吏散，宝骑与僧期。报国得何力，流年已觉衰。”[④]不过，这种心灵的安顿，园林在经济方面的意义不大，所以不作过多展开，而如果惆怅的文人从此甘于园居终老，成为隐士，则园林经济的意义就会再次被凸显出来，而这就是我们接下来要讨论的话题了。

3．更无出路的退隐之所

通过上面的讨论，唐代私园对文人仕进所起到的经济后盾作用已经显而易见。既然有了这一个后盾，则当仕途彻底无望，或者积极入世的政治理想已然破灭之时，自家园林也就成了文人最后的退居之所。在唐代，但凡文人有了归隐的想法，园林几乎都会成为他们的首选之地，而在这当中，又往往有着经济方面的考虑。所谓“三顷水田秋更熟，北窗谁拂旧尘冠”[⑤]，只有基本生活得以保障，才有可能真正安心退隐，对于这一点，文人们自然也有着清醒的认识。比如元稹在元和年间迭遭政治打击时，便曾写下《归田》一诗，此刻他为自己隐居淅庄所作的生活设想，就是“冬修方丈室，春种桔槔园”[⑥]。其实，园林对于隐居文人的意义，前人也多有论及，如林继中在《唐诗与庄园文化》一书中就有过专门的讨论。但是很容易为大家所

---

① 《全唐文》卷六七六，第3057页。

② 《郡斋暇日忆庐山草堂兼寄二林僧社三十韵，多叙贬官已来出处之意》，见《全唐诗》卷四四一，第4916页。

③ 《全唐诗》卷三三二，第3699页。

④ 《全唐诗》卷三三二，第3701页。

⑤ 许浑：《村舍二首》其二，见《全唐诗》卷五三四，第6095页。

⑥ 《全唐诗》卷四〇九，第4548页。

忽略的一点是，虽然所有的园林都可以成为隐居的场所，但并非所有的园林都能起到经济后盾的作用。根据前面的分类来看，支出型的城市宅园就明显无法提供隐居的经济支持。因此，只有收入型的庄墅和平衡型的草堂才能够支持不求仕宦的文人的隐居生活。

先看收入型的庄墅，这无疑是最能支撑文人隐居的一种园林类型。比如我们前面提到过，孟浩然在求仕未果后便回到他的汉南园隐居了，那他的汉南园是什么样的经济状况呢？孟浩然的诗歌对此留下了相当多的记述。他的《家园卧疾，毕太祝曜见寻》中曾提到“脱君车前鞅，设我园中葵”①，《田园作》中也提到“弊庐隔尘喧，惟先养恬素。卜邻近三径，植果盈千树”②，《涧南即事贻皎上人》中又提到了“弊庐在郭外，素产惟田园。左右林野旷，不闻朝市喧。钓竿垂北涧，樵唱入南轩”③，皆可见其产业。则孟浩然隐居的园林，至少有粮田、园蔬和千株果树，还可以靠钓鱼获得野物补充，应该足以支撑他的“田园趣”了。

再比如陆龟蒙，终生不仕，《新唐书》明确地将他归入了《隐逸传》，但在前文中我们就已经提到过，陆龟蒙拥有规模颇为可观的庄园型园林，这无疑是支持他隐居生活的主要经济来源。

除此之外，我们之前曾计算过“南湖二顷田”的收入对于许浑的意义，而有了这份收入作保障，许浑也自然可以“嵩阳亲友如相问，潘岳闲居欲白头”④了。

再看平衡型园林，这也同样可以支撑文人的退隐生活。比如陈子昂，回乡归隐之后，“遂于射洪西山构茅宇数十间，种树采药以为养”，则是靠平衡型的园林——“茅宇数十间”中的“种树采药”来维持生活的。

李贺也是如此，出仕之前和辞官奉礼郎后，都居住于自己家乡的昌谷山居，此山居有南园北园，多种蔬果，兼有蚕桑，可以维持基本生活的自给

① 《全唐诗》卷一五九，第1627页。

② 《全唐诗》卷一五九，第1627页。

③ 《全唐诗》卷一六〇，第1636页。

④ 许浑：《郊园秋日寄洛中友人》，见《全唐诗》卷五三六，第6121页。

自足。比如《南园十三首》其三中提到“竹里缫丝挑网车”，其四中又提到“白日长饥小甲蔬”[①]，《南园》中也有“熟杏暖香梨叶老，草梢竹栅锁池痕”[②]，《昌谷北园新笋四首》其二中则描述了“露压烟啼千万枝”[③]的竹林。而李贺居止其间，也往往需要亲自参与生产经营以维持生计，《南园十三首》其三的“自课越佣能种瓜”、其九的“病容扶起种菱丝”、其十一的“自履藤鞋收石蜜”等，均可为证。

和前面讨论罢官时一样，这种园林经济对隐居生活的支撑，也是当时文人的普遍共识，因此在送人归隐的作品中也常常会被特别提到。比如许浑在其《村舍》一诗中就曾特别提到“移蔬通远水，收果待繁霜。野碓舂粳滑，山厨焙茗香”[④]，可见其从兄的蓝溪隐居，靠的是蔬果和粮食的收入来维持，对此，许浑虽既非园主亦非归隐者，却也同样心知肚明。

我们之前就已经计算过，维持文人生计的最低限度的园林田产大致在十三亩左右，因此，只要能达到这个底线并合理控制支出，便足以支撑文人的隐居生活了。但是，相对而言，平衡型园林毕竟是一种低水平的自给自足，很难保障文人们追求生活雅趣的支出，所以除非园主人是已历宦海沉浮后的灰心退隐，自绝于仕途，否则，出仕的机会对于这些园主依然是很有吸引力的。比如岑参在《初授官题高冠草堂》中自述的“自怜无旧业，不敢耻微官。涧水吞樵路，山花醉药栏。只缘五斗米，辜负一渔竿”[⑤]，就很典型地反映了这一心态。而李贺在写《南园十三首》时，也在其五中表达了“男儿何不带吴钩，收取关山五十州”的志愿。

那么，这是不是意味着城市宅园中不会出现隐士呢？这倒未必。羊士谔曾经在《林馆避暑》中写到“家林正如此，何事赋归田”[⑥]，其潜台词无非说在不依赖于田产的情况下，文人们也一样可以过上隐居的生活。那么，

---

① 《全唐诗》卷三九〇，第4401页。
② 《全唐诗》卷三九四，第4437页。
③ 《全唐诗》卷三九一，第4409页。
④ 《全唐诗》卷五二八，第6043页。
⑤ 《全唐诗》卷二〇〇，第2089页。
⑥ 《全唐诗》卷三三二，第3708页。

这种隐居又要靠什么来维持呢？很显然，城市宅园中的文人需要采用一种不同于归园田居的全新的隐居方式，那就是为白居易所津津乐道的“中隐”“吏隐”。因为园林无法提供隐居的经济支持，所以他们必须另寻经济来源，而最稳定的来源无疑是官俸。因此，白居易在其《答林泉》一诗中就曾作过这样一番表白：

好住旧林泉，回头一怅然。渐知吾潦倒，深愧尔留连。欲作栖云计，须营种黍钱。更容求一郡，不得亦归田。[①]

当白居易越来越倾向于隐居林泉之际，他首先考虑的就是经济问题。只有自己的生活有了保障，才能真正悠游于人世间。而在园林没有附带田产的情况下，解决这一问题的唯一方式就是去求一份官俸。因此，“欲作栖云计”的诗人，当务之急却是“更容求一郡”。由此，正可知其晚年于洛下“中隐”的经济支撑了。

因此，仔细翻检白居易的诗歌，便很容易发现俸禄对于其“中隐”生活维持的重要意义，如：

移家入新宅，罢郡有余赀。既可避燥湿，复免忧寒饥。疾平未还假，官闲得分司。幸有俸禄在，而无职役羁。……[②]

高人乐丘园，中人慕官职。一事尚难成，两途安可得。遑遑干世者，多苦时命塞。亦有爱闲人，又为穷饿逼。我今幸双遂，禄仕兼游息。……[③]

禄俸优饶官不卑，就中闲适是分司。风光暖助游行处，雨雪寒供饮宴时。肥马轻裘还且有，粗歌薄酒亦相随。微躬所要今皆得，只是蹉跎得校迟。[④]

除了上述这些正面说明俸禄意义的作品，白居易其他一些作品也可提供旁证，比如他的《自感》一诗曾这样写道：

① 《全唐诗》卷四四八，第5046—5047页。
② 白居易：《移家入新宅》，见《全唐诗》卷四三一，第4764页。
③ 白居易：《咏怀》，见《全唐诗》卷四五二，第5118页。
④ 白居易：《闲适》，见《全唐诗》卷四五七，第5185页。

宴游寝食渐无味，杯酒管弦徒绕身。宾客欢娱僮仆饱，始知官职为他人。[①]

前面在讨论园林支出时我们曾经谈到过，在园林中招待宾客和“豢养”僮仆，都是非常普遍的日常消费项目，而对白居易来说，支撑这种消费的也是官俸。

此外，更能说明问题的是，白居易七十致仕后所作的《达哉乐天行》：

达哉达哉白乐天，分司东都十三年。七旬才满冠已挂，半禄未及车先悬。或伴游客春行乐，或随山僧夜坐禅。二年忘却问家事，门庭多草厨少烟。庖童朝告盐米尽，侍婢暮诉衣裳穿。妻孥不悦甥侄闷，而我醉卧方陶然。起来与尔画生计，薄产处置有后先。先卖南坊十亩园，次卖东都五顷田。然后兼卖所居宅，仿佛获缗二三千。半与尔充衣食费，半与吾供酒肉钱。吾今已年七十一，眼昏须白头风眩。但恐此钱用不尽，即先朝露归夜泉。未归且住亦不恶，饥餐乐饮安稳眠。死生无可无不可，达哉达哉白乐天。[②]

按照唐代制度的规定，官员致仕退休后享受半俸，如《唐会要》卷六七《致仕官》中就记载道：“致仕官给半禄料。”[③]而白居易刚刚致仕“半禄未及”就“薄产处置有后先”，则很显然是园林生活无法维持所致。虽然从后来白居易《刑部尚书致仕》中称“半俸资身亦有余”[④]来看，其“薄产处置有后先”很可能只是一时的玩笑，但即使是玩笑，我们也不难从中看出俸禄对于城市宅园中的“中隐”具有多么重要的意义。一旦俸禄暂停，则不仅白居易自己会为此忧虑，甚至连他的亲朋好友都在一起担心，乃至白居易不得不写一首《官俸初罢，亲故见忧，以诗谕之》以示宽慰，足可见问题的严重。而在这首诗里，白居易提到自己俸禄初罢时，用以支撑自己生活的，除了平日积蓄的“囷中残旧谷，可备岁饥恶”，便是“园中多新蔬，未至食藜

① 《全唐诗》卷四四六，第5004页。
② 《全唐诗》卷四五九，第5224页。
③ 《唐会要》卷六七《致仕官》，第1174页。
④ 《全唐诗》卷四六〇，第5235页。

藿"[①]了，而由此也更可见园林中的农副业收入对于文人生活尤其是隐居生活的意义了。

除了白居易靠俸禄的"中隐"之外，还有一种情况值得注意，那就是城市宅园中的隐居有时只是表象，园主人拥有的园林可能不止一处，所以虽然隐居的地点是支出型的宅园，但是却另有收入型的庄园来提供经济支撑。比如裴度晚年居洛，城内有集贤第，城外有午桥庄，即使无俸禄，也足以颐养天年了。

（三）园林收支与文人交际

除了影响文人的仕隐之外，私家园林的收支情况还会影响到文人园林生活的其他方面，比如日常的交际行为。在唐代文人所作的园林诗中，描写园林宴饮的占了相当大的一部分，宴饮已经可以算作文人园林生活的一种典型状态。但是从园林的收支状况来看，只有收入型的庄墅和支出型的宅园中才会有宴饮，而平衡型的草堂、茅茨中则相当少见。原因其实很好理解，草堂、茅茨的自给自足是一种低水平的，其平衡建立在支出少的基础上，而宴饮的较大开支对这种平衡无疑是一种巨大的破坏。正所谓"道直去官早，家贫为客多"[②]，待客的支出很容易导致平衡型园林在经济上的入不敷出。我们前面已经征引了大量园林宴饮的作品，却罕见以这种平衡型园林为背景者，可知这一推论应该能够成立。

那么，是不是在草堂、茅茨中勉强维持的文人就完全没有交际活动呢？这倒也不是。只不过，对这种小型的平衡型园林来说，交际的主要形式是园主的少数朋友偶然来访，而且来访的朋友往往自带酒食。这方面可以以居住浣花溪草堂时期的杜甫为例。杜甫这一时期的作品中不乏友人来访的记录，但大都是单独来访，而且往往还有馈赠，比如：

客里何迁次，江边正寂寥。肯来寻一老，愁破是今朝。忧我营

① 《全唐诗》卷四五九，第5219页。

② 许浑：《送前缑氏韦明府南游》，见《全唐诗》卷五二九，第6047页。

茅栋，携钱过野桥。他乡唯表弟，还往莫辞遥。

竹里行厨洗玉盘，花边立马簇金鞍。非关使者征求急，自识将军礼数宽。百年地辟柴门迥，五月江深草阁寒。看弄渔舟移白日，老农何有罄交欢。[①]

对一个流寓成都无钱无权的普通士人来说，博得地方官员、士绅关照的唯一资本就是自己的文学成就。因此，这对杜甫在诗歌上“语不惊人死不休”[②]的追求或多或少地起到了一定的推动作用。杜甫在浣花溪草堂时期诗歌创作的大丰收想必也与此不无关系。而在这样的背景下，诗歌自然就成了最好的交际工具，尤其是在园林初期建设而没有经济来源，或者日常运转的平衡被打破而面临经济困难时，都需要有交情的人提供外财输入。文人或许碍于身份与情面，不免有些难于启齿，而通过诗歌这种方式，借助文学的往来应酬提出，则多多少少还能勉强保留一点体面。因此，我们看到有不少文人留下过以诗乞物的作品，杜甫本人便是其中的一个典型，仅在《全唐诗》二二六卷中，便一连出现了六首：

奉乞桃栽一百根，春前为送浣花村。河阳县里虽无数，濯锦江边未满园。

华轩蔼蔼他年到，绵竹亭亭出县高。江上舍前无此物，幸分苍翠拂波涛。[③]

草堂堑西无树林，非子谁复见幽心。饱闻桤木三年大，与致溪边十亩阴。[④]

① 杜甫：《严公仲夏枉驾草堂，兼携酒馔》，见《全唐诗》卷二二七，第2456页。

② 杜甫：《江上值水如海势聊短述》，见《全唐诗》卷二二六，第2443页。

③ 杜甫：《从韦二明府续处觅绵竹》，见《全唐诗》卷二二六，第2448页。

④ 杜甫：《凭何十一少府邕觅桤木栽》，见《全唐诗》卷二六，第2448页。

落落出群非榉柳，青青不朽岂杨梅。欲存老盖千年意，为觅霜根数寸栽。[①]

大邑烧瓷轻且坚，扣如哀玉锦城传。君家白碗胜霜雪，急送茅斋也可怜。[②]

草堂少花今欲栽，不问绿李与黄梅。石笋街中却归去，果园坊里为求来。[③]

大到树苗，小到瓷碗，无不是以诗乞得。结合前面的引文可见，杜甫在成都的这处浣花溪草堂，从园宅的营建到物产的添置，几乎全都是靠外财来支撑的，而杜甫就是这么一点一点用他的诗歌去乞讨，才为自己换来这个栖身之处。一旦不能如愿乞得外财，经济运转便很容易出问题。但并不是所有的人都这么热心，也并不是所有的注资承诺都能及时兑现，杜甫还写过一首《王录事许修草堂赀不到，聊小诘》："为嗔王录事，不寄草堂赀。昨属愁春雨，能忘欲漏时。""聊""嗔"，诗歌的语气似乎还是有些轻松甚至调侃的，但是诗人真实的心情也许未必如此。当许诺的外财不能如约而至，面对漏雨的茅屋，杜甫不得不用他的诗歌来做重复的乞讨，而在乞讨时，还要作出调侃的样子，以免惹恼了对方而适得其反，一代诗圣困窘如此，委实令人心酸。

姚合也是在这方面比较突出的文人，之前我们就提到过，在他的园居生活中，为了满足饮酒的需要，甚至会去赊账，而除了赊账之外，另一种途径大概就是以诗乞物了，在他的作品中便可以看到不止一首乞酒之作，比如：

闻君有美酒，与我正相宜。溢瓮清如水，黏杯半似脂。岂唯消

---

① 《全唐诗》卷二二六，杜甫《凭韦少府班觅松树子》，第2448页。

② 《全唐诗》卷二二六，杜甫《又于韦处乞大邑瓷碗》，第2448页。

③ 杜甫：《诣徐卿觅果栽》，见《全唐诗》卷二二六，第2448—2449页。

旧病，且要引新诗。况此便便腹，无非是满卮。[①]

老人罢卮酒，不醉已经年。自饮君家酒，一杯三日眠。味轻花上露，色似洞中泉。莫厌时时寄，须知法未传。[②]

不仅是酒，姚合还在自己的作品中留下过乞茶的记录，即《乞新茶》一诗，而且在这首诗中，姚合还明说自己是“不将钱买将诗乞”[③]，则用于交际的诗歌，其经济意义可谓非常明显了。

除此之外，王建有《乞竹》[④]诗，在其《洛中张籍新居》中又有“留连处士乞松栽”[⑤]，郑谷有《恩门小谏雨中乞菊栽》[⑥]等，也都是较为典型的例子。

这种因为园林外财输入而产生的交际诗，不仅是以诗乞物，与之相对应的，在得到馈赠之后的以诗答谢，同样也留下了大量作品。比如：

远寻留药价，惜别到文场。[⑦]

值得一提的是，这种以诗答谢的行为不仅仅出现在平衡型的园林中，在支出型园林中也较为常见，尤其是一些城市宅园。一方面，支出型园林的经济运转本身就很依赖外财的注入，不论是园主人自己的家财还是朋友的馈赠，都很重要。也许能建立支出型园林的文人，其富裕程度使他们很少会去以诗行乞，但如果得到了额外的馈赠，以诗回馈也是必不可少的。另一方面，城市宅园的园主主要在城市中活动，而伴随着城市化程度的进一步发展，文人向城市集中的趋势也不容忽视，而相应地，也自然是文人往来应酬的增加，这也使得相互的馈赠变得更为普遍，甚至会有一种互通有无的意味。这当中，白居易晚年居洛时的生活便比较典型，因此他和朋友们之间也同样留下了很多赠物及答谢的诗作，比如：

---

① 姚合：《乞酒》，见《全唐诗》卷五〇〇，第5688页。

② 姚合：《寄卫拾遗乞酒》，见《全唐诗》卷五〇〇，第5688页。

③ 《全唐诗》卷五〇〇，第5689页。

④ 《全唐诗》卷三〇一，第3431页。

⑤ 《全唐诗》卷三〇〇，第3411页。

⑥ 《全唐诗》卷六七六，第7758页。

⑦ 杜甫：《魏十四侍御就敝庐相别》，见《全唐诗》卷二二六，第2445页。

赪锦支绿绮，韵同相感深。千年古涧石，八月秋堂琴。引出山水思，助成金玉音。人间无可比，比我与君心。[①]

贫无好物堪为信，双榼虽轻意不轻。愿奉谢公池上酌，丹心绿酒一时倾。[②]

惯和麴糵堪盛否，重用盐梅试洗看。小器不知容几许，襄阳米贱酒升宽。[③]

老鹤风姿异，衰翁诗思深。素毛如我鬓，丹顶似君心。松际雪相映，鸡群尘不侵。殷勤远来意，一只重千金。[④]

当然，在通常情况下，这种纯粹的交际性赠答自是与以诗乞物不同，多了些温情而少了些辛酸。但有的时候，这种赠答也并非总是像表面上那么和平，在友情的背后，甚至也会潜藏着无奈，乃至身份的不平等。比如前文提到过的裴度向白居易索取双鹤一事，就是典型的例证。裴度虽然也写了《白二十二侍郎有双鹤留在洛下，予西园多野水长松，可以栖息，遂以诗请之》一诗，甚至在“未放归仙去，何如乞老翁”[⑤]一句中也用了“乞”字，但裴度终是居高临下的心态，而白居易也并没有多少回绝的自由，甚至连好友刘禹锡都出面帮裴度说话。相反，当白居易有求于裴度时，裴度却可以讨价还价，比如在答白居易求马时回应的那句“君若有心求逸足，我还留意在名姝”[⑥]便很耐人寻味。则经济上的往来，即使有友情作为基础，却仍不免为权势所左右，这在中国古代社会中也实在是无奈但又十分普遍的

---

① 白居易：《崔湖州赠红石琴荐焕如锦文，无以答之，以诗酬谢》，见《全唐诗》卷四四四，第4968页。

② 白居易：《寄两银榼与裴侍郎，因题两绝句》，见《全唐诗》卷四五〇，第3305页。

③ 白居易：《寄两银榼与裴侍郎，因题两绝句》，见《全唐诗》卷四五〇，第5083页。

④ 白居易：《刘苏州以华亭一鹤远寄，以诗谢之》，见《全唐诗》卷四五四，第5143页。

⑤ 《全唐诗》卷三三五，第3755页。

⑥ 《全唐诗》卷三三五，第3757页。

现象吧!

由刘禹锡介入白居易、裴度的赠答可见，这种涉及物产的赠答有时会吸引朋友圈子中的其他人参与，不过像刘禹锡这样两方调和并推动物权转移的终究是少数，大多数只不过是参与唱和而已，比如赵嘏的《山阳卢明府以双鹤寄遗，白氏以诗回答，因寄和》即是如此：

缑山双去羽翰轻，应为仙家好弟兄。茅固枕前秋对舞，陆云溪上夜同鸣。紫泥封处曾回首，碧落归时莫问程。自笑沧江一渔叟，何由似尔到层城。[①]

此外，园林中的物产除了直接的相互馈赠外，也还存在临时性的借用，而这一行为有时候也会留下相关的沟通情感的作品，比如：

借君片石意何如，置向庭中慰索居。每就玉山倾一酌，兴来如对醉尚书。[②]

不过，就总体而言，这类作品的数量相对较少，表达的情感也与赠物及答谢类的作品差别不大，因此也就没有必要过多讨论了。

（四）园林收支对文人审美的影响

园林作为一门综合艺术，审美经营无疑是极其重要的，而唐代文人也无不在各自的园林中倾注心血，努力将其建设为一个自己心目中的桃花源，作为身心的安放之所。唐人在园林审美方面的成就，前贤多有研究，成果斐然，但是大家在讨论唐代园林审美时，却又总是有意无意地忽略了其背后的经济因素。在前文中，我们其实已经不难看到经济条件对唐人园林生活的种种限制，而园林的审美也概莫能外。尤其是对一些下层贫寒的士人而言，园林经营甚至首先考虑的是其经济意义，然后才是审美，孟郊的《新卜清罗幽居奉献陆大夫》就很典型地反映了这一心态：

---

① 《全唐诗》卷五四九，第6358页。

② 白居易：《杨六尚书留太湖石在洛下借置庭中因对举杯寄赠绝句》，见《全唐诗》卷四五九，第5228页。

黔娄住何处，仁邑无馁寒。岂悟旧羁旅，变为新闲安。二顷有余食，三农行可观。笼禽得高巢，辙鲋还层澜。翳翳桑柘墟，纷纷田里欢。兵戈忽消散，耦耕非艰难。嘉木偶良酌，芳阴庇清弹。力农唯一事，趣世徒万端。静觉本相厚，动为末所残。此外有余暇，锄荒出幽兰。①

在这首诗里，孟郊说得非常清楚，他当下卜居于这处清罗幽居，首要考虑的是“仁邑无馁寒”“耦耕非艰难”，自己在这里要做的，首先是“纷纷田里欢”“力农唯一事”，只有当这一切都得到保障之后，才会“此外有余暇，锄荒出幽兰”，在粮食生产之余，考虑兰草等审美经营。由此可见，园林经济条件对园主人的审美经营必然有所影响，大多数文人都是要在权衡自己的经济状况之后，才能展开具体的经营活动，白居易在《闲居贫活计》中便曾说过“称家开户牖，量力置园林。俭薄身都惯，营为力不任”②。而另一方面，当这种影响普遍化之后，又会逐渐形成一些大家都接受的审美习惯和理想。这些审美习惯和理想一旦形成，又具有其自身的稳定性，即使经济条件乃至时代都发生了变化，这些已经稳定的审美也不会轻易改变，而是仍然被反复应用到园林经营建设的实践当中。

既然文人的园林经营是受到经济条件限制的，则其园林必然不会是恢宏华贵的风格，而更多的是建立在节俭前提下的审美。一方面，如我们前面所讨论的那样，唐代能有足够的财力支撑大规模园林建设的文人终究是少数，开荒得园躬耕为生者，只能自给自足，晚年购园颐养天年者，消费欲望亦已减退，二者都不会走向奢华。另一方面，即使是继承得园、家产丰厚者，也未必会毫无节制，因为这类文人多数出身于世家大族，而世家大族的家学家风都会对过度建设有所限制。毕竟，在中国的传统观念中，节俭始终是被提倡的，所谓“卑宫室”的说法由来已久，“士志于道”的文人更是每每将其视为守则。因此，在经济状况与传统观念的双重作用下，唐代文人在园林建设中标榜节俭的，实在不在少数，比如：

① 《全唐诗》卷三七六，第4221页。

② 《全唐诗》卷四六〇，第5240页。

草堂者，盖因自然之溪阜，前当墉洫；资人力之缔构，后加茅茨。将以避燥湿，成栋宇之用；昭简易，叶乾坤之德，道可容膝休闲。谷神同道，此其所贵也。及靡者居之，则妄为剪饰，失天理矣。词曰：

山为宅兮草为堂，芝兰兮药房。罗蘼芜兮拍薜荔，荃壁兮兰砌。蘼芜薜荔兮成草堂，阴阴邃兮馥馥香，中有人兮信宜常。读金书兮饮玉浆，童颜幽操兮不易长。[①]

敢谋土木丽，自觉面势坚。[②]

毗陵过柱史，简易在茅茨。[③]

六桷四楹，装重架虚。栾栱不设，櫓甍祛祛。丽不越度，俭而有余。[④]

结构非华宇，登临似古原。僻殊萧相宅，芜胜邵平园。……[⑤]

最后一例出自李吉甫，尤其值得玩味。李吉甫自其父李栖筠一辈重振家族后，自己也做到了宰相的高位，其子李德裕后来亦登相位且为党魁，可谓大族。但其家族对世家大族的传统观念和道德似乎颇为看重，则其园林建设标举节俭也是顺理成章。大族尚且如此，那受到经济条件限制的普通文人就更是难免了。

正因为大多数唐代文人的园林都不免受到经济条件的限制，这种崇俭的审美观自然很容易得到他们的普遍认同与坚持，不仅建设自家园林时如

---

① 卢鸿一：《嵩山十志十首·草堂》，见《全唐诗》卷一二三，第1223页。

② 杜甫：《寄题江外草堂》，见《全唐诗》卷二二〇，第2321页。

③ 刘商：《题杨侍郎新亭》，见《全唐诗》卷三〇三，第3454页。

④ 李翱：《舒州新堂铭》，见《全唐文》卷六三七，第2847页。

⑤ 李吉甫：《夏夜北园即事寄门下武相公》，见《全唐诗》卷三一八，第3580页。

此，在公有园林的建设上也是如此。比如梁肃《李晋陵茅亭记》中便有“大历中由秘书郎为晋陵令，思所以退食修政，思所以端已崇俭，乃作茅亭于正寝之北偏。功甚易，制甚朴。大足以布函丈之席，税履而跻宾位者，适容数人。……解龟后，继其任凡六七人，每居于斯，必称作者之美”。不仅在自己进行园林建设时秉承这一观念，甚至在评价其他人的园林时，也同样会带着这样一种标准，哪怕他们面对的是经济条件优越的收入型园林，也是如此。试看钱起的《题樊川杜相公别业》：

数亩园林好，人知贤相家。结茅书阁俭，带水槿篱斜。古树生春藓，新荷卷落花。圣恩加玉铉，安得卧青霞。[①]

此别业应该就是著名的杜佑樊川别墅，其经济状况我们在之前的分析中已经多次涉及，是典型的富有田产的庄园。但是当钱起来到这里时，关注的却不是重金聘请专人营构的山水体系，而偏偏是“结茅书阁俭，带水槿篱斜”，并以此佐证园主人是“贤相”，个中反差，颇值得玩味。这鲜明地体现出文人园林审美的倾向性；也说明了这种倾向性的影响力。杜佑既然有资产进行大规模的土木建设，也就完全有能力把书阁和水篱修饰得更精美更豪华，但他最终还是选择了“茅”和“槿”，只能说明这是出于审美角度的刻意经营，而与一般文人的经济限制不同。而在文人群体的评价体系当中，崇俭是和“贤”联系在一起的，过分奢华的装饰显然有损清名，对某些富有资财的园主来说，也就不能不考虑园林建设的社会影响。毕竟，像前文提到过的“璘之第，经始中堂，费钱二十万贯”，以及王铁家园的“又有宝钿井栏，不知其价，他物称是”之类，素来可都是被文人当作反面事例来书写的。而权德舆在《许氏吴兴溪亭记》中“夸目侈心者，或大其闬闳，文其节棁，俭士耻之”[②]的说法，更是鲜明地体现了文人的这种态度。

而更值得注意的是，这首诗所处的时代，时风其实颇尚奢侈。虽然唐代在立国之初，也曾从上到下厉行节俭，但随着国家越发繁荣，奢侈之风

① 《全唐诗》卷二三七，第2645页。

② 《全唐文》卷四九四，第2234页。

也日渐兴起。这在很多皇家园林（包括皇室子弟的私家园林）当中都有所体现，比如盛唐的华清宫，就是“长汤屋数十间，环回甃以文石，为银镂漆船及白香木船，置于其中，至于楫橹，皆饰以珠玉。又于汤中垒瑟瑟及丁香为山，以状瀛洲、方丈”[①]。岐王山亭的“岂有楼台好，兼看草树奇。石榴天上叶，椰子日南枝”[②]等珍奇草木，无论来源还是养护，也都必然伴随着巨大的支出。至于太平公主、安乐公主庄园的奢华，更是盛极一时，从沈佺期“买地铺金”[③]等夸张的描写中就可见一斑，宋之问的《太平公主山池赋》[④]中也有“奇树抱石，新花灌丛”“含珠兮蕴玉，众彩兮明润”“罗八方之奇兽，聚六合之珍禽”之类的描述。权贵如此，富商亦然，如“长安富家子刘逸、李闲、卫旷，家世巨豪……每至暑伏中，各于林亭内植画柱，以锦绮结为凉棚，设坐具，召长安名妓间坐，递相延请，为避暑之会”[⑤]，而王元宝的“王家富窟”则是“常以金银叠为屋，壁上以红泥泥之。于宅中置一礼贤堂，以沉檀为轩槛，以碔砆甃地面，以锦文石为柱础，又以铜线穿钱甃于后园花径中，贵其泥雨不滑也”[⑥]。安史之乱后，虽然社会一度凋敝，但是追求奢侈的观念却依然风行，而伴随着经济的逐渐恢复，尤其是德宗朝奉天之难后，为了粉饰太平而鼓励游宴之风，使得时代风气更加趋向淫靡奢侈、纸醉金迷。在这样的情况下，文人崇俭的园林审美观念依然能有如此影响，亦可见伴随着文人政治的发展、文人话语权的扩大，文人观念在审美主流中的地位也在不断强化。而且不仅在中唐时如此，随着门阀士族的消亡和科举文官的崛起，这种审美甚至一直贯穿到了明清。在唐代韩休墓出土的山水图壁画中，我们看到了唐人在山水间置茅草亭为园景的画面，而在明清的园居画卷中，类似的山水间的草堂依然比比皆是。如解缙的《为杜琼作东原草堂图轴》、王翚的《绳斋图轴》、罗聘的《为金绍伦作松竹居图

① 《明皇杂录》卷下，见《唐五代笔记小说大观》，第963页。
② 张谔：《岐王山亭》，见《全唐诗》卷一一〇，第1130页。
③ 沈佺期：《奉和春初幸太平公主南庄应制》，见《全唐诗》卷九六，第1041页。
④ 《全唐文》卷二四〇，第1072页。
⑤ 《开元天宝遗事》卷下《结棚避暑》，见《唐五代笔记小说大观》，第1733页。
⑥ 《开元天宝遗事》卷下《富窟》，见《唐五代笔记小说大观》，第1729页。

册》等，都几乎如出一辙。

其实，在盛唐以来追求奢侈的消费观念风行的背景下，文人们也并不是完全置身事外的，《唐国史补》卷下曾记载道："长安风俗，自贞元侈于游宴，其后或侈于书法图画，或侈于博弈，或侈于卜祝，或侈于服食，各有所蔽也。"[①]而这当中的多种奢侈行为其实都与文人不无关系。即便是前文提到文人园林甚少牡丹种植，但是为观赏牡丹之风推波助澜的，也包括众多的文人。至于其他方面，也是数不胜数。比如白居易，曾经在《秦中吟·轻肥》一诗中对官场上"尊罍溢九酝，水陆罗八珍。果擘洞庭橘，脍切天池鳞"[②]的奢侈性饮食消费大加批判，可是由《郡斋旬假始命宴呈座客示郡寮》一诗可见，他在地方为官宴客时，也是"既备献酬礼，亦具水陆珍。萍醅箬溪醑，水鲙松江鳞。侑食乐悬动，佐欢妓席陈"[③]。在这样的背景下，文人依然在园林建设中崇俭，就更值得玩味了。亚当·斯密认为，人们同时拥有贪图享乐和追求进步两种欲望，前者导向奢侈性消费，而后者导向节俭性消费[④]，传统士人作为一个理应以进步为人生追求的群体，坚持节俭自可理解，但是享乐的欲望又实在是一种很难根除的人的本能。因此，虽然文人不断标榜节俭，但是终究不可避免地体现出一种在节俭与享乐间的游移。在这种情况下，园林支出本身对文人生活形成的压力，便成了一个很好的制约。斟酌经济条件之后，以较低的成本完成园林建设，并标榜以节俭，也算是文人一种小小的狡黠吧。毕竟，曾经感慨过"一丛深色花，十户中人赋"的白居易，在经济条件宽裕之后，也会"金钱买得牡丹栽"，而当他从杭州归来时，一方面表示自己"三年为刺史，饮冰复食蘖。唯向天竺山，取得两片石"，另一方面又不得不承认这是"此抵有千金，无乃伤清白"[⑤]。

---

① 《唐国史补》卷下，见《唐五代笔记小说大观》，第197页。

② 《全唐诗》卷四二五，第4676页。

③ 《全唐诗》卷四四四，第4967页。

④ 参见《唐代消费经济研究》，第250页。

⑤ 白居易：《三年为刺史二首》其二，见《全唐诗》卷四三一，第4763页。

既然提到了牡丹，话题自然也就引申到了园林中的各种物产。前文已经提到过，唐代能够在园林中种植牡丹的文人还是比较少的，毕竟，经济条件对园林支出的制约是全方位的。因此，文人不仅在园林建设上崇俭，对于与园林相关的物事也往往持同样的观念，仿佛不如此，便不足以彰显文人应有的道德操守。即使本身在节俭与享乐间的游移，也要作出合理的解释。也正因为如此，我们才会看到前文分析的那个奇怪现象，"取得两片石"都自觉"无乃伤清白"的白居易，当然深知奇石背后高昂的消费，可是他在描述牛僧孺广受奇石进献时，又必须要努力强调园主人的清廉。而这既能迎合牛僧孺的阅读期待和自我标榜，同时也说明白居易深知应该突出强调的点在哪里，因为这已经是整个文人圈子里大家所普遍接受的一种观念，或者话语。

类似情况也见于李德裕，其父李吉甫尚能"结构非华宇"，但是到了他建设平泉山庄时，各种珍贵花草和奇石，可就支出不菲了。在园林开支方面，李德裕似乎并没有为自己作过多辩解，至少现存文献中没有相关记载。但是在他的另一个嗜好上，他的说法却与白居易为牛僧孺所作的开脱如出一辙：

> 李德裕在中书，常饮常州惠山井泉，自毗陵至京，致递铺。有僧人诣谒，德裕好奇，凡有游其门，虽布素，皆引接。僧谒德裕曰："相公在位，昆虫遂性，万汇得所。水递事亦日月之薄蚀，微僧窃有感也。敢以上谒，欲沮此可乎？"德裕颔颐之曰："大凡为人，未有无嗜欲者。至于烧汞，亦是所短。况三惑博簺弋奕之事，弟子悉无所染。而和尚有不许弟子饮水，无乃虐乎？为上人停之，即三惑驰骋，怠慢必生焉。"……[①]

很显然，李德裕在面对僧人对其"水递"的质疑时，也是在强调自己别无嗜欲。则其在园林消费上的态度，应该也是和白居易、牛僧孺一样吧。

既然崇俭的观念已经深入人心，那么在具体的园林审美方面，又是怎

① 《太平广记》卷三九九《李德裕》，第3208页。

么体现出来的呢？在前文分析园林支出时，我们就已经不难看到，维持一座园林的正常运转，并不是一件容易的事情，需要支出的项目非常多，尤其是在初期建设时，更是如此。因此，怎样在经济条件有限的情况下，以较少的成本完成园林的建设和日常运转，并且还要能达到一定的审美效果，也就成了文人们必须考虑的问题。因此，唐代文人们想出了不少办法，下面我们就具体地来看一下。

唐代文人在园林的选址上倾注了更多的精力。这主要体现在郊野园林中，而城市宅园的选址更多的是出于城市生活便利等因素的考虑，经济因素不是特别突出。唐代文人的郊野园林虽然也有广占田产、规模宏大的，但已经很少再出现六朝时期世家大族庄园那样动辄占据整片山林池沼的现象。尤其是普通文人的草堂茅茨，往往地不过数亩、屋不过几间。因此，其园林景观几乎完全依赖于与周边自然环境的配合，合适的选址就显得尤为重要。杜甫就曾在《寄题江外草堂》中提到过自己“嗜酒爱风竹，卜居必林泉”，当年建置草堂前也有过一番选址的努力，其《卜居》一诗就是最直接的书写：

> 浣花流水水西头，主人为卜林塘幽。已知出郭少尘事，更有澄江销客愁。无数蜻蜓齐上下，一双鸂鶒对沉浮。东行万里堪乘兴，须向山阴上小舟。[①]

除此之外，杜甫还有《西枝村寻置草堂地，夜宿赞公土室二首》[②]等作品，也都可为佐证。正因为园林选址是件极为重要的事情，所以不仅杜甫如此，在唐人留存的作品中，我们还可以看到很多以“卜居”为主题的作品，比如：

> 贫居乐游此，江海思迢迢。雪夜书千卷，花时酒一瓢。独愁秦树老，孤梦楚山遥。有路应相念，风尘满黑貂。[③]

> 屏迹还应减是非，却忧蓝玉又光辉。桑梢出舍蚕初老，柳絮盖

---

① 《全唐诗》卷二二六，第2431页。

② 《全唐诗》卷二一八，第2288页。

③ 许浑：《新卜原上居寄袁校书》，见《全唐诗》卷五三一，第6068页。

溪鱼正肥。世乱岂容长惬意，景清还觉易忘机。世间华美无心问，藜藿充肠苎作衣。[①]

对许多经济条件有限的文人来说，选址选好了，园林建设也就成功了一半。首先，从经济的角度考虑，许多文人卜居的郊野园林，往往需要具备一定的收入能力，以维持园主人的园居生活。所以，在选址方面，有一定量的适合粮食和蔬果种植的土地，是必不可少的。在这个基础上，附近如有盛产野果的山林和富有水产的水域，可以提供一定的野物补充，就更好了。因此，在唐人的郊野园林中，以上几项几乎成了最普遍的存在。比如上引韩偓的《卜隐》，便多处涉及生计问题，如蚕桑藜藿之类，而其《闲居》一诗中也描述过自己"自种芜菁亦自锄"[②]的生活状态。其次，郊野园林在审美方面也可以依托自然条件减少开支。一方面，"野花无时节，水鸟自来去"[③]、"十余茎野竹，一两树山花"[④]，可以减少花木种植与动物饲养方面的支出，即所谓"移得仙居此地来，花丛自遍不曾栽"[⑤]，甚至是园林内的花木栽培，也可以通过就近移栽来降低成本。另一方面，良好的自然山水景观，可以减少土木工程的支出，不仅"溪山不必将钱买"[⑥]，连一些建筑材料都可以就地取材，一如独孤及在《卢郎中浔阳竹亭记》中描述的"因数仞之丘，伐竹为亭。其高出于林表，可用远望。工不过凿户牖，费不过翦茅茨，以俭为饰，以静为师"。而刘驾在《山中有招》一诗中对其"幽居"的描述，更是很好地体现了对上述诸方面因素的综合考虑：

朗朗山月出，尘中事由生。人心虽不闲，九陌夜无行。学古以求闻，有如石上耕。齐姜早作妇，岂识闺中情。何如此幽居，地僻人不争。嘉树自昔有，茅屋因我成。取薪不出门，采药于前庭。春

① 韩偓：《卜隐》，见《全唐诗》卷六八一，第7802页。

② 《全唐诗》卷六八一，第7804页。

③ 刘禹锡：《牛相公林亭雨后偶成》，见《全唐诗》卷三五八，第4040页。

④ 方干：《詹碏山居》，见《全唐诗》卷六四九，第7450页。

⑤ 鱼玄机：《夏日山居》，见《全唐诗》卷八〇四，第9053页。

⑥ 杜荀鹤：《寄李隐居》，见《全唐诗》卷六九三，第7984页。

花虽无种，枕席芙蓉馨。君来食葵藿，天爵岂不荣。[①]

由诗中的描写可知，刘驾的这处"幽居"只需一所简单的茅屋，便有天然的春花嘉树欣赏，有丰富的野物补充，还有蔬菜可供食用，除了没有提到田产之外，郊野卜居对降低园林建设成本的意义已经体现得非常充分了。

除了刘驾此诗，张乔的《题友人草堂》亦可在一定程度上作为这方面的参照：

空山卜隐初，生计亦无余。三亩水边竹，一床琴畔书。深林收晚果，绝顶拾秋蔬。坚话长如此，何年献子虚。[②]

显然，张乔的友人在刚刚卜居时，生计是颇为艰难的，但是靠着草堂周围的水竹和蔬果的补充，便可以在此久居了。

从经济的角度出发，找到有田有林有水的地方之后，具体的位置选择，就要有更多审美的考虑了。所谓"虚馆背山郭，前轩面江皋"[③]，背有靠山，可得山林物产，园前空旷，则可得观景视野。正是在这种综合考虑下，唐代文人也渐渐形成了比较成熟的选址标准，试看王建的《过赵居士拟置草堂处所》一诗：

休师竹林北，空可两三间。虽爱独居好，终来相伴闲。犹嫌近前树，为碍看南山。的有深耕处，春初须早还。[④]

在这首诗里我们可以看到，赵居士在郊野之地选择了一处修建草堂的处所，而王建在赵居士具体修建之前来到此地，则很可能也正是应朋友之请来作参谋的。而对这处选址，王建也明确提出了自己的看法，这当中有两点尤为关键。一点是"的有深耕处"，这充分说明了选址的经济意义，必须有可供耕种的土地以维持园主的生活，而从"的有"来看，赵居士本人也是充分考虑到了这个因素的。另一点则是"犹嫌近前树，为碍看南山"，很

① 《全唐诗》卷五八五，第6781页。
② 《全唐诗》卷六三九，第7332页。
③ 柳宗元：《游南亭夜还叙志七十韵》，见《全唐诗》卷三五二，第3943页。
④ 《全唐诗》卷二九九，第3392页。

显然这一点是从审美的角度提出的，诗人认为此处选址视野不够开阔，因此无法获得较好的审美效果。而王建此处质疑的出发点，无疑是希望郊野的草堂能将园林之外的远山也纳入审美视野当中，使有限的经营能够获得更丰富的景观，而这其实就是园林艺术中常见的借景了。

而这种朋友间就园林建设相互提出建议的现象，在其他作品中也能看得到，比如李建勋的《小园》：

> 小园吾所好，栽植忘劳形。晚果经秋赤，寒蔬近社青。竹萝荒引蔓，土井浅生萍。更欲从人劝，凭高置草亭。[①]

很显然，李建勋经营的这处小园，一开始更多地是考虑了生产的功能，注意力多在蔬果之上，但是经友人劝说后，准备依地势而置观景处，将园外景色引入视野，从而具有更多的审美意义。

事实上，因为对附近自然条件的依赖，唐人郊野园林对借景手法的运用非常普遍，通过合理的选址和建设，努力让园林之外的风景成为园主人的审美对象，从而以较低的成本便可以获得较好的审美体验。不但符合了崇俭的需求，还达到了理想的居住状态。比如白居易的《新构亭台，示诸弟侄》：

> 平台高数尺，台上结茅茨。东西疏二牖，南北开两扉。芦帘前后卷，竹簟当中施。清泠白石枕，疏凉黄葛衣。开襟向风坐，夏日如秋时。啸傲颇有趣，窥临不知疲。东窗对华山，三峰碧参差。南檐当渭水，卧见云帆飞。仰摘枝上果，俯折畦中葵。足以充饥渴，何必慕甘肥。况有好群从，旦夕相追随。[②]

茅茨平台，可谓俭省，芦帘竹簟，亦不奢华，但是远可看华岳三峰，近可观渭水千帆，真是风景绝佳！再加上有蔬果的收入可以贴补生活、维持生计，确乎是普通文人园居生活最理想的状态了。而从其《游蓝田山卜居》[③]来看，白居易的确是一个非常讲究园林选址的诗人，其蓝田山的卜居虽不知

---

① 《全唐诗》卷七三九，第8425页。

② 《全唐诗》卷四二九，第4732页。

③ 《全唐诗》卷四二九，第4730—4731页。

结果如何，但由这处亭台的建设，便足以见出白居易园居选址眼光之高明与成熟了！

其实，翻检唐代文献，园林借景的例子非常多，而且类型极为丰富。先以直接借景为考察对象，便有远借、近借、俯借、邻借、应时借等，比如远借：

户外窥数峰，阶前对双井。[①]

置亭嵽嵲头，开窗纳遥青。遥青新画出，三十六扇屏。[②]

载酒客寻吴苑寺，倚楼僧看洞庭山。[③]

千峰数可尽，不出小窗间。[④]

比如近借：

爱君茅屋下，向晚水溶溶。[⑤]

芭蕉丛丛生，月照参差影。数叶大如墙，作我门之屏。[⑥]

比如仰借：

蓝水远从千涧落，玉山高并两峰寒。[⑦]

比如俯借：

涧底松摇千尺雨，庭中竹撼一窗秋。[⑧]

比如邻借：

---

① 杨浚：《题武陵草堂》，见《全唐诗》卷一二〇，第1206页。

② 孟郊：《生生亭》，见《全唐诗》卷三七六，第4221页。

③ 韦庄：《题姑苏凌处士庄》，见《全唐诗》卷六九七，第8020页。

④ 皎然：《题沈少府书斋》，见《全唐诗》卷八一七，第9211页。

⑤ 李商隐：《裴明府居止》，见《全唐诗》卷五四〇，第6210页。

⑥ 姚合：《题金州西园九首·芭蕉屏》，见《全唐诗》卷四九九，第5673页。

⑦ 杜甫：《九日蓝田崔氏庄》，见《全唐诗》卷二二四，第2403页。

⑧ 杜荀鹤：《夏日留题张山人林亭》，见《全唐诗》卷六九二，第7959页。

亭脊太高君莫拆，东家留取当西山。好看落日斜衔处，一片春岚映半环。[①]

白金换得青松树，君既先栽我不栽。幸有西风易凭仗，夜深偷送好声来。[②]

比如应时借：

持刀剿密竹，竹少风来多。此意人不会，欲令池有波。[③]

台高秋尽出，林断野无余。白露鸣蛩急，晴天度雁疏。[④]

压破岚光半亩余，竹轩兰砌共清虚。泉经小槛声长急，月过修篁影旋疏。溪鸟时时窥户牖，山云往往宿庭除。……[⑤]

此外，间接借景的例子，在唐代文人的园林中也能找到不少，比如：

水底远山云似雪，桥边平岸草如烟。[⑥]

凿破苍苔地，偷他一片天。白云生镜里，明月落阶前。[⑦]

夜深斜舫月，风定一池星。[⑧]

川光通沼沚，寺影带楼台。[⑨]

---

① 白居易：《和元八侍御升平新居四绝句·高亭》，见《全唐诗》卷四三八，第4866页。

② 白居易：《和元八侍御升平新居四绝句·松树》，见《全唐诗》卷四三八，第4866页。

③ 白居易：《池畔二首》其二，见《全唐诗》卷四三一，第4766页。

④ 温庭筠：《登卢氏台》，见《全唐诗》卷五八三，第6759—6760页。

⑤ 李咸用：《题刘处士居》，见《全唐诗》卷六四六，第7410页。

⑥ 刘禹锡：《和牛相公游南庄醉后寓言戏赠乐天兼见示》，见《全唐诗》卷三六〇，第4073页。

⑦ 杜牧：《盆池》，见《全唐诗》卷五二三，第5989页。

⑧ 刘得仁：《宿宣义池亭》，见《全唐诗》卷五四四，第6289页。

⑨ 项斯：《春日题李中丞樊川别墅》，见《全唐诗》卷五五四，第6420页。

光含半床月，影入一枝花。[①]

不仅如此，有的借景还是综合性的，比如元稹《幽栖》中的“近对长松远是山”[②]就是既有近借也有远借，方干《题睦州郡中千峰榭》中的“窗中早月当琴榻，墙上秋山入酒杯”[③]则是应时借与远借的结合。再比如刘禹锡的这首《秋日题窦员外崇德里新居》：

长爱街西风景闲，到君居处暂开颜。清光门外一渠水，秋色墙头数点山。疏种碧松通月朗，多栽红药待春还。莫言堆案无余地，认得诗人在此间。[④]

近借渠水、远借群山、应时借朗月，借景手法的运用可谓非常全面了。而更值得注意的是，这首诗描写的园林并不是郊野山园，而是城市宅园，由此更可见借景手法在当时运用之普遍了。当然，郊野山园的借景，有时只要选址得宜即可，或者再辅以必要的枝叶修剪；而城市宅园的借景，则往往需要一定的刻意经营，才有可能实现。像刘禹锡此诗既云“秋色墙头数点山”，可见墙头遮住了一定的山体，所以借景未臻极致，而白居易《题崔少尹上林坊新居》中的“宅东篱缺嵩峰出”[⑤]就好多了。其实白居易自己也是个中高手，他为了将远山更好地借入园景，便专门修筑了一处观景小台，即刘禹锡在《酬乐天小台晚坐见忆》中提到的“小台堪远望，独上清秋时。有酒无人劝，看山只自知”[⑥]。不仅如此，这处小台的陈设也很好地体现了崇俭的原则，白居易在《小台》一诗中曾明确交代道“新树低如帐，小台平似掌。六尺白藤床，一茎青竹杖”[⑦]，更可见在崇俭的观念下，控制支出和经营审美可以很好地靠借景这一手段达到一种统一和平衡。

而在借景之外，唐代文人的园林有时还会借声，比如李商隐的《裴明府

① 方干：《路支使小池》，见《全唐诗》卷六四九，第7456页。
② 《全唐诗》卷四一一，第4560页。
③ 《全唐诗》卷六五〇，第7463页。
④ 《全唐诗》卷三五九，第4053页。
⑤ 《全唐诗》卷四五八，第5211页。
⑥ 《全唐诗》卷三五八，第4038页。
⑦ 《全唐诗》卷四五三，第5126页。

居止》中就有“坐来闻好鸟，归去度疏钟”[①] 的描写。

总的来说，唐人园林的借景类型非常丰富，不过其主要体现在对自然条件的运用上，依托他人园林的邻借在当时虽然已经出现，但还是相对较少的。而具体到对自然山水的借景中，也不仅仅是选址的问题，人力的审美经营同样是必不可少的。这必然涉及根据自然条件的因势利导，比如杜甫《寄题江外草堂》中提到的“台亭随高下，敞豁当清川”[②]，就是通过合理的台亭布置而尽收清川之景的。而这种手法又并不仅仅用在借景上，对其他自然条件的巧妙运用，同样成为唐人非常突出的一种造园智慧。唐代文人在园林建设中普遍强调借势，不仅要求选址的“地形当要处”[③]，还要在经营建设时对山形水势充分利用，所谓“石上构层阁，便以石为柱”[④]，一方面可以减少开支，另一方面又得天然之趣。柳宗元的《邕州柳中丞作马退山茅亭记》就是一个很经典的例子：

冬十月，作新亭于马退山之阳。因高丘之阻以面势，无檰栌节棁之华。不斫椽，不翦茨，不列墙，以白云为藩篱，碧山为屏风，昭其俭也。……乃墍乃涂，作我攸宇，于是不崇朝而木工告成。[⑤]

很显然，此处茅亭正是以自然之山势为依托，通过借景的手法，推崇朴素简朴的审美，从而以极少的人工成本，完成了建设并取得了很好的审美效果。而如果说此例主要利用的是自然的山形，那么利用天然水势的例子也同样可以找到许多，比如：

泉眼高千尺，山僧取得归。架空横竹引，凿石透渠飞。洗药溪流浊，浇花雨力微。朝昏长绕看，护惜似持衣。[⑥]

左右澄漪小槛前，直堤高筑古平川。十分春水双檐影，一片秋空

① 《全唐诗》卷五四〇，第6210页。

② 《全唐诗》卷二二〇，第2321页。

③ 姚合：《题凤翔西郭新亭》，见《全唐诗》卷四九九，第5672页。

④ 无名氏：《石上阁》其二，见《全唐诗》逸卷下，第10215页。

⑤ 《全唐文》卷五八〇，第2597页。

⑥ 姚合：《题僧院引泉》，见《全唐诗》卷四九九，第5676页。

两月悬。前岸好山摇细浪，夹门嘉树合晴烟。坐来暗起江湖思，速问溪翁买钓船。[①]

如果具备了一定的人力物力，那对自然条件的因势利导甚至可以成为一种对园林周边环境的综合整治，比如柳宗元的这篇《永州韦使君新堂记》：

永州实惟九疑之麓。其始度土者，环山为城。有石焉，翳于奥草；有泉焉，伏于土涂。蛇虺之所蟠，狸鼠之所游。茂树恶木，嘉葩毒卉，乱杂而争植，号为秽墟。韦公之来，既逾月，理甚无事。望其地且异之。始命芟其芜，行其涂。积之丘如，蠲之浏如。既焚既酾，奇势迭出。清浊辨质，美恶异位。视其植，则清秀敷舒；视其蓄，则溶漾纡余。怪石森然，周于四隅。或列或跪，或立或仆，窍穴逶邃，堆阜突怒。乃作栋宇，以为观游。凡其物类，无不合形辅势，效伎于堂庑之下。外之连山高原，林麓之崖，间厕隐显。迩延野绿，远混天碧，咸会于谯门之外。……[②]

而这种借势不仅体现在郊野园林中，在城市宅园中也很常见，比如：

枉语山中人，匄我涧侧石。有来应公须，归必载金帛。当轩乍骈罗，随势忽开坼。有洞若神剜，有岩类天划。终朝岩洞间，歌鼓燕宾戚。孰谓衡霍期，近在王侯宅。……[③]

三江路千里，五湖天一涯。何如集贤第，中有平津池。池胜主见觉，景新人未知。竹森翠琅玕，水深洞琉璃。水竹以为质，质立而文随。文之者何人，公来亲指麾。疏凿出人意，结构得地宜。灵襟一搜索，胜概无遁遗。因下张沼沚，依高筑阶基。嵩峰见数片，伊水分一支。南溪修且直，长波碧逶迤。北馆壮复丽，倒影红参

---

① 徐夤：《门外闲田数亩长有泉源因筑直堤分为两沼》，见《全唐诗》卷七〇八，第8147页。

② 《全唐文》卷五八〇，第2597页。

③ 韩愈：《和裴仆射相公假山十一韵》，见《全唐诗》卷三四二，第3837页。

差。……[①]

城市宅园如此，公有园林建设也如此，毕竟文人习惯于俭省和借势后，在具体建设中便会自然地遵循，而不会时时考虑产权的问题。比如颇谙此道的白居易，在《重修府西水亭院》中描述其为河南尹时的公有园林建设，便是：

因下疏为沼，随高筑作台。龙门分水入，金谷取花栽。绕岸行初匝，凭轩立未回。园西有池位，留与后人开。[②]

这种借势的建设，不仅体现在一些工程量较大的凿石引泉上，即使在一些小工程中，也不难看见。像前文曾经提到过的钱起《题樊川杜相公别业》中的"结茅书阁俭，带水槿篱斜"，房屋和篱笆就都是用随手可得的草木来搭建的。而类似的例子还可以找到很多，比如：

其亭也，溪左岩右，川空地平，材非难得，功则易成。一门四柱，石础松棂，泥含淑气，瓦覆苔青。[③]

其环堵所栖者，率用竹以结其四周。植者为柱楣，撑者为榱桷，破者为溜，削者为障，臼者为枢，篾者为绳，络而笼土者为级，横而格空者为梁。[④]

编草覆柏椽，轩扉皆竹织。[⑤]

由钓起茅亭，柴扉复竹楹。[⑥]

① 白居易：《裴侍中晋公以集贤林亭即事诗三十六韵见赠，猥蒙征和，才拙词繁，辄广为五百言以伸酬献》，见《全唐诗》卷四五二，第5116页。

② 《全唐诗》卷四五一，第5101—5102页。

③ 王泠然：《汝州薛家竹亭赋》，见《全唐文》卷二九四，第1316页。

④ 房千里：《庐陵所居竹室记》，见《全唐文》卷七六〇，第3502页。

⑤ 姚合：《题金州西园九首·草阁》，见《全唐诗》卷四九九，第5673页。

⑥ 姚合：《陕下厉玄侍御宅五题·垂钓亭》，见《全唐诗》卷四九九，第5675页。

编篱薪带茧，补屋草和花。[①]

插槿作藩篱，丛生覆小池。[②]

翦竹诛茆就水滨，静中还得保天真。……树影便为廊庑屋，草香权当绮罗茵。……[③]

其实，由徐夤《茆亭》中“鸳瓦虹梁计已疏，织茅编竹称贫居”[④]的自白来看，这种搭建方式在很多时候也是经济条件限制下的产物。然而伴随着这种草木搭建的普遍，却又进一步推动了朴素的审美。我们可以看到，许多唐代文人都对这种简陋的草屋木篱赞不绝口。不仅屋宇如此，园林中的众多用度以及室内装饰等，也都开始呈现出一种朴素的审美，有时甚至还会故意以此为标榜，比如：

若乃睹余庵室，终诸陋质。野外孤标，山旁迥出，壁则崩剥而通风，檐则摧颓而写日。是时闲居晚思，景媚青春；逃斯涧谷，委此心神。削野藜而作杖，卷竹叶而为巾，不以声名为贵，不以珠玉为珍。风前引啸，月下高眠；庭惟三径，琴置一弦。散诞池台之上，逍遥岩谷之间。[⑤]

木斫而已不加丹，墙圬而已不加白。墄阶用石，幂窗用纸。竹帘纻帏，率称是焉。堂中设木榻四，素屏二，漆琴一张，儒、道、佛书各三两卷。[⑥]

当然，无论借势还是欣赏朴素，都不仅仅是经济的问题，这背后也有着

① 司空图：《独坐》，见《全唐诗》卷六三二，第7256页。

② 韩偓：《桃林场客舍之前有池半亩，木槿栉比，阏水遮山，因命仆夫运斤梳沐，豁然清朗，复睹太虚，因作五言八韵》，见《全唐诗》卷六八一，第7805页。

③ 徐夤：《新葺茆堂》其一，见《全唐诗》卷七〇九，第8161页。

④ 《全唐诗》卷七〇九，第8162页。

⑤ 朱桃椎：《茅茨赋》，见《全唐文》卷一六一，第724页。

⑥ 白居易：《草堂记》，见《全唐文》卷六七六，第3057页。

道家思想对文人审美的影响。在传统的道家美学中，崇尚自然、排斥声色一直是非常突出的观念，《老子》中就有“道法自然”[①]“五色令人目盲，五音令人耳聋”[②]，《庄子·天道》中也有“朴素而天下莫能与之争美”[③]。但即使如此，我们依然不能忽视经济因素的制约作用。翻检文献，我们可以看到不少园主为推崇道家道教之人，却在园林建设中一味追求奢华的案例。比如前文提到的王鉷，舍宅为观且自称“臣得澡雪纷垢，奉持斋戒”，则不可能不受到道家道教的影响，可实际上，他的家园却是“宝钿井栏，不知其价，他物称是”，极尽奢华。同样，我们之前举过唐玄宗华清宫园林的例子，而其兴庆宫的沉香亭以沉香木修建且四周广植牡丹，亦是奢华的典型。而唐玄宗本人是一个极其推崇道家道教的皇帝，广招名道、开设道举、亲注《道德经》……类似崇道行为数不胜数，可是在园林建设方面，我们却很少能看到他受到道家美学影响的记录。由此可见，园林建设追求借自然之势并崇尚朴素的审美风气，并不仅仅是道家美学观影响的问题，就像我们之前所说的，追求物质享受本身就是一种很难克制的欲望，文人在经济条件允许的情况下，也不是一味俭省。但是对大多数文人来说，他们人生的大部分时间里都不具备这样的经济条件，则借道家的思想资源，来完成自己适应于现状的审美理想的建构，也就是再正常不过的事情了。

经济条件限制的不仅仅是园林的装饰，其实也限制着园林的规模。前面我们在分析唐代文人的园林购买行为时就曾经提到，如果不是世家子弟，购买园林并不是一件容易的事情，像白居易那样毕其一生之积蓄，最终的履道池台也不过十余亩，远不能和大族的庄园相比，更何况大多数文人为官的经历还不如白居易，更不可能买得起大规模的园林了。同样，开荒所得的园林也必然受制于人力，一般不会太大。因此，如何在狭小空间内辗转腾挪，达到“池亭才有二三亩，风景胜于千万家”[④]的审美效果，使得

① 王弼注，楼宇烈校释：《老子道德经注校释》，中华书局，2008年，第64页。

② 《老子道德经注校释》，第27页。

③ 庄子著，陈鼓应注译：《庄子今注今译》，中华书局，1983年，第337页。

④ 方干：《孙氏林亭》，见《全唐诗》卷六五〇，第7463页。

“岑无一仞，波无一勺，而洲屿萦带，峦崖盘郁，则巫庐衡霍，不出于庭间矣”[①]，也就成了文人们在进行园林建设时常常要考虑的事情。正是在这样一种背景下，所谓“由外而入，宛若壶中”[②]的壶中天地式审美开始得到充分的发挥，以有限暗示无限，以咫尺包蕴万千，就成了唐代文人园林审美中非常普遍的现象，比如方干就曾不止一次地在诗歌中表达这种观念：

广狭偶然非制定，犹将方寸像沧溟。一泓春水无多浪，数尺晴天几个星。露满玉盘当半夜，匣开金镜在中庭。主人垂钓常来此，虽把鱼竿醉未醒。[③]

一泓潋滟复澄明，半日功夫劚小庭。占地未过四五尺，浸天唯入两三星。鹢舟草际浮霜叶，渔火沙边驻小萤。才见规模识方寸，知君立意象沧溟。[④]

张蠙也是表达这种审美观念的典型，比如他的这两首诗：

春兴随花尽，东园自养闲。不离三亩地，似入万重山。白鸟穿萝去，清泉抵石还。岂同秦代客，无位隐商山。[⑤]

圆内陶化功，外绝众流通。选处离松影，穿时减药丛。别疑天在地，长对月当空。每使登门客，烟波入梦中。[⑥]

除此之外，其他文人也不乏这样的观念，比如郑损的这首《钓阁》：

小阁惬幽寻，周遭万竹森。谁知一沼内，亦有五湖心。钓直鱼应笑，身闲乐自深。晚来春醉熟，香饵任浮沉。[⑦]

无论是方干、张蠙抑或郑损，他们在书写眼前的园林时，都刻意点明

① 李翰：《崔公山池后集序》，见《全唐文》卷四三〇，第1939页。
② 李翰：《尉迟长史草堂记》，见《全唐文》卷四三〇，第1939页。
③ 方干：《路支使小池》，见《全唐诗》卷六五一，第7474页。
④ 方干：《于秀才小池》，见《全唐诗》卷六五一，第7479页。
⑤ 张蠙：《和崔监丞春游郑仆射东园》，见《全唐诗》卷七〇二，第8068页。
⑥ 张蠙：《盆池》，见《全唐诗》卷七〇二，第8069页。
⑦ 《全唐诗》卷六六七，第7632页。

了实际的小，小池、小阁、小庭、一泓、一沼、盆池、三亩地、四五尺、几个星……无不如是。但是在这个“小”中，贯穿的却是无限的大，是沧溟意，是五湖心，是烟波梦，是万重山，尽是诗人吐纳天地的大胸怀。正如白居易在《小宅》中所说的那样：“何劳问宽窄，宽窄在心中！”

其实，在之前讨论产权变更与文人心态时，我们就已经提到过文人们的这种观念，并举了不少例子，此处就不再重复引用了。值得注意的是，和前面讨论的朴素审美一样，这种小中见大的审美，同样有着传统文化尤其是佛道两家所提供的思想基础。比如“壶中天地”本身就出自葛洪的《神仙传》卷五《壶公》，而“芥子纳须弥”的说法也是来源于佛教。伴随着唐代佛道两教的流行，尤其是佛道教徒与文人交往的增多，以及文人自身对佛道思想接受的越发普遍，这样的审美自然也就有了更大的市场。但是，仔细考察唐代的园林，我们看到的却是，虽然这样的思想基础早已存在，但在之前的皇家园林中却很少看到这种审美表现，世家大族的庄园中也同样罕见，甚至在本该与此思想渊源关系最为密切的寺观园林中都很难找得到类似的体现。因此，文人自身经济条件的限制，虽然不是促成这一审美的决定性因素，但在其中所起的作用也不能完全忽视吧！

第五章　唐代文人园林经济的个案研究

唐代近三百年，历时漫长，且前后期在诸多方面都有明显的不同，有唐一代文人，数以万计，这些人也自然是各有各的经济条件，各有各的园林经营。在之前的讨论中，我们更多地是从整体出发，去捕捉经济影响下唐代文人园林生活的一些普遍现象。而这些现象虽然具备一定的普遍性，但也终究不可能适用于所有人和所有时段，不可能囊括一切、四海皆准。因此，我们接下来也就有必要再展开一些个案研究，深入到具体的人或园的层面，去进行更为细致的考察。由于现存文献的制约，能够展开的个案研究其实并不是很多，但即便如此，我们依然可以从中看到很多有意思的现象，或者在某些方面具有典型意义，或者可以为前文的一些论述提供较充分的佐证，甚至还可能蕴含更为丰富的信息以至于可据此窥斑见豹，洞察时代风云。

依据存世文献的情况，接下来，我们将选择以白居易、王建、陆龟蒙为中心，展开相关的个案研究。

一、白居易园居生活的经济考察

在唐代文人当中，白居易存诗最多，散文数量也较为可观，加之其好与人交，酬唱颇多，因此流传下来的文献非常丰富。同时，白居易的园林情结非常深，其一生居止，几乎无不与园林相关，其走通俗闲适路线的文学书写，也往往会与园居生活相结合，一方面留下大量信息可供考察，另一方面作为唐代文人的园居代表，又有着典型意义。因此，我们的个案研究首先从白居易开始，大致按照其置产居止的时间顺序，逐一展开经济上的考察。

（一）从符离到下邽：早年园林的经济支持

白居易的园居生活早在他入仕之前尚居乡里时就已经开始了，我们的讨论也自然以此为开端展开。那么白居易早年所居的园林位于何处呢？关于白居易入仕之前的行迹，学界多有考察，大致也已经比较清楚。现在可以考知的白居易最早的园居生活，应该是在符离县的埇桥别业。据朱金城的《白居易年谱》及蹇长春的《白居易评传》，白居易最早是在建中三年（782）避李希烈、李纳之乱而跟随家人来到符离的，但是次年便又继续南下，寄居越中，直到贞元七年（791），二十岁的白居易才因父亲白季庚由衢州别驾改任襄州别驾而离开江南，再次回到符离。这一次，白居易在符离居住较久，虽贞元九年曾一度前往襄州，但贞元十年（794）五月便因父亲去世再次回到符离，直到贞元十四年（798），二十七岁的白居易才再次离开符离，开始自己的应举求仕之路，并在两年后一举登科，正式进入仕途。白居易在《与元九书》中说自己“十五六，始知有进士，苦节读书”[①]，大致是在贞元二三年间，此后历十余年苦读而登科，这当中有一半的时间是在符离度过的。也就是说，白居易早年读书习业的主要场所，应该就是这处位于符离的埇桥别业。那么，这处埇桥别业是怎样一份产业，又如何能支撑白居易读书习业的生活呢？对于这处别业，也许是白居易早年诗文较少或有所亡佚的缘故，其作品中的直接书写并不多，我们也只能通过各种零

① 《全唐文》卷六七五，第3052页。

星的记载，去尽力还原这处别业的相关情况。

首先，我们来看一下这处别业的获得。白居易最初迁居符离时，只是一个十一岁的孩子，所以这处别业的获得，主要应该考察的是其父祖辈的情况。从第一章总结的各项获得园林的途径来分析，建中元年（798）始行两税，故而排除国家授地的可能，白居易父辈多人为官，应该也不至于在任所垦荒，且赏赐园林的浩荡皇恩，自不会施于这些下层官员，而《唐太原白氏之殇墓志铭（并序）》中又提到过小弟白幼美“九岁不幸遇疾，夭徐州符离县私第”[①]，既明言“私第”，则可以排除小产权的可能。加上之前并无白氏家族成员在此地聚居和置产的记录，继承的可能性也不大。因此，这处别业最初的来源，应该就是白居易父辈的购买，然后白居易作为直系亲属得以享用和继承。

中晚唐时期，地方官员常有在任所置办产业的行为，这处埇桥别业应该也是类似的情况。建中年间，符离还是徐州的属县，白居易的父亲白季庚此时正在徐州为官。《襄州别驾府君事状》中历叙这一时段白季庚的履历如下：

> 天宝末明经出身，解褐授萧山县尉，历左武卫兵曹参军、宋州司户参军。建中元年，授彭城县令。……德宗嘉之，命公自朝散郎超授朝散大夫，自彭城令擢拜本州别驾，赐绯鱼袋，仍充徐泗观察判官。……贞元初，朝廷念公前功，加检校大理少卿，依前徐州别驾、当道团练判官，仍知州事。……秩满，本道观察使皇甫政以公政绩闻荐，又除检校大理少卿、兼襄州别驾。[②]

从建中元年到贞元初，白季庚一直在徐州为官，出于避乱的目的而在下辖的符离县置办产业安置家小，自是顺理成章的事情。除了白季庚之外，白氏家族还有其他人在符离及周边为官过，比如白居易在《唐故溧水县令太原白府君墓志铭（并序）》提到其从祖叔白季康“历华州下邽尉、怀

---

① 《全唐文》卷六七九，第3075—3076页。

② 《全唐文》卷六八〇，第3081页。

州河内丞、徐州彭城令、江州浔阳令、宿州虹县令、宣州溧水令”[①],《故巩县令白府君事状》[②]中也提到二叔白季般曾任徐州沛县令,《祭符离六兄文》中则有“维贞元十七年某月某日,从祖弟居易等,谨祭于符离主簿六兄之灵”[③]。正因为如此,以前人们在讨论白居易早年移居符离时,也常常将家族集中于此视为一个重要因素。但是,如果我们细细探究则会发现,这些亲属应该大都和埇桥别业最初的购置关系不大。白季康任职溧水是在贞元十四年左右,则前任虹县令时也应相去不远,不太可能上推至建中三年,建中年间白季庚任彭城令和徐州别驾,则白季康的彭城令也不太可能同时。白季般任沛县令时间不详,但沛县与符离虽同属徐州,却是一北一南,距离颇远,而六兄任职符离主簿的时间应该也就在贞元十七年(801)或之前不久。此外,还有贞元十九年(803)由徐州士曹掾移许昌县令的白季轸,其在徐州任职的时间也很难上推到建中年间。再加上我们暂时查找不到建中到贞元初期有其他白氏家族支系的成员居留符离的记载,则埇桥别业最初很可能就是白季庚一力购置并安顿家小的。即使后来白季庚任衢州别驾并携白居易前往江南之后,仍有不少家眷留居符离,白居易的《江南送北客,因凭寄徐州兄弟书》[④]一诗即可为证。

了解了埇桥别业的获得情况之后,接下来的问题,就是这处别业的规模和日常运转了。可以确定的一点是,埇桥别业是附带有田产的。白居易在贞元十五年(799)所作之《自河南经乱,关内阻饥,兄弟离散,各在一处,因望月有感,聊书所怀,寄上浮梁大兄、於潜七兄、乌江十五兄,兼示符离及下邽弟妹》中写到过“时难年饥世业空,弟兄羁旅各西东。田园寥落干戈后,骨肉流离道路中”[⑤],长庆四年(824)从杭州到洛阳途中重经故地所作的《埇桥旧业》则写道:“别业埇城北,抛来二十春。改移新径路,变

① 《全唐文》卷六八〇,第3079页。

② 《全唐文》卷六八〇,第3081页。

③ 《全唐文》卷六八一,第3084页。

④ 《全唐诗》卷四三六,第4836页。

⑤ 《全唐诗》卷四三六,第4839页。

换旧村邻。有税田畴薄，无官弟侄贫。田园何用问，强半属他人。”[①]除此之外，在大和二年（828）为白行简所作的《祭弟文》中也曾提到过“遥怜在符离庄上，亦未取归”[②]，而唐代私家园林称“庄”者，往往都是附带田产的。不仅如此，白居易在贞元年间去世的亲属也多有权窆或直接葬于符离者，这同样是需要有一定规模的地产方可做到。比如上文提到的《祭符离六兄文》中有“既卜远日，就宅新阡，春草之中，画为墓田，濉水南岸，符离东偏，其地则迩，其别终天”[③]，《唐太原白氏之殇墓志铭（并序）》中也有“贞元八年九月，权窆于县南原”[④]。此外还有白居易的外祖母，《唐故坊州鄜城县尉陈府君夫人白氏墓志铭（并序）》记载她“贞元十六年夏四月一日，疾殁于徐州古丰县官舍。其年冬十一月，权窆于符离县之南偏”[⑤]，还是专门迁回符离权窆的。而既然附带有田产，那粮食生产或地租无疑就是这处别业的主要收入了。

埇桥别业附带田产已经可以确定，那么这份产业的规模又究竟如何呢？从现有资料来看，应该并不会很大。首先，白季庚购置这份产业的时候，经济条件应该还没有达到可以广置田产的水准。前文曾论及，对大多数普通士人来说，园林购置的资金主要来源于俸禄的积累，而由上引《襄州别驾府君事状》所叙述白季庚履历可见，在购置埇桥别业之前，他大多数时间都在做下层官员，品级不高，收入也不会很丰厚，再加上家口渐多、生活消耗，自然很难有丰厚的积蓄。如果以大历十二年（777）的官俸为参照，白季庚其历任之萧山县尉、左武卫兵曹参军等官，月俸不过两万文上下，任彭城县令时也只达到四万文的水准，直到擢徐州别驾、充徐泗观察判官后，才真正有了大幅提升，上州别驾五万五千文，徐泗观察判官为兼任，俸钱折半为两万五千文。至此，白季庚每月至少可以有八万文的官俸

① 《全唐诗》卷四四六，第5008页。
② 《全唐文》卷六八一，第3086页。
③ 《全唐文》卷六八一，第3084页。
④ 《全唐文》卷六七九，第3076页。
⑤ 《全唐文》卷六八〇，第3080页。

进账，从收入水平上已经相当于上州刺史、左右仆射一级，然后才有了我们现在可以考知的第一次置办产业的行为。由此更可见普通文人哪怕出仕为官有了俸禄，但是真正要到达足以购买园林的程度，还有很长的路要走。

月俸八万钱之后，白季庚终于有了可以购置园产的资本，但是《襄州别驾府君事状》所记之“公与本州刺史李洧，潜谋以徐州及埇口城归国”发生在建中二年（781）九月，“凡四十二日，而诸道救兵方至”[①]之后，才因功得到德宗嘉奖，达到了这样的收入水准。而白居易最初寄家符离是在建中三年，也就是说白季庚并没有充分的时间积累财富，便因战乱匆匆在埇桥置产并安顿家小，则其规模必然有限。此后白季庚履历平稳，再无大的官俸提升，则埇桥别业的地产即使后续可能有进一步扩充，也不会太过庞大。关于这一点，在白居易自己的描述中也可见一斑。

元和四年，白居易在长安作《醉后走笔，酬刘五主簿长句之赠，兼简张大、贾二十四先辈昆季》，追忆与故友在符离时的交游，诗中便有不少片段涉及他在符离的居所，可见埇桥别业的情况：

> 朝来暮去多携手，穷巷贫居何所有。秋灯夜写联句诗，春雪朝倾暖寒酒。陴湖绿爱白鸥飞，濉水清怜红鲤肥。偶语闲攀芳树立，相扶醉蹋落花归。张贾弟兄同里巷，乘闲数数来相访。雨天连宿草堂中，月夜徐行石桥上。……且倾斗酒慰羁愁，重话符离问旧游。北巷邻居几家去，东林旧院何人住。武里村花落复开，流沟山色应如故。……[②]

在白居易的回忆里，称当年之旧院是“贫居”，是“草堂”，即使存在自谦的成分，也至少可以说明这处别业并不宏大豪华。而观赏的主要是“武里村花”和“流沟山色”（白居易另有《乱后过流沟寺》《题流沟寺古松》等诗，可见其游踪），也说明这处别业的审美建设可能并不充分，以至于要靠对周边环境和景色的充分利用，才能达到理想的园居状态。而这些都从一定程度上说明了别业规模的有限。

---

① 《全唐文》卷六八〇，第3080页。

② 《全唐诗》卷四三五，第4812—4813页。

不仅如此，贞元十四年白居易离开符离再下江南，先前往正在溧水为县令的从叔白季康处，后去投奔刚刚就任饶州浮梁县主簿的长兄白幼文。在这一过程中，白居易多次感慨当下的生计艰难，比如《将之饶州江浦夜泊》中就曾描述过自己的处境："苦乏衣食资，远为江海游。光阴坐迟暮，乡国行阻修。身病向鄱阳，家贫寄徐州。前事与后事，岂堪心并忧。忧来起长望，但见江水流。云树霭苍苍，烟波澹悠悠。故园迷处所，一念堪白头。"[①]在《伤远行赋》中又写道："贞元十五年春，吾兄吏于浮梁。分微禄以归养，命予负米而还乡。"[②]很显然，此时的埇桥别业已经不足以支撑白居易一家的生活，所以才会分居各地，并靠白幼文的官俸来补充。这也可以证明这处别业的规模不会很大。

结合上述信息，我们可以对埇桥别业的经济情况作出这样一些推断：在贞元十年之前，白季庚大部分时间并不在此居住，而是因任职而居于徐州、衢州、襄州，其间还常常把白居易带在身边。因此，在埇桥别业居住的很可能只有白幼文、白行简和白幼美（贞元八年夭折）以及他们的外祖母等数人，以埇桥之产业，再加上有白季庚的官俸补充，完全可以维持生活。贞元十年白季庚去世之后，其家人基本上都居留于这处埇桥别业，一方面诸子年龄渐长，年已四旬左右的白幼文甚至可能还有了自己的家眷，生活消耗必然增多；另一方面，此时白家不再有官俸作为补充，收入大大削减。一进一出间，生活必然陷入窘迫。再加上白居易即将走上应举之路，开销无疑会进一步增长。所以服丧期满之后，白季庚夫人陈氏移居洛阳，白幼文出仕浮梁，白居易南下溧水，纷纷离开符离以谋生计。而据贞元十五年的《自河南经乱，关内阻饥，兄弟离散，各在一处，因望月有感，聊书所怀，寄上浮梁大兄、於潜七兄、乌江十五兄，兼示符离及下邽弟妹》，此时他在埇桥别业仍有家属，既言称"弟妹"，则有可能白行简等尚留居在此，继续依靠这处产业为生。而白居易在贞元十六年（800）登科到贞元十九年正式为官的这段时间里，又在符离居住了一年有余，对减少了应举开支但又

① 《全唐诗》卷四三二，第4775页。

② 《全唐文》卷六五六，第2957页。

尚无官俸的白居易来说，这处产业的收入仍有重要意义。而到了元和年间，白居易和白行简都已为官离开符离，而长兄白幼文在罢浮梁主簿而又无新的任职之后，又再次回到了这处埇桥别业，继续以此处产业作为生计。据滕汉洋《白居易长兄白幼文生平钩沉》一文所考，白幼文于元和六年罢职并再未出仕，白居易元和九年所作之《夜雨有念》中提到过“吾兄寄宿州，吾弟客东川”[①]，元和十二年所作《与元微之书》中又有“长兄去夏自徐州至，又有诸院孤小弟妹六七人，提挈同来。顷所牵念者，今悉置在目前，得同寒暖饥饱，此一泰也”[②]，《答户部崔侍郎书》一文也提到过此事：“前月中，长兄从宿州来，又孤幼弟侄六七人，皆自远至。日有粝食，岁有粗衣，饥寒获同，骨月相保，此亦默默委顺之外，益自安也。”[③]（按：符离本为徐州辖县，元和四年新置宿州后属之，白居易应是两文分别用新旧地名称之。）则白幼文一家在其罢官后应是长居埇桥别业，直到家口进一步庞大，才不得不来投奔白居易。[④]由此可见，埇桥别业的产业养活一个小家庭问题不大，但是家口庞大时就比较吃力了。在之前讨论园林收入时我们曾经推断，如果文士单独生活，则其私园只要能附带有十三亩左右的田产，就足以保障他的生活了，如果收成较好，则仅需九亩。贞元十年白季庚去世后，陈氏、白幼文、白居易、白行简应该都居留符离，同时在此居住的可能还有白居易的外祖母和妹妹等人，若以最少六人的情况来计算，则其田产规模至少也要有六七十亩左右，结合文人在文化消费方面的支出需求、白幼文应有之家眷以及存在少许僮仆的可能，则田产的数额差不多就要接近百亩了。如果再考虑到白居易现存诗文中并没有在埇桥别业耕种的记录，而元和年间他在下邽守制时所作的《归田三首》其三中又明确提到自己此时才“田中学锄谷”，可知之前从未躬耕，则这处埇桥别业很可能主要是以地租收入为主的，如此折合下来，别业附带的土地规模大致就在一百五十亩到

---

① 《全唐诗》卷四三三，第4788页。

② 《全唐文》卷六七四，第3048页。

③ 《全唐文》卷六七五，第3054页。

④ 滕汉洋：《白居易长兄白幼文生平钩沉》，载《古典文学知识》2015年第1期。

两百亩之间了。

推测完这个大致规模之后，我们可以再尝试推断白季庚当初购买这处别业的支出可能是个什么样的数目。赵云旗曾在其《唐代土地买卖研究》中统计过唐代各种土地价格的资料，不同类型的土地价格差别很大。[①] 考虑到这处别业在审美建设方面并不充分，所以我们就先按照价格最低的农田来计算。中晚唐时，敦煌之农田每亩五百零七文，成都之农田则为每亩一千文，徐州不及成都发达，但远胜于吐蕃治下的敦煌，若取其折中偏上，按照每亩八百文来计算，则埇桥别业的购买价格大致就是十二万文到十六万文之间。而考虑到园宅地的价格要远高于农田，在唐末时的敦煌都要达到三万三千七百五十文每亩，《通典》卷二中记载过“应给园宅地者，良口三口以下给一亩，每三口加一亩，贱口五口给一亩，每五口加一亩，并不入永业口分之限”的标准，若加上两亩宅地，则总价就达到了十八万七千五百文到二十二万七千五百文之间。而购买别业时，白季庚的月俸达到八万文还不到一年，在扣除掉日常开销之后，这个规模也确实是他当时能够购买的极限了。

虽然由于文献记载的缺失，我们无法十分准确具体地还原埇桥别业的规模与经济情况，但是这样一番可能性的推断，仍然有着重要的意义，它可以帮助我们更深入地了解和认识唐代下层士人的园林生活。对长期沉沦下僚的士人来说，要想购买一片自己的园产，并不是一件容易的事情，白季庚便是这样一个典型。但是一旦手头宽裕，置办这样一份园产又是非常必要的，这对于子孙的生活和仕进都是难得的支持。在白季庚去世后，白居易就是在这样一处园林中完成了应举的准备，这期间既有别业收入对基本生活的保障，也有周边景观对诗心的培养。不只是白居易，白行简在登科之前也有相当长的一段时间是生活在这处别业的。虽然这处别业的规模和收入并不十分可观，但是对白氏兄弟的成长来说，却有着无法替代的重要意义（不只是应举登科，甚至白居易最初的田园归隐之念，都是在这

① 参见赵云旗：《唐代土地买卖研究》，中国财政经济出版社，2002年，第212—213页。

里产生的，由其《及第后忆旧山》一诗所云之"偶献子虚登上第，却吟招隐忆中林。春萝秋桂莫惆怅，纵有浮名不系心"，即可见一斑）。即使后来白氏兄弟相继登科远离，这处别业依然在发挥着作用。白幼文一家便曾长期以此为生，直到大和二年白居易五十七岁时，其《祭弟文》中的"遥怜在符离庄上，亦未取归"说明仍有家人居住于此。在兄弟二人官位尚低俸禄尚薄时，家人有所依托，无疑也大大缓解了他们的经济压力。只不过大和二年的这条信息，也是我们现在能看到的白居易诗文中最后一次提到这处园产。由上文所引长庆四年所作《埇桥旧业》中"改移新径路，变换旧村邻。有税田畴薄，无官弟侄贫。田园何用问，强半属他人"的描述，我们便可以看到，在使用权分离之后，产权也很难及时维护。有官职的白居易、白行简早已远离，无官职的家族子弟虽留守于此却无法应对税收压力和土地兼并，"变换旧村邻"说明许多更下层的家庭已经破产逃亡，"强半属他人"可知埇桥别业此时也已经失去了一半的田产。也许在大和二年后不久，这处别业便不再属于白氏家族了。

关于埇桥别业的基本情况，我们现在能了解到的大致就只有这些信息了，但是在白居易早年生活中起到过重要的经济支持作用的园林，并非只有埇桥别业，位于华州下邽县的别墅同样是非常重要的一处。我们之前曾经讨论过，当文人刚刚进入仕途、俸禄尚不够丰厚时，园林的收入对他们依然有着重要的意义。而在一些特殊时期——比如守制时期，这个意义就更为突出了。

那么接下来，我们展开对下邽别墅经济情况的讨论。

首先还是来看这处别墅的获得，从现有文献来看，很可能也是得自继承。据《旧唐书·白居易传》中的记载，"（白）温生锽，……锽生季庚，……季庚生居易。初，（白）建立功于高齐，赐田于韩城，子孙家焉，遂移籍同州。至温徙于下邽，今为下邽人焉"[①]。也就是说，白居易家族在其曾祖父白温那一代就已经移居下邽了。则白居易在下邽所居之别墅，最初应

① 《旧唐书》卷一六六《白居易传》，第4340页。

该就是在那个时候营构的。白居易《故巩县令白府君事状》中曾提到其祖父白锽“大历八年五月三日，遇疾，殁于长安，……权厝于邽县下邑里”[1]，虽是“权厝”，但既然会特意由长安迁往下邽，表明白氏家族此时已经在下邽有了一定规模的地产，或许只是因为刚刚移籍才两代，内心仍视韩城为归葬地，故而只是“权厝”，待到子孙聚居于此数代后，才正式落葬于下邽。白居易作于贞元二十年（804）三月的《泛渭赋（并序）》称“始徙家秦中，卜居于渭上”[2]，则其此时方才移居下邽。但是早在贞元十五年就有《自河南经乱，关内阻饥，兄弟离散，各在一处，因望月有感，聊书所怀，寄上浮梁大兄、於潜七兄、乌江十五兄，兼示符离及下邽弟妹》一诗，可知彼时白氏家族已有人居于下邽，则从白温一代所创之产业应该一直都在。白居易贞元十九年春方释褐授校书郎，次年春便移家下邽。短短一年内还要在长安赁宅，回符离搬家（但埇桥别业并未出售），对登科前一直经济窘迫的白居易来说，很难想象此时的他便已经能有足够的积蓄重新置产。所以，这处下邽的居所只可能是白氏祖产中的一部分。当然，在属于祖产的土地上选择具体的位置，并用仅有的一点积蓄对居所进行修缮和扩建，还是有可能的，这或许就是《泛渭赋（并序）》中所谓“卜居”吧！不过还有一点值得注意，在“卜居”于此后，白居易还会伴随着经济条件的不断宽裕而对这处园产进行更多的扩建乃至兼并，这就是后话了。

虽然下邽别墅是继承自祖产，但这份产业已历数代，家族人口既多，则白居易一家所能得到的也自然不会有很大规模。关于白居易在下邽园宅情况的记述，在其诗文中可以找到很多，比如《西原晚望》中曾描述过他初到下邽时的场景：“吾庐在其下，寂寞风日暮。门外转枯蓬，篱根伏寒兔。故园汴水上，离乱不堪去。近岁始移家，飘然此村住。新屋五六间，古槐八九树。便是衰病身，此生终老处。”[3]既然有古槐，则应是旧院，提到新屋，说明有所修缮和增建，而五六间，便是宅居的具体规模了。白居易

① 《全唐文》卷六八〇，第3081页。

② 《全唐文》卷六五六，第2957页。

③ 《全唐诗》卷四三三，第4786页。

还有诗作称此居所为“下邽庄”，理应附带有田产，后来的《村居卧病三首》其三中便明确提到了：“种黍三十亩，雨来苗渐大。种薤二十畦，秋来欲堪刈。望黍作冬酒，留薤为春菜。荒村百物无，待此养衰瘵。葺庐备阴雨，补褐防寒岁。病身知几时，且作明年计。”[①]

因为经济条件的限制，白居易最初居于下邽时，应该也没有太多余力进行审美建设，所以其园林景观的构建就非常注意对周边条件的利用，故而其所谓“卜居”，其实也包含在选址方面的用心吧！而事实证明，这一用心还是收到了非常良好的效果的。白居易下邽居所的整体景观在他的诗作里同样有很多记录。比如：

> 川有渭兮山有华，澹悠悠其可赏。目白云兮漱清流，其或偃而或仰。门去渭兮百步，常一日而三往。夜分兮扣舷，天无云兮水无烟。迟迟兮明月，波澹滟兮棹夤缘。日暮兮舟泊，草萋萋兮沙漠漠。习习兮春风，岸柳动兮渚花落。[②]

> 村南无限桃花发，唯我多情独自来。日暮风吹红满地，无人解惜为谁开。[③]

> 旧居清渭曲，开门当蔡渡。十年方一还，几欲迷归路。……唯有山门外，三峰色如故。

可见此宅门外前临渭水、远对华山，庄南还有大片桃园，可谓风景绝佳！而渭水水产的潜在收入，也将在其未来生计艰难时派上大用场。

虽然白居易刚刚移家下邽时，条件还比较简陋，但是之后一段时间，尤其是制科登第后，官俸渐多，生活还是慢慢好起来了。比如其元和五年授京兆户曹参军仍充翰林学士时，便曾在《初除户曹，喜而言志》中写道：“俸钱四五万，月可奉晨昏。廪禄二百石，岁可盈仓囷。喧喧车马来，贺客

① 《全唐诗》卷四三三，第4787页。

② 白居易：《泛渭赋（并序）》，见《全唐文》卷六五六，第2957页。

③ 白居易：《下邽庄南桃花》，见《全唐诗》卷四三六，第4830页。

满我门。不以我为贪，知我家内贫。”[①] 而随着生活条件变好并慢慢有所积蓄之后，这处园宅也在不断扩建，比如元和八年所作之《效陶潜体诗十六首（并序）》其九中就已经是“况兹清渭曲，居处安且闲。榆柳百余树，茅茨十数间”[②]，相对于最初的“新屋五六间，古槐八九树”，规模明显大了许多。而这日渐增多的树木又多是出自白居易的亲自经营，元和六年《重到渭上旧居》中的“插柳作高林，种桃成老树”和在江州所作《孟夏思渭村旧居寄舍弟》之“故园渭水上，十载事樵牧。手种榆柳成，阴阴覆墙屋”[③] 等皆可为证。伴随着这种亲自经营的过程，白居易对这处居所也越来越有心理上的认同。《襄州别驾白府君事状》中记述了其迁葬父祖的事，“元和六年十月八日，嗣子居易等迁护于下邽县义津乡北原，从巩县府君宅兆而合祔焉”，同时“改卜靳县府君及襄州别驾府君两茔于下邽县义津乡北原”[④]，则至晚在元和六年，白居易已经将下邽视为家族的根基所在，而此时产业的规模应该也比最初扩大了不少。

可以说，在元和元年（806）白居易制举登科之后的一段时间，其经济状况总体来说是比较不错的，下邽别墅的各种增修和扩建应该也得益于此。因此，这一时期主要都是园主收入对园林的投入与贴补，而别墅的经济意义对于白居易生活的影响并不明显。但是，随着元和六年四月白居易的母亲去世，他和弟弟白行简一起回到下邽守制，薪俸全无，这处别墅对于他们的意义才终于凸显了出来（据白居易元和六年的《寄上大兄》及元和九年的《夜雨有念》“吾兄寄宿州”，白幼文此时应该在符离守制，并依托埇桥别业的收入为生）。可以说，在守制期间，白居易一家的生活基本上都是靠着这处园产的收入来支撑的。

那么白居易在下邽守制期间，这处园产的收支情况如何呢？从白居易自己在诗文中的描述来看，其收入主要包括以下几项。

---

① 《全唐诗》卷四二八，第4717页。
② 《全唐诗》卷四二八，第4723页。
③ 《全唐诗》卷四三三，第4793页。
④ 《全唐文》卷六八〇，第3081页。

首先是附带田产的粮食收入，比如元和七年（812）《归田三首》其二中的记述：

> 种田意已决，决意复何如。卖马买犊使，徒步归田庐。迎春治耒耜，候雨辟菑畬。策杖田头立，躬亲课仆夫。吾闻老农言，为稼慎在初。所施不卤莽，其报必有余。上求奉王税，下望备家储。安得放慵惰，拱手而曳裾。学农未为鄙，亲友勿笑余。更待明年后，自拟执犁锄。[①]

其次是园中的各种蔬果，比如元和七八年间所作的《闲居》中就有“深闭竹间扉，静扫松下地”[②]，有竹便当有笋，大和九年（835）白居易自洛阳返下邽途中《寿安歇马重吟》的“忽忆家园须速去，樱桃欲熟笋应生”[③]正可为证，而且回忆里的樱桃很可能在元和年间也已经存在了。除此之外，元和六年的《叹老三首》其三中有“前年种核桃，今岁成花树”[④]，以及前引《重到渭上旧居》中的“插柳作高林，种桃成老树”，也都提到了果树。而《新构亭台示诸弟侄》中的“仰摘枝上果，俯折畦中葵。足以充饥渴，何必慕甘肥”[⑤]和《东园玩菊》中的“秋蔬尽芜没”[⑥]则说明，其园中还种植了不少蔬菜以供食用。

当然，除了这些具体的分类，有的作品还对这一时期的农副业收入作了综合描述，比如白居易后来在江州时所作的《孟夏思渭村旧居寄舍弟》中，就曾提道：

> 故园渭水上，十载事樵牧。手种榆柳成，阴阴覆墙屋。兔隐豆苗肥，鸟鸣桑椹熟。……日暮麦登场，天晴蚕坼簇。……[⑦]

其三是野物补充，因为选址得当，尤其是门前便是渭水，使得白居易可

---

① 《全唐诗》卷四二九，第4729页。

② 《全唐诗》卷四二九，第4732页。

③ 《全唐诗》卷四六二，第5256页。

④ 《全唐诗》卷四三三，第4782页。

⑤ 《全唐诗》卷四二九，第4732页。

⑥ 《全唐诗》卷四二九，第4731页。

⑦ 《全唐诗》卷四三三，第4793页。

以获得丰富的野物作为收入的补充。而这当中最突出的就是通过钓鱼的方式获得渭水中的水产，比如元和六年便有《渭上偶钓》一诗：

> 渭水如镜色，中有鲤与鲂。偶持一竿竹，悬钓在其傍。微风吹钓丝，袅袅十尺长。谁知对鱼坐，心在无何乡。昔有白头人，亦钓此渭阳。钓人不钓鱼，七十得文王。况我垂钓意，人鱼又兼忘。无机两不得，但弄秋水光。兴尽钓亦罢，归来饮我觞。①

此后又有《东墟晚歇（时退居谓村）》写到过自己南涧钓鱼的景象：

> 中有腾腾独行者，手拄渔竿不骑马。晚从南涧钓鱼回，歇此墟中白杨下。褐衣半故白发新，人逢知我是何人？谁言渭浦栖迟客，曾作甘泉侍从臣。②

除此之外，元和九年的《渭村退居寄礼部崔侍郎、翰林钱舍人诗一百韵》中还有“饥提采蕨筐”③的描写，可见采摘野菜也是野物补充的一种方式。

最后，就是酿酒了，白居易退居时颇好饮酒，写于元和六年到八年的《晚春酤酒》《对酒五首》及散见于这一时期其他作品中的饮酒描写皆可为证。而这种酿酒的生活需求在很大程度上是靠自己的家酿解决的。比如元和八年所作《效陶潜体诗十六首（并序）》的序文中就写道：“余退居渭上，杜门不出，时属多雨，无以自娱。会家酝新熟，雨中独饮，往往酣醉，终日不醒。”④

讨论完收入之后，我们接下来再看白居易此时园居生活的支出都有哪些。

首先是各项基本的生活支出。白居易在元和初已经成家，而由《秋游原上》中的“闲携弟侄辈，同上秋原行”⑤以及后来《孟夏思渭村旧居寄舍弟》中“诗书课弟侄，农圃资童仆”⑥的回忆来看，此时的白行简应该也有家小，再加上“童仆”，仅衣食用度就已经是一笔不小的开支。因为没有了官

① 《全唐诗》卷四二九，第4726页。
② 《全唐诗》卷四三五，第4813页。
③ 《全唐诗》卷四三八，第4859页。
④ 《全唐诗》卷四二八，第4721页。
⑤ 《全唐诗》卷四二九，第4730页。
⑥ 《全唐诗》卷四三三，第4793页。

俸，只能靠园产为生，所以白居易一家退居下邽期间的生活是非常简朴的，比如元和七年《适意二首》其一中的"终日一蔬食，终年一布裘"[①]，元和所作的《咏慵》中也曾写道："屋穿慵不葺，衣裂慵不缝。有酒慵不酌，无异尊常空。有琴慵不弹，亦与无弦同。家人告饭尽，欲炊慵不舂。"[②]同时还有《咏拙》一诗亦作过相关描写，可以参看："葺茅为我庐，编蓬为我门。缝布作袍被，种谷充盘飧。"[③]

其次是缴纳赋税，前文所引的《归田三首》其二中就已经提到过"上求奉王税，下望备家储"，而元和七年到九年之间所作的《纳粟》更是对此进行了具体而集中的书写：

> 有吏夜叩门，高声催纳粟。家人不待晓，场上张灯烛。扬簸净如珠，一车三十斛。犹忧纳不中，鞭责及僮仆。昔余谬从事，内愧才不足。连授四命官，坐尸十年禄。常闻古人语，损益周必复。今日谅甘心，还他太仓谷。[④]

其三，白居易退居下邽期间身体状况似乎并不理想，诗中曾多次提及生病，比如元和六年的《首夏病间》，元和八年的《病中友人相访》以及元和九年的《病中作》《病中得樊大书》《得钱舍人书问眼疾》等。除直接以此为题的作品外，在其他诗歌中也常常有所提及，像元和九年的《村居寄张殷衡》中就有"金氏村中一病夫，生涯濩落性灵迂。……药铫夜倾残酒暖，竹床寒取旧毡铺"[⑤]。因此，相应的医疗支出也是必不可少的了。

最后，招待朋友应该也是一项常有的支出。白居易虽然退居下邽，离开了朝堂，但并非与世隔绝。下邽毕竟离长安不远，门对渭河，交通也便利，所以有时还是会有朋友来拜访的，我们现在也能在白居易的诗作中找到相关记录。比如元和七年的《麹生访宿》："西斋寂已暮，叩门声樀樀。

① 《全唐诗》卷四二九，第4727页。
② 《全唐诗》卷四二九，第4733页。
③ 《全唐诗》卷四二九，第4733页。
④ 《全唐诗》卷四二四，第4666—4667页。
⑤ 《全唐诗》卷四三七，第4853页。

知是君宿来，自拂尘埃席。村家何所有？茶果迎来客。贫静似僧居，竹林依四壁。厨灯斜影出，檐雨余声滴。不是爱闲人，肯来同此夕？”[①]可见，朋友来访，不但要供给饮食，同时还要安排住宿。除此之外，作于这一时期的《同友人寻涧花》《喜友至留宿》《村中留李三固言宿》《友人夜访》等，亦可参看。

相关的收支项目既然已经列出，那么白居易退居下邽别墅期间的经济状况究竟如何呢？之前我们引用过《村居卧病三首》其三中的“种黍三十亩”，但是如果按照我们之前的分析，三十亩地其实很难养活白居易和白行简两家人，即使有蔬果和野物的补充也不太现实。毕竟白居易守制期间，和他一起在下邽居住的至少还有他的夫人杨氏，他的弟弟白行简一家三口，以及一些僮仆，即使按照白居易贞元末年独处长安时“二仆夫”的标准，也已经有七人，更何况僮仆要负责耕种，可能还会更多。除了劳作的僮仆外，白居易所娶乃是著名的靖恭杨家之女，相应的侍婢也是要有的，毕竟即使是“贫贱夫妻百事哀”的元稹，回忆起当年来也是感慨“尚想旧情怜婢仆”[②]的。由此算下来，即使一切从俭，生活的基本支出也不会少。那么在白居易丁忧期间，其下邽别墅的田产到底有多少，能否支持他的生活呢？现存文献对此虽无明确记载，但是我们依然可以根据点滴信息来作一些推断。比如前引《纳粟》一诗中曾提到“一车三十斛”的税额，那我们便可以据此来尝试逆推白居易的田产数。《唐会要》卷六六中有“十斗为斛”[③]的标准，这里三十斛就相当于三十石，如果按照这一时期每亩五升到九升五合的地税税率[④]，白居易在下邽的田产就有三百一十六到六百亩之多，考虑到白居易后来曾一度窘迫到需要靠别人接济才能过活（详见下文），其田产数显然不宜高估，如果再把青苗、义仓等杂税也折合上，可能也就是接近三顷地左右（户税往往征钱或绢，故而这里的粟应该不包含户税）。按

① 《全唐诗》卷四二九，第4728—4729页。
② 元稹：《遣悲怀三首》其二，见《全唐诗》卷四〇四，第4509页。
③ 《唐会要》卷六六《太府寺》，第1154页。
④ 参见王仲荦：《隋唐五代史》，上海人民出版社，2003年，第289页。

我们之前的计算，这样的田产规模，能够养活二十到三十人，如果算上白居易特别的生活需要（如饮酒，所谓“种黍三十亩”，很可能只是专门用来“望黍作冬酒”的），以及医疗和交际的支出，再考虑到家口的庞大，则三顷田维持生活尚可，但也不会有太多富余。而白居易这一时期生活趋向简朴，自然也应该包含了经济方面的考虑。

有了这样的田产作支撑，在尽量减少生活开支的情况下，白居易的退居生活运转得似乎还不错，尤其是退居初期，甚至还颇有一些怡然自得，像《秋游原上》《九日登西原宴望》《游蓝田山卜居》《溪中早春》等作品皆有所体现，元和八年的《昼寝》更是一派无忧之感。

如果说在减少开支的情况下，只要心态好，固无碍其怡然。但是这期间白居易的其他行为，就颇有一些值得注意了。比如元和八年，他便集中迁葬了几位亲人，如早年夭亡的白幼美，《唐太原白氏之殇墓志铭（并序）》中有“元和八年春二月二十五日，改葬于华州下邽县义津乡北冈”[①]，同时作《祭小弟文》：“昔权殡尔，滩南古原，今改葬尔，渭北新阡。”[②]还有白居易的外祖母，《唐故坊州鄜城县尉陈府君夫人白氏墓志铭（并序）》有：“至元和八年春二月二十五日，改卜宅兆于华州下邽县义津乡北原，即颍川县君新茔之西坎，从存殁之志。”[③]唐人迁葬往往花费不菲，白居易的这些迁葬行为无疑也需要不小的支出。

不仅如此，白居易在退居下邽期间甚至还进行了不少土木工程的建设，比如作于这一时期的《新构亭台示诸弟侄》：

> 平台高数尺，台上结茅茨。东西疏二牖，南北开两扉。芦帘前后卷，竹簟当中施。清泠白石枕，疏凉黄葛衣。开襟向风坐，夏日如秋时。啸傲颇有趣，窥临不知疲。东窗对华山，三峰碧参差。南檐当渭水，卧见云帆飞。仰摘枝上果，俯折畦中葵。足以充饥渴，

① 《全唐文》卷六七九，第3076页。原文作“元和九年”，疑误，据《祭小弟文》《唐故坊州鄜城县尉陈府君夫人白氏墓志铭（并序）》，应为“元和八年”。

② 《全唐文》卷六八一，第3084—3085页。

③ 《全唐文》卷六八〇，第3080页。

何必慕甘肥。况有好群从，旦夕相追随。[①]

元和八年又作有《东园玩菊》："少年昨已去，芳岁今又阑。如何寂寞意，复此荒凉园。园中独立久，日淡风露寒。秋蔬尽芜没，好树亦凋残。唯有数丛菊，新开篱落间。携觞聊就酌，为尔一留连。……"[②]

再结合后来《孟夏思渭村旧居寄舍弟》中"弄泉南涧坐，待月东亭宿"[③]的回忆，可知这一时期白居易在下邽的住所已经形成了一处专供审美的东园，此园之前未见白居易提及，很可能正是在守制期间建成的。而元和七八年间的《栽松二首》，也是这一时期园林建设的一例。

那么，白居易为什么在守制期间还能进行这样的建设呢？如果只是园林本身的收入，应该不太能够支持这么多活动，那么更大的可能，就是外财的输入了。而从现存的文献来看，在白居易退居期间，输入下邽别墅的外财确实不少。

首先是白居易自己的积蓄，如前所述，白居易在元和年间官俸见涨，在长安的支出却未必超出贞元年间很多，因此必然会有不少盈余。而在元和年间，他其实很少有机会回到下邽，即使回去，受时间限制，也只能做做种桃插柳这样简单的经营。所以，伴随着守制退居，其实正可以利用多年的积蓄对这处园产好好进行一次扩建与整修。再加上离开长安之前，还卖掉了一些不需携带的物品转而添置园居所需（比如《归田三首》其二中的"卖马买犊使，徒步归田庐"），所以白居易刚刚回到下邽时，显然是可以为这处别墅投入相当一笔外财的。之前我们曾提到过，白居易贞元末年刚刚迁居下邽时，产业规模应该不会很大，则丁忧期间仰仗的三百亩田产，应该大多是他后来慢慢置办起来的。考虑到元和六年迁葬父祖时很可能涉及土地购买，则守制伊始以多年官俸之积蓄扩大田产规模以为生活之保障，实在是再合理不过的事情了。前文曾提到过，中晚唐时期成都之农田地价有过每亩一千文的记录，京畿地区亦不应低于这一水准。则白居易此时购置

① 《全唐诗》卷四二九，第4732页。

② 《全唐诗》卷四二九，第4731页。

③ 《全唐诗》卷四三三，第4793页。

这三顷田产，至少也得花去三十万钱，而且这还只是个下限。而据其元和四年所作《醉后走笔，酬刘五主簿长句之赠，兼简张大、贾二十四先辈昆季》中的“月惭谏纸二百张，岁愧俸钱三十万”[①]一语，以及元和五年除授京兆府户曹参军时所作《初除户曹，喜而言志》中提到的“俸钱四五万”，亦可知此时的白居易应该已经有能力积攒下这样一笔积蓄用于下邽别墅的田产增置了。

其次，除了白居易自己的积蓄之外，还有得自朋友的接济与馈赠，这当中以元稹最为突出。白居易元和九年所作之《寄元九》就提道：“忧我贫病身，书来唯劝勉。上言少愁苦，下道加餐饭。怜君为谪吏，穷薄家贫褊。三寄衣食资，数盈二十万。岂是贪衣食，感君心缱绻。念我口中食，分君身上暖。不因身病久，不因命多蹇。平生亲友心，岂得知深浅。”[②]有了这二十万钱的资助，白居易的园居生活自然就大为宽裕了。除此之外，《渭村退居寄礼部崔侍郎、翰林钱舍人诗一百韵》中还曾感谢过对方“尚念遗簪折，仍怜病雀疮。恤寒分赐帛，救馁减余粮。药物来盈裹，书题寄满箱”[③]。可见当时接济过白居易的，并不止元稹一人。而在友人不断注入外财的情况下，白居易展开上述活动也就并无困难了。

历来研究白居易生平思想变化者多曾指出，白居易正是在退居下邽期间始有隐居之念，而这一时期还算宽裕的经济状况以及由此带来的恬淡怡然的生活状态，恐怕也是促成这一思想萌生的重要因素之一吧！

当然，如果我们进一步作细致的考察则不难发现，白居易的园林建设和迁葬行为并非无节制的。他当时的经济状况只能说是略为宽裕，所以即使有所建设，也往往秉承着从简从朴的原则。比如新建的亭台只是“结茅茨”而成，陈设布置也只是芦帘、竹簟、白石枕而已。亭台如此，新扩建的房屋也不过是“茅茨十数间”。可以看出，在园林建设中，白居易也尽量压缩了成本，在有外财输入的情况下尚且如此，亦足可见园林本身所附带的

① 《全唐诗》卷四三五，第4813页。

② 《全唐诗》卷四三三，第4784页。

③ 《全唐诗》卷四三八，第4860页。

田产也只能勉强养活他和白行简两家人，若有更多的需求，就只能靠这些外财来贴补，所以自然不能无节制地建设。

此外，白居易迁葬外祖母和小弟的时间点也非常值得注意，是在“元和八年春二月二十五日”。按照唐代礼制，守制时间一般为二十七个月，因此，元和六年四月退居下邽的白居易，应于元和八年七月服丧期满，正常的话应该很快就可以重新为官，获得官俸。所以白居易此时迁葬，其实很可能是在除服之前把未完之事尽快完成而已。早在元和六年十月，白居易就已经将父祖迁葬下邽，但直到守制即将期满时才再次迁葬祖母和小弟，则这个时间差未必没有经济方面的考虑。安葬母亲时将父亲迁来合葬，既然迁葬了父亲，自不宜不顾祖父，所以在刚刚守制的初期就必须完成。但是考虑到迁葬的费用以及接下来近三年没有官俸收入，所以之前的积蓄也必然要有所保留。但是到了元和八年初，因为即将起复，无须更多积蓄，所以便可放心地尽用余财，彻底完成剩余亲人的迁葬了。

之所以作出这样的推论，很大程度上是因为白居易在起复不顺后生活状况忽然急转直下。白居易在元和八年七月服丧期满之后，直到元和九年深冬，才重新获得官职。而之前一直怡然自得的他，在元和九年的作品中开始表现出明显的经济困境。比如，从园产的经营方式上看，虽然之前白居易也曾在《归田三首》其三中写过“四十为野夫，田中学锄谷”，表示要亲自务农，而且似乎确有亲耕的行为，但更多的还是“躬亲课仆夫”，以指挥僮仆劳作为主。但是到了元和九年，白居易却是真的深入田间，与农夫无异了，比如元和九年所作的《得袁相书》就写道：“谷苗深处一农夫，面黑头斑手把锄。何意使人犹识我，就田来送相公书。”[①] 同年所作的《冬夜》更是直接哀叹：“家贫亲爱散，身病交游罢。眼前无一人，独掩村斋卧。冷落灯火暗，离披帘幕破。”[②] 而《渭村酬李二十见寄》中的“莫叹学官贫冷落，犹胜村客病支离”[③] 亦可为证。至于《渭村退居寄礼部崔侍郎、翰林钱舍人

---

① 《全唐诗》卷四三七，第4853页。

② 《全唐诗》卷四二九，第4733页。

③ 《全唐诗》卷四三八，第4861—4862页。

诗一百韵》一诗，就更是该年生活状态的真实写照了：

> 世虑休相扰，身谋且自强。犹须务衣食，未免事农桑。薙草通三径，开田占一坊。昼扉扃白版，夜碓扫黄粱。隙地治场圃，闲时粪土疆。枳篱编刺夹，薤垄擘科秧。穑力嫌身病，农心愿岁穰。朝衣典杯酒，佩剑博牛羊。困倚栽松锸，饥提采蕨筐。引泉来后涧，移竹下前冈。生计虽勤苦，家资甚渺茫。尘埃常满甑，钱帛少盈囊。弟病仍扶杖，妻愁不出房。传衣念褴褛，举案笑糟糠。犬吠村胥闹，蝉鸣织妇忙。纳租看县帖，输粟问军仓。夕歇攀村树，秋行绕野塘。云容阴惨澹，月色冷悠扬。荞麦铺花白，棠梨间叶黄。早寒风摵摵，新霁月苍苍。园菜迎霜死，庭芜过雨荒。檐空愁宿燕，壁暗思啼螀。……[①]

至于元和九年五六月间，白行简赴梓州剑南卢坦幕府（白居易作有《别行简》《九日寄行简》），这当中或许也不排除因生计所迫而先行离开谋生的可能吧。

总览白居易元和八年到九年的作品，曾多次提到生病（比如《村居寄张殷衡》中的“金氏村中一病夫，生涯濩落性灵迂”），则医疗方面的支出必然增加，但是仅仅如此，应该也不至于从之前的小康瞬间跌入贫困。所以，由于误以为起复在即而未留余财，导致迟迟未能起复后只能依靠园产为生，才是造成如此经济压力的真正原因吧！当然，在正常情况下，拥有三百亩的田产也不至于一下子窘迫如此。但是在元和八九年间，关中一带却偏偏又出现了自然灾害。白居易自述的“园菜迎霜死”，或正可对应《旧唐书·宪宗本纪》中元和八年十一月的“京畿水、旱、霜，损田三万八千顷”[②]，此外，元和八年六月“京师大风雨”[③]而致水灾，门临渭水的下邽别墅不可能不被波及，而元和九年五月，“是月旱，谷贵，出太仓粟七十万石，

---

① 《全唐诗》卷四三八，第4859页。

② 《旧唐书》卷一五《宪宗下》，第448页。

③ 《旧唐书》卷一五《宪宗下》，第446页。

开六场粜以惠饥民。……以旱，免京畿夏税十三万石、青苗钱五万贯”[①]，亦可见情况之严重。而此时的白居易收成既损，余财又尽，复无更多的接济补充，便只能压缩人工开支而自己下田耕作了。这也又一次说明，文人亲自参与生产劳动一类的园林经营，往往是出于生计所迫。

事实上，即使田产折损而落入窘迫，在这起复前的一年里，下邽别墅依然是支撑白居易生活的关键乃至唯一的支柱。正是因为有了这处园产，即使一时不能起复，即使不得不亲自下田劳作，即使积蓄用光外财难续，却终不至于冻馁。而这也再次让我们看到，对入仕不久家底不丰的士人来说，能有一处带来收入的园林，对于他们的生活有着多么巨大的意义！而白居易虽然在退居下邽期间便已有了退隐之念，但之后还是宦海沉浮多年，或许也正是因为这一年的困境使他深刻地认识到：只有先保证了经济无忧，方能真正过上自己理想中的隐居生活吧！而自然灾害造成的减产，又使得他在确保经济无忧的过程中不仅考虑了园林所附田产的收入，且越发看重更为稳定的官俸。

（二）从长安到南国：小产权的经营与安顿

刚刚我们讨论了白居易初入仕途时下邽别墅对于他生活的支撑意义。但实际上，除了守制的几年之外，白居易这一时期在下邽居住的时间并不多，相反，伴随着他仕宦生涯的逐步展开，小产权的园居生活逐渐成为常态。因此，这也就成了我们接下来要重点讨论的话题。

白居易于贞元十九年授校书郎，正式进入仕途。随之而来的，便是要解决在长安的居住问题。白居易最初的选择，是在常乐里租赁了建中故相关播私第的东亭子。关于白居易的这处居所及其当时的生活情况，在其《常乐里闲居偶题十六韵，兼寄刘十五公舆王十一起吕二炅吕四颎崔十八玄亮元九稹刘三十二敦质张十五仲元，时为校书郎》一诗中曾有过比较详

---

① 《旧唐书》卷一五《宪宗下》，第449页。

细的描述："茅屋四五间，一马二仆夫。俸钱万六千，月给亦有余。既无衣食牵，亦少人事拘。遂使少年心，日日常晏如。……谁能雠校间，解带卧吾庐。窗前有竹玩，门外有酒沽。何以待君子，数竿对一壶。"[①]而前文曾经引用过的《养竹记》一文，亦可见白居易亲自对这处小产权园居进行的审美建设。

那么，白居易租赁这处园宅需要多少花费呢？由于文献中没有明确的记载，我们只能通过一些相关信息作一个大致的推测。比如唐玄宗天宝九载的《禁赁店干利诏》曾对长安附近的房屋租赁价格作过一次限定："其所赁店铺，每间月估不得过五百文。"[②]如果参照粮食价格的变化来推测，开元年间"两京米斗不至二十文"[③]，而建中到贞元年间，粮价则平均在每斗两百文左右，大约是天宝年间的十倍左右，则此时长安附近的租赁价格可能在每间五千文上下。如果以官俸的变化来推测，白居易此时是正九品上的校书郎，玄宗朝正九品的官俸是一千九百二十文，白居易租赁这处园宅时官俸是一万六千文，大约是八倍多，则此时长安附近的租赁价格可能在每间四千文以上。白居易的居所是"茅屋四五间"，按说应该再翻个四五倍，则折算下来竟达两万文，已经远高于白居易的俸禄，则显然是不可能的。究其原因，盛唐五百文之租价是针对营利的店铺而非住宅的，必然会偏高。至于究竟偏高多少，唐时情况既已难考知，只得权且以今度古。当今房市住宅租售比的国际标准线一般在 1∶200 到 1∶300 之间，而门市房的租售比大家一般接受 1∶100 左右，以此折算，则在六千到一万文之间，再考虑到白居易租赁的这个小院是关播去世后闲置甚至荒废的，而且还只是简陋的茅屋，所以肯定有较大的折扣，假如以对折计算，则为三千到五千文之间，占到他每月官俸收入的百分之二十到三十左右，这个价格对白居易来说大致也还是可以接受的，所以诗人才会悠闲地说着"月给亦有余"而"数竿对一壶"了。

---

① 《全唐诗》卷四二八，第4712页。

② 《全唐文》卷三二，第154页。

③ 《通典》卷七《历代盛衰户口》，第152页。

但是，这样惬意的生活并没有维持多久，白居易很快就在《思归》里感慨“养无晨昏膳，隐无伏腊资”[①]了。前文曾经提到过，唐代成年文人每年的粮食消费量约为米七石三斗，则每月大约六斗左右，按贞元年间的平均米价来看，需要一千二百文，白居易此时至少还有两个仆人和一匹马，则他赁居于常乐里关相国东亭时，每月仅粮食支出就至少需要三千六百文。而这还只是个最低限度，如果这两个仆人是雇来的，以《太平广记》卷五三《麒麟客》中提到的“唐大中初……佣作之直月五百”为参照，则又是一千钱的支出，再加上马的草料和房租，就势必要花掉他一半以上的月俸了。倘若将饮酒和穿着等生活开支也算进去，按我们之前对服装价格的估算，其实每个月也剩不了多少钱了。到了次年春，白居易又南下符离搬家，并在下邽卜居（即使不需买地，住处的修缮与建设也是需要相当的支出的），且刚刚搬家后下邽别墅的田产可能还未必有收获（即使能有收获，最初的规模可能也仅够支持其母陈氏和其弟白行简两人的生活需求吧），则下邽家人的生计也将暂时仰赖于白居易的官俸，经济压力就更大了。所以，贞元二十一年（805）春，白居易就迁居到永崇里的华阳观了。而迁居的原因，很大一部分正是由于经济方面的压力，《春中与卢四周谅华阳观同居》中的“杏坛住僻虽宜病，芸阁官微不救贫”[②]便是直接的说明。而从《永崇里观居》中的“朝饥有蔬食，夜寒有布裘。幸免冻与馁，此外复何求”[③]，以及晚年在洛阳回忆此时生活的《酬寄牛相公同宿话旧劝酒见赠》“每来政事堂中宿，共忆华阳观里时。日暮独归愁米尽，泥深同出借驴骑”[④]中，也都能看出一些端倪。同样，由《永崇里观居》中“永崇里巷静，华阳观院幽。轩车不到处，满地槐花秋”[⑤]的描述可知，白居易在华阳观居住时也是能享有园林生活的，《华阳观桃花时招李六拾遗饮》有“华阳观里仙桃发，把酒

① 《全唐诗》卷四三二，第4775页。

② 《全唐诗》卷四三六，第4830页。

③ 《全唐诗》卷四二八，第4713页。

④ 《全唐诗》卷四六〇，第5237页。

⑤ 《全唐诗》卷四二八，第4713页。

看花心自知”[①],《华阳观中八月十五日夜招友玩月》云“华阳洞里秋坛上,今夜清光此处多”[②],亦皆可为证。而由白居易居于关播弃置的故园一角都倍感压力继而移居华阳观来看,同样是通过租住的方式而享有园林生活,赁居于寺观的支出很可能要比赁居于园宅便宜得多。这一次,白居易一直安稳地居住到次年四月才因登制科授盩厔尉而离开,而应举备考的过程也正是在华阳观里完成的,其《策林一(有序)》中便曾提到此事:“元和初,予罢校书郎,与元微之将应制举,退居于上都华阳观,闭户累月,揣摩当代之事,构成策目七十五门。”[③]结合白居易因经济压力而移居的行为,则唐人读书寺观之普遍,恐怕不仅是出于清静,寺观租金相对较低这一经济上的便利,也应该是很重要的原因吧!

白居易元和元年制举登科后被授盩厔尉,在任盩厔尉期间,白居易应该主要居住于官舍当中,由《官舍小亭闲望》中的“风竹散清韵,烟槐凝绿姿。日高人吏去,闲坐在茅茨”[④]以及《前庭凉夜》《盩厔县北楼望山》等诗的描述可知,这处官舍应该也是有附带的园林的。不仅如此,白居易在此居住期间还进行过不少审美建设,可以看作白居易经营公有园林之始,比如《新栽竹》一诗:

> 佐邑意不适,闭门秋草生。何以娱野性,种竹百余茎。见此溪上色,忆得山中情。有时公事暇,尽日绕阑行。勿言根未固,勿言阴未成。已觉庭宇内,稍稍有余清。最爱近窗卧,秋风枝有声。[⑤]

和《新栽竹》相比,《戏题新栽蔷薇》一诗更加值得注意:

> 移根易地莫憔悴,野外庭前一种春。少府无妻春寂寞,花开将尔当夫人。

在这首诗中,我们不但能看到白居易亲自对小产权园居进行的审美经营,

① 《全唐诗》卷四三六,第4829页。
② 《全唐诗》卷四三六,第4830页。
③ 《全唐文》卷六七〇,第3018页。
④ 《全唐诗》卷四二八,第4715页。
⑤ 《全唐诗》卷四三二,第4768页。

更可以看到他对家的渴望。虽然这时候的渴望，更多的还是渴望婚姻、家人，尚非园宅的产权。而白居易此时对婚姻的渴望，很快就得到了实现。元和三年（808），白居易便在长安娶杨汝士之妹为妻，而且这门亲事很可能在元和二年（807）就已经议定，只不过一整套纳彩请期之类的流程走下来，已经是第二年了。毕竟，白居易在元和二年返回长安后，就有《宿杨家》一诗，描述自己寄居杨家时"夜深不语中庭立，月照藤花影上阶"[①]的园居生活。如果此时的寄居正与议婚有关，则在一定程度上已经可以视为借居亲属的园林了。

元和三年，白居易完婚之后，便又在长安城中重觅居所。此时的白居易依然是通过租赁的方式获得了一处小产权的园宅，而这一次，他把家安在了新昌里。

白居易一生中曾两次在长安新昌里居住，第一次是元和年间的赁居，第二次是长庆年间的买宅。也正因为如此，其描写新昌里居所的诗作有时会混在一起不易区分，这也为我们考察白居易某一具体时段的园居条件造成了一定的困难。尤其是现存白居易关于新昌里的诗作，大都被系年于长庆、大和年间，像《醉后走笔，酬刘五主簿长句之赠，兼简张大、贾二十四先辈昆季》中"晚松寒竹新昌第，职居密近门多闭"[②]这样明确是写新昌赁居情况的少之又少。但是，这当中并非完全没有疑问，比如一向被认为是长庆元年所写之《题新昌所居》：

> 宅小人烦闷，泥深马钝顽。街东闲处住，日午热时还。院窄难栽竹，墙高不见山。唯应方寸内，此地觅宽闲。[③]

这首诗颈联所写之场景，和白居易其他关于长庆年间新昌宅园的描写存在明显的矛盾。该诗中说"院窄难栽竹"，但《新居早春二首》其二中有"呼童遣移竹"[④]、《新昌新居书事四十韵，因寄元郎中、张博士》亦有"窗北

① 《全唐诗》卷四三六，第4832页。

② 《全唐诗》卷四三五，第4812页。

③ 《全唐诗》卷四四二，第4935页。

④ 《全唐诗》卷四四二，第4940页。

竹婵娟”[①]。如果说“晚松寒竹新昌第”表明白居易赁居新昌里时院子里同样是有竹子的，“难栽”毕竟不等于“不栽”，那么“墙高不见山”的问题就更大了。《新昌新居书事四十韵，因寄元郎中、张博士》中提到“墙低垒过肩”和“帘每当山卷”[②]、《题新居寄元八》中则有“墙壁高低粗及肩”[③]、《暮归》（亦长庆元年在长安作）中更是明言“墙头亦有山”[④]，均与之矛盾。由此可见，《题新昌所居》更可能是元和初年白居易赁居新昌里时的作品，而由此我们也基本可以确定，白居易此时所赁之居所虽然附带有一定的园林（比如“晚松寒竹新昌第”），但是整体面积非常有限，甚至可能没办法和之前常乐里的关相国东亭相比。

事实上，白居易于元和三年除授左拾遗并充翰林学士，俸禄明显是比贞元末年有所增加的（前文曾提到白居易元和四年已是“岁愧俸钱三十万”，则其月俸已达二万五千，相对于之前的“万六千”有明显的提升），但是，这并不足以迅速改善他的经济状况和居住条件。白居易新婚伊始的生活显然是较为困窘的，所以才会有《赠内》中“蔬食足充饥，何必膏粱珍。缯絮足御寒，何必锦绣文”[⑤]的表述。一方面，刚刚提升的薪俸还来不及充分积累；另一方面，成家之后的日常生活支出也会有所增加。更何况这期间元稹正因母丧守制，白居易一家也对元稹有过经济上的资助（元稹《祭翰林白学士太夫人文》中便有“减旨甘之直，续盐酪之资”[⑥]的回忆），从元稹后来接济守制的白居易三次共二十万钱来看，白居易当年的支出应该也不会少。不仅如此，元和六年四月，白居易之母陈氏是卒于长安宣平里第的。也就是说白居易的母亲这一时期并没有居住在下邽，而是也来到长安，居住在了和新昌里相邻的里坊中（很可能是因为元和二年白行简进士登科并于次年授校书郎而入居长安，所以白母也一并进京，至于此宣平

① 《全唐诗》卷四四二，第4940页。
② 《全唐诗》卷四四二，第4940页。
③ 《全唐诗》卷四四二，第4934页。
④ 《全唐诗》卷四四二，第4938页。
⑤ 《全唐诗》卷四二四，第4662—4663页。
⑥ 《全唐文》卷六五五，第2955页。

里第是白行简进京自行赁居，还是由兄弟两人共同承租，目前尚难确知）。全家人都来到“居大不易”的京城，必然需要比下邽更多的开支，更何况白居易的母亲还有心疾，需两悍仆守护照料，则雇人和医药的花销也都是不可避免的。即使这处宣平里第是白行简单独租赁的居所，但平日的奉养之资白居易总归是要有所分担的吧！因此，这一时期的白居易也就只能对着寥寥的几株“晚松寒竹”，忍受“宅小人烦闷”的园居条件了。

而弄清楚了这一时期白居易的经济状况，则其元和五年除授京兆府户曹参军时所作《初除户曹，喜而言志》一诗中所表达的感情，也就更容易理解了：

> 诏授户曹掾，捧诏感君恩。感恩非为己，禄养及吾亲。弟兄俱簪笏，新妇俨衣巾。罗列高堂下，拜庆正纷纷。俸钱四五万，月可奉晨昏。廪禄二百石，岁可盈仓囷。喧喧车马来，贺客满我门。不以我为贪，知我家内贫。……浮荣及虚位，皆是身之宾。唯有衣与食，此事粗关身。苟免饥寒外，余物尽浮云。[①]

很显然，从之前白居易的经济状况来看，他在升职时将注意力完全放在俸禄上，实在是再正常不过了。不仅如此，一年之后，当他因守制返归下邽时，正是这一年来“俸钱四五万”所带来的积蓄，成为买地、迁葬和建设东园的资本。

白居易在新昌里的这处园宅中一直居住到元和六年母亲去世，然后便回到下邽别墅守制，直到元和九年年底诏授太子左赞善大夫，才再次返回长安。白居易守制期间的园居经济情况已如前文所述，在如此困窘的状态下重新回到长安，自然也只能继续租赁居所了。这一次，白居易把家安在了昭国里。那么这处昭国里的居所是否附带园林，而白居易在此居住期间经济情况又如何呢？由于元和十年（815）六月白居易便被贬江州，在昭国里只住了半年，所以现存文献中对这处居所的记述也相对较少，比较直接的描写主要是《昭国闲居》：

> 贫闲日高起，门巷昼寂寂。时暑放朝参，天阴少人客。槐花满

---

① 《全唐诗》卷四二八，第4717页。

田地，仅绝人行迹。独在一床眠，清凉风雨夕。勿嫌坊曲远，近即多牵役。勿嫌禄俸薄，厚即多忧责。平生尚恬旷，老大宜安适。何以养吾真，官闲居处僻。[①]

由此诗可见，白居易在昭国里的这处居所也不大，院子里的景观仅仅提到了槐树，单凭这一点，是否能够构成园林其实都颇可怀疑。不过，虽然同样是宅小地偏，但和元和初年赁居新昌里时相比，此时白居易的心态却平和了许多。一方面，在下邽守制期间，其闲适情怀便已明显抬头；另一方面，在回到长安之前，白居易的生活已经相当困窘，故而对起复后的生活条件也就更易于满足吧。

白居易这一时期还有一首《朝归书寄元八》，同样描写了他此时的生活状态：

进入阁前拜，退就廊下餐。归来昭国里，人卧马歇鞍。却睡至日午，起坐心浩然。况当好时节，雨后清和天。柿树绿阴合，王家庭院宽。瓶中鄠县酒，墙上终南山。独眠仍独坐，开襟当风前。禅僧与诗客，次第来相看。要语连夜语，须眠终日眠。除非奉朝谒，此外无别牵。年长身且健，官贫心甚安。幸无急病痛，不至苦饥寒。自此聊以适，外缘不能干。……[②]

整首诗的闲适和《昭国闲居》颇为相似，而在闲适之余，该诗还传达了其他一些值得注意的信息。首先，是"柿树绿阴合，王家庭院宽"，继槐树之后，此处又提到了柿子树，如果白居易的居所真的能容纳下多种不同树木的种植，其实是足以建设成园林的，但是这里又提到了"王家庭院"，所以更可能的情况是白居易赁居了王家宅院的几间房屋，但是可以同时享用房主庭院中的园林景观。若确实如此，倒也与我们之前讨论过的唐代文人租赁园林的情况之一相吻合。其次，继《昭国闲居》中的"独在一床眠"后，这首诗又提到了"独眠仍独坐"，则白居易此时很可能把家眷留在了下邽而独自回到长安任职，对刚刚遭遇过经济危机的诗人来说，这其实也是降低生活

① 《全唐诗》卷四二九，第4737页。

② 《全唐诗》卷四二九，第4736—4737页。

成本的无奈选择吧。此外，诗中还提到“年长身且健，官贫心甚安。幸无急病痛，不至苦饥寒”，前文提到过，白居易元和九年在下邽别墅曾经一度陷入极大的困窘，而这和医疗支出的增多也有很大关系，因此，虽然现在健康地回到了长安，但是半年前的经历留下的印象却依然深刻，以至于仍会不时想起并在诗文中留下痕迹。而这也再次佐证了文人依靠的小规模田产的园林经济其实非常脆弱，一次灾害或者一次疾病，便可能瞬间落入贫困。

元和十年六月，白居易因武元衡遇刺一案越职言事而被贬江州，在江州，白居易亲自营建了一处庐山草堂，这是一处有产权的园居，此处暂不过多展开。不过值得注意的是，即使白居易此时有了自己的园产，但作为地方官员，依然不乏在公有园林中居止的记录，比如元和十三年（818）“荒凉满庭草，偃亚侵檐竹”的《司马厅独宿》[①]，同年所作《湖亭与行简宿》的“浔阳少有风情客，招宿湖亭尽却回。水槛虚凉风月好，夜深谁共阿怜来”[②]，都是比较典型的例子。又比如元和十一年（816）所作的《夜雪》中写到了“夜深知雪重，时闻折竹声”[③]，此诗既作于庐山草堂建成之前，则此竹也应该是官舍居所的园竹。除了竹子之外，白居易在《郡厅有树，晚荣早凋，人不识名，因题其上》中还提到了“浔阳郡厅后，有树不知名。秋先梧桐落，春后桃李荣。五月始萌动，八月已凋零。左右皆松桂，四时郁青青”[④]，此亦可见白居易在江州所居公有园林中的植物种类之丰富。

元和十三年十二月，白居易诏拜忠州刺史，离开江州。而在忠州，白居易又一次入住官舍，得以享受公有园林的园居生活。此时的白居易，已经颇懂得享受地方为官的闲适，继《江州司马厅记》中明言“吏隐”[⑤]后，在忠州又有《卧小斋》这样的描写：“朝起视事毕，晏坐饱食终。散步长廊下，卧退小斋中。拙政自多暇，幽情谁与同。孰云二千石，心如田野翁。”[⑥]可知

---

① 《全唐诗》卷四三三，第4795页。
② 《全唐诗》卷四四〇，第4907页。
③ 《全唐诗》卷四三三，第4792页。
④ 《全唐诗》卷四三三，第4794页。
⑤ 《全唐文》卷六七六，第3057页。
⑥ 《全唐诗》卷四三四，第4804页。

在白居易“中隐”思想产生的过程中，为地方官时衣食无忧、居住公有园林的体验，同样起到了推动作用。值得注意的是，在忠州刺史任上的这一年半，是白居易建设公有园林最积极的一段时光。在现存的诗文中，我们可以看到大量白居易在此亲自进行审美经营的记录。比如元和十五年（820）所作的《东坡种花二首》：

持钱买花树，城东坡上栽。但购有花者，不限桃杏梅。百果参杂种，千枝次第开。天时有早晚，地力无高低。红者霞艳艳，白者雪皑皑。游蜂逐不去，好鸟亦来栖。前有长流水，下有小平台。时拂台上石，一举风前杯。花枝荫我头，花蕊落我怀。独酌复独咏，不觉月平西。巴俗不爱花，竟春无人来。唯此醉太守，尽日不能回。

东坡春向暮，树木今何如。漠漠花落尽，翳翳叶生初。每日领童仆，荷锄仍决渠。划土壅其本，引泉溉其枯。小树低数尺，大树长丈余。封植来几时，高下随扶疏。养树既如此，养民亦何殊。将欲茂枝叶，必先救根株。云何救根株，劝农均赋租。云何茂枝叶，省事宽刑书。移此为郡政，庶几氓俗苏。[①]

自己出钱购买苗木并种植，亲自带人进行各种日常维护，建设完成后更是终日徘徊于此，凡此种种，几乎与自家园林的经营无异了。单凭此，便可知白居易在此地投入过怎样的深情。而更难得的是，白居易并没有因为“吏隐”“闲适”等思想的抬头而只顾沉溺于园林的建设与审美当中，相反，作为一个地方官应有的责任，诗人时刻不曾忘记。在第二首诗中，我们不但又一次看到文人亲自进行园林经营时所触发的丰富联想与感受，更能看到时刻把百姓放在心上的赤诚。

正因为自己在忠州的园林建设中曾倾注过颇多心血，因此，即使没有产权，即使终将一别不返，曾经亲手种下的花木也依然会成为诗人心中放不下的挂念。在离去之前，也会依依惜别，故有《别种东坡花树两绝》：

三年留滞在江城，草树禽鱼尽有情。何处殷勤重回首？东坡桃

① 《全唐诗》卷四三四，第4802—4803页。

李种新成。

花林好住莫憔悴，春至但知依旧春。楼上明年新太守，不妨还是爱花人。[①]

与自家园林不同，小产权建设的成果，一旦离去，便难以再加经营与照顾，只能寄希望于后来者也能有一样的情怀了。但是，后来者固不可知，而曾经经营者的怀念，却和家园颇为相似，亦足可见亲自经营的成果终是不同，无论有无产权，都不减其深情。而白居易日后对忠州花木的怀念，也就常常见诸笔端了：

再游巫峡知何日，总是秦人说向谁。长忆小楼风月夜，红栏干上两三枝。[②]

其实，白居易虽然一直在像经营自家园林一般，在忠州进行着各种审美建设，但是没有产权的现实，诗人心里也是很清楚的，而这也直接影响了他种植苗木时的选择，试看其《东溪种柳》一诗：

野性爱栽植，植柳水中坻。乘春持斧斫，裁截而树之。长短既不一，高下随所宜。倚岸埋大干，临流插小枝。松柏不可待，楩楠固难移。不如种此树，此树易荣滋。无根亦可活，成阴况非迟。三年未离郡，可以见依依。种罢水边憩，仰头闲自思。富贵本非望，功名须待时。不种东溪柳，端坐欲何为。

很显然，"野性爱栽植"的白居易，在衣食无忧的情况下不可能端坐无为，进行花木种植自是不免。而在植树时，白居易又非常看重柳树"此树易荣滋"这一特性，毕竟他在忠州的时间至多也就三五年，成材较慢的花木他是等不得的了。

同样的感受，还出现在《种桃杏》一诗当中：

无论海角与天涯，大抵心安即是家。路远谁能念乡曲，年深兼欲忘京华。忠州且作三年计，种杏栽桃拟待花。[③]

---

① 《全唐诗》卷四四一，第4926页。

② 白居易：《寄题忠州小楼桃花》，见《全唐诗》卷四四二，第4932页。

③ 《全唐诗》卷四四一，第4917页。

事实上，无论此时的白居易是怎样热情地投入到了小产权园林的建设当中，也无论他怎样口口声声地说着“大抵心安即是家”，在其内心深处，此地终究不同于家园。这种没有产权的不安和对家园的思念，同样经常出现在此时的诗文当中。比如诗人初到忠州之时，便曾因官宅庭院中的一棵古槐而触发对下邽别墅中槐树的思念，并写在了《庭槐》一诗当中：

> 南方饶竹树，唯有青槐稀。十种七八死，纵活亦支离。何此郡庭下，一株独华滋。蒙蒙碧烟叶，袅袅黄花枝。我家渭水上，此树荫前墀。忽向天涯见，忆在故园时。人生有情感，遇物牵所思。树木犹复尔，况见旧亲知。[1]

如前所述，下邽别墅的园林草木多是白居易亲自经营种植的成果，因此，当他不得不远离故园时，其也成了很容易触动他故园之情的物事。

又比如《种荔枝》一诗所写：

> 红颗珍珠诚可爱，白须太守亦何痴。十年结子知谁在，自向庭中种荔枝。[2]

官舍终非宅园，自己终将离去，此时亲手种下的荔枝，也终究难待其“十年结子”，亦终不知一场辛苦为谁忙，徒被他人笑作痴了！

因此，元和十五年，白居易在阔别五载终于回到长安之后，马上便倾其积蓄，在京城买下了第一处完全属于自己的宅园。虽然此后白居易还有过苏杭任官的经历，也偶有公有园林的建设，但是对有了家园的诗人来说，这种小产权园林的临时安顿已经意义不大，唯有完全属于自己的一方天地才是真正的归宿和牵挂。

关于白居易在杭州刺史、苏州刺史任上享用公有园林园居生活的情况，我们可以找到不少相关诗文，足可略窥诗人彼时心境。

先看杭州时期，白居易于长庆二年七月自中书舍人除杭州刺史，长庆四年五月以太子左庶子分司东都离任。在这两年左右的时间里，白居易依然是以居住衙署园林为主，并有《官舍》一诗记之：

---

① 《全唐诗》卷四三四，第4799页。

② 《全唐诗》卷四四一，第4920页。

高树换新叶，阴阴覆地隅。何言太守宅，有似幽人居。太守卧其下，闲慵两有余。起尝一瓯茗，行读一卷书。早梅结青实，残樱落红珠。稚女弄庭果，嬉戏牵人裾。是日晚弥静，巢禽下相呼。啧啧护儿鹊，哑哑母子乌。岂唯云鸟尔，吾亦引吾雏。①

很显然，在这首诗中，白居易延续了其在忠州刺史任上的闲适心境。不仅如此，这种闲适在任杭州刺史期间还成了常态，这在很多诗歌里都有所体现。比如《初到郡斋寄钱湖州李苏州》中的"霅溪殊冷僻，茂苑太繁雄。唯此钱唐郡，闲忙恰得中"②，《郡亭》中的"山林太寂寞，朝阙空喧烦。唯兹郡阁内，嚣静得中间"③，《郡中即事》中的"外有适意物，中无系心事。……久养病形骸，深谙闲气味。遥思九城陌，扰扰趋名利。今朝是双日，朝谒多轩骑。宠者防悔尤，权者怀忧畏。为报高车盖，恐非真富贵"④，《郡斋暇日辱常州陈郎中使君早春晚坐水西馆书事诗十六韵见寄亦以十六韵酬之》中的"新年多暇日，晏起褰帘坐。睡足心更慵，日高头未裹。……敢辞官远慢，且贵身安妥。勿复问荣枯，冥心无不可"⑤等，皆可为证。可见，在杭州时，白居易已经领略到为地方官的妙处，其"中隐"思想也已经基本成型。然而，和在忠州时不同的是，白居易在杭州期间，我们却很少看到他经营建设公有园林的行为。相反，在离任时，他还从杭州带走了一些园林建设的可用之物，如"唯向天竺山，取得两片石""得天竺石一、华亭鹤二以归"等，也和忠州东坡乐此不疲的花木种植形成了鲜明反差。

不仅如此，白居易之后在苏州刺史任上的园居生活表现，也和在杭州时颇有几分相似。白居易于宝历元年五月抵达苏州赴任，宝历二年（826）九月罢职，次年大和元年（827）春返回洛阳（在赴任苏州刺史之前，白居易已经于洛阳买下了又一处园林，即著名的履道池台）。在苏州的一年多里，

① 《全唐诗》卷四三一，第4760页。
② 《全唐诗》卷四四三，第4953页。
③ 《全唐诗》卷四三一，第4759页。
④ 《全唐诗》卷四三一，第4760页。
⑤ 《全唐诗》卷四三一，第4760页。

白居易同样享受着衙署园林的园居生活，并有《官宅》一首记之：

红紫共纷纷，祇承老使君。移舟木兰棹，行酒石榴裙。水色窗窗见，花香院院闻。恋他官舍住，双鬓白如云。

而闲适的情绪在这一时期的诗歌中也是随处可见，比如《郡西亭偶咏》中的“莫遣是非分作界，须教吏隐合为心”[①]，《北亭卧》中的“唯此闲寂境，惬我幽独情”[②]，《宿湖中》中的“幸无案牍何妨醉，纵有笙歌不废吟”[③]，等等。当然，在苏杭期间，白居易从来没有忘记自己作为地方官的责任，所谓“无轻一日醉，用犒九日勤”[④]才是常态，杭州的白堤、水闸和苏州的七里山塘等都是利民工程，《别州民》[⑤]、《钱塘湖石记》[⑥]、《去岁罢杭州今春领吴郡惭无善政聊写鄙怀兼寄三相公》[⑦]等作品也都可见其心迹。只是，“中隐”的思想和闲适的状态，已然成为这一时期白居易作品中最典型的表现。然而，即使如此，我们也很难找到白居易在苏州进行公有园林建设的记录（只有一首《新栽梅》[⑧]较典型），而与之相对的是，在苏州罢任后，白居易又一次为自家园宅带回很多物产，即《池上篇（并序）》中的“得太湖石、白莲、折腰菱、青版舫以归”，曾经“担舁来郡内，洗刷去泥垢”的《双石》[⑨]也被一同携走，而并未留在郡斋中。不仅罢职时如此，即使是在任职期间，白居易也在产权和使用权分离的情况下时时流露出对自家宅园的思念，比如《忆洛中所居》便写道：“忽忆东都宅，春来事宛然。雪销行径里，水上卧房前。厌绿栽黄竹，嫌红种白莲。醉教莺送酒，闲遣鹤看船。幸是林园主，惭为食禄牵。宦情薄似纸，乡思急于弦。岂合姑苏守，归休更待年。”[⑩]苏州再

① 《全唐诗》卷四四七，第5022页。

② 《全唐诗》卷四四四，第4968页。

③ 《全唐诗》卷四四七，第5024页。

④ 白居易：《郡斋旬假始命宴呈座客示郡寮》，见《全唐诗》卷四四四，第4967页。

⑤ 《全唐诗》卷四四六，第5007页。

⑥ 《全唐文》卷六七六，第3062页。

⑦ 《全唐诗》卷四四七，第5019页。

⑧ 《全唐诗》卷四四七，第5025页。

⑨ 《全唐诗》卷四四四，第4972页。

⑩ 《全唐诗》卷四四八，第5037页。

好，官园再美，也已经无法替代真正属于自己的家园了。因此，在罢职之前，白居易就已经在搜集苏州当地的物产而遥控指挥履道池台的审美建设了，这在《莲石》一诗中就表现得很明显：

青石一两片，白莲三四枝。寄将东洛去，心与物相随。石倚风前树，莲栽月下池。遥知安置处，预想发荣时。领郡来何远，还乡去已迟。莫言千里别，岁晚有心期。

身在苏州却总想着洛阳园林的经营，自然是很难对官署公有园林的建设上心了。

可见，同样是在地方上为刺史，就职苏杭期间，白居易的公有园林建设明显减少，虽然依然在享受小产权园林带来的安顿生活，却不再为其耗费财力和心力。这固然有苏杭地区天然条件优胜，前任的建设相对充分（比如白居易在《郡中西园》[①]中描述的苏州郡守居所之西园，就已经相当完备成熟；《冷泉亭记》中也记录过之前历任杭州地方官在灵隐一带的园林建设，以至于“佳境殚矣，能事毕矣。后来者虽有敏心巧目，无所加焉”），无须经营也足可享用的原因，但是之前在忠州的辛勤建设很快便为他人所有，也不能不说是一种心理上的刺激。因此，自从有了自家宅园之后，白居易便不再看重小产权的园居生活，而仅仅当作临时的栖身之所。纵然可以如在自己家一般招朋引客（杭州有《郡楼夜宴留客》[②]、苏州有《郡斋旬假始命宴呈座客示郡寮》等诗），但终究不会有归属感了。即使日后怀念（比如《忆江南词三首》[③]等），也不同于对忠州花木那样自种自植的亲密之情。在赴任杭州刺史途中，白居易曾顺路去庐山草堂小住了几日，卸任回京时，又去寻访了早年在符离的埇桥别业（《埇桥旧业》就作于此时），在看似寻常的故地重游背后，恐怕也或多或少地体现了园林产权的意识。而在苏州刺史任上所作《答刘和州禹锡》中的“我亦思归田舍下，君应厌卧郡

---

① 《全唐诗》卷四四四，第4967—4968页。

② 《全唐诗》卷四四三，第4953页。

③ 《全唐诗》卷四五七，第5196页。

斋中”[①]、《自咏五首》其五中的“官舍非我庐，官园非我树。洛中有小宅，渭上有别墅”[②]以及《忆洛中所居》中的“幸是林园主，惭为食禄牵。宦情薄似纸，乡思急于弦。岂合姑苏守，归休更待年”等，就更是直接而明确的表态了。正因为如此，当他在地方上看到有适合建设园林的物事时，想到的也都是运往家园，而不再是就地建设。白居易在苏杭卸任之时都带走过不少花鸟奇石，正可见其心态之变化。

白居易最后一次享用公有园林，是在大和四年（830）到大和七年间为河南尹期间。虽然此时白居易在洛阳早已买下了履道池台，但是依然不得不经常居住在府衙之中，《府中夜赏》就是典型例证：“樱桃厅院春偏好，石井栏堂夜更幽。白粉墙头花半出，绯纱烛下水平流。闲留宾客尝新酒，醉领笙歌上小舟。舞袖飘摇棹容与，忽疑身是梦中游。”而在河南尹府衙的园林内，白居易不但时有宴客之举，而且在官供支持（如《府酒五绝·自劝》中就曾提到“十千一斗犹赊饮，何况官供不著钱”[③]）及俸禄提升的情况下，还再次对小产权的园林进行了经营建设，并且留下了《府西池北新葺水斋即事招宾偶题十六韵》[④]等作品。然而，白居易在建设时依然流露出明确的产权意识，《重修府西水亭院》的最后便明言“园西有池位，留与后人开”。公有园林的审美经营自有其延续性，而自己也不会再在公有园林建设中毫无保留。真正值得眷恋的，还是自己的宅园，《履道池上作》便是这一心态的体现：“家池动作经旬别，松竹琴鱼好在无？树暗小巢藏巧妇，渠荒新叶长慈姑。不因车马时时到，岂觉林园日日芜。犹喜春深公事少，每来花下得踟蹰。”[⑤]而从河南尹任上罢职时所作的《罢府归旧居》就更为典型了：

> 陋巷乘篮入，朱门挂印回。腰间抛组绶，缨上拂尘埃。屈曲闲

---

① 《全唐诗》卷四四七，第5019页。

② 《全唐诗》卷四四四，第4974页。

③ 《全唐诗》卷四五一，第5104页。

④ 《全唐诗》卷四五一，第5100页。

⑤ 《全唐诗》卷四五一，第5101页。

池沼，无非手自开。青苍好竹树，亦是眼看栽。石片抬琴匣，松枝阁酒杯。此生终老处，昨日却归来。[①]

自家宅园的一草一木、一池一台，都是自己审美理想与心力付出的结晶，岂是公有园林可比？经营成果的产权完全属于自己，也更有一种心安与稳定。唯其如此，罢任还家，园居终老，也才算得上是理想的归宿了。

至此，白居易一生中的小产权园居情况已经基本梳理完成。不难看出，对刚刚进入仕途的普通文人而言，租赁宅园和入住衙署会在相当长的一段时间里成为他们享有园居生活的主要方式。文人要想实践他们的审美理想，也就只能在这些小产权园林中进行经营。而经营成果的不稳定性，又会反过来进一步推动他们去追求一处完全属于自己的园林。一旦有了属于自己的园林，文人建设小产权园林的兴趣便会迅速衰退，连“野性爱栽植”的白居易都是如此，更遑论其他诗人了。而文人在最终实现园林购买这一理想时，地方为官的经历显得尤为重要。一方面，中晚唐时期，京官俸禄不及地方已是常态；另一方面，在地方任职时，入住官舍而无须租赁园宅、平日饮酒有官酿供应等优厚的待遇，还可以进一步减少生活开支，加速财富积累，从而更快地达成园林购买的理想。这也就是我们接下来要讨论的话题了。

（三）从庐山到洛阳：经济无忧的人生归宿

在前文当中，我们已经讨论过白居易两处拥有产权的园林，但无论是埇桥别业还是下邽别墅，最初都应该是通过继承得到的。而白居易真正靠自己努力获得园林产权，最早的明确记录，也已经是贬官江州司马之后的元和十一年了。由上文的分析不难看出，诗人之前的为官履历和俸禄情况，显然不足以支撑其完成园林购买的行为，那为什么在贬官之后，白居易却拥有了这处庐山草堂呢？

---

① 《全唐诗》卷四五四，第5135页。

我们先来看一下庐山草堂的具体建置时间。在《草堂记》一文中，白居易曾经明确说道：“匡庐奇秀，甲天下山。山北峰曰香炉峰，北寺曰遗爱寺。介峰寺间，其境胜绝，又甲庐山。元和十一年秋，太原人白乐天见而爱之，若远行客过故乡，恋恋不能去。因面峰腋寺，作为草堂。明年春，草堂成。”[①]白居易是在元和十年六月被贬官为江州司马的，而始建草堂的“元和十一年秋”最早也应该是七月了（而基本建成更是到了第二年春天），也就是说，在这中间有一年多的间隔。而这一年多的时间，其实也正是白居易的又一个财富积累期，有了这个积累，才有了草堂的建设。

那么，白居易在这一年里的财富积累情况又如何呢？关于白居易在江州期间的俸禄情况，在他的两篇文章中曾经有所涉及。一是在江州的最后一年即元和十三年所作的《江州司马厅记》一文，文中充分展开描述了他在江州的日常状态：

> 刺史，守土臣，不可远观游；群吏，执事官，不敢自暇佚；惟司马，绰绰可以从容于山水诗酒间，由是郡南楼、山北楼、水溢亭、百花亭、风篁、石岩、瀑布、庐宫、源潭洞、东西二林寺、泉石松雪，司马尽有之矣。苟有志于吏隐者，舍此官何求焉？案唐典：上州司马，秩五品，岁廪数百石，月俸六七万。官足以庇身，食足以给家。州民康，非司马功；郡政坏，非司马罪。无言责，无事忧。噫！为国谋，则尸素之尤蠹者；为身谋，则禄仕之优稳者。予佐是郡，行四年矣，其心休休如一日二日，何哉？识时知命而已。[②]

很显然，虽然贬官江州于白居易而言是一个重大的政治打击，但是其生活条件却未因此而变得糟糕。在此文中，白居易明确提到了“岁廪数百石，月俸六七万”的官俸收入。但是这一数额却与白居易在《与元九书》中提到的“今虽谪在远郡，而官品至第五，月俸四五万，寒有衣，饥有食，给身之外，施及家人”[③]相互矛盾。陈寅恪在《元白诗中俸料钱问题》中曾引《册

① 《全唐文》卷六七六，第3057页。

② 《全唐文》卷六七六，第3057页。

③ 《全唐文》卷六七五，第3053页。

府元龟》《新唐书》等相关材料予以印证，认为《与元九书》中的描述虽然与之前的大历、之后的会昌官俸标准更为接近，但很可能只是面上定额，而彼时外官收入在定额外还有其他杂项，所以总额更可能是《江州司马厅记》中的“月俸六七万”，在官署的公开书写通常应比私人信件更可靠。[①]

客观来讲，即使是“月俸四五万”的收入，也已经不能算低了。之前在元和五年除授京兆府户曹参军时，白居易就曾经达到过这个标准，在那之后一年的积累，还成了白居易守制期间迁葬家人、扩建园林的重要资本。但是这份积累也就仅此而已，并不足以支持诗人在长安完成私有园林的建置。但是到了江州一年之后，白居易却拥有了庐山草堂这样一处园居，个中缘由，除了月俸可能增长到了六七万之外，支出较之元和年间大大减少，恐怕也是非常重要的因素。首先，在家庭的日常生活方面，减少了赡养老人的费用，其弟白行简也已为官多年，早已经济独立，更何况长安的物价远非江州可比，饮食日用也会俭省很多。其次，相对于日常点滴的俭省，更重要的是，在江州为官时，白居易一家可以在官舍中居住，而不再需要租赁居所。而在长安期间，赁宅的费用一直是白居易日常支出的主要项目。前文曾经提到过，白居易初为京官居住于常乐里关相国东亭的几间茅屋时，赁宅的支出可能占到他每月官俸收入的百分之二十到三十左右，在此之后，虽然其官俸不断提升，但伴随着成婚等因素带来的人口增长，租房的规模也必然要随之增大，可赁宅费用所占的比例也未必会有太大的变化。如果我们还是按照百分之二十到三十的比例来计算的话，即使是“月俸四五万”，一年下来，白居易就可能比元和五六年间多积累九万六到十八万钱，考虑到白居易在元和五六年间已能积累出一笔扩建下邽别墅的财产，所以他在江州一年的财富积累至少也应该在二十万钱，而这样一笔财富，自然完全可以用来添置产业、构建私园了。而如果白居易此时真的达到了“月俸六七万”的水准，则每月再多两万，一年下来很可能就会有四十万钱以上的积蓄，则建园置产的经济条件就更加宽裕了。

---

① 参见陈寅恪：《陈寅恪集：金明馆丛稿二编》，生活·读书·新知三联书店，2001年，第75—76页。

不过，白居易之所以能在庐山建置草堂这样一份产业，恐怕不仅仅是因为有了更为丰厚的财富积累，更重要的因素或许还在于置产成本的低廉吧！关于草堂的初建情况，在白居易的很多诗文中都留下了相关记录。但是翻检这些相关记录，我们看不到任何涉及土地买卖的迹象，反倒是在《香炉峰下新置草堂即事咏怀题于石上》一诗中，白居易曾明确提到此处是"其下无人居，悠哉多岁年"[①]。也就是说，白居易获得这处草堂应该无关于产权的转移，而更可能属于开荒所得。在无主的荒地展开园林建设，从一开始就至少避免了土地方面的支出（考虑到柳宗元当年购买荒地的开支仅为四百钱，同样是在远离政治中心的偏僻之处置产，即使庐山草堂亦曾涉及土地的购买，其价格也远比长安周边低廉得多）。因此，白居易庐山草堂的获得，其支出其实主要是在土木工程和木石营构方面。那么这些方面的情况又如何呢？在白居易的诗文中同样不乏相关记录。

首先，既然这处园林应该是通过垦荒而非交易获得的山野郊园，那么园林风景的建设其实很大程度上就依赖于选址时的用心。而关于庐山草堂的选址及建设情况，白居易在诗文中有很多书写，比如《草堂记》中就作过如下描述：

> 三间两柱，二室四牖，广袤丰杀，一称心力。洞北户，来阴风，防徂暑也；敞南甍，纳阳日，虞祁寒也。……乐天既来为主，仰观山，俯听泉，傍睨竹树云石，自辰及酉，应接不暇。……是居也，前有平地，轮广十丈；中有平台，半平地；台南有方池，倍平台。环池多山竹野卉，池中生白莲、白鱼。又南抵石涧，夹涧有古松、老杉，大仅十人围，高不知几百尺。修柯戛云，低枝拂潭，如幢竖，如盖张，如龙蛇走。松下多灌丛，萝茑叶蔓，骈织承翳，日月光不到地，盛夏风气如八九月时。下铺白石，为出入道。堂北五步，据层崖积石，嵌空垤块，杂木异草，盖覆其上。绿阴蒙蒙，朱实离离，不识其名，四时一色。又有飞泉，植茗，就以烹燀，好

① 《全唐诗》卷四三〇，第4746页。

事者见，可以永日。堂东有瀑布，水悬三尺，泻阶隅，落石渠，昏晓如练色，夜中如环珮琴筑声。堂西倚北崖右趾，以剖竹架空，引崖上泉，脉分线悬，自檐注砌，累累如贯珠，霏微如雨露，滴沥飘洒，随风远去。其四傍耳目杖屦可及者，春有锦绣谷花，夏有石门涧云，秋有虎溪月，冬有炉峰雪。阴晴显晦，昏旦含吐，千变万状，不可殚纪。……[①]

类似的描写还见诸其他作品，比如作于元和十二年的诗文中，就有：

香炉峰北面，遗爱寺西偏。白石何凿凿，清流亦潺潺。有松数十株，有竹千余竿。松张翠繖盖，竹倚青琅玕。其下无人居，悠哉多岁年。有时聚猿鸟，终日空风烟。时有沉冥子，姓白字乐天。平生无所好，见此心依然。如获终老地，忽乎不知还。架岩结茅宇，斫壑开茶园。何以洗我耳，屋头飞落泉。何以净我眼，砌下生白莲。左手携一壶，右手挈五弦。傲然意自足，箕踞于其间。……[②]

五架三间新草堂，石阶桂柱竹编墙。南檐纳日冬天暖，北户迎风夏月凉。洒砌飞泉才有点，拂窗斜竹不成行。来春更葺东厢屋，纸阁芦帘著孟光。[③]

仆去年秋始游庐山，到东西二林间香炉峰下，见云水泉石，胜绝第一，爱不能舍。因置草堂，前有乔松十数株，修竹千余竿。青萝为墙垣，白石为桥道，流水周于舍下，飞泉落于檐间，红榴白莲，罗生池砌。大抵若是，不能殚记。每一独往，动弥旬日。平生所好者，尽在其中。不唯忘归，可以终老。……[④]

通过这些记录，我们不难看出白居易园林选址的眼光是何等精妙，选

① 《全唐文》卷六七六，第3057页。

② 白居易：《香炉峰下新置草堂即事咏怀题于石上》，见《全唐诗》卷四三〇，第4746页。

③ 白居易：《香炉峰下新卜山居草堂初成偶题东壁》，见《全唐诗》卷四三九，第4890页。

④ 白居易：《与元微之书》，见《全唐文》卷六七四，第3048页。

择背倚岩壁、面向平台、台周有泉、台下有涧之处建置草堂，既得“环池多山竹野卉”之幽胜，又并不遮蔽观云赏月之视野，还兼顾了御寒与避暑的需求。周围松竹野花遍布，涧中灌木萝茑交织，基本不需要花木种植的支出；时来猿鸟相顾，池中更有白鱼，则动物养殖的费用也可以省去；充分利用自然之泉水来建设茶园，葺屋所需的草木（如“石阶桂柱竹编墙”之类）亦可就地取材，则土木工程的开销同样能得到控制。既是简单的“三间两柱，二室四牖”，则房屋建设的用度必然不会太多，“青萝为墙垣，白石为桥道”，亦无须靡费。综合算下来，庐山草堂的建园成本应该非常低，完全可以看作文人通过选址来降低开支的典范了！

不仅如此，这处建设规模并不大的园林，在通过充分利用自然条件从而最大限度减少开支的同时，草堂中的相关生活用品，白居易也尽量一切从简，比如《草堂记》就曾写道：“堂中设木榻四，素屏二，漆琴一张，儒、道、佛书各三两卷。”《三谣（并序）》中也有相关描述：“余庐山草堂中，有朱藤杖一，蟠木机一，素屏风二。时多杖藤而行，隐机而坐，掩屏而卧。宴息之暇，笔砚在前，偶为《三谣》，各导其意，亦犹《座右》《陋室铭》之类尔。”[①]可以看出，白居易在草堂中并没有什么奢华的装饰和器具，而且像漆琴、笔砚之类，很可能还是早已拥有的生活用品，非是特为草堂而置，这样一来，相关的开支就更少了。

需要注意的是，虽然白居易在建设草堂时充分利用了自然条件，但并不意味着完全不需要花木种植之类的审美经营。而在草堂附近种植花木，就近移栽天然之物便成了最简捷的方式，这种就近移栽的经营，又往往是白居易亲自完成的，所以基本上也不需要什么支出。不仅如此，这种亲自经营带来的丰富感受，也又一次呈现在了白居易的诗文中，比如元和十二年所作的这首《栽杉》就很典型：

劲叶森利剑，孤茎挺端标。才高四五尺，势若干青霄。移栽东窗前，爱尔寒不凋。病夫卧相对，日夕闲萧萧。昨为山中树，今为

---

① 《全唐诗》卷四六一，第5247页。

檐下条。虽然遇赏玩，无乃近尘嚣。犹胜涧谷底，埋没随众樵。不见郁郁松，委质山上苗？

很明显，杉树是就近移栽的，而在移栽时还激发了白居易政治沉沦的感慨。

而草堂前的池塘，其实也很可能是白居易在天然基础上进一步开凿修砌而成的，《草堂前新开一池养鱼种荷日有幽趣》一诗便透露了相关信息：

淙淙三峡水，浩浩万顷陂。未如新塘上，微风动涟漪。小萍加泛泛，初蒲正离离。红鲤二三寸，白莲八九枝。绕水欲成径，护堤方插篱。已被山中客，呼作白家池。①

从绕水成径、插篱护堤的描述来看，这处池塘的经营建设也是趋于简朴且尽量利用了自然条件的，并不需要过多的开支便可完成。但是即便如此，诗人的经营也已经让这处园林深深烙上了个人印记，所以才会有"白家池"的称呼。

此外，《香炉峰下新卜山居草堂初成偶题东壁》中还曾提到过"来春更葺东厢屋"，则白居易在元和十二年春建成草堂后，可能还会有一些后续的建设与维护支出，但是此园在草创阶段尚且开销有限，此后的支出应该也不会过度。

总的来说，白居易的这处庐山草堂与两京的众多私家园林相比，花费极少且规模有限，所以园中通常很难容下多人居住，比如《庐山草堂夜雨独宿寄牛二、李七、庾三十二员外》一诗就曾明言独宿。但即便如此，也丝毫不影响此时的白居易完全沉浸于园居生活的快乐当中，并且更加消磨了政治上的积极性。在《重题》一诗中，我们就完全可以看到白居易在庐山草堂时的生活状态与心态：

喜入山林初息影，厌趋朝市久劳生。早年薄有烟霞志，岁晚深谙世俗情。已许虎溪云里卧，不争龙尾道前行。从兹耳界应清净，免见啾啾毁誉声。

长松树下小溪头，班鹿胎巾白布裘。药圃茶园为产业，野麋林

① 《全唐诗》卷四三〇，第4746页。

鹤是交游。云生涧户衣裳润，岚隐山厨火烛幽。最爱一泉新引得，清泠屈曲绕阶流。

日高睡足犹慵起，小阁重衾不怕寒。遗爱寺钟欹枕听，香炉峰雪拨帘看。匡庐便是逃名地，司马仍为送老官。心泰身宁是归处，故乡何独在长安。

宦途自此心长别，世事从今口不言。岂止形骸同土木，兼将寿夭任乾坤。胸中壮气犹须遣，身外浮荣何足论。还有一条遗恨事，高家门馆未酬恩。①

显然，在此诗最后的表达中，除了一点科考时门生故吏的情义，白居易在仕途上已经是"从今口不言"的别无所求了。

而在白居易对庐山草堂园居生活的描写中，还有一点值得注意，那就是草堂虽小，但仍然能为白居易的生活提供一些收入，比如此诗中提到的"药圃茶园为产业"就很明显。除此之外，池中的莲花、水产，池边的红榴、青竹，也都可以转化为贴补生活用度的收入。白居易在元和十三年还曾写过一首《蔷薇正开春酒初熟因招刘十九、张大夫崔、二十四同饮》："瓮头竹叶经春熟，阶底蔷薇入夏开。似火浅深红压架，如饧气味绿黏台。试将诗句相招去，倘有风情或可来。明日早花应更好，心期同醉卯时杯。"②由此可见，白居易在江州期间很可能还做到了酒水上的自给自足。只不过，就草堂规模来看，再结合上文讨论过的任职河南尹时的情况，酿酒的场所更可能是在江州官舍而非庐山。

如《重题》所述，继下邽守制之后，退隐园中、悠游终老的念头再次出现在白居易的诗文当中。而在拥有了第一处凭自己努力而获得的园林之后，这种念头还进一步和园林产权意识密切结合在了一起。在《草堂记》的最后，白居易便这样写道："矧予自思：从幼迨老，若白屋，若朱门，凡所止，虽一日二日，辄覆篑土为台，聚拳石为山，环斗水为池，其喜山水，病癖如此。……待予异日弟妹婚嫁毕，司马岁秩满，出处行止，得以自遂，则

① 《全唐诗》卷四三九，第4890—4891页。

② 《全唐诗》卷四四〇，第4905页。

必左手引妻子，右手抱琴书，终老于斯，以成就我平生之志。清泉白石，实闻此言！”[①]从前的叠山理水，只不过是素怀山水之癖，且终究非我所有，而这处草堂的建设，却可以作为终老之地来经营。不仅如此，白居易此时的退隐念头仍然是建立在生活有所保障之上的，但是他在庐山建置草堂并维系生活的财富几乎完全得益于俸禄，与之前下邽别墅农业经济在遭遇自然灾害时的脆弱大不相同，则稳定的官俸对于园居的意义，此时恐怕也不能不有所领悟了吧。

除此之外，还有一点值得注意的是，在终于通过自己的努力而得到一处有产权的园林后，白居易也更深切地体会到了私园产权和使用权分离所带来的伤感。因此，在被调任忠州刺史而不得不离开江州、离开庐山草堂时，辞别园林的主题也出现在了他的笔下，比如下面的这组《别草堂三绝句》：

正听山鸟向阳眠，黄纸除书落枕前。为感君恩须暂起，炉峰不拟住多年。

久眠褐被为居士，忽挂绯袍作使君。身出草堂心不出，庐山未要勒移文。

三间茅舍向山开，一带山泉绕舍回。山色泉声莫惆怅，三年官满却归来。[②]

不仅如此，这种情绪一旦产生，还会在未来进一步发酵。此前，白居易在租赁的小产权园宅中也曾经有过亲自进行的审美经营，比如在关相国东亭养竹就是一例，但是在退租离开后，却并未见其留下什么表达不舍和思念的诗文。但是有了庐山草堂的这次经历后，白居易在接下来忠州刺史任上的花木种植却成了他依依不舍常常怀念的对象，则产权意识的逐渐明晰恐怕也是导致其心态变化的重要原因吧！而离开忠州回到长安后不久便完成宅园的购买，就更是与之不无关联了。

元和十五年夏，白居易被从忠州召回长安，除尚书司门员外郎，年底又

① 《全唐文》卷六七六，第3057页。
② 《全唐诗》卷四四〇，第4911页。

改任主客郎中并知制诰。次年即长庆元年（821）春，白居易在新昌里买下了一处居所，而这处居所是典型的宅园形态，成为白居易在长安拥有的第一处私家园林。关于此事，在其《新昌新居书事四十韵，因寄元郎中、张博士》一诗中有最集中的书写：

冒宠已三迁，归期始二年。囊中贮余俸，园外买闲田。狐兔同三径，蒿莱共一壥。新园聊划秽，旧屋且扶颠。檐漏移倾瓦，梁欹换蠹椽。平治绕台路，整顿近阶砖。巷狭开容驾，墙低垒过肩。门闾堪驻盖，堂室可铺筵。丹凤楼当后，青龙寺在前。市街尘不到，宫树影相连。省史嫌坊远，豪家笑地偏。敢劳宾客访，或望子孙传。不觅他人爱，唯将自性便。等闲栽树木，随分占风烟。逸致因心得，幽期遇境牵。松声疑涧底，草色胜河边。虚润冰销地，晴和日出天。苔行滑如簟，莎坐软于绵。帘每当山卷，帷多带月褰。篱东花掩映，窗北竹婵娟。迹慕青门隐，名惭紫禁仙。假归思晚沐，朝去恋春眠。拙薄才无取，疏慵职不专。题墙书命笔，沽酒率分钱。柏杵舂灵药，铜瓶漱暖泉。炉香穿盖散，笼烛隔纱然。陈室何曾扫，陶琴不要弦。屏除俗事尽，养活道情全。尚有妻孥累，犹为组绶缠。终须抛爵禄，渐拟断腥膻。大抵宗庄叟，私心事竺乾。浮荣水划字，真谛火生莲。梵部经十二，玄书字五千。是非都付梦，语默不妨禅。……蛮榼来方泻，蒙茶到始煎。无辞数相见，鬓发各苍然。[①]

宦海沉浮多年后，白居易终于凭借个人的努力在长安拥有了第一处完全属于自己的宅园。不仅可以在拥有产权的园林中尽情经营，而且还可以考虑传诸子孙，闲逸之情更是愈发地溢于言表、跃然纸上。那么已经能够在京城完成园宅购买行为的白居易，此时处于怎样一种经济状况呢？

首先，我们来看一下白居易的积蓄情况。正如诗中所云，白居易此番是“囊中贮余俸，园外买闲田”，主要依靠的还是之前官俸的积累。如果从

① 《全唐诗》卷四四二，第4940页。

元和九年结束守制回京开始算起，最初居昭国里的半年应该还处于困窘期，且为时较短，则这一阶段的积累基本可以忽略不计。元和十年被贬江州，一年后着手营建庐山草堂，已如前述。彼时的实际收入情况是“月俸六七万”，但日常生活当中却几乎没有什么较大的开销，不仅如此，园林物产的收入还可以添补和抵消一些生活支出。所以，白居易在江州的财富积累，除了第一年主要用于草堂创建外，此后几年应该有相当一部分结余可以投入到新昌里园林的购买与建设行为中。调任忠州后的一年半时间，更是极为重要的财富积累阶段。同样是衣食无忧且无须赁宅，在园林建设方面的支出又无非种植花草，还不及在庐山建设一处草堂的费用，而这时的俸禄却有可能随官品而提升，则其储蓄无疑就更可观了。那么白居易在忠州刺史任上的俸禄情况究竟如何呢？按《新唐书》中“忠州南宾郡，下”[①]的记载，白居易任职忠州刺史的官俸应取下州刺史的标准。在现存文献中，我们找不到元和末年下州刺史的具体俸额，只能根据其他数据作一些推测。《新唐书》中记载会昌官俸标准有“上州刺史，八万。……上州长史、司马，五万”[②]，前文曾提到，白居易江州司马的“月俸四五万”可能是面上的定额，且与会昌官俸非常接近，则此时刺史的官俸很可能也与会昌标准相差不远。下州刺史的俸额应该低于上州。又据《唐会要》所载，元和十四年（819）优待淮西时曾给出过“以蔡州为紧，刺史月俸一百八十千，申、光二州为中，刺史月俸一百五十千”[③]的待遇，上州中州之间有六分之一的差额，如果下州也准此比例，则是上州的三分之二，白居易在忠州时的额定俸禄大致是五万三千，略高于江州司马的官俸。而如上文所说，白居易在江州的实际收入可能会达到“月俸六七万”的水准，白居易调任忠州既是优待，其额外的收入至少应不低于江州时期，按比例推断，则此时白居易每月的实际收入应该会在七万甚至八万以上。

不仅如此，在上面的计算中，我们主要讨论的是俸禄的积累，但是这

① 《新唐书》卷四〇《地理四》，第1029页。

② 《新唐书》卷五五《食货五》，第1403页。

③ 《唐会要》卷九一《内外官料钱上》，第665页。

一时期，白居易的经济来源已经不仅仅是俸禄了。如前所述，在守制期间，白居易利用之前的积蓄扩充了自己下邽别墅的附带田产，至少应该有三顷之多。如果说这份产业在当时顶多能够勉强维持生活的话，那么起复为官之后，就是纯粹的收入了。就算这份收入全部用于支持家人的生活，收支相抵，也足以让俸禄可以有更多的结余，以便投入到买园置产这样的大宗项目中。而如果我们假定下邽别墅的田产收入基本和白居易一家的生活支出相抵的话，则白居易之前的俸禄积累基本上也就可以视为新昌宅园购买价格的一个上限了。元和十二年三月草堂建成后便基本没有太多建设支出，至元和十三年十二月得到调任忠州的敕书，以“月俸六七万”计算，则二十一个月时间可得一百二十六万至一百四十七万钱，再到元和十五年夏被召回长安，一年半时间又可以有一百二十六万至一百四十四万钱，二者合计，约在二百五十二万到二百九十一万钱之间。虽然白居易在忠州还有花木种植的费用，但考虑到白居易《南宾郡斋即事，寄杨万州》“仓粟喂家人，黄缣裹妻子”句下自注中提到过“忠州刺史以下，悉以畬田给禄食，以黄绢支给充俸”[1]，很可能因禄食官供而进一步减少生活支出，则这点花木也算不得什么了吧！

由此可见，对白居易而言，贬官江州与调任忠州，与政治上无疑是巨大的打击，但在个人生活上，却颇有些因祸得福的意味。五年的地方官经历所带来的丰厚收入，使他终于彻底摆脱了租赁小产权园林的生活，在京城有了一片真正属于自己的天地。这种心境，在他买下新昌宅园时所作的《卜居》中表现得淋漓尽致：

> 游宦京都二十春，贫中无处可安贫。长羡蜗牛犹有舍，不如硕鼠解藏身。且求容立锥头地，免似漂流木偶人。但道吾庐心便足，敢辞湫隘与嚣尘。[2]

小产权的园林，就算经营建设得再好，也终不如一处真正属于自己的“蜗居”。即使这处“蜗居”的条件暂时并不理想，也无碍其内心的满足。

---

① 《全唐诗》卷四三四，第4799页。

② 《全唐诗》卷四四二，第4934页。

既然我们已经大致了解了白居易此时的积蓄情况，那么为了获得这处新昌宅园，白居易付出的花费又有多大呢？从后来白居易在洛阳购置履道池台时主要使用的是杭州刺史的俸禄且略有不足来看，为了这处新昌宅园，白居易应该已经基本花光了此前的积蓄。如前所述，这笔积蓄可能只是购买园林价格的一个上限，也就是说，在长庆年间的长安，像新昌宅园这样条件的私家园林一般不会超过三百万钱，可能也就两百万钱左右，甚至更低。毕竟，从白居易诗文中的描述来看，他为这处园林付出的花费，除了购买产权之外，其实还有相当一部分是投入到后续的整修乃至新建等项目中去了。

那么当时以这样的价位所能买到的，会是怎样条件的园林呢？首先，这处宅园并不大，且新昌里在长安城中也属于较偏僻的里坊，《题新居寄元八》一诗就明确地写道："青龙冈北近西边，移入新居便泰然。冷巷闭门无客到，暖檐移榻向阳眠。阶庭宽窄才容足，墙壁高低粗及肩。莫羡升平元八宅，自思买用几多钱。"[①]很显然，价格昂贵的豪宅大院依然不是白居易可以企望的。其次，这处宅园已经比较破败，需要收拾一番才能安居，《新昌新居书事四十韵，因寄元郎中、张博士》中就曾写到过"狐兔同三径，蒿莱共一墟。新园聊划秽，旧屋且扶颠。檐漏移倾瓦，梁欹换蠹椽。平治绕台路，整顿近阶砖。巷狭开容驾，墙低垒过肩"等一系列入住时的整修行为。其三，虽然破败，但这处宅园在白居易入住前就已经具备了不错的审美条件，比如《新昌新居书事四十韵，因寄元郎中、张博士》中描述的"宫树影相连""帘每当山卷"的借景，而长庆二年《庭松》所写之松亦是园林原有之物：

> 堂下何所有，十松当我阶。乱立无行次，高下亦不齐。高者三丈长，下者十尺低。有如野生物，不知何人栽。接以青瓦屋，承之白沙台。朝昏有风月，燥湿无尘泥。疏韵秋槭槭，凉阴夏凄凄。春深微雨夕，满叶珠蓑蓑。岁暮大雪天，压枝玉皑皑。四时各有趣，

---

① 《全唐诗》卷四四二，第4934页。

万木非其侪。去年买此宅，多为人所咍。一家二十口，移转就松来。移来有何得，但得烦襟开。即此是益友，岂必交贤才。顾我犹俗士，冠带走尘埃。未称为松主，时时一愧怀。[①]

由此可见，在当时的长安，二百多万钱可以买到一处面积不大、位置较偏、风景尚佳但已经破败闲置的宅园。那么，除了购买的花销和对破败处的整修支出外，白居易在园中后续经营的项目，还有哪些方面呢？据白居易此时的诗文来看，最主要的应该是竹堂的建设和竹子的栽种，见于《竹窗》一诗：

常爱辋川寺，竹窗东北廊。一别十余载，见竹未曾忘。今春二月初，卜居在新昌。未暇作厩库，且先营一堂。开窗不糊纸，种竹不依行。意取北檐下，窗与竹相当。绕屋声淅淅，逼人色苍苍。烟通杳霭气，月透玲珑光。是时三伏天，天气热如汤。独此竹窗下，朝回解衣裳。轻纱一幅巾，小簟六尺床。无客尽日静，有风终夜凉。乃知前古人，言事颇谙详。清风北窗卧，可以傲羲皇。[②]

除此之外，日常的维护和改造自然也是少不了的，比如长庆元年所作之《新居早春二首》，其一中有"铺沙盖苔面，扫雪拥松根。渐暖宜闲步，初晴爱小园。觅花都未有，唯觉树枝繁"，其二中也有"地润东风暖，闲行踏草芽。呼童遣移竹，留客伴尝茶"[③]等描述。而这些后续经营的支出，可能就出自白居易在长安期间的俸禄了。虽然前后花销不少，但在经过这一系列的经营后，白居易终于可以在长安安享真正属于自己的园居之乐了，一如《玩松竹二首》所写的那样：

龙蛇隐大泽，麋鹿游丰草。栖凤安于梧，潜鱼乐于藻。吾亦爱吾庐，庐中乐吾道。前松后修竹，偃卧可终老。各附其所安，不知他物好。

坐爱前檐前，卧爱北窗北。窗竹多好风，檐松有嘉色。幽怀一

① 《全唐诗》卷四三四，第4807页。

② 《全唐诗》卷四三四，第4807页。

③ 《全唐诗》卷四四二，第4939—4940页。

以合，俗念随缘息。在尔虽无情，于予即有得。乃知性相近，不必动与植。[①]

虽然白居易终于在京城拥有了一处私有园林并为之投入了不少精力和财物进行建设，但是他在新昌宅园的实际居住时间其实并不长。买园后仅仅过了一年，白居易便在长庆二年七月赴杭州担任刺史了，而长庆四年五月离任时又被除授太子左庶子分司东都，就此开始了他以洛阳为中心的晚年生活。之后，只有大和初年回长安任秘书监等职时，曾来此居住过一年多，并留下过《新昌闲居招杨郎中兄弟》等作品，而在大和三年（829）春因病改授太子宾客分司并就此定居洛阳后，关于新昌宅园的描述就只有在回忆怀念中出现了。大和九年十月，白居易在辞却同州刺史的任命时，还在《诏授同州刺史，病不赴任，因咏所怀》中提到了“野心惟怕闹，家口莫愁饥，卖却新昌宅，聊充送老资”[②]，虽然新昌宅园是否真的被出售尚可存疑（毕竟白居易晚年致仕之初还曾喊过要卖掉履道池台，但也只是说说而已），但我们确实再未见过白居易居住于此的相关记录。而伴随着拥有产权的园林的增多，白居易也就更加不可避免地要面对产权与使用权分离的问题了。因此，在某处园居时思念其他园林的作品，自然也就不难找见，比如大和四年，白居易在洛阳的履道池台所作的《新雪二首》其二中，便有“唯忆夜深新雪后，新昌台上七株松”[③]这样对长安新昌宅园的挂念。

在长庆四年被授太子左庶子分司东都而来到洛阳之后，白居易很快便又在东都买下了一处私家园林，也就是著名的履道池台。关于此事，最直接的描述就是购买宅园时所作的《洛下卜居》一诗了：

三年典郡归，所得非金帛。天竺石两片，华亭鹤一只。饮啄供稻粱，包裹用茵席。诚知是劳费，其奈心爱惜。远从余杭郭，同到洛阳陌。下担拂云根，开笼展霜翮。贞姿不可杂，高性宜其适。遂就无尘坊，仍求有水宅。东南得幽境，树老寒泉碧。池畔多竹阴，

① 《全唐诗》卷四三四，第4809页。
② 《全唐诗》卷四五五，第5162页。
③ 《全唐诗》卷四五一，第5096页。

门前少人迹。未请中庶禄，且脱双骖易（买履道宅，价不足，因以两马偿之）。岂独为身谋，安吾鹤与石。[①]

通过这首诗的描述，我们能够了解到不少有价值的信息。首先，白居易早在离开杭州之前就已经有了于洛阳再购买一处宅园的打算。一方面，有过之前利用江州、忠州俸禄之积蓄购买新昌宅园的经验，此次在杭州积蓄的俸禄该怎么使用肯定早有计划；另一方面，从白居易对新昌宅园的描述来看，虽然和小产权园居相比确实多了不少心安与闲逸，但这处宅园似乎并没有达到其理想中的状态，面积狭小且缺乏水景，再加上此时的白居易政治热情愈发消减，很可能开始产生远离长安的想法。因此，在被授予太子左庶子分司东都而离开杭州时，就已经打定了在洛阳置产的主意，所以连一些建设园林所需的奇石禽鸟也早就收罗齐备，一并顺路带回。其次，经济条件渐趋宽裕且有过购买经验的白居易，对这次购买的宅园也有了更多更明确的审美要求，即所谓“无尘坊”“有水宅”等，而不似购买新昌宅园时只要能够安居便暂时可以接受。这既说明之前的新昌宅园确实没有到达他理想的状态，同时也正看出诗人随着生活条件的逐步改善在园居环境上也逐渐有了更高的要求（从之前庐山草堂的经验以及后来白居易居住于此时所作的《临池闲卧》《池上早秋》等作品来看，他还是非常重视和享受园林水景的）。其三，这次白居易购买宅园的资金来源依然是俸禄，而且尽杭州官俸之积蓄居然还不够，因此还不得不再用两匹马来补足（由“且脱双骖易”句下自注“买履道宅，价不足，因以两马偿之”可知），据此出发，我们也可以对白居易购买履道池台的支出作一个大致的推测。

按《新唐书》中“杭州余杭郡，上”[②]的记载，白居易任杭州刺史时的俸禄应取上州刺史标准，如前文所述，此时地方官的面上收入应该接近于《新唐书》中记载的会昌官俸的数额，则大致可以“上州刺史，八万”为参考，除了这个面上的额定收入外，地方官应该还有许多杂项收入，前文曾估计下州刺史的收入大致是上州刺史的三分之二，而白居易任职忠州刺史

① 《全唐诗》卷四三一，第4763—4764页。

② 《新唐书》卷四一《地理五》，第1059页。

时每月的实际收入会在七万甚至八万以上，则任职杭州期间，每月就很可能会有十二万的收入了，而考虑到杭州的富庶远非忠州可比，则实际收入甚至还可能更多。如果白居易此时还是和之前一样，饮食官供并有下邽别墅的收入冲抵家用，俸禄的收入基本上都可以算为积蓄的话，那么白居易任杭州刺史的二十三个月就可以有二百七十六万的资金储备用于在洛阳购置园林。如果我们再和之前估算的新昌宅园的价格作一个比较就会发现，这不到三百万的积蓄在洛阳购买履道池台这样条件的园林，可能确实有些勉强，以至于不得不再添加二马。唐代马的价格可参考《唐开元二十一年石染典买马契》《天宝十三载敦煌郡会计牒》《癸未年十一月史喜酥买马契》等材料，换算之后均不会超过一万钱 / 匹，而据《中国历代物价问题考述》一书中对唐代马价更为丰富的引证亦可见，即使是在元和年间出现的最高价格，也只达到过七万文 / 匹[①]，所以两匹马的价值虽然不低，但是对总价并不会有什么根本性的影响。

前文曾经提到过，新昌宅园的价格上限应该不会超过三百万钱，大概也就二百多万钱。履道池台和新昌宅园相比，在地理位置上可能有相似之处，都是相对比较幽僻的里坊，而且白居易在买下这两处园宅后都曾进行过不少增建，则最初的园林建设程度应该也相去不远。关键的差异应该是在面积上，白居易曾多次提到新昌宅园的狭小，从其诗文中的描述来看，这处宅园主要还是以宅为主，又种植了一些观赏植物而已，连水景都没有。如果按照白居易《池上篇（并序）》中描述履道池台的"十亩之宅，五亩之园"[②]来推算，以宅为主的居所一般可能也就十亩多一些。不仅如此，《达哉乐天行》中的"先卖南坊十亩园"应该也是指的新昌宅园，可知此园面积确为十亩左右。至于履道池台的面积，在《池上篇（并序）》里曾明确交代过，是"地方十七亩"[③]。也就是说，白居易洛阳的宅园至少也要比长安的大出三分之一多，即使考虑到洛阳的房价低于长安，但毕竟是东都，恐怕不

① 参见黄冕堂：《中国历代物价问题考述》，齐鲁书社，2007年，第210页。

② 《全唐诗》卷四六一，第5250页。

③ 《全唐诗》卷四六一，第5249页。

至于有三分之一多的差额。如此算来，履道池台的价格更高于新昌宅园也就是很自然的事，而白居易这二百七十六万左右的积蓄显然也就并不十分宽裕了。更何况，白居易也不可能一下子把积蓄全花光，像《洛下寓居》中就描述过他初居洛阳履道池台时的生活状态："秋馆清凉日，书因解闷看。夜窗幽独处，琴不为人弹。游宴慵多废，趋朝老渐难。禅僧教断酒，道士劝休官。渭曲庄犹在，钱唐俸尚残。如能便归去，亦不至饥寒。"[①] 很显然，下邽别墅的收入和杭州刺史的剩余积蓄是支持他当时生活运转的重要资金。因此，即使把马价算上，白居易购买履道池台的花费应该也不太可能会超过二百七十六万这个上限的。不过，若是考虑到白居易长庆元年在长安任职时的俸禄除了养家和建设新昌宅园外也有所结余，并且可以投入到洛阳置产的话，那履道池台的购买价格也有可能会接近三百万钱上下了。而综合履道池台和新昌宅园的价格来看，二者的上限既然都在二三百万之间，则长庆时期两京私家宅园的价格，也就颇可以以此数额作为参考了。

值得注意的是，白居易晚年在《达哉乐天行》中还曾提到过"先卖南坊十亩园，次卖东都五顷田。然后兼卖所居宅，仿佛获缗二三千"。笔者认为，这个"获缗二三千"也即二三百万钱的估价，应该是特指最后的这个"所居宅"，即白居易此时居住的履道池台，而并非十亩园五顷田加宅园的总价。前文曾经提到过，在中晚唐时期，成都一带的农田价格都达到了每亩一千文左右，则出售五顷田通常可以获利五十万钱，而在一般情况下，东都地区的地价只会更高，因此实在难以想象，长安的十亩新昌宅园加洛阳的五顷田地再加上苦心经营多年的履道池台，总计才能卖到二三百万钱。更何况，如前文所述，园林的售价不同于普通土地，还包括各种建筑及木石在内，因此在出售时应该会专门估价，可白居易在此诗当中也只是故作旷达地随口一说而已，并不是真的要卖，又怎么可能会去实际估价呢？所以，这个二三百万钱的获利预估，很可能正是白居易当年在两京购

① 《全唐诗》卷四四六，第5009页。

买园宅的价格，此处也不过是凭当年的印象重新提起罢了。

除了购买计划和购买价格的讨论外，履道池台还有一点和新昌宅园不同，那就是该园产权之前就至少发生过一次转移，而且白居易对这些转移的过程多少有所了解。因此，这也就不能不引发他的相关感触，比如曾在诗末自注“此池始杨常侍开凿，中间田家为主，予今有之，蒲浦、桃岛，皆池上所有”的《泛春池》：

白蘋湘渚曲，绿筱剡溪口。各在天一涯，信美非吾有。何如此庭内，水竹交左右。霜竹百千竿，烟波六七亩。泓澄动阶砌，澹泞映户牖。蛇皮细有纹，镜面清无垢。主人过桥来，双童扶一叟。恐污清泠波，尘缨先抖擞。波上一叶舟，舟中一尊酒。酒开舟不系，去去随所偶。或绕蒲浦前，或泊桃岛后。未拨落杯花，低冲拂面柳。半酣迷所在，倚榜兀回首。不知此何处，复是人寰否。谁知始疏凿，几主相传受。杨家去云远，田氏将非久。天与爱水人，终焉落吾手。①

在买下这处履道池台之后，白居易除了宝历年间为苏州刺史以及大和初年一度回长安任职外，基本上再未离开过这里。因此，白居易晚年的诗文中也就留下了丰富的关于履道池台的信息。由这些信息我们不难看出，履道池台是一处典型的支出型城市宅园。园林中能够成为收入或至少冲抵一部分生活支出的，无非竹、莲、蔬果、水产等寥寥几类，以及可能受政策影响而不太稳定的酿酒行为，这些项目所能带来的财富必然非常有限。而与之相反的是，为了维持较好的园居生活条件，履道池台的支出项目却数不胜数。首先，白居易在买下履道池台之后，便不断地进行各种土木建设和物产添置，仅从《池上篇（并序）》中即可见出不少：

都城风土水木之胜，在东南偏，东南之胜，在履道里，里之胜在西北隅。西闬北垣第一第，即白氏叟乐天退老之地。地方十七亩，屋室三之一，水五之一，竹九之一，而岛池桥道间之。初乐天

---

① 《全唐诗》卷四三一，第4766—4767页。

既为主，喜，且曰：“虽有台，无粟不能守也。”乃作池东粟廪。又曰：“虽有子弟，无书不能训也。”乃作池北书库。又曰：“虽有宾朋，无琴酒不能娱也。”乃作池西琴亭，加石樽焉。乐天罢杭州刺史时，得天竺石一、华亭鹤二以归，始作西平桥，开环池路。罢苏州刺史时，得太湖石、白莲、折腰菱、青版舫以归，又作中高桥，通三岛径。罢刑部侍郎时，有粟千斛、书一车，洎臧获之习筦磬弦歌者指百以归。先是颍川陈孝山与酿法，酒味甚佳；博陵崔晦叔与琴，韵甚清；蜀客姜发授《秋思》，声甚淡；弘农杨贞一与青石三，方长平滑，可以坐卧。大和三年夏，乐天始得请为太子宾客，分秩于洛下，息躬于池上。凡三任所得，四人所与，洎吾不才身，今率为池中物矣。每至池风春，池月秋，水香莲开之旦，露清鹤唳之夕，拂杨石，举陈酒，援崔琴，弹姜《秋思》，颓然自适，不知其他。酒酣琴罢，又命乐童登中岛亭，合奏《霓裳散序》，声随风飘，或凝或散，悠扬于竹烟波月之间者久之。曲未竟而乐天陶然，已醉睡于石上矣。睡起偶咏，非诗非赋，阿龟握笔，因题石间。视其粗成韵章，命为《池上篇》云尔：

十亩之宅，五亩之园。有水一池，有竹千竿。
勿谓土狭，勿谓地偏。足以容膝，足以息肩。
有堂有庭，有桥有船。有书有酒，有歌有弦。
有叟在中，白须飘然。识分知足，外无求焉。
如鸟择木，姑务巢安。如龟居坎，不知海宽。
灵鹤怪石，紫菱白莲。皆吾所好，尽在吾前。
时饮一杯，或吟一篇。妻孥熙熙，鸡犬闲闲。
优哉游哉，吾将终老乎其间。[①]

从这段文字当中，我们不难看到，白居易在买下履道池台之后的建设和增置项目都有哪些。从土木工程的角度来看，便有“作池东粟廪”“作池

① 《全唐诗》卷四六一，第5249—5250页。

北书库”“作池西琴亭，加石樽”“作西平桥，开环池路”“作中高桥，通三岛径”等项目；从物产添置的角度来看，又有“太湖石、白莲、折腰菱、青版舫”“粟千斛、书一车”以及琴、青石等生活和审美用品。这当中不少项目的花费之大，我们前文都曾提到过，则白居易为履道池台的后续支出可想而知。不仅如此，序中还提到了“习莞磬弦歌者指百”，园中又新添了数十歌妓，无论是买歌妓、装扮歌妓还是教习歌妓（《南园试小乐》中有“小园斑驳花初发，新乐铮摐教欲成。红萼紫房皆手植，苍头碧玉尽家生”[①]，则日常教习可知，而若是“家生”，购买的支出倒是可以有所节省），都需要不菲的支出，而日常的生活费用也同样会随之增长。而且《池上篇（并序）》中提到的这些还并非全部，比如《自题小草亭》中就又提到了“新结一茅茨，规模俭且卑。土阶全垒块，山木半留皮。阴合连藤架，丛香近菊篱。壁宜藜杖倚，门称荻帘垂。窗里风清夜，檐间月好时”[②]。

除了在自家园林中进行各种增建和添置外，为了有更好的观景、借景效果，白居易还不得不拿出一部分钱财对履道池台的外部环境进行改造，尤其是前文曾经提到过的白居易对宅园西墙外的一番经营。这番经营包括了建楼、置石、种花等一系列的工程，《宅西有流水，墙下构小楼，临玩之时，颇有幽趣，因命歌酒，聊以自娱，独醉独吟，偶题五绝句》中就描述过“伊水分来不自由，无人解爱为谁流。家家抛向墙根底，唯我栽莲越小楼”，“日滟水光摇素壁，风飘树影拂朱栏。皆言此处宜弦管，试奏霓裳一曲看”[③]的经营效果，《亭西墙下伊渠水中置石，激流潺湲成韵，颇有幽趣，以诗记之》中也有“嵌巉嵩石峭，皎洁伊流清。立为远峰势，激作寒玉声。夹岸罗密树，面滩开小亭。忽疑严子濑，流入洛阳城。是时群动息，风静微月明。高枕夜悄悄，满耳秋泠泠”[④]。而白居易为了获得这种审美效果，必然要付出一定的代价，《西街渠中，种莲叠石，颇有幽致，偶题小楼》中就曾这样写

① 《全唐诗》卷四四九，第5061页。
② 《全唐诗》卷四五六，第5164页。
③ 《全唐诗》卷四五六，第5179页。
④ 《全唐诗》卷四五九，第5220页。

道："朱槛低墙上，清流小阁前。雇人栽菡萏，买石造潺湲。影落江心月，声移谷口泉。闲看卷帘坐，醉听掩窗眠。路笑淘官水，家愁费料钱。是非君莫问，一对一翛然。"而仅仅是外部的简单经营便已经到了"家愁费料钱"的程度，则园宅本身的各项建设开支就更是可想而知了。

不仅如此，随着居住时间的长久，园中建筑的修葺也成了白居易经常要面对的问题。比如宝历元年有《题新居呈王尹，兼简府中三掾》："弊宅须重葺，贫家乏羡财。桥凭川守造，树倩府僚栽。朱板新犹湿，红英暖渐开。仍期更携酒，倚槛看花来。"大和五年有《归来二周岁》："归来二周岁，二岁似须臾。池藕重生叶，林鸦再引雏。时丰实仓廪，春暖葺庖厨。更作三年计，三年身健无。"[①]大和六年又有《答王尚书问履道池旧桥》："虹梁雁齿随年换，素板朱栏逐日修。但恨尚书能久别，莫愁州守不频游。重移旧柱开中眼，乱种新花拥两头。李郭小船何足问，待君乘过济川舟。"到《会昌二年春题池西小楼》一诗中，更是总结道："花边春水水边楼，一坐经今四十秋。望月桥倾三遍换，采莲船破五回修。"[②]而这年复一年的修葺，必然也是笔不小的开支。

至于平日里的一些日常洒扫及小规模花木移栽，则基本上都是靠诗人自己和家仆来完成的，因此这方面的支出倒是压缩了不少。比如《题新居寄宣州崔相公》中就有"冷似雀罗虽少客，宽于蜗舍足容身。疏通竹径将迎月，扫掠莎台欲待春"[③]，而《春葺新居》的描写更充分："江州司马日，忠州刺史时。栽松满后院，种柳荫前墀。彼皆非吾土，栽种尚忘疲。况兹是我宅，葺艺固其宜。平旦领仆使，乘春亲指挥。移花夹暖室，徙竹覆寒池。池水变绿色，池芳动清辉。寻芳弄水坐，尽日心熙熙。一物苟可适，万缘都若遗。设如宅门外，有事吾不知。"此外，在刘禹锡的《和乐天南园试小乐》中也提到了"花木手栽偏有兴，歌词自作别生情"[④]。

---

① 《全唐诗》卷四五一，第5098页。

② 《全唐诗》卷四五九，第5229页。

③ 《全唐诗》卷四四六，第5013页。

④ 《全唐诗》卷三六〇，第4063页。

除了园林建设和维护方面的支出外，日常生活中的衣食住行及医疗等消费也都要有所考虑，毕竟，白居易此时已经成了自己家族的核心人物，在庐山时就开始有亲属投奔，而到宝历年间为苏州刺史时，在《自咏五首》其二中提到自己已经是“一家五十口”[①]了，至大和初年又新增了歌妓十人，《咏兴五首·出府归吾庐》中还有“家僮十余人，枥马三四匹”，则此时的白居易单纯养家的支出就已经不似从前那样，单靠下邽别墅的收入就能支撑得起了。更何况下邽别墅的收入可能并不完全属于白居易一家，如果考虑到白行简一家可能也会分得下邽别墅的部分收入，则白居易人生后期在洛阳的生活消费就更需要额外的收入来保障了。

上述这些，都是维持履道池台正常运转的常规支出，算下来已然数目不菲，而一些非常规的支出也不能不加考虑。比如园林物产的流失，像前文提到过的裴度索鹤事件；比如日常交际所需的宴客和游玩支出，像白居易参与的“香山九老”的各种活动，都需要一定的开销，《达哉乐天行》描述的“或伴游客春行乐，或随山僧夜坐禅”，也需要经济支持；再比如其他宗教活动的支出，白居易晚年与佛教徒来往颇多，除了日常饭僧外，还常有不菲的布施，像《修香山寺记》中的一次布施就达六七十万之多[②]，在履道池台的遗址中也出土过诗人手书的经幢，而制幢刻石亦需花费。此外，白居易的社会责任感使得他还会参与一些公共事业，比如《开龙门八节石滩诗二首（并序）》其一就明确提及“挥金退傅施家财”。类似种种虽非必须，但一旦产生，也必然会对白居易园林生活的收支产生影响。

由此可见，白居易晚年在履道池台生活时的支出是非常大的，那么，白居易主要是靠什么收入来维持这种生活的呢？

首先自然是俸禄，白居易晚年在洛阳时的俸禄其实还是颇为可观的。而具体的俸禄收入情况，在其诗文中也经常可以看到相关记录。比如大和七年（833）白居易被授为太子宾客分司时，在《再授宾客分司》中就曾明

---

① 《全唐诗》卷四四四，第4973页。

② 《全唐文》卷六七六，第3060页。

确说到过“俸钱七八万，给受无虚月”[①]，而大和九年，白居易在《从同州刺史改授太子少傅分司》中又提到了此时的情况是“月俸百千官二品，朝廷雇我作闲人”[②]。从前文的分析来看，白居易在忠州时期的收入可能就是每月七八万，而这一收入便足以支撑新昌宅园的购买，而“月俸百千”的水准又和杭州时期大致相当，更是足以支持履道池台购买的高收入了。但是白居易在这之后再未见园林的购买，则这丰厚的收入大部分都应该是用于维持履道池台的日常运转了。而需要如此大的收入来支撑，也从另一角度表明，维持履道池台园居生活的支出是多么庞大了。

不过需要说明的一点是，白居易在购买履道池台之后，也并不是所有的俸禄都用于园居生活和建设维护了。从现存文献记载来看，晚年的白居易还是有过其他一些零星的置产行为的。比如前文曾经提到，白居易在地方为官的经历极大地支持了他的园林购买行为。江州、忠州的财富积累，换来了长安新昌坊的宅园，杭州不到三年的积蓄，又成就了履道池台的购置。而宝历年间白居易去苏州做了一年刺史，按以往的经验，应该又会有一笔不小的积蓄，那么这一次任职归来，白居易又会把钱投到哪里呢？除了已有园宅的物产添置和建筑修缮外，规模上的扩展应该也成为诗人投资的重点。在作于大和二年的《祭弟文》中，白居易曾提道：“下邽杨琳庄今年买了，并造堂院已成。往日亦曾商量，他时身后甚要新昌西宅，今已买讫。”[③]这个“下邽杨琳庄”很自然地带来了他在下邽产业的扩大。在前文关于下邽别墅的讨论中，我们曾经提到过，白居易最初只是得到了规模不大的祖产，在守制期间又利用为官多年的俸禄积蓄进行了扩建，而且园林建设主要集中在了“东园”。但是现存文献中对白居易下邽别墅的描述，除了“东园”外，还有一处“南园”。“《清一统志》卷一七九西安府二”中有“白居易宅”一则：“在渭南县东北，居易有《重到渭上旧居》诗。《县志》：宅在

① 《全唐诗》卷四五二，第5109页。
② 《全唐诗》卷四五六，第5164页。
③ 《全唐文》卷六八一，第3086页。

故下邽县东紫兰村，有乐天南园在宅南，至金时为石氏园。”[①]则这处南园很可能就是白居易在大和二年兼并下邽杨琳庄时添置的。不仅如此，此时的白居易已逐渐成为白氏家族在下邽这一支的核心人物，要担负很多家族责任，则其扩建的可能不仅仅是园林，或许还有包括农田在内的其他用途的地产，比如大和八年（834）他就又完成过一次家族成员的安葬。《唐故溧水县令太原白府君墓志铭（并序）》：“公讳季康……宣州溧水令。殁于官舍，明年某月某日，归葬于华州下邽县某乡某原……公前夫人河东薛氏，先公若干年而殁……后夫人高阳敬氏……以太和七年正月某日寝疾，终于下邽别墅，享年若干。明年某月某日，启溧水府君薛夫人宅兆而合祔焉，礼也。……”[②]敬氏居于下邽别墅，葬于白季康墓地，这些产业可能来自更早的祖产，但也有可能得自白居易后来的经营与扩建。而除了下邽别墅之外，白居易在新昌坊的园宅可能也利用苏州的官俸结余拓展过规模，即所谓“新昌西宅，今已买讫”。在这之后，白居易为河南尹时又曾有过不菲的官俸收入，所以在大和五年（831）的《斋居》中再次出现购园置产的念头：“厚俸将何用，闲居不可忘。明年官满后，拟买雪堆庄。”但是，或许是雪堆庄并非完全中意（大和四年所作的《题平泉薛家雪堆庄》中曾提到过“所嗟地去都门远，不得肩舁每日来”[③]，似有嫌远之意），也可能是积蓄有限且还要维持履道池台的运转，这一念头最终没有付诸实现。因此，我们在此也就无须过多讨论了。

回到正题，白居易晚年维持履道池台园居生活的收入，除了俸禄之外，园林本身的收入也是不可或缺的。虽然我们之前提到过，履道池台本身的收入项目并不多，但终究是有果树有水产，有《官俸初罢，亲故见忧，以诗谕之》中提到的“园中多新蔬”[④]，有已经被考古发掘所证实的酿酒作坊[⑤]，这

① 参见白居易著，谢思炜校注：《白居易诗集校注》卷九，中华书局，2006年，第753页。

② 《全唐文》卷六八〇，第3079页。

③ 《全唐诗》卷四五一，第5097页。

④ 《全唐诗》卷四五九，第5219页。

⑤ 中国社会科学院考古研究所洛阳唐城队：《洛阳唐东都履道坊白居易故居发掘简报》，载《考古》1994年第8期。

些都是可以冲抵一部分消费的。更何况白居易此时已经不止拥有一处园产，在一定程度上还可以实现“以园养园”，比如下邽别墅，原本就附带有田产，大和年间还进行了一次兼并杨琳庄的扩建，则该园林的收入也必然会随之增多，虽然可能不足以像之前那样几乎完全冲抵生活消费，但其具体收益也绝对不应该只是一个小数目。除此之外，虽然履道池台本身深居城市当中，并不附带田产，但不等于白居易在洛阳没有田产，在《达哉乐天行》一诗中，白居易就曾明确提到过自己拥有“东都五顷田”。如前文所言，白居易当年守制时，下邽别墅附带的三顷田产便基本上可以维持当时规模不大的家庭的生活所需。而如今下邽别墅田产增多，洛阳又有五顷田产，加起来大致也可以维持“一家五十口”的生活消费，则俸禄的收入便可以大部分用于园林建设、物产添置（比如粟和书等等）以及一些略奢侈的消费（比如歌儿舞女方面的支出）了。

应该说，俸禄和园产基本上就是白居易维持履道池台园居生活的主要支柱，而这也是大多数文人支撑自己园居生活的最常规的方式。早年的白居易在下邽仅依靠田产收入，不免遭遇农业经济脆弱和不稳定的情况，而晚年致仕一度停俸时，家人也曾产生过经济方面的恐慌，以至于白居易不得不以《达哉乐天行》来传达自己对此的乐观态度，以稳定人心：

> 达哉达哉白乐天，分司东都十三年。七旬才满冠已挂，半禄半及车先悬。或伴游客春行乐，或随山僧夜坐禅。二年忘却问家事，门庭多草厨少烟。庖童朝告盐米尽，侍婢暮诉衣裳穿。妻孥不悦甥侄闷，而我醉卧方陶然。起来与尔画生计，薄产处置有后先。先卖南坊十亩园，次卖东都五顷田。然后兼卖所居宅，仿佛获缗二三千。半与尔充衣食费，半与吾供酒肉钱。吾今已年七十一，眼昏须白头风眩。但恐此钱用不尽，即先朝露归夜泉。未归且住亦不恶，饥餐乐饮安稳眠。死生无可无不可，达哉达哉白乐天。

由此可见，古代文人若想过上真正稳定安逸的园林生活，最佳状态就应该是像白居易晚年这样，拥有俸禄和园产的双保险，也只有在这个双保险的经济保障下，所谓“中隐”才能真正实现。

当然，白居易晚年的园居生活，在俸禄和园产的常规收入外，也还有一些其他进项，比如和俸禄一样属于外财注入的友朋馈赠。白居易的履道池台无论是园林建设、物产添置还是日常维护，都曾经得到过朋友们的帮助与支持，这当中既有物质上的馈赠，也有劳务上的帮助，在前文所引的诗文中就已经出现过不少相关记述。比如《题新居呈王尹，兼简府中三掾》中的"弊宅须重葺，贫家乏羡财。桥凭川守造，树倩府僚栽"，《池上篇（并序）》中的"博陵崔晦叔与琴，韵甚清……弘农杨贞一与青石三，方长平滑，可以坐卧"等，都是典型的例子。此外，白居易作为知名文人，可能还会有些润笔的收入，比如《修香山寺记》中就曾提到，元稹去世前委托白居易作墓志，有"元氏之老状其臧获、舆马、绫帛，洎银鞍、玉带之物，价当六七十万，为谢文之贽"[①]。这些收入虽然并非常规，但对白居易维持园居生活来说，也都是有益的补充。

正因为维持白居易园居生活的，主要是靠俸禄和园产的双保险，而非这些补充项目。所以，一旦双保险中的一项出现问题，就会非常严重，比如白居易刚刚致仕时家人的慌乱便很典型。不过白居易最终还是获得了以刑部尚书半俸致仕的优待，在《自咏老身示诸家属》中便有"寿及七十五，俸霑五十千"[②]的明确记述。有了这五万半俸，白居易自然不必凄凉而狼狈地"薄产处置有后先"，而是成功地保住了自己"中隐"的小天地。

但是即便如此，收入的大幅缩减还是影响到了白居易的生活，而这在其晚年诗文中也有迹象可循。首先，是人口的缩减。白居易在《赠邻里往还》中就提到了此时"骨肉都卢无十口，粮储依约有三年"[③]的家庭情况，僮仆减少，歌儿舞女也基本遣散，生活开支亦会随之大幅缩减。其次，则是园林建设的停止。在白居易致仕之后，我们基本上看不到履道池台还有什么新的建设，不仅如此，连物产的损失都没有见到相应的补充，由《苏州故吏》中的"华亭鹤死白莲枯"正可见履道池台最后的落寞。而不再补充物

① 《全唐文》卷六七六，第3060页。

② 《全唐诗》卷四六〇，第5242页。

③ 《全唐诗》卷四五一，第5091页。

产，不仅节省了购买的开支，也节省了栽培和养殖的费用。因此，在人口减少且物产不再添置、园林不再扩建的情况下，白居易终于靠着田产和半俸的收入，将履道池台的“中隐”支撑到了人生的尽头。而这又何尝不是从另一个角度说明，唐代文人维持一份园居生活是何等不易！

二、其他文人园居生活的经济考察

在前文中，我们对白居易一生的园居生活作了相对完整的考察，对唐人园居生活的经济因素也有了更多具体的认识。但是，即使是像白居易这样对自己的园居生活、俸禄情况、产权变动等都有相对详细记录的诗人，我们仍然有许多问题无法落实，无法进行一些准确计算，其他唐代文人园居生活的经济状况也就更加难以还原了。相对于白居易，其他唐代文人至多可能在园居生活的某一方面有较多信息可考，因此，我们能关注的，也就往往只是一个侧面。这样的考察或许很难有较多新发现，但至少可以更具体地印证前文的一些观点。

（一）王建：贫寒文人的艰难园居

通过上一节对白居易一生园林建置的考察，我们可以看到一个出身下层士人家庭的子弟，是如何通过一生的奋斗最终得以经济无忧地城市园居。而在这个过程中，伴随着中央升迁和地方为官而不断增加的俸禄，无疑是最重要的经济支持。但是，并不是所有下层文人都能够像白居易一样日渐富足，同样是穷其一生宦海沉浮而最终却依然屈身下僚者并不少见。那么这些人园居的经济情况是怎样的呢？我们不妨以中唐诗人王建为例，作一番简单的考察。王建一生大部分时间官爵不显，直到人生晚年才在五品以上的官位上做了不长的时间。他的园居经济情况，多少可以看作下层贫寒文人的一个典型吧！

据王宗棠《王建诗集校注》所附之《王建年表》，王建本为颍川人，唐代宗大历元年（766）生于关辅并在此长大，十八岁之前主要居住在渭南庄[1]。既然出生即居于此，则这处庄园显然应该是先辈所置，为继承所得，至于是父辈建置还是更早，则已不得而知。关于这处渭南庄的具体情况，在王建的作品中并没有太多直接描写，不过既然王建曾在《留别舍弟》中自叹"孤贱相长育"[2]，在《自伤》中又感慨过"衰门海内几多人""黄昏哭向野田春"[3]，则其出生时，家庭的经济情况必然不算理想，所以这处渭南庄也必然规模不大、产业有限。而在姚合的《送王建秘书往渭南庄》一诗中，我们也可以找到相关佐证：

> 白须芸阁吏，羸马月中行。庄僻难寻路，官闲易出城。看山多失饭，过寺故题名。秋日田家作，唯添集卷成。[4]

既云"秋日田家作"，则此地必处农田之间，大概也有微薄的附带田产作为收入，成为园居生活的支持。但"庄僻难寻路"又说明这处园产的荒僻，显然不是什么值得夸耀的产业，所以王建在自己的诗歌里也没有太多可以书写的东西。但是，即使是这样一处乏善可陈的产业，同样支撑了王建青少年时期的成长、生活，甚至在人生后期回长安为官后，仍然可以作为转圜的居所。更可见为子孙留一处能提供收入的园产，对下层士人来说也是一件不容小视的事情。

建中四年，十八岁的王建离开长安，经洛阳到达邢州，在此开始了长达十七年的求学问道的生活，而至晚在贞元三年（787）娶赵郡李氏女后，王建已在漳溪南涧拥有了一处山居[5]。那么，王建的这处山居是通过何种途径获得的，其基本的收支情况又如何呢？

---

① 王建著，王宗棠校注：《王建诗集校注》，第665页。

② 《全唐诗》卷二九七，第3370页。

③ 《全唐诗》卷三〇〇，第3415页。

④ 《全唐诗》卷四九六，第5621页。

⑤ 参见王建著，王宗棠校注：《王建诗集校注》，第673页。

关于王建获得漳溪山居的方式和具体时间，史料中并没有明确的记载，但是结合王建在邢州时的一些情况，我们也可以作一个大致的推断。首先，王建兴元元年在漳溪送别舍弟时所作之《别曲》[①]，颇有客中作别之意，我们在邢州附近也找不到王建的任何姻亲，所以这处山居应该不是继承的祖产。其次，王建在贞元八年（792）去长安干谒失败后所作之《将归故山留别杜侍御》中有“错来干诸侯，石田废春耕”[②]，可知这处山居应该也是附带有部分田产的，但是王建这一时期的诗歌中几乎看不到耕种收获的记录，而称之为“石田”，也显然不是什么沃土，田少且瘠，非垦荒之佳处（当然，垦荒而得的可能性并不能完全排除，只是相对较小而已）。所以综合下来，有两种可能性最大，若是购买所得，则应近于柳宗元在永州时以廉价购弃地；而王建在邢州与刺史元谊过从甚密，又婚配李氏，故而亦有可能如杜甫蒙友人照应而得草堂一般，得此隙处以为山居。

关于漳溪山居的基本情况，在王建的诗歌中也能找到一些相关信息。首先，山居的建筑非常简陋，以茅草屋为主。《雨中寄东溪韦处士》中描写过“雨中溪破无干地，浸著床头湿著书。一个月来山水隔，不知茅屋若为居”[③]，《山中寄及第故人》中也提到过“十年居此溪，松桂日苍苍。自从无佳人，山中不辉光。尽弃所留药，亦焚旧草堂”[④]。其次，园林景观基本上以利用自然为主，比如《南涧》：“野桂香满溪，石莎寒覆水。爱此南涧头，终日潺湲里。”[⑤]《野菊》：“晚艳出荒篱，冷香著秋水。忆向山中见，伴蛩石壁里。”[⑥]《晚蝶》：“粉翅嫩如水，绕砌乍依风。日高山露解，飞入菊花中。”[⑦]所描写的便都是野生的动植物。因此，园林的选址自然非常重要，所以《山

① 《全唐诗》卷三〇一，第3427—3428页。
② 《全唐诗》卷二九七，第3371页。
③ 《全唐诗》卷三〇一，第3431页。
④ 《全唐诗》卷二九七，第3368页。
⑤ 《全唐诗》卷三〇一，第3422页。
⑥ 《全唐诗》卷三〇一，第3422页。
⑦ 《全唐诗》卷三〇一，第3422页。

中惜花》中便特意提到“开取当轩地，年年树底期”[1]，而《山居》一诗更是对周边环境作了集中的描写：

> 屋在瀑泉西，茅檐下有溪。闭门留野鹿，分食养山鸡。桂熟长收子，兰生不作畦。初开洞中路，深处转松梯。[2]

除了傍溪临泉的选址，《山居》中还涉及了“养山鸡”的支出和“长收子”的收入。前者可以佐证前文提到过的观点，即利用自然之物时也往往需要一定的开支。而后者的收入显然并不足以维系生活，所以还应继续探寻。山居虽是贫瘠的“石田”，但多少也会有一定的粮食收入。除此之外，王建有《荒园》一诗：“朝日满园霜，牛冲篱落坏。扫掠黄叶中，时时一窠薤。”[3] 可见山居中还辟有种植蔬菜的园圃。不过，就算把这些收入都加起来，应该也不会很丰厚，或许可以勉强维持日常生活，但王建此时既要娶妻生子，又要读书问学、求仙访道，中间更穿插了长安求仕和郧地漫游，如此一来，这点收入恐怕就未必够了。而王建在邢州时期曾与刺史元谊和当地名士王处士过往甚密，二者或许都能提供一些外财注入，作为王建园居生活的补贴吧。

当然，王建在漳溪山居利用自然条件获得景观的同时，也会进行一些小规模的审美建设，主要以花木种植为主。而这些经营行为基本上都是诗人自己亲自完成的，而种植的花木也往往是从山中移栽而非花钱购买，从而有效地控制了支出。而这种亲自经营的深厚感情，也体现在了他离开山居时所作的赠别花木之作中：

“芍药丁香手里栽，临行一日绕千回。外人应怪难辞别，总是山中自取来。”(《别药栏》)

“去年今日栽，临去见花开。好住守空院，夜间人不来。”(《别自栽小树》)

总的来说，王建的漳溪山居是一处收入非常微薄的园林，基本上处于一种低水平的经济运转状态。正因如此，王建在贞元八年求仕失败后的归

---

① 《全唐诗》卷二九九，第3398页。

② 《全唐诗》卷二九九，第3391页。

③ 《全唐诗》卷三〇一，第3422页。

山之举，就更加说明了园产作为文人仕进时的转圜与退路的重要意义。而除了这种仕隐出处方面的意义之外，这种园居状态对诗人的审美也有很大的影响。有了在漳溪山居利用自然条件营造景观的经验，后来王建能写出《过赵居士拟置草堂处所》这样成熟的园林选址指导意见，也就不足为奇了。此诗前文已经有过分析，兹不赘述。

贞元十六年，王建离开漳溪山居，入幽州刘济幕，此后直到元和七年，除了承担出使任务外，便基本上都是在河北幕府（幽州、魏博）中度过的了。在离开漳溪山居之后，王建几无怀念之作，这一略显反常的现象，或许恰好说明其只是一处收入微薄且景观建设不多的园林，所以虽然曾有告别花木之举，然而一旦远离日久，也并无太多可留恋的东西。不仅如此，在这十二年里，王建基本上没有什么关于园林的作品传世，则作为幕僚的王建可能很少有机会享受官署居所的公有园林，加之彼时河北藩镇所据之处多尚武，恐怕也没有京城那么多的私家园林可以游赏，所以王建这一时期的园居生活和园林作品也都相对贫乏。此后，王建还曾担任过昭应县丞和陕州司马等地方官，但写到官署园林的作品同样寥寥，比较典型的例子，可能只有元和九年所作的《昭应官舍》："痴顽终日羡人闲，却喜因官得近山。斜对寺楼分寂寂，远从溪路借潺潺。眇身多病唯亲药，空院无钱不要关。文案把来看未会，虽书一字甚惭颜。"[①]由此可见，唐代文人只有做到地方上的一把手，才能够真正自由充分地享有官署的公有园林，就像前文分析过的白居易一样。而对大多数屈身下僚的文人来说，即使是在地方上为官，园居也往往是一种奢望，或许只能在长官宴会或被邀请时偶一游赏。

元和七年，王建离魏博入京，此后大部分时间就都在京畿为官，直到唐文宗大和四年彻底退居。在这近二十年的时间里，王建虽然在渭南的庄园仍然存在，偶尔也会于此暂住（如《归山庄》[②]）。但在长安时，更多的应该还是通过赁宅的方式过着小产权的园居生活，长庆三年（823）五十八岁时所作之《题所赁宅牡丹花》就是如此。除此之外，这一时期王建的园林诗

① 《全唐诗》卷三〇〇，第3406页。

② 《全唐诗》卷三〇一，第3432页。

基本上写的都是他人的园林，而在这些诗歌中，王建常常表现出对“买卖”这一行为的关注，比如《九仙公主旧庄》中的“罗衣自买院前溪”[①]，《郭家溪亭》中的“云山新卖与官家”，《题金家竹溪》中的“买断竹溪无别主”[②]，《题元郎中新宅》中的“买来高石虽然贵”等。在这种特别关注的背后，或许也是一种潜在的产权意识。久居长安而只能赁居，宦海沉浮半生，却依然没有一处属于自己的宅园，内心深处恐怕也不免有一丝遗憾吧。漳溪山居一别三十年，本就简陋，如今更无可恋。渭南庄虽在，而且也有审美经营的打算，如长庆元年《初冬旅游》中就写到过“远投人宿趁房迟，僮仆伤寒马亦饥。为客悠悠十月尽，庄头栽竹已过时”[③]，但总的来说，这处庄园还是产业性质较为突出（类似于白居易早年居住的埇桥别业），景观一般，且位置偏僻，加之王建渐老而家口增多，生活开支也会增大，这处庄园就更加无法满足园居生活的要求了。因此，王建此时曾不止一次地流露出对他人园林的欣羡之情。比如元和八年《人家看花》所写之“年少狂疏逐君马，去来憔悴到京华。恨无闲地栽仙药，长傍人家看好花”就很典型，《杜中丞书院新移小竹》的最后亦曾写到“贫来缘未有，客散独行迟”。此外，《于主簿厅看花》中的“小叶稠枝粉压摧，暖风吹动鹤翎开。若无别事为留滞，应便抛家宿看来”也可参看。而《岁晚自感》一诗更是明确表示哪怕艰难也要置办一处理想园林的心愿：

> 人皆欲得长年少，无那排门白发催。一向破除愁不尽，百方回避老须来。草堂未办终须置，松树难成亦且栽。沥酒愿从今日后，更逢二十度花开。[④]

但是，在长安置办一处宅园，对王建来说实在是太过困难了。之前长期在地方任职幕僚，恐怕未必会有多少积蓄，而离开魏博之后，王建又历任昭应县丞、太府寺丞、秘书郎、秘书丞、殿中侍御史、太常寺丞、陕州司

---

① 《全唐诗》卷三〇〇，第3403页。
② 《全唐诗》卷三〇〇，第3404页。
③ 《全唐诗》卷三〇一，第3431页。
④ 《全唐诗》卷三〇〇，第3406页。

马等职，官品最高不过从五品，月俸一般都不会超过五万钱，其间还有过两次短暂闲居。在前文中我们曾提到，白居易年轻时以这种水平的收入也不过是刚刚有所盈余，那么年事已高且拖家带口的王建，又如何在这样的收入条件下积蓄出在长安购置园产的资金呢？且不说长安城内二三百万的园林价格远非王建所能企及，就算是长安近郊，也是寸土寸金，谈何容易！因此，直到年过花甲，王建才终于实现了自己的心愿，在长安城外拥有了一处新的庄园，即贾岛诗所写的那处《王侍御南原庄》：

> 买得足云地，新栽药数窠。峰头盘一径，原下注双河。春寺闲眠久，晴台独上多。南斋宿雨后，仍许重来么。[①]

关于这处南原庄的建置时间，王宗棠在年表中定为唐文宗大和四年，尹占华的系年考亦然。则王建于该年退居此庄，应当问题不大。但此庄的始建时间却有可能更早一些。贾岛在这首诗的题目中称王建为王侍御，而大和四年王建并不在侍御的官位上。不独贾岛，张籍亦有一首写给王建的《寄王侍御》："爱君紫阁峰前好，新作书堂药灶成。见欲移居相近住，有田多与种黄精。"[②]这首诗也是王建已经建置南原庄之后所作，同样以"侍御"称之。据《王建诗集校注》最后所附之系年考，王建为殿中侍御史是在唐敬宗宝历二年[③]，此后又历官太常寺丞、陕州司马后才最终退居。因此，王建的这处南原庄很可能在宝历二年就已经获得，之后还断断续续进行着进一步的建设和经营，到大和四年才最终退居。

那么，王建获得这处南原庄的方式是怎样的呢？贾岛的《王侍御南原庄》开篇就明确点出是"买得足云地"，来自购买似乎无可置疑。但是，王建有《新开望山处》一诗："新开望山处，今朝减病眠。应移千里道，犹自数峰偏。故欲遮春巷，还来绕暮天。老夫行步弱，免到寺门前。"[④]"新开"

---

① 《全唐诗》卷五七三，第6674页。
② 《全唐诗》卷三八六，第4359页。
③ 王建著，尹占华校注：《王建诗集校注》，巴蜀书社，2006年，第642页。
④ 《全唐诗》卷二九九，第3392页。

一语似有开辟之意,《原上新居十三首》开篇第一句是“新占原头地”[①], 也是称占不称买。王建之前多次在诗中提到园林的买卖, 对自己的南原庄却只称“开”“占”, 不仅如此,《王侍御南原庄》中还有“新栽药数窠”, 王建自己也另有《乞竹》一诗云:“乞取池西三两竿, 房前栽著病时看。亦知自惜难判割, 犹胜横根引出栏。”[②] 也就是说, 王建对这处庄园进行了不少后续建设。竹尚且不足, 则购买时的园林建设程度就颇可怀疑了。因此, 更大的可能是, 王建宝历二年只是买下了一片地产, 然后通过自己的不断经营(除了审美经营之外, 很可能还有通过垦荒方式进行的扩建, 所以才称“开”“占”), 才使其具备了基本的园林审美因素, 成为可以晚年退居、安放身心的场所。王建得园后并未马上退居, 原因或亦在此。

从元和七年到宝历二年, 王建通过在长安十四年的奋斗, 才终于有了自己的一份园产, 而且这份园产还远远没有办法和白居易的相比。由《林居》中的“荒林四面通, 门在野田中”[③] 可见, 这处庄园同样是建置在荒僻之处, 而由《乞竹》亦可知, 这次置产几乎耗光了王建的积蓄, 以至于连栽种几棵竹子都需要外财注入才能做到了。下层贫寒文人得园之难, 由此可见一斑。对他们来说, 既然没有祖上或亲戚的财富支持, 要想拥有一处自己的园林, 就只能靠不断积累的俸禄, 而如果在京为官不显或无缘在地方上获得更多财富, 企望得到一处理想的园居, 几乎就是在描绘空中楼阁了。

在太常寺丞以及陕州司马任上又有一定的资金积累, 可作建设资本和生活保障之后, 王建终于在大和四年彻底退居于南原庄, 颐养天年。那么此时这处园林的收支如何, 能否维持诗人的园居生活呢? 关于王建晚年在咸阳所置南原庄的具体情况, 在其《原上新居十三首》中有最为集中的描写:

> 新占原头地, 本无山可归。荒藤生叶晚, 老杏著花稀。厨舍近

---

① 《全唐诗》卷二九九, 第3394页。

② 《全唐诗》卷三〇一, 第3431页。

③ 《全唐诗》卷二九九, 第3394页。

泥灶，家人初饱薇。弟兄今四散，何日更相依。

一家榆柳新，四面远无邻。人少愁闻病，庄孤幸得贫。耕牛长愿饱，樵仆每怜勤。终日忧衣食，何由脱此身。

长安无旧识，百里是天涯。寂寞思逢客，荒凉喜见花。访僧求贱药，将马中豪家。乍得新蔬菜，朝盘忽觉奢。

鸡鸣村舍遥，花发亦萧条。野竹初生笋，溪田未得苗。家贫僮仆瘦，春冷菜蔬焦。甘分长如此，无名在圣朝。

春来梨枣尽，啼哭小儿饥。邻富鸡常去，庄贫客渐稀。借牛耕地晚，卖树纳钱迟。墙下当官路，依山补竹篱。

自扫一间房，唯铺独卧床。野羹溪菜滑，山纸水苔香。陈药初和白，新经未入黄。近来心力少，休读养生方。

拟作读经人，空房置净巾。锁茶藤箧密，曝药竹床新。老病应随业，因缘不离身。焚香向居士，无计出诸尘。

移家近住村，贫苦自安存。细问梨果植，远求花药根。倩人开废井，趁犊入新园。长爱当山立，黄昏不闭门。

和煖绕林行，新贫足喜声。扫渠忧竹旱，浇地引兰生。山客凭栽树，家僮使入城。门前粉壁上，书著县官名。

住处钟鼓外，免争当路桥。身闲时却困，儿病可来娇。鸡睡日阳暖，蜂狂花艳烧。长安足门户，叠叠看登朝。

近来年纪到，世事总无心。古碣凭人拓，闲诗任客吟。送经还野苑，移石入幽林。谷口春风恶，梨花盖地深。

懒更学诸余，林中扫地居。腻衣穿不洗，白发短慵梳。苦相常多泪，劳生自悟虚。闲行人事绝，亲故亦无书。

住处去山近，傍园麋鹿行。野桑穿井长，荒竹过墙生。新识邻里面，未谙村社情。石田无力及，贱赁与人耕。[①]

通过这组诗，我们基本上可以简单归纳出王建南原庄的收入项目了。

① 《全唐诗》卷二九九，第3394—3396页。

首先依然是田产，既可以带来粮食收入（“溪田未得苗”），也可以用来租赁收取地租（“石田无力及，贱赁与人耕”）。其次是其他相关的农副业，比如蔬菜（“乍得新蔬菜”）、水果（“老杏著花稀”“细问梨果植”）、禽畜（“邻富鸡常去”）、经济作物（“一家榆柳新”）等。此外，则是野物的补充，比如野菜之类（“野竹初生笋”“野羹溪菜滑”）。

那么王建此时园居的主要支出是什么呢？首先当然是各种生活消费，比如衣食（“家人初饱薇”“锁茶藤箧密”），医疗（“访僧求贱药”“曝药竹床新”），文人情趣（“拟作读经人，空房置净巾”“焚香向居士”）等，其中还包括了家仆的生活开支（“樵仆每怜勤”“家贫僮仆瘦”）。其次则是园林的建设和修缮，比如“依山补竹篱”“远求花药根”“倩人开废井”“扫渠忧竹旱”。然后就是赋税了，即所谓“卖树纳钱迟”。

至此，王建南原庄有哪些收支已经大致清楚了，唐代文人园林收支的常规项目基本都包括在内，只是具体数额不明。不过，我们依然可以看出，尽管王建在园林建设上尽量利用自然条件（“浇地引兰生”“移石入幽林”“傍园麋鹿行”）以减少开支，但这处南原庄维持的也不过是低水平的自给自足。贫困窘迫的状态始终挥之不去，文人园居的闲情逸致很少书写，而“庄孤幸得贫”“终日忧衣食”“啼哭小儿饥”“贫苦自安存”之类的感叹却随处可见。

由此可见，晚年的王建依然要依靠平衡型的山野郊园来维持自己的生活，这处南原庄突出的仍是产业方面的意义，然后又附着了园林审美的因素而已。虽然和早年的渭南庄相比，南原庄的审美因素更加丰富更加明显，但实质性的差别其实不大。而这也和白居易晚年在支出型的履道池台诗酒逍遥构成了鲜明对比。总的来说，唐代文人晚年园居能如白居易者，终是少数。而王建的辛酸与艰难，或许才是大部分普通文人的园居状态吧！

（二）陆龟蒙：晚唐经济崩溃的缩影

最后，我们再来看看晚唐诗人陆龟蒙园居生活的经济状况。

在前文中，我们曾经提到过，陆龟蒙作为江南一带传统士族出身的文人，从祖上继承了一份颇为丰厚的园产，而且自己还另有开拓，在其《甫里先生传》一文中就曾这样记述过：

先生之居，有池数亩，有屋三十楹，有田畸十万步（吴田亩当二百五十步，十万步为四百亩），有牛不减四十蹄（十牛），有耕夫百余指（十余人）。……

先生嗜茶荈，置小园于顾渚山下，岁入茶租十许簿为瓯舣之费。自为《品第书》一篇，继《茶经》《茶诀》之后。[①]

这段文字不仅明确交代了陆龟蒙震泽别业的产业规模（四百亩田产和数亩池塘），还提到了位于吴兴顾渚山的一份茶园产业。对一生未得科第且只在人生前半段做过几次幕僚的陆龟蒙而言，在退归乡里之后，维持其园居生活的主要经济来源应该就是这些园产的收入了。陆龟蒙在《自遣诗三十首》中曾多次提及这些收入，如“纵然此事教双得，不博溪田二顷苗”，“我为余粮春未去，到头谁是复谁非”，“南岸春田手自农，往来横截半江风”，“无多药圃近南荣，合有新苗次第生”[②]，等。《袭美见题郊居十首，因次韵酬之以伸荣谢》其三中的“欲问新秋计，菱丝一亩强”[③]也是很典型的说明，而胡宿的《甫里先生碑铭》中亦有“稻田一廛，岁供薪水之费；鱼陂数顷，日充庖脍之事”[④]，可资佐证。而且陆龟蒙所拥有的产业不仅如此，在《送小鸡山樵人序》一文中，陆龟蒙还曾写到过自己在小鸡山的一处以木柴为主的产业：

光福西五里，得土山。山土多石寡，无大林木，率生小栎朴楸，皆薪材，直吴之爨，此为助焉。连延广袤不一，其主为书，画界疆以相授。自家至麓，凡二百弓。东北倍高而加半焉，余所置多

① 《全唐文》卷八〇一，第3732页。括注部分据王仲荦：《隋唐五代史》，第308页。

② 《全唐诗》卷六二八，第7208—7209页。

③ 《全唐诗》卷六二二，第7161页。

④ 《陆龟蒙全集校注》，第37页。

少如此。……[①]

除了这些园产之外，陆龟蒙还可以通过其他方式获得一些零星琐碎的收入。首先值得注意的就是各种野物的补充。在水网密布的江南，垂钓之举至为平常，陆龟蒙就不止一次在诗文中提到自己的垂钓行为，比如《自和次前韵》中的“把钓竿初冷”[②]，《自遣诗三十首》中的“长鲸好鲙无因得，乞取艅艎作钓舟”“贤达垂竿小隐中，我来真作捕鱼翁”[③]等。而能够补贴生活的野物不仅有水产，还有野菜，《偶掇野蔬寄袭美有作》一诗就是典型。其次，陆龟蒙应该还经常自行酿酒，《记事》中就写到了“近闻天子诏，复许私酝酿。促使舂酒材，呼儿具盆盎”[④]，当朝廷酒禁松弛时，这也会成为一项重要的收入。此外，陆龟蒙园居生活中获得的外财注入也不少，这主要来自友人皮日休的馈赠。从相关诗作来看，皮日休经常向陆龟蒙赠物，比如《病中有人惠海蟹转寄鲁望》《早春以橘子寄鲁望》《以纱巾寄鲁望因而有作》等，虽然所赠之物未必贵重，但至少也是生活日用的一点贴补，可以视为补充性收入。

了解完收入，我们再来看陆龟蒙园林的日常经营。从现有文献来看，应该是亲自经营和家仆代理经营兼有的。其中家仆的代理主要是在一些大型的生产和专门的技术型工作方面，大型生产如前引《甫里先生传》中的“有耕夫百余指”，就是从事田间耕作的，而小鸡山的柴薪也有专门的人来负责，即《送小鸡山樵人序》中提到的“其掌而供事者曰顾及，小鸡之樵氓也”[⑤]；专门的技术型工作则主要是土木工程之类的建设与修缮，《袭美见题郊居十首，因次韵酬之以伸荣谢》其二“倩人医病树，看仆补衡茅”[⑥]中的“补衡茅”即是，而医树的专业性更强，则只能请人了。至于陆龟蒙自己亲自进行的经营，首先也包括生产活动，比如《甫里先生传》中的“乃躬负

① 《全唐文》卷八〇〇，第3726页。

② 《全唐诗》卷六二三，第7166页。

③ 《全唐诗》卷六二八，第7207—7208页。

④ 《全唐诗》卷六一九，第7130页。

⑤ 《全唐文》卷八〇〇，第3726页。

⑥ 《全唐诗》卷六二二，第7161页。

畚锸，率耕夫以为具”，就是亲自带领农夫耕作，在其《村夜》二篇中，也有自耕的描述，而皮日休《奉和鲁望闲居杂题五首·晚秋吟》中的“东皋烟雨归耕日”[①]，亦可为旁证。同时，陆龟蒙还有很多亲自进行的审美经营，比如《移石盆》《种蒲》的描写，以及《夏日闲居作四声诗寄袭美·平去声》中提到的“自种蕙未遍……耕耘闲之资”[②]等。

其实，关于陆龟蒙园林的产业和经营情况，皮日休在《临顿为吴中偏胜之地，陆鲁望居之，不出郛郭，旷若郊墅，余每相访，欵然惜去，因成五言十首，奉题屋壁》中曾经作过更为集中全面的描写：

一方萧洒地，之子独深居。绕屋亲栽竹，堆床手写书。高风翔砌鸟，暴雨失池鱼。暗识归山计，村边买鹿车。

篱疏从绿槿，檐乱任黄茅。压酒移溪石，煎茶拾野巢。静窗悬雨笠，闲壁挂烟匏。支遁今无骨，谁为世外交。

茧稀初上簇，醅尽未干床。尽日留蚕母，移时祭麹王。趁泉浇竹急，候雨种莲忙。更葺园中景，应为顾辟疆。

静僻无人到，幽深每自知。鹤来添口数，琴到益家资。坏堑生鱼沫，颓檐落燕儿。空将绿蕉叶，来往寄闲诗。

夏过无担石，日高开板扉。僧虽与简籚，人不典蕉衣。鹤静共眠觉，鹭驯同钓归。生公石上月，何夕约谭微。

经岁岸乌纱，读书三十车。水痕侵病竹，蛛网上衰花。诗任传渔客，衣从递酒家。知君秋晚事，白帻刈胡麻。

寂历秋怀动，萧条夏思残。久贫空酒库，多病束鱼竿。玄想凝鹤扇，清斋拂鹿冠。梦魂无俗事，夜夜到金坛。

闭门无一事，安稳卧凉天。砌下翘饥鹤，庭阴落病蝉。倚杉闲把易，烧朮静论玄。赖有包山客，时时寄紫泉。

病起扶灵寿，翛然强到门。与杉除败叶，为石整危根。薜蔓任遮壁，莲茎卧枕盆。明朝有忙事，召客斫桐孙。

① 《全唐诗》卷六一六，第7105页。

② 《全唐诗》卷六三〇，第7229页。

缓颊称无利，低眉号不能。世情都太薄，俗意就中憎。云态不知骤，鹤情非会徵。画臣谁奉诏，来此写姜肱。[①]

通过这组诗的描写，我们可以知道，陆龟蒙之园除了附带田产种植粮食作物之外，还有竹、莲、胡麻等经济作物，钓鱼的额外收入，以及酿酒纺织等附属产业。而在日常的经营方面，似也以陆龟蒙亲自经营为多。

既然陆龟蒙园林产业颇丰，且以亲自经营为主，按理说收入也应该颇为丰厚，日子可以过得很不错。但事实是否真的如此呢？翻检陆龟蒙诗文中的描述，我们看到的实际情况却恰恰相反。陆龟蒙曾不止一次在作品中提到自己的贫穷，比如《甫里先生传》中有“贫而不言利”[②]，《江墅言怀》中有“贫须稼穑供”[③]，《记事》中有“苦为饥寒累”[④]，《自和次前韵》中有“著书粮易绝，多病药难供”[⑤]，《蔷薇》中有“倚墙当户自横陈，致得贫家似不贫”[⑥]等。温饱尚不能足，饮酒自然也就成了问题，《袭美见题郊居十首，因次韵酬之以伸荣谢》其十中有“酒材经夏阙”[⑦]，《奉酬袭美秋晚见题二首》其二也有“赊酒半寒瓢”[⑧]。虽然文人在作品中感慨的贫穷有时并非真的衣食堪忧，但从这些作品中可以看出，陆龟蒙的生活至少算不得从容优裕。那为什么有如此规模园产的诗人，生活会陷入窘迫呢？按照常规思路，我们首先要看的是陆龟蒙的支出情况，是否是因为园居生活的开支过于庞大，而影响了园林经济的正常运转呢？

和唐代大多数文人园林一样，陆龟蒙园林的支出首先也是园居生活的种种日常消费。从现有资料来看，陆龟蒙园居生活的消费除了自己、家人以及家仆的衣食日用外，还有一些项目开支不少。一是园林本身的消耗，

---

① 《全唐诗》卷六一二，第7060—7061页。
② 《全唐文》卷八〇一，第3732页。
③ 《全唐诗》卷六二三，第7166页。
④ 《全唐诗》卷六一九，第7129页。
⑤ 《全唐诗》卷六二三，第7166页。
⑥ 《全唐诗》卷六二五，第7181页。
⑦ 《全唐诗》卷六二二，第7162页。
⑧ 《全唐诗》卷六二二，第7160页。

比如建筑的修补和花木的养护，前引之“倩人医病树，看仆补衡茅”就是典型例证，而其在《笠泽丛书序》中自称所居为“败屋数间”[①]，皮日休《屧步访鲁望不遇》中描述的“破扉开涩染苔花”[②]亦可为证，想来其平日的修补应该也会是比较频繁的了。二是藏书，殷文圭《题吴中陆龟蒙山斋》中就曾描述过“万卷图书千户贵，十洲烟景四时和”[③]，即使这些图书颇有祖产，陆龟蒙本人也不会毫无添置，胡宿的《甫里先生碑铭》中就曾提到过陆龟蒙“癖好聚书，本皆有副。得以传写，则乌襕不计其费；躬加校正，则鸡距未尝去手”[④]。其三是待客尤其是饭僧的支出，这在陆龟蒙的作品中同样很常见，比如《奉和袭美抱疾杜门见寄次韵》中有“施山僧饭别教炊”[⑤]、《和袭美寒日书斋即事三首，每篇各用一韵》其一中有“唯求薏苡供僧食，别著氍毹待客床”[⑥]、《蔬食》中有“香稻熟来秋菜嫩，伴僧餐了听云和”[⑦]等。最后是医药的费用，陆龟蒙在《江墅言怀》就曾提到过自己是“病身兼稚子”[⑧]，《小雪后书事》中也有“偶因行药到村前”[⑨]，而《病中秋怀寄袭美》中的“贪广异蔬行径窄，故求偏药出钱添”[⑩]更是明确说明药的价格并不低廉。在前文中我们就曾谈到，白居易守制后期的窘迫与因病求药不无关联，而陆龟蒙的医疗支出也同样会对其生活造成不小的压力吧！

但是，这些支出真的就大到陆龟蒙难以支撑的地步了吗？恐怕未必。由《幽居赋（并序）》[⑪]中的描述可知，陆龟蒙的园林建设也是尽量从简的，成本应该不会很高。其在《新秋杂题六首 · 食》又提到了“林乌信我无机

---

① 《全唐文》卷八〇〇，第3726页。
② 《全唐诗》卷六一三，第7070页。
③ 《全唐诗》卷七〇七，第8134页。
④ 《陆龟蒙全集校注》，第38页。
⑤ 《全唐诗》卷六二四，第7178页。
⑥ 《全唐诗》卷六二六，第7192页。
⑦ 《全唐诗》卷六二九，第7222页。
⑧ 《全唐诗》卷六二三，第7166页。
⑨ 《全唐诗》卷六二四，第7173页。
⑩ 《全唐诗》卷六二六，第7189页。
⑪ 《全唐文》卷八〇〇，第3723—3724页。

事，长到而今下石盆”，可见诗人还可以通过招引野禽来节省动物饲养方面的开支。而《甫里先生传》中又曾这样写道：“先生平居以文章自怡，虽幽忧疾痛中，落然无旬日生计，未尝暂辍。……先生始以喜酒得疾，血败气索者二年，而后能起。有客至，亦洁樽置觯，但不复引满向口耳。性不喜与俗人交，虽诣门不得见也。不置车马，不务庆吊。内外姻党，伏腊丧祭，未尝及时往。”[①]也就是说，他在人情往来方面的支出其实也是相当节制的。不仅如此，在《送小鸡山樵人序》一文中，陆龟蒙更是对自己园居生活的开销算了一笔总账：“余家大小之口二十，月费米十斛。饭成理鱼蔌辈，十斛薪然后已。四时宾祭、沐浴浣濯、疾病汤药、糜粥在外，岁入五千束足矣。”[②]则陆龟蒙维持园居生活的成本，是米十斛、十斛薪以及五千束，且上述衣食日用、待客医疗之类的支出都已包括在内。那么，陆龟蒙的园林收入能否负担得起这个开支呢？正常情况下，十斛薪仅靠小鸡山的柴就足够支持，每月十斛米也有田产的产出支撑，只剩下这个“五千束”到底是什么。考虑到这个说法出自《送小鸡山樵人序》，且后文中有“置薪二百五十于门”，所以这个“五千束”很可能指的就是柴薪了。虽然唐代柴薪的价格笔者暂时无从考之，但依然可以根据这条信息来大致推测陆龟蒙的经济情况。我们不妨先来计算一下陆龟蒙园产能为他带来的收入是多少。在陆龟蒙的各项产业中，最重要的还是这四百亩田产。前文中我们曾经讨论过许浑的园林田产收入，如果以晚唐时期一斗米一百文的价格为标准，并取平均粮食产量来计算，许浑“二顷田”的年收入可以达到十二万文，如此类推的话，陆龟蒙每年凭这四百亩地可以获得二十四万文钱的收入。不过，这二十四万钱只是毛收入，而陆龟蒙家人的生活消费每月就要费去“米十斛”，如果按照《新唐书 · 食货志》中的“田以高下肥瘠丰耗为率，一顷出米五十余斛”来计算，四百亩地每年可以提供的粮食是米二百余斛，而每年的消耗则是一百二十斛，剩下的八十斛就算可以完全转化成收入，也只有不到十万钱了。更何况参与劳作的还“有耕夫百余指”，如果没有包括在

① 《全唐文》卷八〇一，第3732页。
② 《全唐文》卷八〇〇，第3726页。

这“余家大小之口二十”中的话，则剩余的八十斛米中必然还有相当一部分要支付给他们，如此一来，陆龟蒙可以靠田产获得的收入就更加寥寥无几了。因此，柴山和茶园的收入才是维持其他园居消费的主要经济来源。而柴山的收入即使是“五千束”之多，也基本上被“四时宾祭、沐浴浣濯、疾病汤药、糜粥在外”抵消掉了，所以他的园居生活如果还有所积蓄，就只剩下“岁入茶租十许簿为瓯舣之费”了。很显然，相对于那些积蓄较为丰厚的文人来说，陆龟蒙的确是有理由感慨自己的贫穷。

不仅如此，我们刚刚讨论的其实还是比较理想的状况，即陆龟蒙的田产至少达到平均水平的收入，且柴山和茶园的收入也同样到达预期。而事实上，陆龟蒙的园林未必能有这么理想的收入。这当中，首当其冲的影响因素无疑是自然灾害所造成的减产。一方面，陆龟蒙的田产似乎条件并不是很好，所以很容易受灾。其在《甫里先生传》中就曾经写到过：“田污下，暑雨一昼夜，则与江通，无别己田他田也。先生由是苦饥，囷仓无升斗蓄积，乃躬负畚锸，率耕夫以为具。由是岁波虽狂，不能跳吾防、溺吾稼也。”很明显，因为田产地势较低，所以一旦遇上较大的降水，就可能受灾，而受灾的结果便是“由是苦饥，囷仓无升斗蓄积”的困窘。如果说，水患还可以通过带领耕夫进行抗灾活动而减少损失的话，那么旱灾的问题就更大了。陆龟蒙在《奉酬袭美秋晚见题二首》其二中写到过“失雨园蔬赤”[①]，在《夏日闲居作四声诗寄袭美·平声》中也写到过“荒池孤蒲深”[②]，《水国诗》更是对旱灾及其影响进行了集中书写：“水国不堪旱，斯民生甚微。直至葭菼少，敢言鱼蟹肥。我到荒村无食啖，对案又非梁谢览。况是干苗结子疏，归时只得藜羹糁。”[③]《五歌·刈获》也同样如此：“自春徂秋天弗雨，廉廉早稻才遮亩。芒粒稀疏熟更轻，地与禾头不相拄。我来愁筑心如堵，更听农夫夜深语。凶年是物即为灾，百阵野凫千穴鼠。平明抱杖入田中，十穗萧条九穗空。敢言一岁囷仓实，不了如今朝暮春。天职谁司下民籍，苟有区

① 《全唐诗》卷六二二，第7160页。
② 《全唐诗》卷六三〇，第7228页。
③ 《全唐诗》卷六三〇，第7227页。

区宜析析。本作耕耘意若何，虫豸兼教食人食。古者为邦须蓄积，鲁饥尚责如齐籴。今之为政异当时，一任流离恣征索。平生幸遇华阳客，向日餐霞转肥白。欲卖耕牛弃水田，移家且傍三茅宅。”[①]可见，旱灾不仅影响了田地中粮食的收入，甚至还会波及园池中的水产，估计茶园也未必能够幸免。由此可见，自然灾害对陆龟蒙园林收入造成的冲击非常大，甚至可以说是一个导致其贫穷的直接因素。

陆龟蒙坐拥如此规模的园林产业，仍然不免贫穷，灾害造成的收入减少固然是重要原因，但是另一方面的因素可能更为关键。前面我们讨论陆龟蒙的支出时，主要考虑的是园居生活本身，但是其实际支出中还有一项不容忽视，那就是缴纳赋税。陆龟蒙没有进士功名和官爵傍身，承担各种赋役自然在所难免，而且其在《江湖散人歌（并传）》中也提到过“归来辄拟荷锄笠，诟吏已责租钱迟”[②]。陆龟蒙具体承担的赋税是多少，我们现在已经很难具体考知。英国学者杜希德在《唐代财政》一书中曾据陆广微《吴地记》的记录分析过唐懿宗或唐僖宗时期苏州的赋税情况，并制作了简表，认为苏州地区当时的税额是户均四千八百五十六文[③]。但是从晚唐的实际情况来看，很可能还要远远高过这一数值。颜萱在《过张祜处士丹阳故居》的序中写到过的“有故田数百亩，力既贫窭，十年不耕，唯岁赋万钱，求免无所”，就很值得注意。而在《送小鸡山樵人序》中，陆龟蒙也曾借“小鸡之樵”之口，对中晚唐以降的赋税之重作过这样一番描述：

> 乾符六年春弗雨，夏支流将绝，八月暴雨，而巨艑可实而行之矣。九月朔，方置薪二百五十于门。召而责之曰：“吾一夏来，撤败屋拔庭草以炊。雨之明日，望尔来矣。何数廉而至晚，得非赭吾山而为汝之利耶？老而欺，如名恶何？”及笑曰：“吾年余八十矣。元和中，尝从吏部游京师，人言国家用兵，帑金窖粟不足用，当时江南之赋已重矣。迨今盈六十年，赋数倍于前。不足之声闻于

① 《全唐诗》卷六二一，第7148页。

② 《全唐诗》卷六二一，第7147页。

③ 《唐代财政》，第154—155页。

天下，得非专地者之欺甚乎？吾有丈夫子五人，诸孙亦有丁壮者。自盗兴以来，百役皆在，亡无所容。又水旱更害吾稼，未即死，不忍见儿孙寒馁之色。虽尽售小鸡之木，不足以濡吾家，况一二买名为偷乎？今子一炀灶不给而责吾之深，吾将欲移其责于天下之守，则吾死不恨矣。[①]

文中提到的是乾符六年之事，而早在乾符二年黄巢响应王仙芝起兵时，就已经是“民之困于重敛者争归之，数月之间，众至数万”[②]了。税收造成的晚唐民生凋敝，在很多文人笔下都有书写，比如杜荀鹤的《山中寡妇》中就有“桑柘废来犹纳税，田园荒后尚征苗”[③]，《题所居村舍》中又有“家随兵尽屋空存，税额宁容减一分”[④]。像陆龟蒙这样因自然灾害而减产者，亦不能奢望有任何赋税上的减免了。在这样的情况下，陆龟蒙还能守住自己的这份园产，本身已是相当不易。毕竟，有产者因征赋之重而失去部分乃至全部旧业，在当时也并不少见。比如徐夤在《东归题屋壁》中就曾写道：

尘埃归去五湖东，还是衡门一亩宫。旧业旋从征赋失，故人多逐乱离空。因悲尽室如悬罄，却拟携家学转蓬。见说武王天上梦，无情曾与傅岩通。[⑤]

而于濆在《田翁叹》一诗中的描写也是如此：

手植千树桑，文杏作中梁。频年徭役重，尽属富家郎。富家田业广，用此买金章。昨日门前过，轩车满垂杨。归来说向家，儿孙竟咨嗟。不见千树桑，一浦芙蓉花。[⑥]

由此可见，陆龟蒙的贫困并不仅仅是个人的问题，更是时代的缩影。从陆龟蒙的困窘当中我们不难看到，依靠农副业收入为主的园林经济，在当时的条件下其实是相当脆弱的。就像我们前面讨论白居易时所看到的

---

① 《全唐文》卷八〇〇，第3726页。
② 《资治通鉴》卷二五二，第8180页。
③ 《全唐诗》卷六九二，第7958页。
④ 《全唐诗》卷六九二，第7966页。
⑤ 《全唐诗》卷七〇九，第8160页。
⑥ 《全唐诗》卷五九九，第6927页。

那样，要想维持安稳的园居生活，在通过科举进入仕途之后，依靠俸禄作为支撑，要比单纯依靠田产收入稳定得多。而没有官俸支持的园林，就很容易出现问题，所以，方干才会在《镜湖西岛言事寄陶校书》中由衷地感慨“文字不得力，桑麻难救贫”[①]。

其实，在传统社会中，农业经济本身就存在着这样的困境。白居易在《杜陵叟》中就曾描写过：“杜陵叟，杜陵居，岁种薄田一顷余。三月无雨旱风起，麦苗不秀多黄死。九月降霜秋早寒，禾穗未熟皆青干。长吏明知不申破，急敛暴征求考课。典桑卖地纳官租，明年衣食将何如。……”[②]一个拥有一顷田的普通农夫，在自然灾害和租税的压力下，转眼之间便不得不变卖掉自己的一切产业，沦入赤贫。在晚唐租税加重、灾害频仍的背景之下，陆龟蒙的产业虽比一般农夫为多，也仅仅是在贫困的边缘挣扎而已。而一个拥有四顷农田、数亩池塘以及茶园柴山的诗人，尚且无法正常维持自己的生活，则此时普通百姓的生存状态就更是可想而知了。田昌五曾经指出：“中国历史上多数时间内都是统一的多民族的专制主义中央集权国家。而其基础则是一家一户为生产单位的小农经济。国家通过层层行政组织将农民束缚起来，对他们进行统治。这样就有一个封建国家和农民的关系问题。国家的盛衰，社会的荣枯，都取决于农民经济。在农民经济能正常生产时，社会就繁荣，国家就强盛；当农民经济萎缩以至破坏时，社会就衰乱，国家就灭亡。而农民经济能不能正常生长，一是取决于有没有大的自然灾害和政府是否采取积极的措施；二是取决于是否发生大战乱，有没有一个安定的环境；三是取决于赋役的轻重，能不能保证农民有足够的劳动时间和适度的负担。在这三条中，政府赋役的轻重和对农民的政治束缚的强弱，是最重要的”。[③]伴随着一个个乡间的个体经济走向崩溃，曾经繁盛一时的大唐王朝亦终将走向末路。

---

① 《全唐诗》卷六五三，第7497页。

② 《全唐诗》卷四二七，第4704页。

③ 田昌五：《中国历史体系新论》，山东大学出版社，1995年，第230页。

结　　语

本书主要从私家园林产权的获得、日常经营和收入与支出等三个方面研究了唐代园林经济与文人生活之间的关系，并由此生发出一些关于唐代文人心态、审美及文学创作的讨论。

在园林产权方面，唐代文人获得私家园林的途径可谓是多种多样。购买是最为常见的一种方式。唐代园林的买卖从唐初就已存在，中唐以后更加普遍。但是由于园林的购买花费极高，所以能够购买园林的文人大都是为官多年且有足够积蓄者，而购买园林的主要目的是避世独善、颐养天年。继承家产是唐代文人获得私有园林的另一种主要方式，由于唐代实行诸子均分的财产继承方式，理论上任何人都可以从父祖那里得到一定的财产乃至园林。但是现在能够明确考知是通过继承方式获得园林的唐代文人，还是以出身于世家大族者居多，而且继承来的园林往往是庄园型的园林，具有一定的产业性质，并在文人生活中充当了经济后盾的角色。除了购买和继承，从理论上讲，垦荒也应该是唐代文人获得私家园林的一种主要途径，而且很可能为大批出身贫寒的士人所采用，只是明确的文献记载较为缺乏。此外，帝王赏赐、友人赠送、土地兼并等也都可能成为私家园林的获得途径，但在文人当中却并不多见，而均田制虽然在理论上也存在形成私家园林的可能，但实际上可行性却较为有限。

除了获得园林的完全产权从而享有园林生活之外，唐代文人还存在小产权园居的情况，也就是只获得园林的居住使用权而非所有权。这种小产权园居主要有三种形式：入仕为官从而得以居住和享用官署附带的公有园林，租赁居所并附带园林，以及在亲友或寺观的园林中临时借住。

园林产权问题对唐代文人心态和创作的影响是非常大的。总的来说，唐代园林产权转移的方式较为多样，转移频率也较高，土地兼并、政府罚没、赐园的改赐、垦荒的临时性等因素，都可能使文人失去自己的园林，而园林中的物产也同样存在这样的问题。私有园林尚且如此，小产权园林的居者更迭就更频繁了。而这种产权的转移也对文人心态造成了不小的刺激，或由此联想到世事沧桑富贵无常，或因此而慨叹物是人非感时怀旧，从而形成了唐代园林文学里颇为独特的一类。但是，虽然园林的产权可能发生转移，园主留下的印记却并不总是那么容易抹去。因此，一方面，故人的园林往往可以成为怀念的寄托，甚至跨越亲友的局限而追慕先贤；另一方面，自己在经营、建设的时候也会产生一种传世的期待，进而追问起生命在无尽时空中的价值与意义。

如果我们把所有权和使用权分开来看的话，还会观察到更多值得注意的现象。比如仕宦、动乱或者数处置产等因素，都可能使园主暂时离开自己的园林，而这也不可避免地导致大量思园和归园的作品产生。而在小产权园林中园居的文人，虽然从表面上看常常和在私园中无异，但归属感的缺失仍然会时时出现在他们的作品中。而如果园居者此时尚没有属于自己的园林，则小产权的园居也就更容易触发他们对拥有一处私家园林的渴望了。

在园林的日常经营方面，唐代文人园主既可以自己亲自进行经营，也可以由他人代理经营。园主亲自经营又可以分为审美经营和生产经营两种，由园主进行审美经营的园林往往更容易成为名园，而这些文人园主也更倾向于吟咏日常生活的雅趣，而园主亲自进行生产经营往往发生在园主没有官爵且园林规模有限的情况下，且这些文人园主的园林诗文在风格上也显得更为质朴一些。不仅如此，在亲自经营的过程中，文人往往会对自己的经营成果有更深厚的感情，以至于成为心中长久的牵挂。而在亲自经营时，他们还往往会被激发出更加丰富的感受，使得园林的经营活动也成为个人思想道德、艺术个性的典型体现，甚至还能反映出更为深广的社会内容。园林的代理经营主要发生在园林规模较大或园主暂时离开园林的情况下，负责园林代理经营的主要是家仆，也有的是亲族或友人（其中包括僧、道等方外之士）。代理经营的主要内容是进行生产、征收地租以及日常管理，偶尔也会有进行审美性规划设计与建设的，而这些采用代理方式进行日常经营的文人园主，其园林诗文的表现内容则往往是临时的宴饮或深切的怀念。

在园林的收入与支出方面，因园林规模的不同而有很大差异。

总的来说，园林附带田产的多少是决定收入的关键，而粮食种植则是园林收入最主要也最稳定的来源，这种收入既可以是纯粹的粮食收入，也可以转化为地租的形式。大型庄园式园林的粮食生产可以为园主带来不逊于官俸的巨额收入，而对通过垦荒获得小型园林的文人来说，则只需要十三亩田地就可以保障基本生活。除了粮食种植外，蔬菜水果以及经济作物的种植也可以为园林带来一定的收入，收入多少视种植规模而定，家畜的养殖可能会为一些大型庄园式园林带来丰厚的收入，而对大部分园林来说只能通过少量的家禽和池鱼略作补贴。此外，园林的附属产业和一些外财的输入对于园林的正常周转也具有重要的意义。

在支出上，园林建设、日常消费和赋税是主要内容，具体支出的多少则与园林的规模和园主追求的经营标准有关。园林建设方面的支出主要体现为土木工程、木石营构以及珍禽异兽的养殖等三个方面，但文人园主在园林建筑上常常追求朴素，在花木选择上也更注重文化内涵而非一味求贵，这都多多少少地降低了园林的开销。而日常消费则既包含园主自己的消费也包括家仆的消费，其中园主由于生活雅趣上的追求和交际应酬上的需要往往会有很大一笔开支，而家仆消费中家养歌妓的支出则应特别予以注意。至于赋税的缴纳，虽然在不同时期会有一定的差异，但唐代文人的私家园林主要承担的还是地税和户税。

根据园林收支情况的不同，唐代文人的私家园林可以分为收入型、支出型和平衡型三类，而这种园林类型的差异对文人的生活也有着很大的影响。拥有收入型或平衡型园林的文人才可能实现不求仕宦的真正隐居，但园林属于支出型的园主则往往采取“中隐”即“吏隐”的方式。文人的宴饮集会主要发生在收入型与支出型园林当中，而平衡型的园林通常无法承担。一处收入型或平衡型的园林，其支撑意义甚至会贯穿文人的一生。早年可以成为他们读书习业的场所，并为应举活动积累一定的资金，求仕失败的时候，则可以成为他们的退路，既安养身心，又可进行下一次的准备。即使入仕成功，在仕途刚刚起步而俸禄菲薄时，园林仍然可以继续提供经济上的支持，而在遭遇贬谪降职之类的挫折时，又可成为临时的栖身与转圜之所。直到宦海沉浮多年后，晚年退居，提供人生最后的归宿。

园林的收支不仅影响着文人的仕隐，还在一定程度上制约着文人的审美。当这种影响普遍化之后，又会逐渐形成一些大家都接受的审美习惯和理想，甚至经济条件乃至时代都发生了变化也不会轻易改变。由于大多数文人经济条件有限，所以他们提倡的园林审美往往建立在节俭的前提之下，追求质朴、崇俭以及自然，具体到园林经营建设的实践当中，常常体现为对选址的重视和对借景、借势手法的充分发挥。而经济条件制约下的园林规模不免有限，这也进一步推动了文人以小观大，越发强调一勺江海、壶中天地，在有限中感受无限。

在最后的个案分析中，我们通过对白居易、王建和陆龟蒙三人的考察，更具体地了解了唐代文人的园居状态，以及经济因素对他们园居生活的影响。从对材料相对丰富的白居易的讨论中可知，即使园林本身能够带来各种收入，但文人园居最重要的经济保障还是官俸，无论是园林的购买还是日常生活的维持都是如此。下层文人进入仕途、离开祖产之后，最初大都以小产权的园居为主，自己置产只能是人生后期的事情。中晚唐时期，地方官的收入往往要比京官更为丰厚，但日常生活的消费却要比京城少得多，因此，在地方上的为官经历通常可以给园林购买行为提供更有力的支持。但是，对大多数文人来说，能像白居易一样晚年安居履道池台乐享城市山林的，终究是少数。奋斗一生后仍然只能靠一处低水平自给自足的平衡型园林维持晚年生活的王建，也许更具有普遍性。文人置产之难，园居之不易，尽在其中。而陆龟蒙园居的困窘，不但更进一步地体现了园林本身农副业收入的不稳定性，更从一个侧面反映出了晚唐社会经济的崩溃，成为王朝即将落幕的一个真实写照。

由此可见，唐代文人的私家园林具有自己的一些特点，而且它们与文人的生活、心态及文学创作有着千丝万缕的联系，这方面的研究不仅有助于我们更好地了解唐代园林的一些细节，也可以深化我们对唐代一些文学现象的认识。

参 考 文 献

[1] 王弼.楼宇烈.老子道德经注校释[M].北京：中华书局，2008.
[2] 庄子.陈鼓应.庄子今注今译[M].北京：中华书局，1983.
[3] 司马迁.史记[M].北京：中华书局，1959.
[4] 彭定求，等.全唐诗[M].北京：中华书局，1960.
[5] 陈尚君.全唐诗补编[M].北京：中华书局，2005.
[6] 董诰，等.全唐文[M].上海：上海古籍出版社，1990.
[7] 陈尚君.全唐文补编[M].北京：中华书局，2005.
[8] 周绍良.唐代墓志汇编[M].上海：上海古籍出版社，1992.
[9] 李林甫，等.唐六典[M].陈仲夫，点校.北京：中华书局，1992.
[10] 杜佑.通典[M].北京：中华书局，1988.
[11] 李吉甫.元和郡县图志[M].北京：中华书局，1983.
[12] 长孙无忌.唐律疏议[M].刘俊文，点校.北京：中华书局，1983.
[13] 仁井田陞.栗劲，等，编译.唐令拾遗[M].长春：长春出版社，1989.
[14] 吴兢.贞观政要[M].北京：中华书局，2011.
[15] 韦述.辛德勇.两京新记辑校[M].北京：中华书局，2020.
[16] 王维.赵殿成.王右丞集笺注[M].上海：上海古籍出版社，1998.
[17] 杜甫.仇兆鳌.杜诗详注[M].北京：中华书局，1979.
[18] 陆羽.沈冬梅.茶经校注[M].北京：中华书局，2021.
[19] 白居易.朱金城.白居易集笺校[M].上海：上海古籍出版社，1988.

[20] 白居易. 谢思炜. 白居易诗集校注[M]. 北京：中华书局，2006.
[21] 王建. 王宗棠. 王建诗集校注[M]. 郑州：中州古籍出版社，2006.
[22] 王建. 尹占华. 王建诗集校注[M]. 成都：巴蜀书社，2006.
[23] 杜牧. 冯集梧. 樊川诗集注[M]. 上海：上海古籍出版社，1962.
[24] 陆龟蒙. 何锡光. 陆龟蒙全集校注[M]. 南京：凤凰出版社，2015.
[25] 裴庭裕. 东观奏记[M]. 北京：中华书局，1994.
[26] 杨晔. 膳夫经[M]//陈建华，曹淳亮. 广州大典第八辑第六册. 广州：广州出版社，2008.
[27] 圆仁. 白化文，李鼎霞，许德楠. 入唐求法巡礼行记校注[M]. 北京：中华书局，2019.
[28] 上海古籍出版社. 唐五代笔记小说大观[M]. 上海：上海古籍出版社，2000.
[29] 上海古籍出版社. 宋元笔记小说大观[M]. 上海：上海古籍出版社，2001.
[30] 冯贽. 齐仕蓉. 云仙杂记校注[M]. 重庆：西南师范大学出版社，1990.
[31] 刘昫，等. 旧唐书[M]. 北京：中华书局，1975.
[32] 欧阳修，宋祁. 新唐书[M]. 北京：中华书局，1975.
[33] 薛居正. 旧五代史[M]. 北京：中华书局，2015.
[34] 欧阳修. 新五代史[M]. 北京：中华书局，1974.
[35] 王溥. 唐会要[M]. 北京：中华书局，1960.
[36] 王溥. 五代会要[M]. 北京：中华书局，1998.
[37] 李昉，等. 太平广记[M]. 北京：中华书局，1961.
[38] 王钦若，等. 册府元龟[M]. 南京：凤凰出版社，2006.
[39] 钱易. 南部新书[M]. 北京：中华书局，2002.
[40] 宋敏求. 长安志[M]. 西安：三秦出版社，2013.
[41] 宋敏求. 唐大诏令集[M]. 北京：中华书局，2008.
[42] 李希泌. 唐大诏令集补编[M]. 上海：上海古籍出版社，2003.
[43] 司马光. 资治通鉴[M]. 北京：中华书局，1956.
[44] 王谠. 周勋初. 唐语林校证[M]. 北京：中华书局，1987.
[45] 杜绾. 云林石谱[M]. 北京：中华书局，2012.

[46] 祝穆，祝洙. 方舆胜览[M]. 北京：中华书局，2003.
[47] 朱熹. 诗集传[M]. 长沙：岳麓书社，1989.
[48] 辛文房. 傅璇琮. 唐才子传校笺[M]. 北京：中华书局，1995.
[49] 骆天骧. 类编长安志[M]. 北京：中华书局，1990.
[50] 计成. 园冶图说[M]. 济南：山东画报出版社，2003.
[51] 李渔. 闲情偶寄[M]. 杭州：浙江古籍出版社，2014.
[52] 徐松. 李健超. 增订唐两京城坊考[M]. 西安：三秦出版社，2006.
[53] 谢旻，等. 江西通志[M]//钦定四库全书.
[54] 天一阁博物馆，中国社会科学院历史研究所天圣令整理课题组. 天一阁藏明钞本天圣令校证（附唐令复原研究）[M]. 北京：中华书局，2006.
[55] 曹贯一. 中国农业经济史[M]. 北京：中国社会科学出版社，1989.
[56] 曹林娣. 中国园林文化[M]. 北京：中国建筑工业出版社，2005.
[57] 岑仲勉. 隋唐史[M]. 石家庄：河北教育出版社，2000.
[58] 岑仲勉. 唐人行第录：外三种[M]. 北京：中华书局，2004.
[59] 陈贻焮. 杜甫评传[M]. 上海：上海古籍出版社，1982.
[60] 陈寅恪. 陈寅恪集：隋唐制度渊源略论稿 · 唐代政治史述论稿[M]. 北京：生活 · 读书 · 新知三联书店，2001.
[61] 陈寅恪. 陈寅恪集：元白诗笺证稿[M]. 北京：生活 · 读书 · 新知三联书店，2001.
[62] 陈寅恪. 陈寅恪集：金明馆丛稿初编[M]. 北京：生活 · 读书 · 新知三联书店，2001.
[63] 陈寅恪. 陈寅恪集：金明馆丛稿二编[M]. 北京：生活 · 读书 · 新知三联书店，2001.
[64] 陈勇. 唐代长江下游经济发展研究[M]. 上海：上海人民出版社，2006.
[65] 储兆文. 中国园林史[M]. 上海：东方出版中心，2008.
[66] 傅璇琮. 唐代诗人丛考[M]. 北京：中华书局，1980.
[67] 傅璇琮. 李德裕年谱[M]. 济南：齐鲁书社，1984.
[68] 韩国磐. 隋唐五代史论集[M]. 北京：生活 · 读书 · 新知三联书店，1979.

[69] 侯迺慧.诗情与幽境：唐代文人园林生活[M].台北：东大图书公司，1991.
[70] 胡戟，等.二十世纪唐研究[M].北京：中国社会科学出版社，2002.
[71] 胡如雷.隋唐五代社会经济史论稿[M].北京：中国社会科学出版社，1996.
[72] 黄冕堂.中国历代物价问题考述[M].济南：齐鲁书社，2007.
[73] 贾晋华.唐代集会总集与诗人群研究[M].北京：北京大学出版社，2001.
[74] 蹇长春.白居易评传[M].南京：南京大学出版社，2002.
[75] 金学智.中国园林美学[M].北京：中国建筑工业出版社，2005.
[76] 李浩.唐代园林别业考论[M].西安：西北大学出版社，1998.
[77] 李浩.唐代园林别业考录[M].上海：上海古籍出版社，2005.
[78] 李鸿宾.隋唐五代诸问题研究[M].北京：中央民族大学出版社，2006.
[79] 李季平.唐代奴婢制度[M].上海：上海人民出版社，1986.
[80] 李锦绣.唐代财政史稿[M].北京：社会科学文献出版社，2007.
[81] 李亮伟.涵泳大雅：王维与中国文化[M].北京：中华书局，2003.
[82] 李孝聪.唐代地域结构与运作空间[M].上海：上海辞书出版社，2003.
[83] 林继中.唐诗与庄园文化[M].桂林：漓江出版社，1996.
[84] 林继中.栖息在诗意中：王维小传[M].保定：河北大学出版社，2000.
[85] 刘玉峰.唐代经济结构及其变化研究：以所有权结构为中心[M].济南：山东大学出版社，2014.
[86] 卢华语.全唐诗经济资料辑释与研究[M].重庆：重庆出版社，2006.
[87] 卢向前.唐代政治经济史综论：甘露之变研究及其他[M].北京：商务印书馆，2012.
[88] 乜小红.唐五代畜牧经济研究[M].北京：中华书局，2006.
[89] 缪钺.杜牧传[M].天津：百花文艺出版社，1999.
[90] 宁可.中国经济发展史[M].北京：中国经济出版社，1999.
[91] 沙知.敦煌契约文书辑校[M].南京：江苏古籍出版社，1998.
[92] 谭英华.两唐书食货志校读记[M].成都：四川大学出版社，1988.
[93] 唐长孺.魏晋南北朝隋唐史三论：中国封建社会的形成和前期的变化[M].武汉：武汉大学出版社，1992.

[94] 陶敏.全唐诗人名考证[M].西安：陕西人民教育出版社，1996.
[95] 陶希圣，鞠清远.唐代经济史[M].上海：商务印书馆，1936.
[96] 谭前学.盛世遗珍：唐代金银器巡礼[M].西安：三秦出版社，2003.
[97] 田昌五.中国历史体系新论[M].济南：山东大学出版社，1995.
[98] 王毅.中国园林文化史[M].上海：上海人民出版社，2004.
[99] 王永兴.隋唐五代经济史料汇编校注[M].北京：中华书局，1987.
[100] 王志清.盛唐生态诗学[M].北京：北京大学出版社，2007.
[101] 王仲荦.隋唐五代史[M].上海：上海人民出版社，2003.
[102] 汪菊渊.中国古代园林史[M].北京：中国建筑工业出版社，2006.
[103] 武金铭，颜吾芟，杨西岩.中国隋唐五代经济史[M].北京：人民出版社，1994.
[104] 许建平.去蔽、还原与阐释：探索中国古代文学研究的新路径[M].北京：社会科学文献出版社，2007.
[105] 杨际平.北朝隋唐均田制新探[M].长沙：岳麓书社，2003.
[106] 杨立峰.园林经济管理[M].北京：中国水利水电出版社，2013.
[107] 张安福.唐代农民家庭经济研究[M].北京：中国社会科学出版社，2008.
[108] 张雁南.唐代消费经济研究[M].济南：齐鲁书社，2009.
[109] 张中秋.唐代经济民事法律述论[M].北京：法律出版社，2002.
[110] 张泽咸.唐五代赋役史草[M].北京：中华书局，1986.
[111] 赵云旗.唐代土地买卖研究[M].北京：中国财政经济出版社，2002.
[112] 郑显文.唐代律令制研究[M].北京：北京大学出版社，2004.
[113] 郑学檬.中国古代经济重心南移和唐宋江南经济研究[M].长沙：岳麓书社，2003.
[114] 周维权.中国古典园林史[M].北京：清华大学出版社，1990.
[115] 朱金城.白居易年谱[M].上海：上海古籍出版社，1982.
[116] 杜希德.唐代财政[M].丁俊，译.上海：中西书局，2016.
[117] 韩晓山.私人领域的变形：唐宋诗歌中的园林与玩好[M].文韬，译.南京：江苏人民出版社，2008.

[118] 谢和耐.中国5—10世纪的寺院经济[M].耿昇，译.上海：上海古籍出版社，2004.
[119] 陈允吉.王维辋川《华子冈》诗与佛家“飞鸟喻”[J].文学遗产，1998（2）：63-70 .
[120] 董乃斌.经济视角与唐代文学研究的深入[J].学术月刊，2006（5）：128-131.
[121] 胡明.中国传统文学与经济生活[J].学术月刊，2006（5）：122-124.
[122] 胡戟.唐代粮食亩产量：唐代农业经济述论之一[J].西北大学学报（哲学社会科学版），1980（3）：74-75.
[123] 胡戟.唐代度量衡与亩里制度[J].西北大学学报（哲学社会科学版），1980（4）：34-41.
[124] 黄满仙.略述唐代花卉业的发展[J].农业考古，1987（2）：303-308.
[125] 李浩.唐代园林别业杂考[J].中国历史地理论丛，1997（2）：237-244.
[126] 林立平.唐宋时期城市税收的发展[J].中国经济史研究，1988（4）：22-38.
[127] 刘海峰.论唐代官员俸料钱的变动[J].中国社会经济史研究，1985（2）：18-29.
[128] 刘红运.隋唐五代传世文献中所见“庄”“庄田”“庄宅”“庄园”释义[J].中国社会经济史研究，2002（4）：87-91.
[129] 刘玉峰.论唐代税收体系和结构的发展变化[J].思想战线，2003，29（3）：59-64.
[130] 刘玉峰.唐代商品性农业的发展和农产品的商品化[J].思想战线，2004，30（2）：109-118.
[131] 刘玉峰.唐代土地所有权状况及结构的演变[J].山东大学学报（哲学社会科学版），2006（2）：73-80.
[132] 马波.唐代长安瓜果蔬菜的消费与生产初探[J].古今农业，1992（2）：35-40.
[133] 马文军.唐代长安城中的农艺业[J].人文杂志，1996（1）：96-98.

[134] 纳春英. 唐代平民的置装成本研究：以天宝二年交河郡市估案为例的研究//杜文玉. 唐史论丛（第二十三辑）[C]. 西安：三秦出版社，2016，82-93.

[135] 潘镛. 从唐初的土地制度看其社会经济结构[J]. 昆明师范学院学报（哲学社会科学版），1983（4）：18-26.

[136] 齐秀生. 唐朝贵族官僚的田庄[J]. 山东社会科学，2004（10）：96-99.

[137] 尚永亮，萧波. 唐人的“后院”：从唐诗中的“药”看唐人生活与创作[J]. 华中师范大学学报（人文社会科学版），2004（5）：89-95.

[138] 孙彩红. “用斗钱运斗米”辨：关于唐代漕运江南租米的费用[J]. 中国农史，2002，21（2）：56-62.

[139] 唐任伍. 论唐代的均田思想及均田制的瓦解[J]. 史学月刊，1995（2）：23-30.

[140] 唐任伍. 论唐代的土地租佃关系[J]. 史学月刊，1996（4）：25-31.

[141] 滕汉洋. 白居易长兄白幼文生平钩沉[J]. 古典文学知识，2015（1）：57-64.

[142] 邢铁. 唐代家产继承方式述略[J]. 河北师范大学学报（哲学社会科学版），2002（3）：84-89.

[143] 乌廷玉. 唐朝“庄园”说的产生发展及其在中国的流传和影响[J]. 史学集刊，2000（3）：75-81.

[144] 尹北直，陈涛. 唐代后期江南的乡村经济：以苏州甫里为中心[J]. 中国农史，2015，34（2）：65-73.

[145] 余蔚，祝碧衡. 唐代长安城内土地利用形式的转换[J]. 中国历史地理论丛，2001，16（4）：38-42.

[146] 中国社会科学院考古研究所洛阳唐城队. 洛阳唐东都履道坊白居易故居发掘简报[J]. 考古，1994（8）：692-701.

[147] 朱丽霞. 全国“经济生活与中国传统文学学术研讨会”综述[J]. 文学评论，2006（1）：202-205.

[148] 朱玉麒. 唐代长安的建筑园林及其文学表现[J]. 江苏行政学院学

报，2004（1）：114-120.

[149] 孟昭庚.唐代的奴仆问题//中国唐史研究会.唐史研究会论文集[C].西安：陕西人民出版社，1983，81-97.

[150] 张国刚.论唐代的分家析产//中华文史论丛（季刊）[C].上海：上海古籍出版社，2006，81（1）：203-244.

[151] 丁垚.隋唐园林研究：园林场所和园林活动[D].天津：天津大学，2003.

[152] 耿元骊.唐宋土地制度研究[D].长春：东北师范大学，2007.

[153] 李小奇.唐宋园林散文研究[D].西安：西北大学，2016.

[154] 李燕晖.唐代官员俸料钱的变化及对其政治生活的影响[D].北京：首都师范大学，2008.

[155] 刘阿平.唐宋城市房产租赁比较研究[D].西安：陕西师范大学，2007.

[156] 商兆奎.唐代农产品价格问题研究[D].西安：西北农林科技大学，2008.

[157] 王书艳.唐人构园与诗歌的互动研究[D].上海：上海师范大学，2013.

[158] 闫丽娜.唐代的租赁业[D].广州：暨南大学，2007.

[159] 杨小青.庄园经济下山水题材的变革[D].石家庄：河北师范大学，2005.

[160] 袁璨.论律令在唐土地制度实践中的作用[D].北京：中国人民大学，2008.

[161]袁洁.从唐诗看唐代药材业[D].南昌：江西师范大学，2012.

[162] 张超林.唐代粮价研究[D].重庆：西南师范大学，2003.

[163] 赵湘军.隋唐园林考察[D].长沙：湖南师范大学，2005.

[164] 朱红欠.中古时期租赁活动研究：以西北地区为中心[D].西安：陕西师范大学，2015.

[165] 朱书玉.唐五代敦煌地区的园圃种植[D].南京：南京师范大学，2007.

后　记

2019 年年终，书稿甫成。夤夜搁笔，感慨实多。

本著作之缘起，距今已十年有余。丁亥年秋，予负笈长安，投师于西大李公门下。园林文学研究，正李师所长，遂亦从习之。己丑年初，学位论文开题，复经李师点拨，乃以园林经济入手，一探唐季文人之处境心境。年末文成，更加修改，次年答辩，颇蒙谬赞。西大诸公，多有教益，至今回想，不胜感激！当其时，李师已加叮嘱，望更深研，早公诸世，垂爱之情，岂敢忘之！然庚寅年秋，予复投师于金陵徐公门下，攻读博士。徐师于我，亦有厚恩，研习方向，遂渐转移。癸巳之夏，回乡就业，曾想重操旧题，以践昔时之诺。岂料入职之所，官僚相继，视人文如寇仇，以教师为仆隶，本人性复孤高，难免龃龉，日消月磨，心力耗尽，安敢更望旧业之成矣！予本薄祚寒门，家贫亲少，而文史之学，几无实利，虽心向往之，然非父母开明，鼎力支持，岂可为也！得将青春十载，尽付坟典，此心已足！结业归乡，膝下奉养，但得双亲康乐，亦是求仁得仁，无所怨矣！唯诸师深恩厚望，无以为报，每念及此，不免怅恨！

己亥年初，忽得李师垂询，旧事重提，欲借今日之立项，续予昔年之研究。获悉之时，且喜且叹，不意十载之后，复得因缘，承蒙恩师不弃，了却夙愿。当年整理之材料，再度翻出；十年悲辛之过往，俱上心头。一孔之见，终得成书，自当竭力为之，以求圆满。然时过境迁，物是人非，终不能臻于理想，不留遗憾。往昔精力旺盛，心无旁骛，坐拥群书，而经验不足；

如今资源短缺，烦扰不断，病患频仍，已难尽全力。幸有门生相助，代核稀见文献，乃强撑弱体，勉力补缀，多所增益，书稿方成。然光阴促迫，不暇细思，匆匆急就，未经沉淀，欲无疏误，岂可得乎？曾观前贤著述，多言再版订正。然予在单位，处境日艰，居所不保，系部将亡，学术生涯之延续尚且渺茫，安敢奢望再版？书中错讹之处，恐终将贻笑于师长，不齿于同辈，而见轻于后学。然著述之时，每与古人心意相通，所获甚多，于学界或无补，于一己则大益！

自归青岛，难寻同道，爱我者多，知我者少。是悲是喜，何人知晓？唯书相伴，对影长聊。境况如此，不可谓不孤独。然先师遗训，忧道不忧贫；世有不容，然后见君子。读书人立身天地，当证道行道，情怀高远，身外穷通，何系于心？闭门自省，闭心自慎，光风霁月，庶几可至！古人园居，一勺江海，壶天之妙，我当知之！胸襟若大，何所不容？有光在心，所到皆明！或夜雨潇潇，如书声琅琅，念门下诸生，同在奋进；或星月在天，光辉熠熠，觉过往贤德，从未远离。以真心温暖真心，则满堂学子，皆为至亲；用生命感受生命，则千秋万象，俱入我心。当是时，犹可谓我孤独否？

释然，一笑！

房本文

己亥年腊月初六